실전 증강 현실

실전 증강 현실

AR과 VR 기술, 애플리케이션 그리고 인적 요인

스티븐 옥스타칼니스 지음

고은혜 · 최윤석 옮김

i!i
에이콘

이 책을 저술하는 동안 돌아가신 어머니와 형을 기리며.

너무 일찍 떠난 두 분 모두가 무척 그립다

이 책에 쏟아진 찬사

"가상의 여행을 떠날 모든 이가 서재에 꼭 둬야 할 새 책이다."

— 랩 스콧 박사(Dr. Rab Scott) / 누클리어 AMRC VR 대표

"고급 시각화 기술을 잘 소개한 안내서로, 독자에게 급속히 변하는 하이테크 산업에 대한 정보를 개괄해 제공한다."

— 크리스 프리먼(Chris Freeman) / 셰필드 AMRC 대학 증강 현실 기술 연구원

"유경험자나 초심자 모두에게 도움이 될 빼어나고 상상력 넘치는 정보로 가득하다. 이 책은 데이터와 연구 사례도 풍부하게 담고 있을 뿐 아니라, 우리 앞에 놓여 있는 기회와 시장에 대한 통찰력도 제시한다. 이 흥미로운 신기술에 관심이 있다면 반드시 보유해야 하는 자료이자, 신세계에 대한 즐거운 탐구가 될 것이다."

— 로이 테일러(Roy Taylor) / AMD 본사 콘텐츠 및 기술 부문 부사장

"스티븐 옥스타칼니스는 계속 변화하는 가상 현실과 증강 현실의 최전방에 서 있다. 그는 이 산업의 역사에서 쌓은 경험을 통해 우리가 일하고 노는 방식을 바꿔놓을 기술과 제품, 아이디어를 분명히 이해할 수 있도록 설명해준다. 이 책에서 그가 나눈 지식을 통해 독자들이 환상적인 새 미래를 만들어나가길 바란다!"

— 브렌트 바이어(Brent Baier) / 페레그린 글러브 창업자

"혼합 현실MR과 증강 현실은 컴퓨터만이 아니라 사람이 세상과 서로를 경험하는 방식에도 엄청나게 새로운 영역이다. 이 책은 아직 잡히지 않은 틀을 잡는다. 새로운 세상을 이해하려면 읽어보자."

— 재런 러니어(Jaron Lanier) / 『미래는 누구의 것인가』와 『디지털 휴머니즘』의 저자

추천의 글

몇 달에 걸쳐 전기, 기계, 무중력, 수중, 네트워크 인증을 진행한 후, 마침내 우리는 국제 우주 정거장^{ISS}에 마이크로소프트 홀로렌즈 혼합 현실 기기 두 대를 런칭할 수 있었다. 2016년 2월 20일 아침, NASA 존슨 스페이스 센터의 미션 컨트롤에 상주하는 우리 팀은 첫 홀로그램 통화를 우주로 발신하는 데 성공했다. 우주 비행사 스캇 켈리는 이 통화를 수신하고서 지난 한 해 동안 머물렀던 자기 집을 소개했다. 그러고는 쿠폴라(관측 모듈)로 안내해, 천천히 태양광 차벽을 낮추면서 지구의 곡면을 보여줬다. 이것으로 충분하지 않은 듯, 스캇은 이어서 다양한 ISS 모듈 위에 주석을 그리고, 과학의 발견에서 국제 우주 정거장이 지니는 중요성과 승무원의 생명 유지 장치도 설명했다. 이 잊을 수 없는 순간, 나는 가상 현실과 증강 현실의 미래를 확신하게 됐다.

한편 지구에서의 우리는 NASA에서 비슷한 기술을 이용해 과학자들을 화성으로 데려가, 우주선 엔지니어에게 CAD 수준의 디자인 시각화를 제공하고 로봇 조종자의 능력을 강화시킨다. 원거리 환경에 대한 더 나은 맥락적 인식을 제공해 조종사와 이들이 조종할 로봇 간의 물리적 장벽을 희석시키는 것이다. 디자인 과정에서 조기에 이슈를 해결해 우주선 건조 비용을 절감할 수 있으므로, 결과적으로 우주선을 더 많이 건조할 수 있다.

이 산업에 우리가 매료된 것은 수년 전 다양한 하드웨어와 소프트웨어 플랫폼을 조사하면서부터였다. 우리는 이 책에서 논의된 기술 중 상당수를 사용해봤고, 앞으로 나올 기술에도 큰 관심이 있다. 이 플랫폼을 위한 개발은 독특해서, 종종 예기치 못한 도전에 직면하게 된다. 곧 TV나 인터넷처럼 도처에 존재하게 될 광범위한 가상 현실과 증강 현실 분야를 이해하기 위해 이 책을 지침서로 삼자. 선입견을 내려놓고 열린 마음으로 읽으면, 신규 사용자들이 하는 흔한 오해를 피할 수 있을 것이다.

NASA에서 우주선을 건조할 때는 마치 VR과 AR 세계의 애플리케이션 구축처럼 적절한 소재와 자원이 필요하다. 개발자라면 이 책을 도구함의 장비 목록처럼 활용해, 적절한 과제에 적절한 도구를 선택하는 데 도움을 받을 수 있을 것이다. 그 결론이 VR이나 AR을 전혀 사용하지 않는 쪽으로 나더라도 말이다.

우리가 건조하는 우주선에는 모두 다양한 과학 장비가 설치된다. 과학적 혜택을 극대화하고 위험을 줄이기 위해, 우리는 어떤 것을 넣을지 매우 선별적으로 결정해야 한다. 콘텐츠 제작자라면 이 책의 일화를 참고해 타깃 청중을 위한 적절한 경험을 선택하는 데 도움을 얻길 바란다.

NASA의 핵심 미션 중 하나는 다음 세대의 탐험가들에게 인류를 소행성, 화성, 그 너머로 데려다줄 우주 비행사가 되도록 영감을 주는 것이다. 지구의 첫 대표가 화성에 발을 디딜 때, 우리 모두가 가상으로 함께할 것이다. 그들의 도착을 환영하며 함께 탐험할 것이다. 우리의 현실을 영원히 바꿀 발견을 함께 할 것이다.

– 빅터 루오(Victor Luo)
소프트웨어 시스템 엔지니어링 시니어 기술 리드
NASA 제트 추진 연구소
칼텍
캘리포니아 파사데나
2016년 7월

지은이 소개

스티븐 옥스타칼니스 Steven Aukstakalnis

국립 과학 재단 공학 조사 센터National Science Foundation Engineering Research Center에서 컴퓨터 기반 필드 시뮬레이션의 가상 환경 및 쌍방향 시스템 프로그램 디렉터로 활동하고 있다. 워싱턴대학교와 미시시피 주립대학교의 학부 전문 연구원으로 재직했다. 이 책에 앞서 가상 현실과 쌍방향 시스템을 주제로 두 권을 저술했다. 그중 『Silicon Mirage』 (Peachpit Pr, 1992)는 여섯 개 언어로 출간돼, 전 세계에서 교재로 채택됐다. 여러 대학, 기업, 정부 기관에 초청되는 강연자이자 연구원이다. 사우스 플로리다에 살고 있으며, 카약과 항해의 실력자이기도 하다.

한국어판 지은이의 말

한국 독자들에게

에디터가 한국에서 이 책이 번역 중이라고 알려왔을 때, 나는 무척 기뻤다. 한국 기업들은 이 분야에서 쭉 선두 주자였으며, 지금까지 이 업계에서 일어난 중요한 발전에도 기여한 바 있기 때문이다. 내가 컨설팅했던 삼성뿐 아니라, 기어VR과 그 밖의 수많은 개별 컴포넌트 기술과 같은 제품 시장의 글로벌 선도 기업군에는 크고 작은 십여 개의 한국 기업이 포진해 훌륭한 하드웨어와 소프트웨어 솔루션을 경쟁적으로 출시하고 있다. 게다가 한국 정부가 규제 완화와 재정 지원을 통해 이 분야의 발전을 돕고 있으므로, 향후 몇 년간 이 영역에서 한국이 선전할 것으로 기대된다.

나는 25년 전 시애틀의 워싱턴 대학교에서 연구진으로 일하면서 가상 현실과 증강 현실을 연구하기 시작했다. 그 무렵인 1990년대 초, 스테레오 헤드마운트 디스플레이를 써보고는 사람이 컴퓨터나 기타 복잡한 정보 시스템과 상호작용하는 데 이 기술이 적용돼 근본적으로 게임의 판도가 바뀔 것으로 짐작케 됐다.

사람은 공간 정보 프로세서라고 할 수 있다. 우리는 주변을 삼차원적으로 보고, 듣고, 만지며 이동한다. 우리의 인지 체계는 이런 형태의 정보를 처리하는 데 생리적으로 최적화된 놀라운 장치들로 이뤄져 있다. 이 책에서는 우리를 둘러싼 실제 세계를 인식하고 상호작용하는 데 활용하는 메커니즘을 이해하고 활용한 연구원과 개발자, 기업들이 아니고서는 불가능했을 이 분야 핵심 실행 기술의 놀라운 발전을 하나하나 살펴본다.

가상 현실과 증강 현실 기술이 제품 설계에 미친 영향을 잘 보여주는 예 중 하나가 10장에서 다루는 '촉각과 포스 피드백 기기'다. 손가락과 손바닥을 이용해 다른 감각을 자극하는 힘을 기계적으로 만드는 방법을 찾는 대신, 기업들은 피부의 기계적 자극 수용기에서 미세한 전기 자극을 측정하고 분류하고 전달해 중앙 신경계에서 해당 감각을 일으키는 방법을 개발하고 있다.

이 책에서는 현재와 향후 이 분야에서 첨단으로 떠오를 실행 기술의 방향에 대한 탄탄한 기반 지식을 전달하고, 우리가 실제와 가상 세계를 인식하는 메커니즘에 대한 통찰을 제공하며, 그러기 위해 알아야 할 관련 인적 요인도 알아본다. 이 책에서 인용한 400권 이상의 참고 문헌은 대부분 중요한 연구를 다룬 것으로, 특정 주제에 관심 있는 독자가 더욱 심화된 학습을 할 수 있도록 출처를 밝혀뒀다.

이 분야에 대한 단순한 호기심이 있는 독자든, 올바른 참고 자료를 찾고 있는 소프트웨어 개발자나 하드웨어 개발자든, 새로운 매체에 대해 공부해야 하는 관계 부처 직원이든, 이 기술을 사업에 활용할 아이디어를 찾고 있는 회사원이나 기업이라면 이 책은 여러분을 위한 책이다.

이 책을 한국에 소개해주신 에이콘출판사의 권성준 사장님과 황영주 이사님을 비롯한 모든 임직원들께 감사한다. 또한 세부 내용을 정확히 번역해 출간하고자 재능 있는 여러분이 상당한 시간과 노력을 기울여준 점에 깊은 감사를 표한다.

존경을 담아,
스티븐 옥스타칼니스
2017년 11월

감사의 말

어떤 책을 쓰든 시간과 조사, 다양한 자료가 필요하다. 지원하고 격려해주는 사람부터 일이 잘 돌아가지 않을 때 채찍질해주는 사람까지, 저마다 책의 완성에 매우 중요한 역할을 한다. 이런 면에서 첫 감사는 프로젝트 과정 내내 은총과 지혜를 내려주신 주님께 드린다. 다음으로, 책을 저술할 기회를 주고 관리해준 피어슨 테크놀로지 그룹, 애디슨 웨슬리 프로페셔널의 편집장 로라 르윈에게 깊이 감사한다. 로라의 집요함 덕분에 꾸준히 작업을 진행하고 높은 수준을 유지할 수 있었다. 편집 및 제작 팀에도 진심어린 감사를 전한다. 개발 편집자 송린 쳐우는 세부를 꼼꼼히 챙겨줬고, 편집 보조 올리비아 바세지오는 출간까지 모든 일을 도와줬다.

이 책은 기술 감수 패널에게서 큰 영향을 받았다. NASA 제트 추진 연구소의 빅터 루오, 센식스 사의 유발 보거, 미시건대 UM3D 랩의 에릭 마슬롭스키, AMD 연구원 칼 웨이크랜드 등이 내게 베풀어준 통찰력, 충고, 교정, 시간, 자발적인 전문성의 공유에 깊이 감사한다.

격려하고 기도해준 스티븐 '1234' 해리스, 피터, 소냐, 존, 스테이시, 버니, 나오미, 그리고 HCBC의 친구들에게도 고마움을 전한다.

그리고 내 가족에게도 감사한다. 감사는 추억을 머리가 아닌 마음에 간직할 때 이뤄진다고 한다. 내가 머리와 가슴 모두에 깊이 간직하고 있다는 걸 알리라 믿는다.

옮긴이 소개

VIVIAN

고은혜(eunego91@gmail.com)

동국대학교에서 영어영문학을 전공했다. 졸업 후 12년간 서구권 TV 애니메이션 제작사에서 통번역을 담당하면서 미디어 콘텐츠 분야의 경력을 쌓았다. 이후 게임 개발/퍼블리셔 웹젠Webzen에서 영미권 개발 스튜디오의 게임 개발 자료design documents 번역부터 시작해 게임 로컬라이제이션으로 영역을 넓혔다. 미국의 게임 개발사 라이엇 게임즈Riot Games에서 로컬라이제이션 팀장으로 일하면서 4년여간 인기 온라인 게임 〈리그 오브 레전드League of Legends〉의 한국 런칭부터 제반 게임 콘텐츠의 한글화를 총괄했다.

현재 프리랜서 번역가로 게임 분야를 비롯한 IT 서적을 번역하고 있으며, 『Augmented Reality』(에이콘, 2017), 『게임, 디자인, 플레이』(정보문화사, 2017) 등을 번역했다. 독립 IT 기술자의 저술 강연 상호부조 네트워크 GoDev의 일원이다.

최윤석(yoonsuk@gmail.com)

엠파스, SK 커뮤니케이션즈, 링크나우, 야후, KT 하이텔, 네오위즈 인터넷 등 여러 인터넷 기업에서 검색, 소셜 네트워크, 미디어, 게임, 음악, 결제 분야의 분석, 기획, 전략, 마케팅 업무를 담당했다. 현재는 신세계 I&C를 거쳐, 이마트에서 소매, 전자상거래 분야의 연구 개발 업무를 맡고 있다. 서울대 불어불문학과를 졸업한 후 동 대학원을 수료했다.

차례

들어가며

대중은 증강 현실AR과 가상 현실VR에 매력을 느끼지만, 이 시스템이 실제로 어떻게 기능하는지 이해하는 사람은 거의 없다. AR과 VR은 게임과 엔터테인먼트를 더 잘 경험할 수 있는 멋진 기술로 인식되지만, 그 두 분야 외에는 대중들의 이해도가 높지 않다. 1990년대 초에 이 기술이 처음 주목받은 이후, 20년 만에 똑같은 관심과 매력을 느끼는 신기술에 익숙한 신세대와 대학생, 전문가들이 출현했다. 하지만 실행 기술을 분명히 설명하고, 사람의 인지 체계가 지닌 강점을 어떻게 활용할 수 있는지 알려주고, 게임 외에 다양한 기존 문제를 해결하는 애플리케이션 사례를 보여주는 자료는 상대적으로 적다. 이 책은 바로 그 빈 자리를 채우려 한다.

이 분야의 핵심에 있는 최신 세대 제품을 매우 재능 있는 사람들이 만들고 있지만, 증강 현실과 가상 현실의 진정한 선구자들은 1980년대와 1990년대의 과학적 저술, 기술 개요, 콘퍼런스 발표 자료, 특허 문서에서 찾을 수 있다. 톰 퍼니스, 마크 볼라스, 스티브 R. 엘리스, 스캇 피셔, 워런 로비넷, 나다니엘 덜라크, 이언 맥도월, 프레드 북스, 헨리 푹스, 엘리자베스 웬젤, 스캇 포스터, 재런 러니어, 톰 드판티는 연구실에서 묵묵히 작업하며 큰 문제를 해결하고, 혁신적 하드웨어와 소프트웨어 솔루션을 개발하며, 이 기술과 관련한 사람의 인지 능력 문제를 탐구하고, 현재 다시 부상 중인 이 분야의 토대를 닦았다.

나도 이들의 연구를 바탕으로 시작했다.

이 책의 대상 독자

이 책은 표준 컴퓨터 시각화 기술과 AR, VR 시스템을 사용하는 컴퓨터 과학, 엔지니어링, 건축, 기타 분야의 학부, 석사 과정을 위한 보조 자료로 저술됐다.

경영, 공학, 과학계에 있는 사람이라면, 이 책에서 상세히 설명하는 이 기술이 설계 품질, 비용 통제, 더 효율적인 협업과 제조 워크플로우, 데이터의 이해에 강한 영향을 주는 여러 애플리케이션을 참고하면 도움이 될 것이다.

게이머나 일반 AR/VR 팬이라면 인지 구조와 그 뒤에 숨은 동력이 되는 헤드마운트 디스플레이 기술, 공간 음향 솔루션, 센서, 광범위한 촉각과 포스 피드백 기기를 탄탄하게 이해할 수 있을 것이다.

이 책의 내용을 이해하는 데 특별한 전제 조건은 없지만 기본적인 컴퓨터의 원칙과 생물학을 알고 있다고 가정하겠다.

이 책에서 다루는 내용

이 책은 증강 현실과 가상 현실 시스템을 기본에서부터 응용까지 설명하는 방식으로 구성됐다. 다양한 실행 기술을 바로 짚어보는 대신 일단 시각, 청각, 촉각의 구조를 알아보고, 이어서 웨어러블 디스플레이, 3D 오디오 시스템, 촉각과 포스 피드백 기기에 대해 개별적으로 설명한다. 이는 우리의 특별한 인지 구조가 직접 관련 실행 기술을 활용해서 달성하려는 능력 범위의 설계와 애플리케이션에 어떤 지시를 내리는지 잘 이해하도록 돕기 위해서다.

이 책은 네 부분으로 구분된다.

- 두 개 장으로 구성된 1부에서는 증강과 몰입형 디스플레이의 분명한 구분과 각각의 역사, 시각적 공간과 콘텐츠에 대한 기본 설명, 삼차원에서의 위치와 방향, 흔히 사용하는 컨트롤 시스템, 일반적인 내비게이션 접근법 같은 기본 개념을 다룬다.
- 열 개 장으로 구성된 2부에서는 우리의 시각, 청각, 촉각의 구조를 알아보고, 각각에 대한 디스플레이의 핵심 실행 기술과 센서, 입력 기기를 설명한다.
- 여덟 개 장으로 구성된 3부에서는 엔터테인먼트, 건축, 과학 및 공학, 의료, 교육 및 훈련, 원격 로봇 등의 분야에서 이 기술의 기존 애플리케이션에 대한 폭넓은 사례 연구와 설명을 제공한다.
- 세 개 장으로 구성된 4부에서는 증강과 몰입형 디스플레이 사용에서 핵심적인 인적 요인 문제, 법적/사회적 고려 사항, 핵심 실행 하드웨어와 소프트웨어 기술의 전망을 개괄한다.

각 장의 내용은 다음과 같다.

1부, '증강 현실과 가상 현실 소개'는 1장과 2장으로 구성된다.

- **1장. 컴퓨터로 만든 세계** 광학과 비디오 투과형을 비롯한 증강 및 몰입형 디스플레이 시스템을 개괄적으로 소개하며, 각각의 역사를 알아본다.

- **2장. 가상 공간의 이해** 가상 공간의 기본 개념을 개괄하며, 물리적 공간과의 유사성과 차이점, 공간을 정의하고 특징을 지으며 구성하는 데 사용하는 규약, 그리고 내비게이션을 위한 접근법을 살펴본다.

2부, '사람의 감각과 입출력 기기의 관계 이해'는 3장에서 12장까지다.

- **3장. 시각의 구조** 사람의 시각이 실제 세계와 가상 세계를 인지하는 물리적 과정을 알아보고 시각 경로, 공간 시각, 단안 및 입체 심도의 신호 검토를 살펴본다.

- **4장. 헤드마운트 디스플레이의 컴포넌트 기술** 오큘래러티^{ocularity}, 디스플레이 유형, 이미징, 디스플레이 기술, 광학적 아키텍처를 검토한다.

- **5장. 증강 디스플레이** 핵심 기능 및 디자인 차별성과 초기에 의도한 용도를 중심으로 현재 시중에서 구할 수 있는 수많은 단안과 쌍안 증강 디스플레이를 알아본다.

- **6장. 완전 몰입형 디스플레이** 상용으로 출시된 완전 몰입형 헤드마운트 디스플레이 중 최신 세대의 세부 사항을 제시하며 PC와 콘솔 기반 기기부터 현대적인 스마트폰 기반의 저사양 시스템까지 여러 등급을 아우른다.

- **7장. 청각의 구조** 우리의 귀가 평균 밀도의 공기 분자의 급속한 변화를 우리가 인지하는 음향으로 어떻게 변환하는지, 두뇌가 음원을 어떻게 지역화하고 구분하는지, 음향 신호가 가상 환경에서 전반적 몰입감에 어떻게 기여하는지 설명한다.

- **8장. 오디오 디스플레이** 증강 현실과 가상 현실 시스템에서 사용하는 다양한 오디오 디스플레이, 공간 음향 솔루션을 상세히 설명한다. 이 과정에서 그들이 기능적으로 어떻게 다르고 각각 가장 유용한 애플리케이션 설정은 무엇인지 검토한다.

- **9장. 감각의 구조**　촉각을 가능하게 해주는 원리를 알아보고 피부 해부학, 다양한 기계적 감각 수용기, 고유 감각 수용기의 기능성, 성능 범위, 촉각, 운동 감각 신호의 시각과 오디오 디스플레이 보완 방식을 살펴본다.
- **10장. 촉각과 포스 피드백 기기**　촉각과 운동 감각 단서에 활용하는 수많은 기술과 제품 솔루션, 그리고 촉각을 활용할 때의 과제도 검토한다.
- **11장. 위치, 방향, 동작 추적용 센서**　사용자, 헤드마운트 디스플레이, 입력 기기의 위치, 방향, 동작을 추적하는 데 사용하는 다양한 핵심 센서 기술을 다룬다.
- **12장. 내비게이션과 상호작용 구동 기기**　가상 환경 및 그 안에 있는 개체의 내비게이션과 상호작용을 가능하게 하는 수많은 현재 기술과 출현 중인 기술을 다룬다.

3부, **'증강 현실과 가상 현실의 응용'**은 13장부터 20장까지다.

- **13장. 게임과 엔터테인먼트**　예술 및 엔터테인먼트 영역의 증강과 몰입형 시스템 애플리케이션의 일부에 대해 알아보는데, MFPG(다중 사용자 일인칭 게임), 위치 기반 엔터테인먼트, 영화의 가상 현실 등이 포함된다. 이런 응용 영역에서 신기술을 갖출 때 제기되는 강점과 함께 해결해야 할 과제도 강조한다.
- **14장. 건축과 건설**　증강과 몰입형 디스플레이로 디자인 시각화, 커뮤니케이션, 프로젝트 관리 과제를 해결하는 폭넓고 다양한 방식을 묘사하는 사례 연구를 다룬다.
- **15장. 과학과 공학**　우주 시스템, 군함 건조, 자동차, 해양, 원자 공학 등 폭넓고 다양한 영역에서 이 기술의 지속적인 실제 응용을 탐구한다.
- **16장. 의료와 제약**　전통적으로 활용하는 방법에 비해 신기술 솔루션이 가진 강점과 혜택을 위주로 의사의 수련, 외상 후 스트레스 장애[PTSD]와 공포증 치료, 혈관 이미징, 의료용 인포매틱 같은 영역에서 증강과 몰입형 디스플레이가 어떻게 응용되는지 살펴본다.
- **17장. 항공우주와 방위**　증강과 몰입형 디스플레이, 공간 음향, 촉각, 포스 피드백 시스템을 이용해 우주 비행사를 훈련시키는 제트기처럼 복잡한 기기를 제어할 때 사람의 인지 체계의 강점을 활용하고, 전장에서 병사의 능력과 상황 인지를 증강시켜주는 사례 연구를 담았다.

- **18장. 교육** 손을 이용하는 기술 훈련에서 증강과 몰입형 시스템이 큰 영향을 미치는 기존 애플리케이션을 알아보고, 건축처럼 복잡한 분야와 아동용 경험 학습에서 추상적 개념의 학습을 돕는 방식을 살펴본다.

- **19장. 정보 제어와 빅데이터 시각화** 여러 과학적 연구와 사업 운영에서 나오는 대량의 데이터셋을 시각화, 조작, 조회하는 몰입형 디스플레이 애플리케이션을 살펴본다.

- **20장. 원격 로봇공학과 텔레프레전스** 반자동 로봇 시스템을 원거리에서 운영하는 상황에서의 고급 시각화 및 제어 기술 애플리케이션의 여러 사례를 탐구한다.

4부, '인적 요인과 사회적 고려 사항'은 21장부터 23장까지다.

- **21장. 인적 요인의 고려 사항** 이런 고급 시각화 도구를 사용할 때 생기는 문제와 물리적 부작용을 살펴보는데, 시각적으로 유발되는 멀미와 이접 운동 및 초점 조절의 충돌에서 생기는 문제 등이다. 이런 영향을 최소화하기 위해 취하는 조치도 강조한다.

- **22장. 법적, 사회적 고려 사항** 상용 증강, 몰입형 디스플레이 기술에서 비롯되는 근본적인 법적, 사회적, 윤리적 이슈를 검토하며, 제품 안전, 잠재적인 법정 애플리케이션, 증거 제시, 일인칭 게임의 폭력과 현실성 증가 등을 다룬다.

- **23장. 미래** 장단기 전망, 변화가 가져올 혜택을 중심으로 핵심 실행 컴포넌트에서 발전할 방향을 살펴본다.

이 책에는 두 개의 부록이 있다.

- **부록 A. 참고 문헌** 각 장에서 인용한 내용의 참고 문헌을 수록했다.

- **부록 B. 자료** 시각적 디스플레이 수십 개, 공간 음향 솔루션, 촉각과 포스 피드백 기기, 위치/방향 센서, 그 제조사 각각의 웹 주소 목록을 제공한다. 또한 자체 시스템을 개발하거나 만들고자 하는 사람을 위해 다양한 DIY 자료 목록과 제품 상표권 목록을 수록했다.

편집 규약

이 책에서는 '[퍼브스(Purves) 등 2001]'과 같은 형태로 다른 작업물의 참조 인용을 나타낸다. 각 참조 인용에 대한 좀 더 자세한 정보는 부록 A에서 확인할 수 있다.

> **노트**
> 여기서는 유용하거나 흥미로운 정보 및 사실을 부각시킨다.

웹사이트

이 책의 웹사이트(PracticalAR.com)에서는 신제품, 센서, 애플리케이션의 정기 업데이트, 중요 논문, 발표문의 하이퍼링크, 저자 블로그 등을 제공한다.

한국어판 관련 정보와 정오표는 에이콘출판사 도서정보 페이지 http://www.acornpub.co.kr/book/practical-ar에서 확인할 수 있다.

1부

증강 현실과 가상 현실 소개

1장

컴퓨터로 만든 세계

증강 현실과 가상 현실은 같은 맥락에서 다뤄질 때가 많지만, 사실 두 기술 간에는 상당한 차이가 있다. 증강 현실은 상황과 환경에 실시간으로 관계가 있는 텍스트, 상징, 그래픽 정보 등을 제공하며, 가상 현실은 시각적 세계를 완전히 대체한다. 이 장에서는 증강 현실(AR)과 가상 현실(VR)의 기본 토대를 탐구하며, 두 시스템이 가진 가능성의 차이를 분명히 구별하고, 이를 가능하게 하는 기술과 그를 통한 여러 문제 해결 애플리케이션 연구의 토대를 살펴본다.

증강 현실이란 무엇인가? ████████████████████████

증강 현실AR, augmented reality이란 용어는 일반적으로 사용자가 현실 세계를 보는 시야 위에 알파벳과 숫자, 기호, 그래픽 정보를 얹거나 결합하는 다양한 디스플레이 기술을 일컫는다. 처음 이 용어가 나왔을 때의 가장 순수한 의미로 설명하자면, 사용자가 현실 세계를 보는 관점에 공간적 맥락을 맞춰서 지능적으로 알파벳과 숫자, 그래픽을 통한 증강을 배치, 상호 연관, 안정화하는 것을 뜻한다.

'증강 현실'이란 용어 자체는 1990년대 초반 보잉의 연구 과학자 톰 코델Tom Caudell 이[코델과 미첼(Mizell), 1992] 비교적 근래에 만들어낸 것이지만, 현대적 증강 현실 기기의 발전을 불러온 최초의 기술은 1900년대 초 아일랜드의 망원경 제작자 하워드 그럽 경Sir Howard Grubb이 출원한 특허로 거슬러 올라갈 수 있다. 'A New Collimating-Telescope Gun-Sight for Large and Small Ordnance'라는 제목의 발명(특허 번호 12108)으로, 발사형 화기의 조준을 돕는 용도로 고안된 기기다.

1901년 「왕립 더블린 과학 협회지Scientific Transactions of the Royal Dublin Society」에 기고한 이 발명품에 대한 그럽의 설명은 증강 현실에 대한 심오한 비전을 보여준다.

> "서치라이트처럼 직진하는 광선이 총을 발사하는 축 방향으로 투영되도록 정렬해, 물체와 광선이 만나는 지점을 총알이 항상 맞히도록 배치할 수 있다. 이런 배열은 물론 실용적이지 않지만, 광선이 이런 목적에 필요한 요건을 충족시킨다는 점은 알 수 있다."

> "이 논문의 주제인 시야는 물체에 실제로 빛이나 이미지를 투영한 결과가 아니라, 광학 용어로 가상 이미지라는 것을 투영해 비슷한 결과를 낸 것을 일컫는다."[그럽, 1901]

이 발명은 인간의 눈이 한 번에 한 피사계 심도에만 집중할 수 있기에 생기는 근본적 문제를 해결했다. 그림 1.1에서 보듯, 우리는 가까이 있는 대상이나 멀리 있는 대상 중 하나에만 초점을 맞출 수 있다. 사람의 눈은 원래 동시에 원거리와 단거리에 초점을 함께 맞출 수 없게 돼 있다. 그래서 가늠쇠만 있는 장총이나 권총으로 조준하기가 특히 어렵고, 오늘날까지도 정기적으로 훈련을 해야만 사격술을 늘릴 수 있는 것이다.

타깃 뷰   사이트 뷰

그림 1.1 한 번에 한 피사계 심도에만 초점을 맞출 수 있는 사람의 눈 구조 때문에 사격에서 겪는 큰 난관을 보여줌
출처: 다가두의 달리는 칠면조 / Depositphotos.com

그림 1.2에 기본 기능이 묘사된 그럽의 발명은 공식적으로 리플렉터 사이트reflector sight 혹은 리플렉스 사이트reflex sight로 불리며, 일련의 광학적 요소를 이용해 먼 타깃 지점, 광학적으로는 무한대에 초점이 맞춰진 조준용 가늠좌를 겹쳐 보여준다.

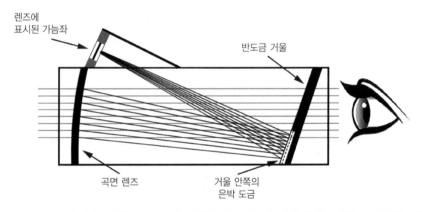

그림 1.2 무기와 소형 기기에 적합한 하워드 그럽의 평행화 리플렉터 사이트의 한 버전을 묘사한 1901년 특허 도해

그럽의 혁신적 발명은 군용기 총의 조준기 개발에 직접 영향을 줬다. 이런 목적으로 기술을 처음 활용한 예는 독일의 광학 제조업체인 옵티쉐 안슈탈트 오이게가 1918년 개발한 그림 1.3의 오이게 리플렉터 사이트Oigee Reflector Sight다. 이 시스템은 45도 각도로 반투명 거울을 장착하고 소형 전구를 이용해 조준용 십자선을 만들어냈다. 이 기기를 전투기의 총에 정확히 정렬하면 조종사의 명중률이 굉장히 높아졌다[월러스 (Wallace), 1994].

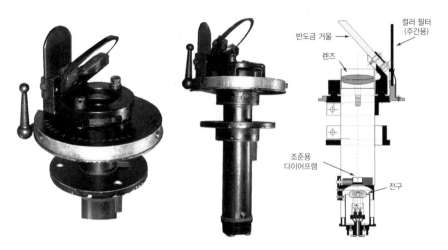

그림 1.3 독일의 광학 제조업체 옵티쉐 안슈탈트 오이게가 만든 1918 오이게 리플렉터 사이트는 전구, 평행화로 부분 반사하는 유리 위에 가상의 조준용 십자선을 투영한다. 이 시스템은 독일의 알바트로스와 포커 DS1 항공기에 설치됐다.
출처: 사진과 일러스트레이션 어윈 와이드머(Erwin Wiedmer) 제공

헤드업 디스플레이

전투기와 헬리콥터의 조종 장치가 복잡해지면서 조종사에게 요구되는 정보 처리량도 극적으로 늘어났다. 센서, 무기, 항공 전자 시스템, 조종 장치가 잔뜩 자리 잡게 되면서 조종사는 당장 주변에서 일어나는 상황에 신경을 쓰기보다는 조종석에 있는 다이얼을 돌리거나 디스플레이를 봐야 했고, 그로 인해 비극적인 사고도 잦아졌다. 그래서 미국과 여러 다른 국가의 과학자와 엔지니어도 조종하는 사람에게 필수적인 비행, 센서, 무기 시스템 정보를 더 직관적이고 효과적으로 전달할 방법을 철저히 연구할 수밖에 없었다.

이런 연구는 1950년대의 항공용 전자식 아날로그 컴퓨터 개발에 이어, 조종사 앞에 투명한 디스플레이를 탑재해 조종석 아래쪽 기기들을 내려다보는 대신 고개를 똑바로 든 채 정보를 확인할 수 있는 최초의 현대적 헤드업 디스플레이[HUD] 도입으로 이어졌다. HUD에 투영되는 정보는 평행화되며 초점 거리가 무한대이므로, 조종사가 디스플레이 너머의 항공기 외부 광경을 볼 때 초점을 바꿀 필요가 없다.

전형적인 HUD는 프로젝터 유닛, 컴바이너(뷰잉 글래스), 동영상 생성용 컴퓨터(심볼 생성기라고도 함)라는 세 개의 기본 컴포넌트로 구성된다[프레빅(Previc)과 어콜라인(Ercoline), 2004]. 그림 1.4처럼 무한대의 광학 심도로 컴바이너에 정보가 표시되므로, 특히 시야가 좋지 않을 때 이착륙하는 상황에서 군용기와 상용기 조종사 모두 전통적인 조종석 디스플레이를 내려다보지 않고도 상황을 파악하는 데 필요한 다양한 데이터와 심볼을 볼 수 있다.

가동되는 HUD를 탑재한 최초의 전투기는 1958년 블랙번 부카니어라는 영국의 저고도 폭격기였다[니즈보어(Nijboer), 2016]. 오늘날까지도 모든 HUD는 그럽의 원래 발명에서 여러 기본 개념을 구현한 것이다.

조종사가 당장 해야 할 일에 집중할 수 있게 해준다는 이 원칙은 더 많은 신차 설계에 헤드업 디스플레이가 적용되게끔 이끌기도 했다[뉴컴(Newcomb), 2014].

그림 1.4 미 해병대 AV-8B 해리어 폭격기 HUD에 표시된 기본 비행 데이터와 심볼 이미지. 디스플레이에 표시된 정보에는 비행기 조종을 돕는 고도, 속도, 기울기와 조종사가 전방을 주시할 수 있도록 해주는 내비게이션 정보가 있다.
출처: 미 국방부 제공 사진

헬멧 마운티드 사이트와 디스플레이

조종석의 항공 전자공학, 센서, 무기 시스템이 계속 발전한 1960년대에는 전 세계 군사 연구소의 과학자, 엔지니어늘이 모두 조종사의 정보 처리 부담을 덜고 센서와 무기 조작을 개선하려는 노력을 지속했다. 이제 다음 과제는 당연히 이런 정보를 HUD에서 조종사의 헬멧으로 옮기는 것이었다.

그 첫 번째는 1960년대 말 남아공 공군^{SAAF}이 개발한 헬멧 마운티드 사이트^{HMS} 개발이었다. HMS는 조종사가 열 추적 미사일을 조준하는 데 도움을 줬다[로드(Lord), 2008]. 이때까지 조종사는 HUD에 타깃이 들어오도록 비행기를 직접 조작해야만 했다.

1970년대 초 미군은 AH-1G 휴이 코브라 헬리콥터의 짐벌^{gimbaled} 장착총 발사를 조작하는 데 헤드 트래킹 사이트를 적용했다. 이어서 미 해군은 비주얼 타깃 획득 시스템^{VTAS}의 첫 버전을 F-4 팬텀 2에 탑재해, AIM-9G 사이드와인더 공대공 미사일의 자동 추적 기능에 활용했다. 작전 시 사이드와인더의 추적기나 항공기의 레이더가 조종사의 머리 위치에서 '작동'되는 것이다. 조종사는 단안식 '그래니 글래스$^{Granny Glass}$'(VTAS I)나 바이저(VTAS II) 안쪽에 디스플레이되는 조준 화상과 함께 머리의 움직임을 트래킹하는 센서를 이용해 미사일을 조종했다.

이후 수년간 단안식(한쪽 눈에 하나의 이미지를 띄움), 복안식(두 눈에 하나의 이미지를 띄움), 쌍안식(양쪽 눈에 서로 다르게 시점 조정한 이미지를 띄움), 바이저 프로젝션 등 폭넓고 다양한 형태의 헬멧 마운티드 디스플레이가 설계돼 보급됐다. 각 방식의 핵심 기능은 조종사가 보는 현실 모습에 정보를 얹는 것이다. 이런 정보는 표준적인 항공 전자 정보와 무기 정보 외에도 전방 적외선 레이더^{FLIR}가 제공하는 센서 데이터 등 다양한 형태를 취한다. 이런 시스템은 5장, '증강 디스플레이'와 17장, '항공우주와 방위'에서 훨씬 상세히 알아보겠다.

스마트 글래스와 디스플레이 증강

지난 수년간 디스플레이 증강 기술은 순수 방위와 전문 애플리케이션 영역에서 상용 제품으로 전환돼 왔으며, 앞으로는 더 많은 상용화가 이뤄질 것이다. 이 책에서는 새로운 디스플레이와 함께 혁신적 애플리케이션의 개요를 함께 소개하려 한다.

이 책을 저술하는 현재 두 가지 종류의 웨어러블 증강 디스플레이가 있는데, 둘 다 그림 1.5에서 볼 수 있다.

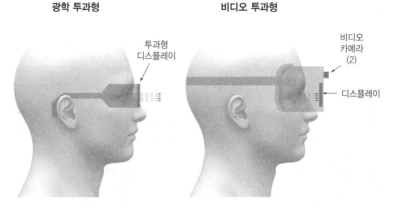

그림 1.5 머리에 착용하는 두 가지 종류의 증강 현실 디스플레이의 핵심적인 차이를 볼 수 있다. 왼쪽의 광학 투과형 디스플레이는 심볼과 그래픽이 사용자가 눈으로 보는 현실 위에 직접 얹힌다. 오른쪽의 비디오 투과형 디스플레이는 밖을 향하고 있는 비디오카메라에서 수집한 이미지를 컴퓨터로 생성한 그래픽에 결합한다. 결합된 이미지는 사용자가 쓴 헤드셋의 디스플레이에 표시된다.
출처: Head by decade3d / Depositphotos.com

광학 투과형

광학 투과형 디스플레이로는 홀로그램 가이드나 단안식과 쌍안식으로 그래픽, 동영상, 심볼을 광학적으로 현실 환경 위에 겹쳐 보여주는 시스템을 통해 앞의 풍경을 보게 된다.

비디오 투과형

비디오 투과형 헤드마운트 디스플레이HMD는 우선 디스플레이 전면에 탑재된 비디오 카메라 한두 개로 현실 세계 뷰를 포착한다. 이 이미지는 컴퓨터로 생성한 이미지와 결합한 다음 사용자에게 보인다.

핸드헬드/모바일 AR 기기

이 책은 전통적인 웨어러블 AR과 VR 기술을 주로 살피지만, 그림 1.6처럼 태블릿 컴퓨터와 스마트폰 기반 핸드헬드 증강 디스플레이 기기 역시 중요하다. 이 시스템은 모두 장착된 카메라로 찍은 현실 세계의 장면을 컴퓨터가 생성한 이미지와 병합하기에 비디오 투과형 기기로 분류된다.

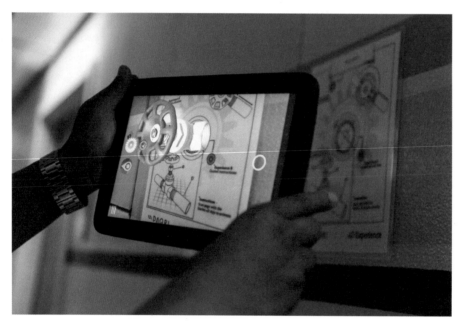

그림 1.6 스마트폰 및 태블릿 디스플레이 정보 오버레이와 디지털 콘텐츠가 물리적 개체 및 위치에 연결된 핸드헬드 증강 현실 시스템. 이 예제에서 태블릿 앱은 벽에 붙인 일러스트에 임베드된 AR 아이콘을 인식해 밸브 손잡이의 3D 모델을 보여주는데, 사용자가 태블릿을 움직여도 고정된 위치를 유지한다.
출처: 해군 연구국 제공 사진

일부 증강 현실 디스플레이의 또 다른 핵심 속성은 호스트 시스템의 카메라 이미지 분석이다. 그런 시스템의 사례는 17장에 있는데, 카메라 이미지를 분석해 조종석이 어디서 끝나고 창이 어디서 시작되는지 감지해 가상 항공기를 조종사의 시야에 삽입한다.

가상 현실이란 무엇인가?

가상 현실이란 용어는 다양한 이유로 정의하기가 극히 어려웠다. 가상과 현실이라는 모순된 단어가 함께 있는 점도 여기에 한몫했다.

'3D'라는 단어와 조금이라도 연관이 있다면 어떤 디스플레이 기술이든 게으른 마케터와 유행의 흐름을 타고 관심을 끌어보려는 이들의 '미투us too' 전략의 대상이 되곤 한다. 가상 현실이란 용어는 이렇게 차별성이 떨어지고 광범위한 제품에 사용되면서 엄청난 오해의 시발점이 됐다.

이 책에서 가상 현실이란 원래의 정의인 디스플레이 기술로, 착용형이든 설치형이든 사용자에게 그림 1.7처럼 3D 컴퓨터 모델이나 시뮬레이션을 통해 실제감과 몰입감이 매우 높은 감각을 제공하는 것을 의미한다. 이를 달성하기 위해서는 스테레오 헤드마운트(혹은 헤드커플드) 디스플레이와 컴퓨터 지원 가상 환경CAVE과 돔dome 등 풀 혹은 준몰입형 대형 프로젝션 기반 시스템이라는 두 가지 방법이 주로 쓰인다.

그림 1.7 재구성된 이 이미지는 몰입형 가상 현실의 기본 개념을 묘사한 것이다. 본질적으로 3D 세계를 2D 창으로 보는 방식인 데스크톱 모니터를 보는 것과 달리, 몰입형 가상 현실 시스템은 사용자로 하여금 3D 모델이나 시뮬레이션 속에 실제로 들어와 있는 것 같은 감각을 경험하게 한다.
출처: 합성 이미지 제공 – NASA와 이노베이티드캡처스 ⓒ 123RF.com

많은 가상 현실 시스템과 애플리케이션은 여러 3D 오디오 솔루션을 통합해 시각 디스플레이를 보완하기도 한다. 이런 시스템은 8장, '오디오 디스플레이'에서 더 상세히 일아보사.

가상 현실이라는 용어는 최초의 상용 VR 제품 제조사인 VPL 리서치 주식회사의 창업자 겸 CEO였던 재런 러니어 Jaron Lanier가 1987년 처음 사용하며 유명해졌지만, 가상 현실의 핵심 개념과 이를 활용한 기술 개발은 그보다 수십 년 전에 이미 시작됐다.

특히 주목할 점은 미국의 컴퓨터 과학자이자 그래픽의 선구자인 이반 서덜랜드 Ivan Sutherland의 연구다. 1960년대 중반 하버드대 전기공학과 부교수로 재직하던 시절에 서덜랜드는 벨 헬리콥터 사를 방문했는데, 거기서 헬기 밑에 장착해 까다로운 야간 착륙에 도움을 줄 적외선 카메라에 연결된 스테레오 헤드마운트 디스플레이를 봤다. 서덜랜드는 이렇게 설명한다.

> "우리는 CRT가 둘 있는 그 헤드마운트 디스플레이 사본을 얻었다. 그리고 거기에서 한 단계 발전해, '적외선 카메라 대신 컴퓨터로 이미지를 만들어 넣으면 흥미롭지 않을까?' 라는 생각이 들었다."[서덜랜드, 2005]

그림 1.8에 보이는 대로 서덜랜드가 사용한 벨 헬리콥터 HMD는 두 대의 CRT 기반이었는데, 사용자 머리 양쪽에 하나씩 장착했다. CRT에서 생성된 이미지는 일련의 렌즈와 반도금된 거울을 통해 눈 쪽에 비춰졌다. 서덜랜드와 동료는 천장에 매달려 사용자의 머리 움직임을 트래킹하는 전기자 armature를 개발했다. 이 시스템으로 만든 시각 효과는 사용자가 보는 현실 세계 위에 단순한 와이어프레임 지오메트리를 겹쳐 보여주는 것이다. 천장에 매달아서 디스플레이에 연결한 트래킹 전기자로 전환을 계산하고, 사용자 시점의 물리적 변화를 반영해 와이어프레임 이미지 뷰를 업데이트할 수 있었다.

그림 1.8 벨 헬리콥터가 개발해 컴퓨터 과학자 이반 서덜랜드와 학생들이 초기 증강, 가상 현실 연구에 사용한 헤드마운트 디스플레이
출처: 플리커에 실린 파라곤 이미지. CC 2.0 라이선스에 의거 수록

서덜랜드가 1960년대와 1970년대 민간 연구소에서 연구하는 동안, 미 공군도 자체 개발을 진행했다. 특히 오하이오 라이트 패터슨 공군 기지에서 토마스 퍼니스 박사 Dr. Thomas Furness의 지휘하에 수행한 연구는 주목할 만하다. 이 프로젝트 중 하나가 비행기 조종용 가상 인터페이스 개발이었다. 1982년 퍼니스는 그림 1.9의 VCASS(가상으로 커플링된 항공 시스템 시뮬레이터)라는 시스템을 시연했다.

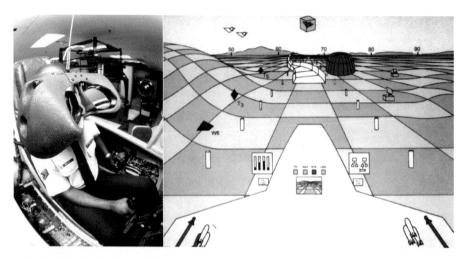

그림 1.9 왼쪽은 연구소의 조종석에 앉아, 미 공군의 가상으로 커플링된 항공 시스템 시뮬레이터(VCASS) 헬멧을 착용한 엔지니어다(1982년경). 오른쪽의 지형도, 심볼, 항공전자 데이터가 사용자에게 표시된다.
출처: 미 국방부 제공 사진

VCASS 시스템은 고해상도 CRT로 컴퓨터로 생성한 3D 지도, 센서 이미지, 항공 데이터 등 시각 정보를 시뮬레이터 조종사에게 표시해줬다. 조종사는 헬멧의 트래킹 시스템, 음성 조종, 기타 센서를 활용해 제스처, 말, 안구 동작으로 항공기 시뮬레이터를 작동할 수 있었는데, 데이터로 가득한 가상 공간에 몰입하면 자연히 조종할 수 있게 되는 방식이다[로우드(Lowood, 2016].

이런 초기 시스템으로부터 오늘날까지 다양한 완전 몰입형 스테레오 헤드마운트 디스플레이가 개발됐지만, 대부분은 시뮬레이션 및 훈련을 위한 초고급 제품이었다. 이런 시스템의 상용 버전이 시장에 진입하게 된 것은 2년가량에 불과하다. 이런 디스플레이 중 상당수는 6장, '완전 몰입형 디스플레이'에서 상세히 설명하겠다.

결론

이 장에서는 가상 현실과 증강 현실 시스템의 기본 토대를 탐구하고, 둘의 차별성과 함께 밀접하게 관련돼 있지만 서로 다른 점을 살펴봤다. 가상 현실이 엄청난 유행을 끌고 있지만, 두 기술 중에서는 궁극적으로 증강 현실이 더 폭넓게 수용될 것이 분명해 보인다.

어떤 시장에서든 가장 성공적인 제품은 중요한 수요를 충족하거나 실제 문제를 해결하는 제품임을 명심해야 한다. 이런 면에서 일반 사용자나 기업의 직원이 일상생활이나 업무 수행 중 개인용 데이터 디스플레이를 활용할 수 있다면 매우 유용할 수많은 애플리케이션을 생각해볼 수 있다. 스마트폰과 앱, 전반적인 '모바일 라이프스타일'의 확산이 이미 이를 입증한다.

반면 완전 몰입형 가상 현실에는 공간 제약이 있으며, 사용자를 현실 세계와 격리시킨다. 일단 사용자가 헤드마운트 디스플레이를 착용하면 주위 환경을 볼 수 없기에 이동성이 극히 제한된다. 대중 시장의 게임과 엔터테인먼트를 넘어 가상 현실은 이책 전반에 걸쳐 설명하는 다양한 전문 애플리케이션 시장으로 확장할 것이다. 그러나현실적으로 몰입형 가상 현실을 대부분의 인구가 자체 제품으로 원하거나 필요로 할까? 그럴 가능성은 낮다.

이 책을 읽어가면서, 현재 시판되고 있는 픽셀 기반 LCD, OLED, AMOLED 가상 현실 디스플레이가 결국은 듀얼 증강 헤드셋이나 심지어는 콘택트렌즈에 자리를 내줄 것임을 곧 알게 될 것이다. 이런 시스템의 개발은 이미 진행 중이다.

2장

가상 공간의 이해

가상 공간이란 개념은 최근의 유행이나 뉴에이지의 철학적 사유, 다른 뜻으로 활용하는 사례로 인해 혼동이 있을 수 있다. 2장에서는 물리적 공간과의 유사성 및 차이점, 공간을 정의하고 특징지으며 구성하는 데 사용하는 규약, 그리고 내비게이션 도구와 기법을 포함한 가상 공간의 기본 개념을 살펴본다.

가상 공간과 콘텐츠의 정의

공간의 개념과 특성에 대한 관점과 정의는 연구나 직업 분야에 따라 다양하다. 역사적으로 이 주제는 고대까지 거슬러 올라가 철학자와 과학자 간의 가장 큰 논쟁이 되기도 했다. 그리스의 철학자이자 수학자인 플라톤(기원전 428~348)은 '티마이오스 Timaeus'라는 담화에서 공간은 창조가 발생하는 자궁이자 그릇으로 설명했고, '파르메니데스Parmenides'에서는 누군가 어딘가에 있으면, 뭔가의 안에 있는 것이라고 했다[조 웨트(Jowett), 1901]. 아리스토텔레스(기원전 384~322)는 '자연학Physics'(4권)에서 공간 혹은 장소는 포함하는 몸체의 내적 한계라 주장했다[멘델(Mendell), 1987].

더 넓은 과학과 수학 커뮤니티에서는 최근 물리적 공간의 개념을 물체가 있고 사건이 발생하며 상대적 위치와 방향을 지닌 경계가 없는 삼차원의 범위로 분명히 정의하고 있다[미리엄 웹스터 2016]. 물리학자는 보통 물리적 공간을 시간과 함께 우주 시간spacetime 이라고 알려진 사차원 연속체의 일부로 간주한다.

컴퓨터 과학 분야에서 공간이라는 단어는 근본적인 개념과 물리적 공간, 시간, 물질에 관해 과학적으로 검증된 사실보다는 유추나 비유로 사용된다. 이런 맥락에서 공간과 세계는 순수하게 수학적으로만 특징짓고 정의된다. 즉, 공간과 세계는 물리적 형태로 존재하는 것이 아니라, 반도체 메모리나 보조 저장 장치에 있는 실리콘 기반의 트랜지스터에 저장된 비트, 바이트로 존재한다. 프로그래머나 디자이너가 지정한 속성에만 지배받기 때문에 이런 가상 공간, 세계, 환경이 보이고 조직되며 동작하는 방식에 무한한 유연성이 적용된다.

가상 현실과 증강 현실 개발자는 이런 디지털 공간의 시각과 음향 속성을 정확히 시뮬레이션하려 노력하며, 창작에 활용하는 핵심적 기본 개념을 학습하는 것이 중요하다.

가상 공간과 객체 공간

가상 현실과 증강 현실 분야에 적용되는 시공간visual space이라는 용어는 사용자나 참여자가 경험하는 가상 환경에서 인지되는 공간, 혹은 시각적 공간이라고 정의할 수 있다. 사용자가 인지하는 장면은 실제로는 빛이 눈에 들어와 각막과 수정체를 통과해

결국 망막 간상체와 추상체에 닿고 전기적 자극으로 변환돼서 전송된 후 해석되므로 시공간은 고유성을 띤다(3장, '시각의 구조'에서 이 과정은 더 자세히 설명하겠다). 달리 말해 우리 주위 세상에서 물체의 위치라고 인식하는 것은 사실 두 눈의 망막에 쏟아져 들어오는 빛의 패턴을 재구성한 것이다.

눈의 광학적 경로와 심도, 크기, 형태, 거리, 방향, 동작 인지 신호 같은 다양한 감각적 단서가 궁극적으로 사용자가 '본' 것이 정확히 무엇인지에 매우 중요하게 작용하지만, 입체적 이미지가 제시되는 방식도 그만큼 중요하다. 광학이 비주얼 씬을 왜곡하는가? 관점과 그에 따른 물체의 크기, 위치가 반구형 디스플레이나 다른 대규모 몰입형 뷰잉 시스템 같은 곡면에 영사됨으로써 왜곡되는가? 양쪽 눈에 각기 다르게 재현된 공간이 자주 보이는가?

이런 다양한 변수의 작용을 감안할 때, 시공간은 3D 모델 개체의 위치와 형태가 다양한 좌표 시스템과 단순한 지오메트리 중 하나로 정확히 정의된 가상 객체 공간의 주관적 대응물로 간주할 수 있다.

콘텐츠

대부분 가상 공간/세계/환경에 담긴 콘텐츠는 그림 2.1처럼 오토데스크의 3ds 맥스, 오토캐드, 마야, 다쏘시스템Dassault Systèmes의 CATIA 등 수십 가지 상용 3D CAD, 지오메트리 모델링 프로그램 중 어떤 것으로든 제작할 수 있다. 개별 객체나 현대적 항공기의 동체, 정유소의 파이프 도면 등 복잡하고 고도로 상세한 모델을 이런 소프트웨어로 만든 후 시뮬레이션 엔진으로 임포트하면 선택한 디스플레이에 표시할 수 있다.

그림 2.1 세련된 3D 모델이든 간단한 개별 개체든 CAD와 지오메트리 모델링 프로그램으로 제작할 수 있다.
출처: 플리커에 실린 i.love.marimilk 이미지. CC 2.0 라이선스에 의거 수록

그림 2.2와 같이 예측하기 어려운 크기와 구조의 큰 데이터셋을 시스템에 피딩해야
하는 과학적인 시각화 애플리케이션이라 해도, 시각적 재현을 구성하기 위해 사용하
는 점, 직선, 원, 곡선, 삼각형, 폴리곤 같은 개별적 기초 요소부터 육면체, 원기둥, 구,
뿔 같은 입체와 셀 수도 없이 복잡한 표면의 변형 등은 엔지니어나 소프트웨어 디자
이너가 만든 수학적 사전 정의의 산물이다. 실제 지오메트리의 재현을 넘어서, 이런
모델에는 텍스처, 빛 반사 속성, 투명도, 음향의 반사 속성, 강도(촉각/포스 피드백 인
터랙션) 등의 특징과 속성이 있다. 가상 세계에서는 그 무엇도 저절로 생기지 않는다.
모든 것이 특정한 의도대로 만들어진 것이다.

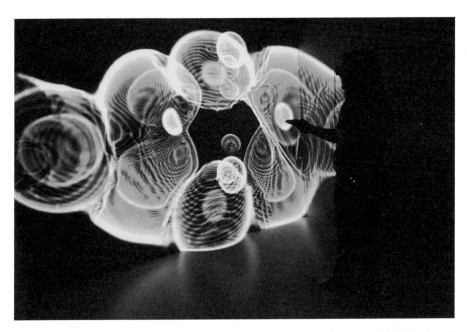

그림 2.2 아이다호 국립 연구소의 지구와 환경 과학 첨단 에너지 연구 센터 연구원들은 컴퓨터 지원 가상 환경(CAVE) 같은 몰입형 가상 현실 시스템으로 시각화와 분석을 위한 복잡한 과학적 데이터를 표시한다.
출처: 플리커에 실린 아이다호 국립 연구소 이미지. CC 2.0 라이선스에 의거 수록

마지막으로 독자들이 연구 환경 밖에서 마주칠 대부분의 가상 현실과 증강 현실 애플리케이션 가상 콘텐츠는 다음에서 설명할 2D, 3D 해석 기하학(데카르트 기하학이라고도 함) 원칙을 기초로 한다.

삼차원의 위치와 방향 정의

인간은 삼차원적 존재다. 삼차원의 물리적 환경 속에서 보고 듣고 상호작용을 하며 움직인다. 이 책을 읽어나가면서 알게 되겠지만, 우리의 인지 구조는 분명히 이런 식으로 정보를 처리하는 데 최적화돼 있다. 사실 이런 인지적 강점을 활용하는 것이 고급 인간-컴퓨터 인터페이스의 설계, 개발, 원리 연구를 지속하는 핵심적 이유다. 결과적으로 대부분의 가상 환경은 2D와 3D 지오메트리 요소를 배치한 3D 좌표 시스템을 이용해 정의된다.

위치 결정

가상 및 증강 현실 애플리케이션의 레이아웃과 프로그래밍에서는 데카르트 직선 좌표계, 구면 극좌표로 알려진 각도 방법론angular method, 원기둥이라는 세 가지 좌표 시스템이 주로 쓰인다. 일반 사용자는 이런 좌표계로 작업할 필요가 거의 없지만, 기본 기능과 응용법을 이해해두면 좋다.

데카르트 좌표계

친숙하고 정확하며 단순하기에 가상 공간은 대부분 그림 2.3처럼 표준 데카르트 좌표계로 정의된다. 이 좌표계에서 각 지점은 서로 직각을 이루는 평면에서의 특정한 거리(같은 길이 단위로 측정)를 나타내는 세 개의 숫자로 된 좌표(x, y, z)로 고유하게 지정된다. 이런 형식으로 객체의 지오메트리, 여러 객체의 상호 관계, 객체 공간 내의 위치가 정확히 정의되고 저장된다.

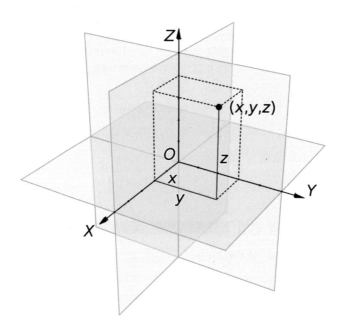

그림 2.3 3D 데카르트 좌표계에서 각 지점은 고유한 x, y, z 값으로 식별된다.
출처: 위키미디어, 조지 스톨피(Jorge Stolfi)의 일러스트레이션

실질적, 이론적, 창의적 가상 공간의 수학적 매핑에 가장 흔히 활용되는 접근법이기도 하지만, 데카르트 좌표계는 그 공간 안에서 사용자의 위치와 관점을 정의하는 데도 쓰인다.

구형 극좌표

가상 공간의 점과 선, 면, 완전한 객체는 보통 표준 데카르트 좌표로 정의되지만, 가상 음원이나 구형 동영상(360도 동영상이라고도 함) 매핑 같이 사용자 위치에 상대적인 객체와 기능의 위치는 구형 극좌표spherical polar coordinates라는 다른 좌표계로 정의할 때가 많다. 그림 2.4처럼, 이 좌표계는 구체를 양분하는 기본 면을 기초로 하며 방위, 앙각, 거리(등급이나 범위)라는 세 요소로 구성된다. 이 좌표계와 그 음원 위치 측정의 적용은 7장, '청각의 구조'에서 상세히 다룬다.

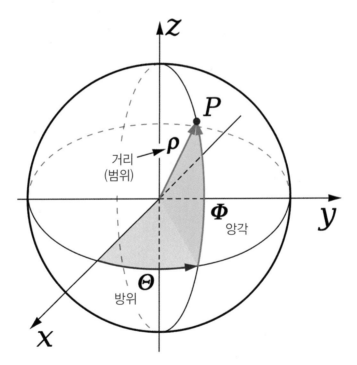

그림 2.4 점(P), 방위(Θ), 거리/범위(ρ), 앙각(Φ)을 정의하는 구형 극좌표의 도식
출처: 위키미디어, Andeggs의 일러스트레이션

원기둥 좌표계

가상 현실 애플리케이션에서 흔히 적용하며, 1990년대 애플 퀵타임 VR의 유물인 세 번째 좌표계는 원기둥 좌표계다. 360도 × 180도의 '몰입형' 파노라마나 360도 동영상 배경의 정지 화면 모자이크를 생성할 때는 모든 점이 중앙 참조 축으로부터 같은 거리에 있으므로 이 좌표계를 사용하는 수학적 기술이 다양한 이미지의 중첩, 가장자리 이어붙이기edge stitching를 위한 정확한 매핑과 정렬에 쓰인다.

그림 2.5에서 보듯, 이 중앙 참조 축(L)은 원기둥이나 경도 축으로도 불리는데, 방사 거리(r)를 정의하는 원점(O) 역할을 한다. 각의 좌표는 j로 정의되고 높이는 z로 정의된다.

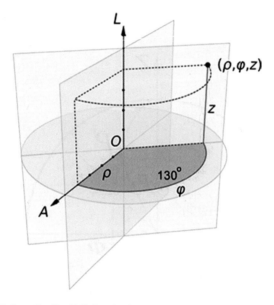

그림 2.5 원점 O, 극의 축 A, 경도 축 L인 원기둥 좌표계. A와 L을 따라 해시가 표시되고, 점은 방사 거리 (r) = 4, 각 좌표 (j) =130도, 높이 (z) = 4인 점이라는 것을 잘 보자.
출처: 위키미디어, 조지 스톨피(Jorge Stolfi)의 일러스트레이션

원기둥 좌표는 경도 축을 중심으로 회전하며 대칭해야 하는 설정에서 유용하지만, 이 방법은 360도 × 180도 파노라마 애플리케이션 같은 수직 시야 방식에 제한됨을 알아둬야 한다.

방향과 회전의 정의

물체의 위치(혹은 포지션) 정의 외에도 물체와 사용자 관점의 방향과 회전을 물체 공간의 좌표계에 상대적으로 정의하고 추적해야 하는 경우가 흔하다. 몇 가지 간단한 사례를 들어보면, 가상의 손 같은 물체의 운동 정의와 사용자가 헤드마운트 디스플레이를 착용한 채 바라보는 방향 추적 등이 있다.

이차원에서는 한 축에 대해 발생하는 회전에 1 자유도만 있어서 한 자리 숫자 값이 나온다.

삼차원에서 방향은 물리적인 강체와 유사하게 정의되며, 적어도 세 개의 독립적인 값이 필요하다. 그림 2.6처럼 테이트 브라이언^{Tait-Bryan} 각도를 사용하는 경우가 대부분인데, 더 정확히 표현하자면 롤^{roll}, 피치^{pitch}, 요^{yaw}다.

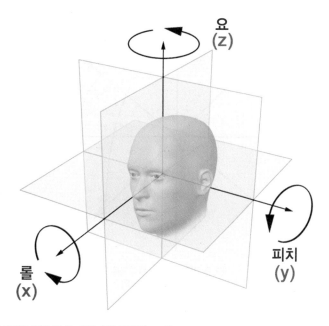

그림 2.6 세 유형의 회전, 즉 롤, 피치, 요를 보여주는 그림
출처: S. 옥스타칼니스(Aukstakalnis) 일러스트레이션

가상 및 증강 현실에서는 포지션(x, y, z)과 방향(롤, 피치, 요)을 일반적으로 6 자유도(보통 6 DOF로 줄여서 표현함)라 부르는 경우가 흔하다.

3D 컴퓨터 시뮬레이션에서 물체의 회전과 궤도를 정의하기는 좀 더 복잡하다. 다시 그림 2.6에서 이미지 왼쪽 하단을 향하는 머리 방향을 오른쪽 위로 향하도록 바꾸고 싶은 경우 두 가지 방법을 선택할 수 있다. 원하는 위치에 도달할 때까지 개별 축을 따라 머리를 계속 회전시키거나, 한 번의 부드러운 동작으로 위치를 재조정하는 것이다.

첫 번째 방식에서는 오일러 각$^{Euler\ angles}$을 사용할 텐데, 고정된 축에 대해 주어진 한 각도로 한 번 회전하는 조합을 기초로 하지만, 짐벌^{gimbal} 잠김과 덜컹거리는 동작이 문제가 된다. 두 번째 방식은 4원수를 사용하는 것인데, 그림 2.7처럼 공간상에서 방향 보간을 매끄럽게 삽입하는 정규 4좌표계$^{normalized\ 4\text{-}coordinate\ system}$로 매트릭스 형태로 표현된 방향 조합보다 빠르다.

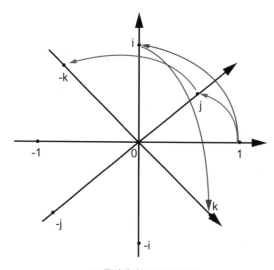

4D 공간에서 90도 회전하는
4원수 유닛 프로덕트의
그래픽 표현

ij = k
ji = -k
ij = -ji

그림 2.7 4D 공간 내 4원수 단위의 그래픽 재현. 회전을 표현하는 데 사용되며, 4원수는 간결하고 짐벌 잠김 문제도 없고 보간이 쉽다.
출처: 위키미디어, 프로캅 하팔라(Prokop Hapala)의 일러스트레이션

시뮬레이션 속 객체의 위치, 방향, 회전을 정의하는 것 외에, 이 기법 중 상당수는 실제 사용자의 머리와 손의 위치 및 방향을 계산할 때도 사용된다. 이 기능을 구현하는 기술은 11장, '위치, 방향, 동작 추적용 센서'에서 상세히 알아보자.

내비게이션

가상 환경에서의 내비게이션과 길 찾기는 일견 상당히 단순한 개념으로 보일 수 있지만, 사실 이 분야에서 가장 복잡하고 확립되지 못한 주제다. 수많은 연구가 이뤄지고 있는 영역은 내비게이션 인터페이스 디자인, 공간 인지 연구, 실제 세계의 결과와의 비교, 인간적 요소 고려 등이다.

일반적으로 대부분의 가상 환경 내비게이션은 가까이 있는 작업은 물리적 이동을 통해 하고 큰 가상의 거리를 다룰 때는 수동 인터페이스를 활용하는 두 가지 방식으로 처리된다[슬레이터(Slater) 등 1995]. 가장 단순한 예로, 근사하게 렌더링된 스포츠카가 중앙에 있는 가상의 방에 서 있다고 상상해보자. 이럴 때 시점을 바꾸고 싶을 경우 어떤 종류든 수동 인터페이스를 이용하기보다는 오히려 직접 자동차 모델 주위를 걸어 다니며 멋진 디자인을 감상하고, 어쩌면 창 하나에 고개를 밀어 넣어 내부를 구경하는 등의 행동을 할 것이다.

그럼 이제 중국 베이징에 있는 자금성의 가상 모델 안에 서서 구경한다고 상상해보자. 헤드마운트 디스플레이를 착용 중이라면 물리적으로 움직일 수 있는 범위가 활용되는 트래킹 기술의 유효 범위나 장치의 케이블 길이로 제한될 것이다. CAVE 같은 대규모 몰입형 시설 안에 있다면, 이 시스템의 유효 디스플레이 영역(평균 3~4평방미터)으로 움직임이 제한된다.

그렇다면 어떤 방식을 택해야 할까?

수년간 3D 마우스, 지시봉, 게임 컨트롤러, 제스처 인식 장갑, 동작 인식 반지, 조이스틱, 운전대, 다방향 러닝머신, 시선 추적 내비게이션 및 다양한 요구에 맞춰 다양한 옵션을 제공하는 기기 등 말 그대로 수십 가지 수동 인터페이스가 도입됐다. 각각 버튼, 토글, 미니어처 조이스틱 등 공간 전반에 대한 사람의 시점을 해석하게 해준다.

수동 인터페이스 외에는 사용자가 제자리에서 걷게 해 보통의 직관적 운동 수단을 확장해주는 대형 시스템도 있다. 다방향 러닝머신과 그림 2.8의 VirtuSphere라는 직경 3미터의 햄스터 볼 같은 기기 등이 여기에 해당한다. 현재 가상 환경을 통해 내비게이션을 도와주는 상용 컨트롤러 중 상당수는 12장, '내비게이션과 상호작용 구동 기기'에서 자세히 설명한다.

그림 2.8 VirtuSphere는 사용자가 어떤 방향으로든 걸을 수 있도록 제자리에서 회전하는 3미터 직경의 기기다.
출처: 위키미디어의 폴 먼데이(Paul Monday) 일러스트레이션. GNU GFDL 라이선스에 의거 게재

짐작하다시피 보편적으로 사용 가능한 인터페이스 솔루션은 아직 나오지도 않았고, 앞으로도 나올 것 같지 않다. 언제나 가상 환경 내의 운동 수단, 내비게이션, 객체와의 상호작용은 현재 진행 중인 과제일 것이다. 예를 들어 게이머의 내비게이션적 요구는 디자인 리뷰를 하는 건축가나 항공학 엔지니어의 요구 사항과는 상당히 다르기 때문이다.

결론

이 장에서 살펴봤듯이, 가상 공간(가상 환경과 가상 세계)은 실제나 상상한 물체, 위치, 현상을 수학적으로 정의한 3D 재현에 지나지 않는다. 전혀 신비롭거나 영적인 것이 아니다. 하이퍼 리얼리티, 사이버 모달리티cyber modality, 컴퓨터로 재현한 대안 우주computer-mediated alternate universe 같이 알쏭달쏭하고 어려운 용어를 쓰지 않고도 정확하고 이해하기 쉽게 설명할 수 있다. 이 장에서 소개한 기본 개념은 책의 후반으로 가면서 계속 확장해 나가겠다.

2부

사람의 감각과
입출력 기기의 관계 이해

3장

시각의 구조

사람의 눈은 공학적으로 경이로울 만큼 정밀하다. 인체의 감각 수용체 중 70%가 눈에 몰려 있다. 대뇌 피질 중 40%는 시각 정보의 처리에 어떤 식으로든 관련돼 있다고 한다. 이런 시스템의 주된 감각 구제를 이해해야만 증강과 가상 현실의 배경이 되는 핵심 기술을 완전히 파악할 수 있다. 3장에서는 시각적으로 현실과 가상 세계를 인지하게 해주는 생리학적 과정에 중점을 두고 사람의 시각 구조를 알아보자.

시각 경로 ▬▬▬▬▬▬▬

모든 것은 빛에서 시작한다. 사람의 시각을 근본적으로 자극하는 것이 바로 빛이다. 빛은 전자기적 방사의 하나로, 망막을 자극해 시각이라는 감각을 만들어낸다. 빛은 파도가 연못 표면을 퍼져가듯 공간을 통과한다. 과학에서는 파장을 측정해 전자기적 방사를 분류하는데, 연속되는 파동의 두 정점 간의 거리를 파장이라고 한다. 전자기에는 전파, 적외선, 가시광선, 자외선, X레이, 감마선이 있다. 그림 3.1처럼 사람의 눈은 전자기적 스펙트럼에서 대략 380~740나노미터 사이라는 좁은 대역의 파장만 감지한다. 1나노미터ⁿᵐ는 1미터의 10억 분의 1이다.

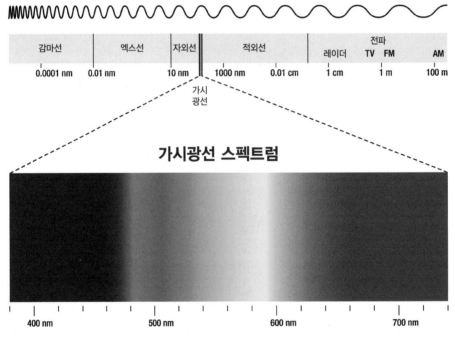

그림 3.1 이 도식은 전자기의 모든 영역을 표시한 것이다. 아래로 뽑은 색상은 눈의 망막이 자연적으로 감응하는 부분을 확대한 것이다.
출처: 피터 헤르메스 퓨리안(Peter Hermes Furian) 일러스트 / Depositphotos.com

전자기 스펙트럼 대역을 나누는 정확한 경계가 정의된 것은 아니고, 각 대역은 무지개 색처럼 서로 조금씩 겹치며 달라진다. 감마선 파장은 서서히 X레이로 바뀌고, 다시 조금씩 자외선으로 변하는 식이다. 인간이 인지할 수 있는 가장 긴 파장은 빨간색으로 보이는 빛에 상응하고, 가장 짧은 파장은 보라색으로 보이는 빛에 대응된다. 하지만 이 스펙트럼에 건강한 사람의 눈이 구별할 수 있는 모든 색이 들어있는 것은 아니다. 예를 들어 분홍, 자주, 진홍 같은 색은 여러 파장이 혼합된 색이다.

현실 세계에서 물체의 가시적인 색은 빛의 파장이 흡수되거나 반사돼 결정된다. 이것을 분광 반사율이라고 하는데, 반사된 파장만이 눈에 도달해서 색으로 구별된다. 간단한 예를 들면, 흔한 식물의 잎은 녹색 파장을 반사하고 빨강, 주황, 파랑, 보라색은 파장을 흡수한다.

눈으로의 진입

사람의 눈은 복잡한 광학 수용체지만, 기능적으로 카메라와 비슷하다고 간주하면 비교적 이해하기 쉽다. 빛은 일련의 광학 요소를 통과해 진입하는데, 그러면서 굴절되고 초점이 맞는다. 조리개가 조정돼 렌즈 구멍을 통과하는 빛의 양을 조절하면, 이 빛이 이미지 면에 맺힌다. 사람의 눈도 마찬가지로, 그림 3.2처럼 각막과 수정체가 초점을 맞추고 홍채는 적절한 양의 빛이 렌즈 구멍을 통과하도록 조정하는 조리개 역할을 하며 카메라와 같은 기본 기능을 한다. 뒤집힌 빛의 상은 필름 대신 매우 민감한 망막에 맺힌다.

각막

빛은 시야 안의 모든 방향에서 투명한 돔 형태며 표면은 고도로 조직화된 세포와 단백질로 구성된 각막을 통해 눈에 진입한다. 눈에서 일어나는 빛의 굴절 중 대부분(~80%)은 각막의 곡면과 굴절률의 차이에 의해 공기와 각막이 접하는 곳에서 일어난다. 각막 뒤에는 수정체라는 투명한 구조가 또 있는데, 수정체는 형태가 효과적으로 변하면서 광학 초점 거리를 다양하게 조절해주는 섬세한 초점 조절 장치다[델라메르(Delamere), 2005]. 각막과 수정체 두 광학 조직 사이의 공간은 전안방이라고 부르며, 모양체에서 만들어내는 수양액이라는 맑은 액체로 채워져 있다. 수양액은 각막 중심부와 수정체에 양분(특히 아미노산과 포도당)을 제공하는데, 각막과 수정체는 자체적으로 혈액 공급이 되지 않기 때문이다. 각막의 앞면은 눈을 깜빡일 때 안구 표면에 퍼지는 눈물에서 똑같은 양분을 공급받는다.

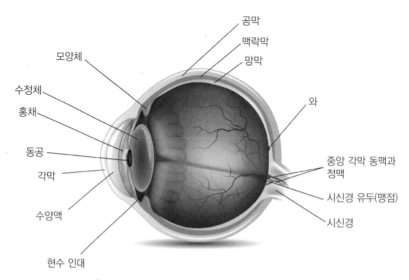

그림 3.2 사람 눈의 주요 구조와 공동을 보여주는 수직 단면도
출처: 일러스트 guniita © 123RF.com

동공

빛이 각막과 수양액으로 가득한 전안방을 통과한 다음에는 그 빛의 일부가 눈에서 색깔이 있는 홍채라는 기관 중앙에 위치한 구멍을 통과한다. 이 구멍은 동공이라고 하며, 빛이 망막에 부딪히도록 해준다. 동공은 외관상 검게 보이는데, 구멍에 진입하는 빛의 대부분을 반사율이 거의 없는 눈 안쪽이 흡수하기 때문이다.

앞에서 설명한 대로, 카메라의 조리개와 비슷하게 동공의 크기는 시각적 자극의 변화에 따라 변해 그림 3.3의 홍채 확장이 일어난다. 빛이 적은 상황에서는 동공이 확장돼 더 많은 빛이 진입하게 해준다. 그리고 조도가 높을 때는 동공의 크기가 작아진다. 불수의적인 이 반응을 동공 반사라고 한다.

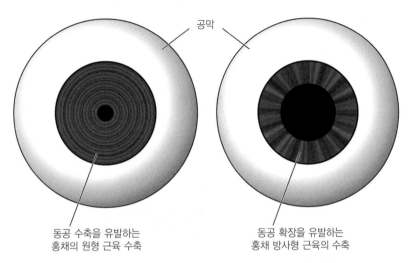

그림 3.3 카메라의 조리개와 비슷하게, 동공의 크기는 시각적 자극과 초점 변화에 맞춰 수축한다.
출처: 일러스트 hfsimaging ⓒ 123RF.com

수정체

동공을 통과하는 빛은 즉시 수정체라는 새로운 광학 조직에 진입한다. 수정체는 거의 완벽하게 투명하고 유연한 구조체로, 표면에는 섬유 세포가 집중 배열돼 있다. 가장 바깥 표피 섬유는 대사 작용이 활발하며, 수정체는 각막과 비슷하게 둘러싸고 있는 액체에서 필요한 양분을 공급받는다.

초점 조절

수정체는 모양체 근육과 그 바깥을 둘러싼 섬세한 현수 인대가 붙들고 있다. 그림 3.4와 같이 먼 곳을 멍하니 볼 때처럼 눈이 이완된 상태에서는 수정체가 평평한 형태를 유지해, 먼 곳을 잘 볼 수 있는 최대 초점 거리를 제공한다. 이 형태를 취하려면, 수정체를 둘러싼 모양체 근육은 모든 방사형 근육과 마찬가지로 수축된 상태에서 확장된 개방 상태로 전환된다. 그러면서 근육과 수정체를 연결하는 현수 인대(모양 소대)에 바깥쪽으로 장력을 줘서, 이 힘이 수정체를 팽팽하게 당긴다. 눈이 근거리 물체에 초점을 맞출 때는 반대의 과정이 일어난다. 수정체를 둘러싼 모양체 근육이 수축돼 현수 인대의 긴장이 풀리고, 수정체가 자연스럽게 더 둥글고 양면이 볼록한(양쪽 모두 곡면) 형태가 돼 근거리 물체에 초점을 분명히 맞추기 위해 필요한 굴절력이 커진다.

눈의 광학적 힘이 변하도록 해서 관찰자가 빠르게 다양한 피사계 심도의 물체 간에 초점을 전환하게 해주는 변형 과정을 초점 조절이라고 한다.

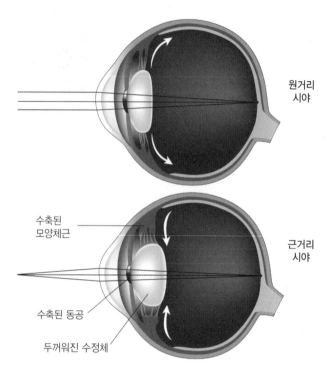

원거리
시야

수축된
모양체근

근거리
시야

수축된 동공

두꺼워진 수정체

그림 3.4 눈의 광학적 힘이 변해서 관찰자로 하여금 빠르게 물체들 간의 초점을 전환하게 해주는 과정
출처: 일러스트 alila ⓒ 123RF.com

망막이 흐려지는 것은 흔히 초점 조절을 위한 자극이라고 생각하지만, 이 과정은 이 장 후반에 논의할 이접 운동과도 긴밀히 연결돼 있다[레이(Leigh)와 지(Zee), 2015, 524].

21장, '인적 요인의 고려 사항'에서 보겠지만, 이 특이한 반사 작용은 우리가 현실 환경을 보는 데는 완벽하다. 그러나 최신 3D 디스플레이 기술의 사용에는 큰 문제가 된다. 이런 문제 중 하나는 현재 3D 디스플레이가 2D 표면에 이미지를 표시한다는 사실이다. 그래서 이접 운동과 망막에 맺힌 이미지가 흐릿한 초점 신호는 묘사된 장면의 심도가 아니라 디스플레이 표면의 심도 때문이다. 게다가 3D 디스플레이가 요구하는 이접 운동과 초점 조절의 분리 때문에 양쪽 눈의 정보를 합치는 능력이 줄어들어, 시청 피로감과 불편함을 야기하는 경우가 잦다[램부이지(Lambooij) 등 2009].

40세까지는 수정체의 변형성이 높다는 점도 흥미로운데, 40세부터는 점차 탄력을 잃기 시작한다. 둘러싼 피막 세포의 신진대사로 인해 점점 딱딱해진 결과, 50대 중반에 이르면 모양근 수축으로도 수정체의 형태는 더 이상 바뀌지 않는다[앳치슨(Atchison) 1995; 듀에인(Duane) 1912].

이미지 반전

지금까지 살펴봤듯, 눈은 복합 렌즈 시스템을 갖추고 있다. 빛은 공기를 통과한 후 밀도 높은 매개체(각막)를 지나 눈으로 들어온다. 여기에서 80%까지 굴절이 일어나 초점을 맞추고, 수정체는 나머지 20%의 초점 조절을 수행한다. 각막은 강력한 고정 렌즈지만, 수정체는 유연한 이중 곡면 렌즈다. 렌즈를 결합할 때의 굴절 규칙에 따라, 광선은 반대편의 초점을 통과한다. 그림 3.5처럼(비율은 정확하지 않다.) 눈에 진입하는 피사계는 망막에 도달하기 전에 광학적으로 반전된다.

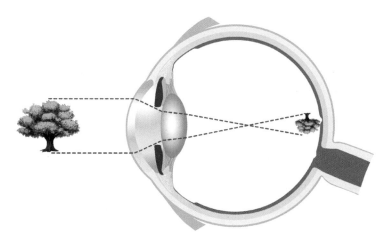

그림 3.5 수정체의 이중 곡면 형태는 눈에 진입하는 피사계가 반전되도록 만든다.
출처: 일러스트 peterhermesfurian ⓒ 123RF.com

유리체

수정체를 통과한 후, 빛은 이어서 유리액이라는 맑은 젤 같은 물질로 가득 찬 안쪽 공동에 진입한다. 예상하겠지만, 이 액체는 완벽하게 빛을 통과시킨다. 유리체는 98%가 물이며, 점성을 높여주는 히알루론산과 젤리 같은 속성을 제공하는 섬세한 콜라겐 섬유망, 그리고 다양한 소금과 설탕으로 구성돼 있다[수리(Suri)와 배너지(Banerjee), 2006]. 이 물질은 평생 그대로 고여 있고, 활발히 재생되지도 않으며, 연결된 혈관도 없다.

이미지 형성과 감지

이제 빛이 전자기의 극히 일부에서 나온 파장이 우리가 실제로 '볼' 수 있는 형태로 전환되는 프로세스의 시작 지점에 왔다. 이런 전환을 일으키는 메커니즘은 희미한 별빛부터 밝은 햇빛에 이르는 조건하에서 작동하며, 공간 안에서 물체의 위치를 인식하게 해주고 형태, 크기, 색상, 질감, 그 밖의 공간적 특성을 구별해 주위 환경에서의 의미를 해석하고 유추하게 해준다.

망막

시각적 인지는 눈의 광학 조직들이 빛을 눈의 내부 표면의 65% 정도를 감싸며 카메라의 필름(혹은 디지털 카메라의 CMOS/CCD 이미지 센서)과 유사한 기능을 하는 다층 감각 조직인 망막(영어의 어원은 그물을 뜻하는 라틴어 rete)에 집중시키며 일어난다. 망막의 두께는 0.15mm에서 0.320mm 사이다[콜브(Kolb) 등 1995]. 그림 3.6처럼, 망막 중앙 근처에는 황반이 있고, 황반 중앙에는 와^{fovea}가 있다. 와는 사물을 볼 때 자연히 그 물체에 중심을 맞추며, 망막에서 정확도가 가장 높은 지점이다. 눈의 복잡한 상부 구조는 전부 망막과 관련된다[휴벨(Hubel) 1995].

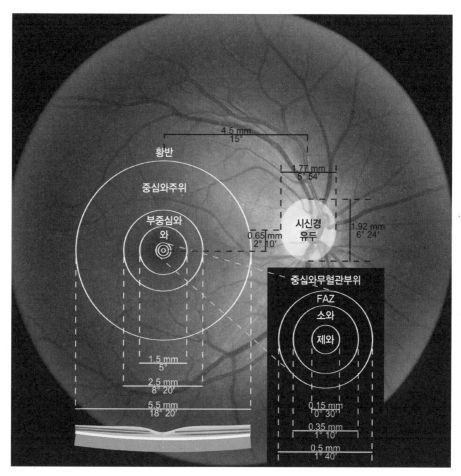

그림 3.6 검안경으로 본 망막의 중요 부위
출처: 일러스트 Zyxwv99, 위키미디어, CC BY 2.0 라이선스 의거 게재

망막이 놀라운 점은 거의 완벽하게 투명하다는 사실이다[후앙(Huang) 등 1991; 슬레이터 (Slater)와 어소(Usoh) 1993; 다미코(D'Amico) 1994]. 빛이 망막에 맺힐 때는 그림 3.7에 보이는 것처럼 색소 상피라는 가장 바깥의 제일 깊은 층에 똑바로 들어와서 초점이 맞는 것 이다. 이 이미지는 이어서 광수용체 뉴런이 있는 바로 인접한 층으로 다시 반사된다.

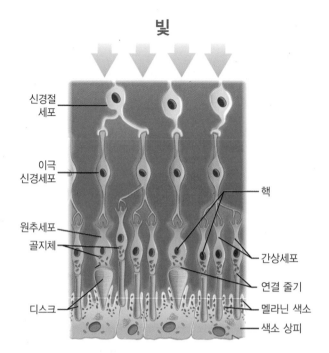

그림 3.7 이 단면도는 사람 망막의 복잡한 구조를 보여준다.
출처: 일러스트 OpenStax College, 위키미디어, CC BY 3.0 라이선스 의거 게재

간상세포와 원추세포

형태 때문에 간상세포와 원추세포라고 불리는 눈의 광수용체는 사실 입사광의 반대
쪽을 향해 있다. 간상세포는 수가 더 많고, 조도가 낮을 때 시야를 보장하며, 동작을
매우 민감하게 감지한다. 간상세포는 대부분 망막 주변부에 있으며 주변 시야를 담당
한다. 원추세포는 조도가 높을 때 활성화되며, 공간 정확성이 높고, 색상 감각을 담당
한다.

색소 상피에서 반사된 빛은 원추세포의 요돕신(광순응이나 밝은 조건에서 활성화됨)과
간상세포(암순응, 어두운 조건에서 활성화됨)의 로돕신이라는 두 가지 광색소와 화학
반응을 일으킨다. 이 반응을 이성질화라고 하는데, 광수용체의 전자적 속성 변화와
신경 전달 물질(화학적 전달 물질/전달 물질)의 방출을 초래한다. 이 신경 전달 물질은
주변의 뉴런을 자극해, 한 세포에서 다음 세포로 자극을 전달한다.

그림 3.8의 측정된 반응 곡선을 기준으로, 개별 원추세포는 세 가지 빛 중 하나에 민감하다. 적색(가장 많음)은 564nm, 녹색은 533nm, 청색은 437nm 파장에서 민감도가 정점을 이룬다. 간상세포는 498nm 정도의(녹색-청색) 파장에서 민감도가 정점을 이룬다[FAA, 2016].

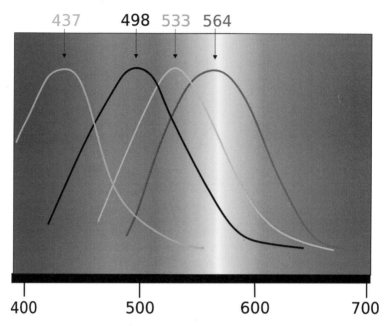

그림 3.8 이 그래프는 간상세포(498)에 비교한 원추세포의 짧은(437), 중간(533), 긴(564) 파장 민감도 곡선을 보여준다. 출처: 일러스트 Pancrat, 위키미디어, CC BY 3.0 라이선스 의거 게재

간상세포와 원추세포에서 받은 충격은 양극 신경세포를 자극하고, 이 세포는 다시 신경절 세포를 자극한다. 이 충격은 광학 신경과 판을 통해 신경절 세포의 축색 돌기로, 그리고 뇌의 시각 중추로 전달된다.

간상세포와 원추세포의 밀도

망막에는 각각 간상세포가 약 1,000만~1,200만 개, 원추세포가 700만~800만 개 있다[리그스(Riggs) 1971]. 그림 3.9의 분포 그래프처럼 원추세포 대부분은 와에 집중된 반면, 간상세포는 와에 없고 다른 곳에서 밀도가 높다. 낮 시간대의 전형적인 광도에서 인지는 원추세포가 매개하는 시야가 지배적인데도, 사람의 망막에서 전체 간상세포 수는 원추세포보다 많다[퍼브즈) 등 2001].

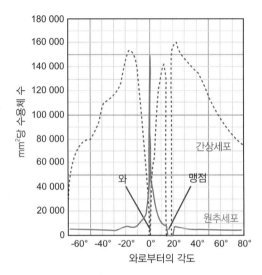

그림 3.9 이 그래프는 우리가 시야에 바로 들어오는 방향의 색상(명소시(photopic vision))이 가장 또렷하게 보이는 이유를 보여준다. 원추세포는 와에 가장 많이 분포해, 평방 밀리미터당 약 150,000개에 도달한다.
출처: 일러스트 Cmglee, 위키미디어, CC BY 3.0 라이선스 의거 게재

정확히는 시신경 유두부라고 불리는 시신경 원판에는 광수용체가 없다는 점에 유의하자. 광수용체가 없다는 것은 이 부분에서 어떤 빛도 감지되지 않아, 양쪽 눈에 각각 맹점이 생긴다는 뜻이다. 왼쪽 눈의 맹점은 시야 중심의 좌측에 있으며, 오른쪽 눈은 중앙 우측에 있다. 두 눈을 다 뜨고 있을 때는 양쪽 눈의 시야가 서로 중첩되기 때문에 맹점을 인지하지 못하지만, 경험은 할 수 있다. 그림 3.10의 설명을 따라 하면 맹점을 발견할 수 있다.

그림 3.10 양쪽 눈의 맹점을 발견하고 싶으면 먼저 이 책을 책상에 평평하게 놓자. 왼쪽 눈을 가리고 이 그림의 왼쪽 점을 본다. 오른쪽 십자가가 눈에 보이겠지만 직접 보지는 말아야 한다. 천천히 얼굴을 그림에 가까이 가져가자. 어느 지점에서 십자가가 사라질 것이다. 반대로 하면 오른쪽 눈의 맹점을 찾을 수 있다.
출처: S. 옥스타칼니스(Aukstakalnis) 일러스트레이션

공간 시각과 심도 단서

앞에서 설명한 시각적 프로세스를 기반으로, 대뇌 피질에는 매초 말 그대로 수십억 개의 정보가 분석을 위해 전송된다. 이 정보의 흐름은 반복적 상세화를 거치며, 계층 구조의 각 단계마다 조직적 복잡도가 증가한다. 각 단계마다 뉴런은 매우 특정한 자극의 설정에 따라 조직되며, 자극의 내용과 단서에 따라 도착할 피질이 달라진다. 이 론적으로 재현(신경 자극의 패턴)은 유사하게 표현하는 것에서 상징으로 변하는 특성 이 있다[매더(Mather) 2009].

그럼 눈으로 들어오는 시각적 자극의 심도를 두뇌에서 인지하게 해주는 특정 유발 기 제나 신호들을 살펴보자.

망막 외 신호

망막 외의 심도 신호는 눈으로 들어와서 망막을 적시는 빛의 패턴에서가 아니라 다른 생리적 과정에서 초래되는 유발 기제나 정보다. 이제 이런 신호 중 가장 지배적인 두 가지를 알아보자.

초점 조절

앞에서 설명한 대로, 사람의 눈은 그냥 먼 곳을 멍하니 바라보는 것처럼 이완된 상태 에서는 눈의 수정체가 납작해지며, 그에 따라 멀리 볼 수 있는 최대한의 초점 거리를 제공한다. 그림 3.11에 보이는 대로, 눈이 근거리 물체에 초점을 맞추면 이 과정은 역 전된다. 수정체를 둘러싼 모양체 근이 수축되면서 현수 인대 긴장도 풀려, 수정체는 더 둥근 양볼록biconvex 형태로 바뀌고 근거리 물체에 또렷이 초점을 맞추는 데 필요한 굴절력이 증가한다.

초점 조절은 눈의 렌즈의 광학적 힘이 변해, 눈에 들어와 망막에 맺히는 빛의 초점을 맞추는 비자발적 생리 과정이다. 망막이 흐려지는 것은 흔히 초점 조절을 위한 자극 이라고 생각하지만, 이 과정은 이접 운동과도 긴밀히 연결돼 있다[레이(Leigh)와 지(Zee), 2015, 524]. 또한 모양체근의 움직임 자체가 이 신호에 기여한다는 이론도 있다.

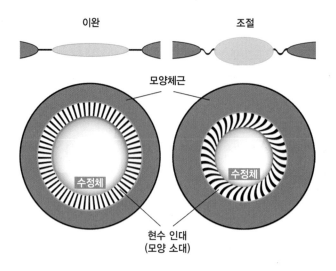

그림 3.11 초점 조절은 관찰자의 눈이 광학적 힘을 변경해, 또렷한 이미지를 얻거나 다른 초점면의 물체에 초점을 맞추는 과정이다. 그림에서 방사 모양체근의 수축과 이완은 수정체의 초점 거리에 영향을 준다.
출처: S. 옥스타칼니스 일러스트레이션

이접 운동

양안시의 근간이 되는 가장 강력한 심도 신호이자 안구 운동 기능은 이접 운동으로, 근거리에서 한 물체에 양쪽 눈의 와를 맞추는 것이다. 그림 3.12처럼 이 과정에서는 두 눈이 수직축을 중심으로 동시에 반대 방향으로 필요한 만큼 회전해서, 가까운 물체를 관찰할 때는 그 물체의 투사된 이미지가 양쪽 눈의 망막 중앙에 정렬된다. 근거리에 있는 물체를 보면, 양쪽 눈은 서로를 향해 회전해서 모인다. 원거리에 있는 물체를 보면, 양쪽 눈은 서로에게서 먼 곳으로 회전하며 멀어진다.

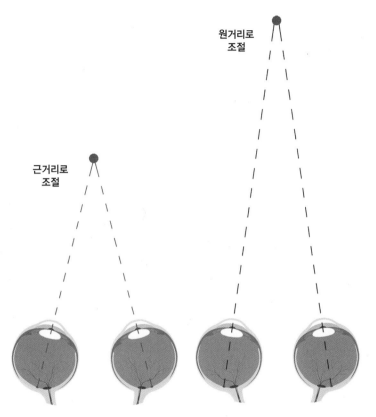

그림 3.12 이접 운동은 양안시를 얻거나 유지하기 위해 두 눈이 동시에 서로 반대 방향으로 움직이는 것이다.
출처: 눈 일러스트 Ginko / Depositphotos.com

눈이 서로 반대 방향으로 회전할 때, 이를 이접 운동이라고 한다. 모든 안구 운동은 함께, 쌍으로 이뤄진다.

초점 조절과 이접 운동은 보통 생리적으로 긴밀히 결합돼 있다. 예를 들어 먼 대상에 초점을 맞춘 다음 가까운 물체로 초점을 바꾸면, 두 눈이 근거리에 있는 해당 물체로 모이기 시작한다. 그러면 물체의 이미지는 망막에서 더 커지며 초점이 흐려진다. 이렇게 흐려지면 초점 조절 반사를 촉발해, 수정체의 초점력focal power이 변화하면서 망막에서 이미지의 초점이 또렷하게 맺히게 된다.

가상 및 증강 현실 옹호자라면 이런 이접 운동과 초점 조절 프로세스를 이해하는 것이 극히 중요하다. 21장에서 짚어보겠지만, 평면 패널 기반의 스테레오 헤드마운트 디스플레이 사용자는 종종 두통과 눈의 피로를 호소한다.

이런 부작용은 눈에서 몇 센티미터 앞에 있는 평면(디스플레이 표면)에 초점을 유지해야 하기 때문에 발생한다. 가상 공간 내에서 다른 초점면에 있는 것으로 보이는 물체에 수의를 기울이고 초점을 조절하면, 피사계 심도가 시뮬레이션된다. 양쪽 눈에 제시된 이미지는 2D 디스플레이 표면에 그려지고, 눈은 그곳에 초점을 유지한다. 궁극적으로 디스플레이 요소 표면의 가까이에 계속 초점을 맞춰야 한다는 제약 때문에 수정체 가장자리를 둘러싼 모양체근이 계속 수축해 있어야 하므로 이런 불편한 느낌을 주게 된다. 게다가 이접 운동과 초점 조절 과정에 의해 두뇌에 제공되는 감각적 단서의 불일치 혹은 비동조화도 문제가 된다.

방금 설명한 이접 운동 신호에 추가로 그림 3.13에 있는 안구 운동을 제어하는 여섯 가지 외안근 긴장이 있다[정(Jung) 등 2010].

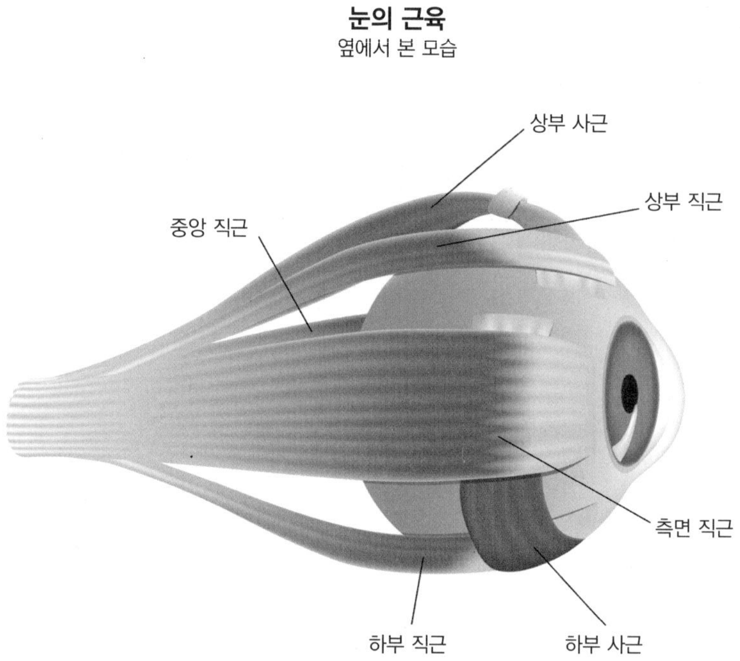

눈의 근육
옆에서 본 모습

그림 3.13 안구 운동에 사용되는 여섯 가지 근육. 측면 직근, 중앙 직근(반대편에 있어 보이지 않음)은 이접 운동을 제어하는 주 근육이다.
출처: 일러스트 alila ⓒ 123RF.com

양안 단서

양안 심도 단서는 두 눈으로 장면을 볼 때 감지되는 정보로, 양쪽 눈이 각기 조금 다른 시점을 제공하기 때문에 발생한다. 이 두 장면을 뇌에서 통합해 실제나 가상 환경의 3D 해석을 구성하게 된다.

입체 영상

양안시는 두 눈으로 보는 시각이다. 양안시의 주된 심도 신호는 입체 영상으로, 망막 시차 혹은 수평 시차 때문에 생긴다. 두 눈은 수평으로 평균 63mm 정도 떨어져 있고 [다지슨(Dodgson) 2004], 양쪽 눈이 조금 다른 각도로 장면을 포착한다. 그림 3.14처럼 입체 영상은 두 망막 이미지의 차이를 기준으로 뇌가 구성한 두 장면의 작은 차이로부터 심도를 인지하게 되는 것이다.

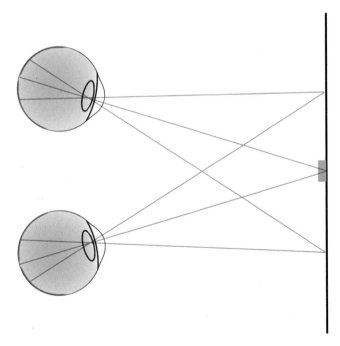

그림 3.14 입체 영상은 두 눈의 시각적 정보를 근거로 얻는 심도 인지와 3D 구조다.
출처: S. 옥스타칼니스 일러스트레이션

양안시에서는 각 망막에서 다른 쪽 망막과 상응하는 지점이 있다[하워드(Howard)와 로저
스(Rogers) 2012, 150]. 이 망막 대응점은 그림 3.15처럼 관찰자 앞에 있는 '호롭터^{horopter}'
라는 영역에 연관된다. 호롭터라는 용어(시야의 수평선이라는 뜻)는 1613년 벨기에의
예수회 수학자, 물리학자, 건축가인 프랑소아 다길롱^{François d'Aguilon}이 도입했다. 이 용
어는 어떤 고정 거리에서 상응하는 망막 조직에 영상화된 모든 물점^{object point}의 위치
를 정의한다. 따라서 해당 물체를 통과해서 두 눈의 망막에 있는 같은 지점에 상응하
는 모든 지점을 연결하는 선이 그려질 수 있다. 그래서 눈은 물체를 하나의 지점에 있
는 것으로 보게 된다. 이론적으로 호롭터는 각 지점이 주어진 양안 주시 지점에 상응
하는 지점에 맺히는 이미지를 만들어내는 중심 공간이다[하워드(Howard)와 로저스(Rogers)
2012, 150].

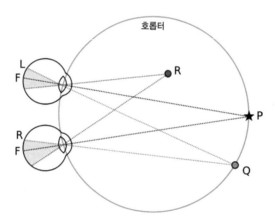

그림 3.15 공간 안에서 고정과 같은 불일치를 지니는 중심점인 호롭터의 일러스트. 이론적으로는 두 망막에서 해부학
적으로 일치하거나 상응하는 지점에 투사되는 공간 내 점들이라고 정의할 수 있다. 점 R, P, Q가 두 망막 내 동일한 위
치에 어떻게 매핑되는지 잘 살펴보자.
출처: 일러스트 Vlcekmi3, 위키미디어, CC BY 3.0 라이선스 의거 게재

이 모델에 따르면, 상응하는 점들의 수평 거리가 망막에서 일정할 경우 호롭터는 두
눈이 회전하는 중심과 고정점을 통과하는 원이 된다. 따라서 고정점이 더 가까워지면
이 원은 더 작아진다[볼라(Bhola) 2006].

입체 영상으로 이어지는 이 단순한 양안 시차의 개념은 그림 3.16의 입체 영상 한 쌍
으로 입증할 수 있다. 이 입체 이미지의 출력 형태는 내사시 보기 방식으로 확인할 수
있다. 아직 해본 적이 없다면 제대로 보기까지 몇 분 정도 걸리겠지만, 시도해볼 만

하다. 먼저 이 책을 약 60cm 앞에 놓고, 이미지 쌍을 똑바로 쳐다보면서 서서히 눈을 안쪽으로 모은다. 그러면 중앙에 세 번째 이미지가 보이기 시작할 것이다. 중앙에 떠오른 이미지가 안정적으로 보일 때까지 눈을 모으는 정도를 조정하면 달 표면 위로 우주 비행사가 떠오르는 것이 보인다.

그림 3.16　이미지의 3D 쌍으로 인한 입체 영상의 시차는 거리를 인지하게 만드는 강력한 지표다. 이 입체 영상 쌍을 보려면 천천히 눈을 사시처럼 모아 세 번째의 조합된 이미지로 융합되도록 해야 한다.
출처: NASA 제공 사진

그리고 일단 성공적으로 두 이미지를 융합해 심도를 인지하게 된 다음에는 천천히 고개를 왼쪽과 오른쪽으로 기울여보자. 점진적으로 이미지가 수직 분리될 텐데, 두 망막의 이미지가 분리되며 입체시가 깨지기 때문이다.

마지막으로, 이 장에서 다룬 뇌의 시각 피질에 있는 뉴런이 양안 시차에 의한 입체감 생성에 도움을 주는 것으로 밝혀졌다.

단안 단서

단안 심도 단서는 망막에 맺힌 빛 패턴에 의한 유발 기제 혹은 정보인데, 두 눈에 의존하지는 않는 것이다. 이 절에서 다루겠지만, 단안 단서는 망막에서 빛 패턴의 움직임이 필요한 것(즉, 보는 이의 운동)과 고정된 보는 위치에서 파악할 수 있는 것으로 나뉜다.

운동 시차

운동 시차[^motion parallax]는 움직이는 관찰자에게 더 가까운 물체가 멀리 떨어져 있는 물체보다 더 빠르게 움직이는 것처럼 보이는 상대적 운동 단서다[깁슨(Gibson) 등 1959; 오노(Ono) 등 1986]. 그림 3.17은 이 현상을 보여준다. 생리적으로 볼 때, 이 인지 현상은 이미지가 눈의 망막을 가로질러 움직이는 속도 때문에 빚어지는 것이다. 관찰자에게 더 가까운 물체는 멀리 떨어진 물체보다 상당히 빠르게 시계에 진입한 후 통과해 이탈한다.

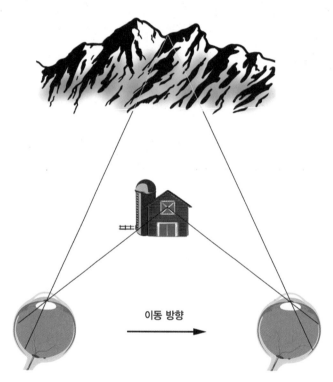

그림 3.17 운동 시차는 관찰자가 움직일 때 부근의 물체가 배경 요소보다 더 빠르게 움직이는 것으로 인지되는 것이다.
출처: 일러스트 sergeiminsk와 Ginko ⓒ 123RF.com

이 시각 단서는 상대적 심도 차이에 관해 중요한 정보를 제공하며, 안정적으로 3D 장면 레이아웃을 제공하고 환경 내에서의 내비게이션을 도울 수 있다[헬름홀츠(Helmholtz) 1925]. 이 망막의 이미지 이동은 관찰자의 운동 방향에 평행으로 잘라내는 경계와 관찰자의 운동 방향에 알맞은 각도로 가까이 있는 물체가 멀리 있는 물체를 가렸다 드러냈다 하는 동적 가림^{dynamic occlusion}을 제공하는 두 가지 종류의 운동 경계[유네시 (Yoonessi)와 베이커(Baker) 2013]가 있다.

가림

간섭이라고도 하는 가림^{occlusion} 신호는 한 물체가 관찰자가 보는 다른 물체에 대한 시 야를 차단할 때 발생한다. 그런 상황에서 가리는 물체는 관찰자에게 더 가깝게 인지 된다. 그림 3.18은 이 현상을 명확히 보여주는데, 여기에서 차들의 점진적인 간섭은 강력한 심도 신호다. 가림은 (절대 거리에 반해) 상대적 거리를 나타낸다.

그림 3.18 가림 혹은 간섭은 한 물체가 부분적으로 다른 물체를 가리는 단순하지만 강력한 심도 단서다.
출처: 일러스트 joyfull / Depositphotos.com

최근의 조사를 통해 입체적인 심도 인지에서 이런 단서의 중요성이 더 커졌다[해리스 (Harris)와 윌콕스(Wilcox) 2009]. 일부 연구에서는 입체 심도 인지에서 단안 단서의 주 기 능은 심도의 불연속성과 가리는 물체의 경계 정의에 있다는 점을 시사한다[앤더슨 (Anderson) 1994; 길럼(Gillam)과 볼스팅(Borsting) 1988; 나카야마(Nakayama)와 시모조(Shimojo) 1990].

삭제와 추가

가림 현상의 두 가지 구성 요소는 삭제(숨김)와 추가(드러냄)로 알려져 있으며, 관찰자의 시점이 전환할 때 근거리에 있는 물체나 표면이 원거리에 있는 물체나 표면을 드러내거나 가리는 정도를 뜻한다. 현실과 가상 환경 모두 다 근거리에 있는 물체나 표면이 원거리에 있는 물체나 표면보다 관찰자에게 굉장히 가까울 때는 먼 물체의 삭제와 추가가 그림 3.19처럼 이동 속도보다 빨라진다. 그런데 두 물체가 원거리에 있지만 서로 가까이 있을 때는 삭제와 추가의 발생 속도가 훨씬 느려진다.

삭제와 추가 현상은 관찰자의 운동 방향에 상관없이 적용된다.

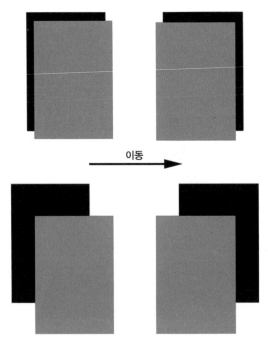

그림 3.19 인간의 시각 체계는 유용한 시각적 구조 정보가 운동뿐일 때도 심도 인지가 가능하다.
출처: S. 옥스타칼니스 일러스트레이션

가상 환경 시뮬레이션을 설계할 때는 이 신호를 반드시 명심해야 한다. 적절한 상황에서 이 단서는 흥미로운 여러 가지 효과를 만드는 데 매우 많이 활용할 수 있다.

직선 원근법

직선 원근법은 먼 거리의 단일 지점으로 선이 모일 때 제공되는 단안 심도 단서대[카툰(Khatoon) 2011, 98]. 그림 3.20의 홍콩 고가 통로 이미지를 보면, 양쪽 벽이 끝까지 서로 맞닿지는 않고 평행을 유지한다는 사실을 알 수 있다.

그림 3.20 직선 원근법은 평행선이 멀리로 후퇴하며 점점 더 가까이 모이는 것처럼 보이는 심도 단서다. 두 선이 더 가까이 모일수록 더 먼 것으로 보인다.
출처: 플리커에 실린 R.M. Stuart의 이미지. CC 2.0 라이선스에 의거 수록

운동 심도 효과(동작으로 인한 구조)

운동 심도 효과는 물체의 동작에서 비롯되는 복잡한 3D 구조를 인지하는 것이다. 움직이는 매체를 직접 보여주지 않으면서 설명하고 입증하기는 까다롭지만, 조명과 벽 사이에 정육면체가 매달려 있는 것을 상상해보자. 움직임이 없다면 정육면체는 그림 3.21의 무작위적인 실루엣 중 어떤 것으로도 보일 수 있다. 왼쪽 위의 네모 모양도 그

냥 사각형으로 인지된다. 하지만 나머지 시야로 회전시켜보면, 관찰자 대부분은 다른 심도 정보나 표면의 디테일 없이도 빠르게 실루엣의 정체를 정육면체라고 인지한다.

그림 3.21 운동 심도 효과는 움직이는 2D 뷰와 실루엣으로부터 3D 구조를 인지하는 능력이다.
출처: S. 옥스타칼니스 일러스트레이션

이 현상은 연구원 한스 왈라크Hans Wallach와 D.N. 오코넬O'Connell의 실험을 근거로 1950년대 과학 문건에 처음 나타났다[왈라크와 오코넬 1953]. 그 후로 폭넓은 연구가 이뤄진 3D 형태 인지 방식에는 두 핵심 이론이 있다. 첫 번째는 물체가 움직이는 동안 망막이 받는 자극 패턴의 변화가 낳는 결과며, 둘째는 이전 경험과 관련이 있다. 대부분의 상황에서 운동 심도 효과는 앞에서 설명한 운동 시차 같은 다른 심도 단서와 함께 경험할 수 있다.

친숙한 크기

이름 그대로, 그림 3.22처럼 먼 위치에 있는 물체가 얼마나 큰지 알 때 뇌는 그 이해를 바탕으로 절대적 거리를 추정할 수 있다. 일부 연구에서 물체 크기의 인식은 상대적 기준의 근거가 되며, 실제로는 사람의 몸만이 상대적인 크기를 비교할 수 있는 유일한 사물이기 때문에 이 단서를 사람의 몸 크기와 물체의 크기를 상대적으로 인지하는 것으로 다시 규정할 수 있다고 주장한다[링케나우거(Linkenauger) 등 2013].

그림 3.22 친숙한 크기 단서는 관찰자의 물체에 대한 기존 지식을 근거로 절대적 거리 추정을 돕는다.
출처: 플리커에 실린 Anoldent의 이미지. CC 2.0 라이선스에 의거 수록

상대적 크기

그림 3.23처럼 두 물체가 크기는 비슷하지만, 관찰자 위치로부터 거리 차이가 있을 때 망막에 더 작은 이미지가 맺히는 물체는 더 먼 것으로 인지하며 더 큰 물체는 가까운 것으로 인지한다. 이 심도 단서는 개인적 경험에서 상당히 큰 영향을 받는다.

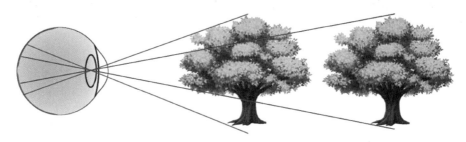

그림 3.23 두 물체의 크기가 같은데 하나가 더 멀리 있으면 망막에 더 작게 맺힌다. 망막 이미지가 커지면 대상이 더 가까워 보인다.
출처: S. 옥스타칼니스 일러스트레이션

대기 원근법

대기 원근법(색채 원근법이라고도 함)은 관찰자와 멀리 떨어진 물체 혹은 장면 사이에 있는 수증기와 연기 같은 대기의 입자에 빛이 부딪혀 산란하는 효과를 말한다. 그림 3.24처럼, 거리가 늘어나면 물체나 장면의 특징과 그 배경과의 대비가 줄어든다. 물체의 무늬나 세부 사항도 마찬가지다. 사진에서 보듯이, 멀리 있는 산일수록 점점 채도가 떨어지면서 배경색과 비슷해진다. 레오나르도 다빈치는 이 단서를 '소실 원근법 perspective of disappearance'이라고 불렀다.

그림 3.24 이 사진은 관찰자로부터 거리가 멀어질수록 색 포화도와 대비, 세부 묘사가 손실되는 것을 보여준다.
출처: 플리커에 실린 Wsilver의 이미지. CC 2.0 라이선스에 의거 수록

이 대기 효과는 푸른 가시광선이 475nm 범위 내의 짧은 파장일 때 나타난다. 따라서 대기의 분자들에 더 효과적으로 빛이 산란되는 하늘은 보통 파랗게 보인다. 일출과 석양의 경우 파장이 길어서 대기 중에서 산란이 덜 효과적인 주황(590nm)과 빨강(650nm)이 지배적으로 눈에 들어온다.

텍스처 경사

텍스처 경사texture gradient는 질감의 모습과 물체의 패턴이 거칠어 보이다가 점점 섬세해(혹은 덜 뚜렷이) 보이는 강한 심도 단서다. 그림 3.25에서 보듯, 관찰자로부터 멀어질수록 하나하나 뚜렷이 보이던 바닥 돌이 점차 구분하기 어려워져서 끝에서는 연속되는 표면으로 보이게 된다.

이 단서에서 세 가지 핵심적 특징을 확인할 수 있다[마터(Mather) 2006].

- 원근 경사perspective gradient: 표면 기울기나 보는 각도에 수직인 질감 요소는 거리가 멀어질수록 분리된 느낌이 줄어든다.
- 압축 경사compression gradient: 질감 요소의 명백한 높이는 거리가 멀어질수록 줄어든다.
- 밀도 경사density gradient: 단위 영역당 요소의 밀도와 수는 거리가 멀어질수록 늘어난다.

그림 3.25 이 사진은 텍스처 경사의 멋진 사례로, 관찰자로부터 거리가 멀어질수록 거칠다가 섬세하게 물체의 질감과 패턴의 모습이 점진적으로 변화한다.
출처: 플리커에 실린 Jeremy Keith의 이미지. CC 2.0 라이선스에 의거 수록

조명/셰이딩/그림자

조명, 셰이딩, 그림자는 장면 심도와 물체의 지오메트리 인지를 위한 강력한 단서며, 그 효과는 매우 다양하다. 그림자의 각도와 또렷함은 심도 인지에 영향을 준다. 한 물체가 다른 물체에 드리우는 그림자와 반사는 거리와 위치에 대한 정보를 제공한다. 더 작고 더 뚜렷한 그림자는 전형적으로 그림자가 드리워지는 표면이나 물체에 얼마나 가까이 있는지 알려준다. 마찬가지로 그림자가 커지고 가장자리가 흐릿해지면 심도가 크다고 인지할 수 있다. 빛이 일정하지 않은 표면과 상호작용하는 방식은 지오메트리와 질감의 정보를 상당히 드러낸다. 이 효과 중 여러 가지를 그림 3.26에서 확인할 수 있다.

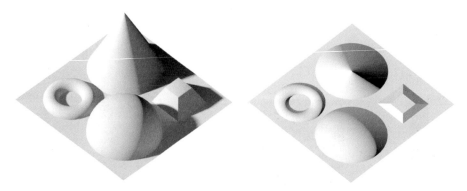

그림 3.26 이 사진은 폐쇄된 공간에서도 셰이딩과 그림자가 심도 인지에 상당한 영향을 준다는 것을 보여준다.
출처: 일러스트 Julian Herzog, 위키미디어, CC BY 4.0 라이선스 의거 게재

광학적 확대

팔을 쭉 뻗고 손바닥을 위로 향한 채 천천히 손을 얼굴로 가져가보자. 손이 가까이 다가올수록 망막에 투사되는 이미지도 크기가 사방으로 커지며, 점차 배경을 가린다. 광학적 확대라는 이 단서는 관찰자에게 물체의 이동뿐 아니라 물체까지의 거리도 인지하게 해준다[이텔슨(Ittelson) 1951]. 이 동적 자극에 대한 민감성은 어린 나이에 발달해서, 아기도 바로 앞에 다가오는 물체에 대해 방어하는 것을 관찰할 수 있다[바우어(Bower) 등 1970]. 이 단서를 포착한 사례를 그림 3.27에서 볼 수 있다. 거리가 줄어들수록 물체는 커질 뿐 아니라, 배경 단서도 점점 사라진다.

그림 3.27 광학적 확장의 단서에서 물체가 우리를 향해 다가오며 시각적 이미지가 커지면 배경이 점차 가려진다.
출처: S. 옥스타칼니스 일러스트레이션

상대적 높이

일반적으로 보는 상황에서 가까운 시계의 공통 평면에 있는 물체는 멀리 떨어진 물체보다 망막에서 더 낮은 부분에 맺힌다. 이 현상은 그림 3.28의 왼쪽에서 간단히 확인할 수 있다. 핵심은 시계 내에 들어오는 물체들의 상대적 높이다. 반대로 천장에 줄지어 매달려 있는 전등처럼, 보고 있는 물체가 자신의 관점보다 위의 공통 평면에 있다면 가장 가까운 물체가 멀리 떨어진 물체보다 망막 시계의 더 높은 부분에 맺힌다. 화가들은 이 기법을 사용해 수 세기 동안 2D 그림과 회화에서 심도를 묘사했다.

그림 3.28 상대적 높이는 먼 물체를 가까운 물체보다 더 작고 더 높이 보이게 하거나 묘사하는 개념이다.
출처: 플리커에 실린 Naomi / Mitch Altman의 이미지. CC 2.0 라이선스에 의거 수록

결론

이 장에서 살펴본 대로, 사람의 시각 체계는 고도로 동적인 처리가 가능한 놀라운 성능의 감각 및 해석 장치다. 살펴본 능력 중 상당수는 이 책의 전반적인 주제에 직접 관련된다. 예를 들어 이접 운동과 초점 조절 과정은 완전 몰입형과 증강 현실용 헤드 마운트 디스플레이의 설계에 직접적으로 시사하는 점이 있다. 시각 체계가 심도를 인지하기 위해 사용하는 다양한 단서를 이해하면 가상 환경의 실제 설계에 상당히 도움이 된다.

이 책의 나머지 장들에서는 다시 이 장에서 다룬 내용을 참조하는 사례가 많으므로 우리의 주감각 장치가 어떻게 기능하는지 그 구조를 이해하는 것이 더 중요해진다. 이 장 이후부터는 취미로 증강 현실을 공부하는 독자나 실무자 모두가 이 책의 말미에 있는 부록 A, '참고 문헌'에서 제공하는 논문과 기타 자료를 더 학습해 이 영역의 지식을 보강하길 권한다.

4장

헤드마운트 디스플레이의 컴포넌트 기술

가상 및 증강 현실 헤드마운트 디스플레이는 단안 정보 디스플레이에 서부터 HTC 바이브와 오큘러스 리프트처럼 완전히 눈을 가리는 스테레오 헤드셋까지 다양하다. 각 제품의 핵심에는 이미지 디스플레이와 광학이라는 두 가지 컴포넌트 집합이 있다. 이 장에서는 이런 다양한 핵심 실행 기술을 탐구하고, 각 솔루션의 강점과 한계를 확인해보자.

디스플레이의 기초

가상 및 증강 현실의 모든 헤드마운트 디스플레이는 기본적 하부 시스템이 똑같이 통합돼 있지만, 그 크기와 설정은 매우 다양하다. 가장 단순한 형태의 디스플레이는 헤드마운트에 최소 하나의 이미지 소스와 광학 요소로 구성된다[멜처(Melzer) 1997]. 디스플레이의 구체적인 설계와 용도에 따라, 이 기본 정의는 두 번째 시각 디스플레이 채널, 시선 방향과 지속 시간 추적용 센서 등 매우 다양한 속성과 기능을 포함하도록 확장된다. 이 책에서 계속 확인하겠지만, 헤드마운트 디스플레이에는 다양한 형태와 크기가 있으며, 똑같은 기본 컴포넌트를 활용할 때도 좀처럼 성능이 동일한 법은 없다.

이 장에서는 이런 기본 하부 시스템의 기술적 성능에 관한 근본 개념을 구축하는 데 중점을 두겠다. 그럼 먼저 기본적인 디스플레이 카테고리를 정의하고, 그다음 가장 흔한 이미지 디스플레와 광학 시스템을 살펴보자.

오큘래러티

헤드마운트 디스플레이는 오큘래러티^ocularity, 즉 단안식인지 쌍안식인지의 설계 스펙으로 분류할 수 있다. 이 측면으로 보면 단안식, 쌍안식, 복안식이라는 세 가지 종류가 있다. 그림 4.1은 각각의 차이점을 보여준다.

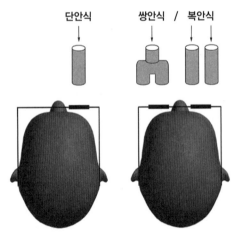

그림 4.1 모든 헤드마운트 디스플레이는 단안식, 쌍안식, 복안식이라는 광학 디스플레이 설정 중 하나에 속한다. 이 명칭은 디스플레이의 오큘래러티에 따른 것이다.
출처: S. 옥스타칼니스 일러스트레이션

단안식

단안식 디스플레이는 한쪽 눈앞에 작은 디스플레이 요소와 광학 요소로 관찰 채널을 제공하고, 다른 눈으로는 자유롭게 현실 세계의 환경을 볼 수 있다. 이 기기는 보통 크기가 작고, 정보 디스플레이로 활용된다. 다양한 군용 항공 장비와 구글 글래스, 뷰직스 M-100 스마트 글래스(5장, '증강 디스플레이'에서 상세히 설명) 등이 여기에 해당한다.

쌍안식

쌍안식 디스플레이는 두 눈에 한 개의 관찰 채널을 제공한다. 이런 디스플레이는 헤드마운트 시네마 뷰어나 몰입 기능이 필요하지만 입체감은 없어도 되는 애플리케이션에 가장 흔히 쓰인다. 일반적으로 이런 애플리케이션은 근접 작업에 활용된다. 구현 사례로는 18장, '교육'에서 상세히 다룰 아크 용접 훈련 시스템이 있다.

복안식

세 번째 디스플레이 카테고리는 복안식인데, 양쪽 눈에 사람의 시각 체계를 모방해 서로 조금 다른 별도의 관찰 채널을 제공하는 방식이다. 디스플레이 카테고리의 주요 장단점은 표 4.1에 정리돼 있다.

표 4.1 각 디자인의 장단점

오큘래러티	장점	단점
단안식	가벼움, 작은 형태, 최소한의 주의 분산, 가장 쉬운 결합 방식, 연산 부하 최소, 가장 쉬운 정렬	양안 경합 가능성과 우세한 눈 문제, 작은 시야(FOV), 입체 심도 단서 없음, 비대칭 매스 로딩, 물체 대비가 낮아 인지 저하, 몰입감 없음
쌍안식	복안식보다 가벼움, 양안 경합 없음, 몰입이 필요한 근접 훈련에 유용함, 대칭 매스 로딩	무게 증가, 제한적인 시야와 주변 단서, 입체 심도 단서 없음, 넓은 아이 박스를 적용하기 위해 렌즈가 큼
복안식	스테레오 이미지, 양안 중첩, 더 큰 시야, 최대의 심도 단서, 몰입감	가장 무거움, 가장 복잡함, 가장 비쌈, 정렬에 민감함, 연산 집약적으로 작동

디스플레이의 종류

오큘래러티 기준으로, 헤드마운트 디스플레이는 세 가지 종류가 있다. 첫 번째는 진짜 시각적 환경을 컴퓨터로 생성한 이미지로 대체하며, 나머지 둘은 실제 환경의 증강된 뷰를 제공한다.

완전 몰입형

완전 몰입형 디스플레이는 바깥세상을 사용자로부터 완전히 가린다. 완전 몰입형 스테레오 헤드마운트 디스플레이(즉 고전적인 가상 현실)는 센서로 사용자의 머리 위치와 방향을 추적하고, 컴퓨터가 생성한 환경 속에서 실제 같은 시각적 존재감을 제공한다.

비디오 투과형

비디오 투과형 디스플레이의 경우 기본 설계는 완전 몰입형이지만, 기기에 표시되는 주 이미지가 전면 비디오카메라나 원격 현장에 설치된 카메라(텔레프레전스)에서 나온다는 핵심적 차이가 있다. 기기가 어떤 애플리케이션용으로 설계됐는지에 따라, 동영상 신호가 컴퓨터로 생성한 이미지나 기타 센서에서 나온 출력과 결합될 수도 있다. 17장, '항공 및 방위'에 소개할 사례 연구에서는 파일럿이 이런 디스플레이를 사용해 항공기 밖에서 날고 있는 가상 급유기와 공중 급유 작전을 연습하는 비디오 투과형 디스플레이 애플리케이션을 알아보겠다.

광학 투과형

광학 투과형 디스플레이는 증강 현실이라는 용어의 근간이 되는 핵심 기술이다. 이 시스템은 사용자가 광학 요소로 보는 현실 세계의 모습에 그래픽, 심볼, 텍스트 데이터를 얹거나 보완, 조합하기 위해 고안됐다.

이미징과 디스플레이 기술

가상 및 증강 현실 시스템을 위한 헤드마운트 기기에서 사용되는 이미징과 디스플레이 기술은 지난 20년간 엄청나게 발전했다.

한때 하이엔드 CRT가 완전히 지배하던 영역이 가볍고 구현하기 쉬운 솔루션을 제공하도록 발전된 네 가지 핵심 이미징과 디스플레이 기술로 완전히 대체됐다. 그럼 이제 애플리케이션 세팅의 장점과 단점 위주로 각 디스플레이의 기본 기능을 알아보자.

액정 디스플레이 패널

LCD(액정 디스플레이)는 원래 1980년대로 거슬러 올라가 NASA[피셔(Fisher) 등 1986], 노스캐롤라이나 대학[청(Chung) 등 1989], VPL 리서치[콘(Conn) 등 1989] 같은 회사에서 가상 및 증강 현실용 근접 디스플레이로 사용됐던 상대적으로 성숙한 기술이다. LCD는 현재 많은 HDTV, 데스크톱과 노트북의 모니터, 태블릿, 휴대폰 디스플레이로 사용된다.

그림 4.2처럼 LCD는 편광 소재 시트 두 개로 구성돼 전기를 조정해 전송하는 디스플레이 기기며, 두 시트의 축은 서로 직각으로 배치된다. 편광 시트 사이에는 액정 분자를 담고 있는 셀들이 행과 열을 이뤄 배치돼 있다. 셀은 얇은 유리 기면의 양면에 배치되는데, 하나당 초소형 트랜지스터 수백만 개가 정렬된다.

액정에서 각 셀을 통과하는 전류는 액정을 이 배열에 맞춰지거나 벗어나도록 만든다. 액정 소재를 통과하는 전류가 변화할 때 배열에 있는 각 셀은 빛의 통과를 조절하는 셔터 역할을 한다.

1. 유리판	5. 명령 전송 선로	9. 씬 필름 트랜지스터
2. 편광판	6. 명령 전송 선로	10. 전면 전극
3. 편광판	7. 고무 폴리머 레이어	11. 후면 전극
4. RGB 컬러 마스크	8. 스페이서	

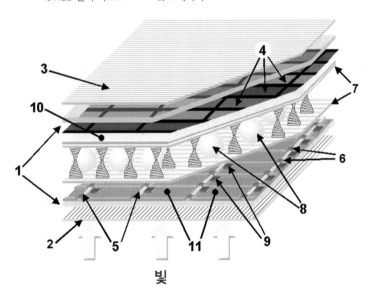

빛

그림 4.2 액티브 매트릭스(active-matrix) 액정 디스플레이의 복잡한 구조를 상세화한 일러스트레이션. 외부 소스에서 빛을 제공해준다는 점에 주목하자.
출처: 위키미디어, Lozère의 일러스트레이션

컬러 LCD는 적색, 녹색, 청색 필터나 마스크가 담긴 스택에 추가 기면을 더하는데, 각각 개별 셀 위에 정확히 배치된다. 세 개의 RGB 액정 셀(서브픽셀이라고 부른다.)이 하나의 픽셀을 형성한다. 전류를 흘려보내면, 셀마다 신호의 강도에 따라 빛의 통과를 조절한다. 세 서브픽셀이 조합된 산출물은 관찰자가 보는 빛의 색이 된다. 세 서브 픽셀 모두가 완전히 개방되면, 그 결과는 백라이팅 색인 흰색이 되는데 이 부분은 다음에 설명하겠다. 액정 소재는 스스로 빛을 방출하지 않으므로 별도의 소스에서 빛을 제공해야 한다. 시계에 사용되는 소형 LCD는 주변광 반사를 활용하기도 하지만, 일부 헤드마운트 디스플레이 같은 현대적 컬러 LCD 패널은 보통 디스플레이 패널 가장자리의 파란 LED에서 나오는 조명에 의존한다. 이 LED 조명은 노란색 형광체에서 필터링된 후, 디퓨저에서 확산돼 거의 흰빛이 된다. 이 빛은 다시 액정 요소의 컬러 마스크 레이어에서 다른 색으로 필터링된다.

유기 발광 다이오드 패널

OLED(유기 발광 다이오드)는 전류가 흐를 때 빛을 발하는 유기(탄소 및 수소 결합물) 소재 기반의 반도체를 이용하는 디스플레이 기술이다. 그림 4.3처럼, OLED의 기본 레이어는 두 전극(금속으로 된 음극과 투명한 양극) 사이에 일련의 유기 필름이 끼워져 있는 얇은 유리 기면이다. 전류가 음극(도체)과 양극(에미터) 사이에 있는 유기층을 통과할 때, 전자는 방출하는 유기층에 전달되고 전도층에서는 제거된다. 전도층에서 전자가 제거되면 그 '구멍'은 다른 전자가 메워야 한다. 이 구멍이 방출 레이어로 이동해 다시 전자와 결합할(엑시톤이라고 알려진 결합 상태) 때 에너지가 빛의 형태로 방출되는데, 이 과정을 일렉트로루미네선스electroluminescence라고 부른다. OLED에 사용된 유기 발광 소재의 섬세한 가공으로 컬러를 조절할 수 있지만, 제조사 대부분은 OLED 스택 안에 적색, 녹색, 청색 플라스틱 필름을 추가하는 편을 택한다.

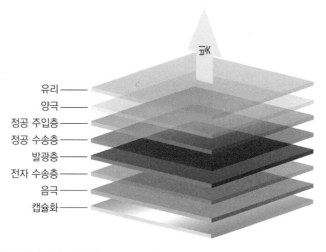

그림 4.3 OLED(유기 발광 다이오드)의 기본 구조를 보여주는 일러스트레이션
출처: S. 옥스타칼니스 일러스트레이션

OLED 디스플레이에는 크게 패시브 매트릭스 OLED(PMOLED)와 액티브 매트릭스 OLED(AMOLED)라는 두 가지 종류가 있다. 둘의 차이는 디스플레이 구동에 활용되는 전자에 있다. PMOLED 디스플레이는 복잡한 전자 그리드를 이용해 디스플레이의 각 열에 있는 개별 픽셀을 순차적으로 제어하며, 스토리지 콘덴서가 없다. 따라서 갱신율이 느리고 픽셀의 상태를 유지하기 위한 전력 소모도 크다. 일반적으로 PMOLED는 단순한 문자와 아이콘 표시에 사용된다.

눈 가까이 착용하는 가상 및 증강 현실 디스플레이는 대부분 AMOLED를 적용하는데, 기본 설계는 그림 4.4와 같다. 액티브 매트릭스 LCD 제어와 비슷하게 AMOLED는 각 서브픽셀의 상태를 유지해주는 스토리지 콘덴서가 들어있는 박막 트랜지스터 TFT 층으로 구동된다. 그래서 개별 픽셀을 상당 수준까지 제어할 수 있으므로, 완전히 꺼서 딥 블랙과 고대비를 지원하는 등의 특성을 가진다.

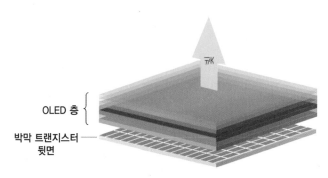

그림 4.4 액티브 매트릭스 LCD와 유사하게 액티브 매트릭스 OLED(AMOLED)는 스토리지 콘덴서가 들어있는 박막 트랜지스터 레이어를 사용해 각 서브픽셀이 상태를 유지하게 할 수 있다.
출처: S. 옥스타칼니스 일러스트레이션

여러 면에서 AMOLED는 LCD보다 훨씬 뛰어나다. AMOLED는 백라이팅이 필요하지 않기 때문에(자체로 빛을 생산한다.) 매우 얇게 만들 수 있고 전력 소모가 낮다. 또한 갱신율이 빠르고 저항이 낮으며, 색상 재현이 훌륭할 뿐 아니라 해상도도 높다. 6장, '완전 몰입형 디스플레이'에서 보겠지만, 이 책을 쓰고 있는 현재 상용 헤드마운트 디스플레이의 대부분은 AMOLED 모듈을 이미지 소스로 활용하고 있다.

디지털 라이트 프로젝터 마이크로디스플레이

디지털 마이크로미러 디바이스DMD라고 불리는 텍사스 인스트루먼트의 디지털 라이트 프로젝터DLP 칩은 공간 조명 모듈레이터로 알려진 마이크로 일렉트로 메커니컬 시스템MEMS의 한 종류다. 그림 4.5처럼 이 칩의 표면은 개별 제어되는 200만 개까지의 ~5.4마이크론 사이즈 마이크로미러 배열로 이뤄지는데, 각 마이크로미러는 투영된 이미지의 단일 픽셀을 나타낸다[바크타(Bhakta) 등 2014]. RGB 광원을 배열된 반사경에 비추면서 동시에 동영상과 그래픽 신호를 DLP 칩셋에 전송해 이미지를 생성하는데, 칩셋은 각 DMD 반사경 밑의 전극을 활성화한다. 적색, 녹색, 청색 이미지 채널을 적절하게 표시하려면(시분할 컬러field sequential color로 알려진 기법) 컨트롤러는 각 미러 셀 아래에 있는 메모리 셀을 1이나 0으로 로딩해, 미러마다 ±17도 방향으로 광원을 향해서나 광원으로부터 멀리 기울인다. 광원 쪽으로 기울면(+17도) 빛의 반사점은 ON으로 보인다. 광원으로부터 멀리 기울면(-17도) 점은 OFF로(꺼짐) 보인다. 미러마다 초당 수천 번 방향을 조정할 수 있기에, 미러마다 ON이나 OFF 위치에 있는 시간이 다양하게 조정돼 다양한 음영의 반사된 색을 만들어낼 수 있다. 다양한 광원과 옵틱 중 어느 것과든 결합해 사용하면, DMD 기기는 고속으로 효율적인 빛의 패턴을 투사할 수 있다.

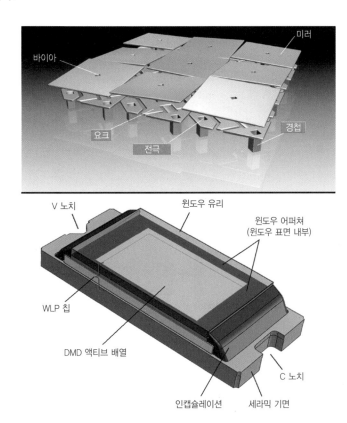

그림 4.5 DLP 디지털 마이크로미러 기기의 기본 구조를 보여주는 일러스트레이션. DMD 칩의 반사성이 높은 각 회전 알루미늄 미러가 독립적인 빛의 스위치 역할을 한다.
출처: 텍사스 인스트루먼트 제공 일러스트

그림 4.6처럼 DLP DMD 칩의 설계와 작은 크기는 가상 및 증강 현실의 눈 근접 디스플레이에 적용할 때 상당한 유연성을 제공한다. 한 방향에서 DMD 마이크로미러 어레이는 사용자 눈앞에 바로 위치한다. 어레이는 이어서 저전력 3-in-1 RGB LED에 의해 측면과 바닥에서 조명을 받는데, 이 빛은 광학 구조를 통해 사용자의 눈으로 이동해 망막에 이미지를 맺히게 한다. 두 번째 방향은 DMD 칩을 측면에 배치해, 반사

된 빛이 도파관(다음 부분에서 설명하겠다.)을 통해 사용자의 눈으로 이동한다. 어떤
설정이든 눈 자체가 광학 체인의 마지막 요소가 되며, 망막이 디스플레이 표면의 역
힐을 한다[바크타 등 2014].

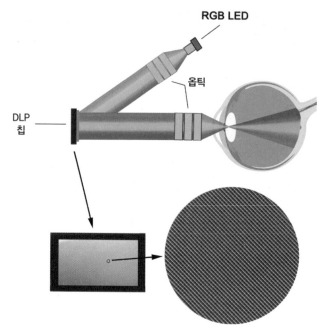

그림 4.6 텍사스 인스트루먼트의 DLP 디지털 마이크로미러 장치는 사람 눈의 망막을 헤드마운트 디스플레이 광학 체인의 마지막 요소로 사용한다.
출처: S. 옥스타칼니스 일러스트레이션

DMD는 현존하는 디스플레이 기술 중 가장 속도가 빠르다. 컬러 갱신 속도, 짧은 지
연율, 작은 사이즈인데도 고해상도(0.3인치 어레이로 대각선 1280×720 이미지 가능),
유연한 조명 방향, 그리고 저전력 요건 덕분에 DMD는 헤드마운트 디스플레이의 이
미징에 이상적인 솔루션이다.

실리콘 마이크로디스플레이의 액정

실리콘 액정^{LCoS} 이미징 기술은 LCD와 DLP 기술을 혼용한 것이다. 앞부분에서 설명
한 대로, LCD는 한 픽셀을 나타내는 한 셀(적색, 녹색, 청색 섹션으로 하위 구분됨)이 편

광 소재 시트 두 장 사이에 액정 분자가 끼어있는 셀 어레이로 구성된다. 각 픽셀의 상태는 액정 분자의 단계 제어를 통해 조절되며, 따라서 빛의 경로가 정해진다. 그래서 LCD는 '트랜스미시브transmissive' 기술이다. 반면 DLP 디스플레이는 RGB 소스에서 순서대로 투사된 빛을 반사하는, 개별 제어되는 마이크로미러(각각 한 픽셀을 나타낸다.) 어레이를 활용한다. 각 픽셀의 상태는 이 미러를 기울여 조정하므로 이것은 '반사reflective' 기술이다.

그림 4.7처럼 LCoS 기기는 트랜스미시브와 반사 기술의 조합형이다. 실리콘 웨이퍼를 반사율이 높게 코팅해서 구성하는 LCoS는 뒷면에서 반사된 필드 순차 컬러 빛을 조정하는 데 네마틱nematic 혹은 강유전성 액정을 사용한다. 제어 회로가 (전통적인 LCD 아키텍처에서 각 픽셀 주위를 둘러싸고 있는 것과는 달리) 각 픽셀 뒤의 반사면 아래에 있으므로, 빛의 경로에 장애물이 없어서 훨씬 더 선명한 이미지가 생성된다.

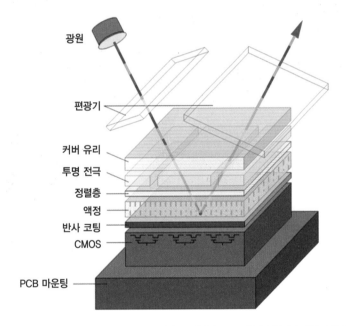

그림 4.7 실리콘 액정(LCoS) 칩 기본 아키텍처의 상세 일러스트레이션. LCoS 칩이 외부 소스에서 나온 빛을 조정해 이미지를 만드는 점에 주목하자.
출처: 일러스트 Aesopus, 위키미디어, CC BY 3.0 라이선스 의거 게재

앞에서 다룬 DLP DMD 솔루션과 유사하게, LCoS 칩은 구조와 작은 크기 덕분에 가상 및 증강 현실 양쪽에 쓰이는 소형 눈 근접 디스플레이에 상당히 유연하게 적용할 수 있다. 대표적인 사례로는 구글 글래스의 단안식 헤드마운트 디스플레이를 꼽을 수 있다.

그림 4.8처럼 측면 투사형 적색, 녹색, 청색(RGB) 마이크로 LED 어레이는 필드 순차 컬러 조명을 만드는 데 사용된다. 이 빛은 쐐기형 플라이아이fly-eye 마이크로렌즈 요소를 통해 조종되며(그림 4.9), 여기에서 LCoS 칩 안쪽 반사면을 비춘다. 칩에서 나가자마자 (각 컬러 채널의) 조정된 빛은 편광 빔 스플리터(분광기)에서 반사돼 디스플레이의 광학적 경로를 따라 더 내려가는데, 여기에서 결국 사용자의 눈으로 향한다.

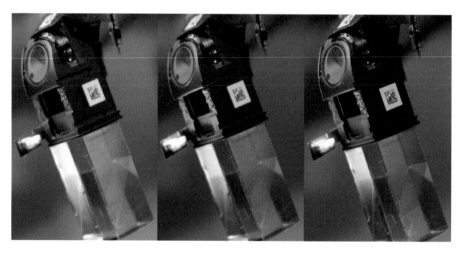

그림 4.8 이 이미지 시퀀스는 구글 글래스에서 적절한 이미지 채널을 생성해주는 필드 순차 컬러 라이트를 생성하는 데 쓰이는 측면 투사식 적색, 녹색, 청색(RGB) LED 어레이를 보여준다.
출처: 사진 제공 시드 하즈라(Sid Hazra)

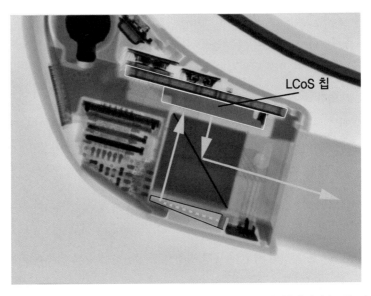

그림 4.9 주석이 달린 이 구글 글래스 디스플레이의 엑스선 사진은 RGB LED에서 나온 순차 라이트 필드가 쐐기형 플라이아이 마이크로렌즈를 통과해 LCoS 칩으로 들어간 후 편광 빔스플리터를 나와서 디스플레이의 광학 경로를 따라 내려가는 단순화된 경로를 보여준다.
출처: 이미지 제공 – AGL 이니셔티브의 앤드류 반덴 휴벨(Andrew Vanden Heuvel)

관련 용어와 개념

가상 및 증강 현실 시스템용 디스플레이 기술을 평가할 때, 그 분야의 용어(혹은 은어)만 보면 혼동될 수 있으며 빛의 속성을 다룰 때 쓰이는 용어도 그만큼 혼란스러울 것이다. 그럼 디스플레이의 기술적 성능을 이해하기 위한 토대를 다지는 데 필요한 기본 용어와 개념을 살펴보자.

빛이란?

빛은 사람의 눈에 있는 광수용체를 자극할 수 있는 복사 에너지다. 3장, '시각의 구조'에서 논한 대로, 사람의 눈은 전자기적 스펙트럼에서 대략 380~740나노미터 사이라는 좁은 대역의 파장만 감지한다.

루멘: 루멘(lm)은 광속(다음 정의 참조)을 측정하는 단위로, 소스가 발산하는 가시광선 에너지의 총량이다. 대부분의 빛 측정은 루멘으로 표시된다. 프로젝션 기술 기반 디스플레이와 관련돼 이 측정 단위가 사용되는 것을 자주 볼 수 있다.

광속: 광속은 인간 눈이 감지할 수 있는 범위의 파장(380~740nm)이 소스로부터 방사된 시간 단위당 빛 에너지의 양적 표현이다. 광속의 측정 단위는 루멘이다. 555nm의 방사속 1와트, 즉 건강한 사람의 눈이 가장 민감한 파장(노란 빛이 도는 녹색)은 680 루멘 광속에 해당한다[마이어-아렌트(Meyer-Arendt) 1968].

광도: 광도는 한 지점에서 발산되거나 반사된 입체각당 광속이다. 광도를 표현하는 측정 단위는 스테라디안^{steradian} 혹은 칸델라(cd)당 루멘으로 표시한다.

칸델라: 칸델라는 한 지점의 광원이 특정 방향으로 발산하는 단위 입체각당 빛의 힘을 정량화하는 측정 단위다.

휘도: 휘도는 주어진 방향으로 투사된 단위 영역당 광도의 측정 단위다. 휘도는 투과한 후 특정 영역에서 발산되거나 반사돼, 정해진 입체각 내에 떨어지는 빛의 양을 설명한다. 휘도를 표현하는 측정 단위는 평방미터당 칸델라(cd/m^2)다. 'nit'나 풋램버츠(fL)로도 자주 표시된다. 1fL = 3.426cd/m^2다.

조도: 조도는 단위 표면 영역당 투사되는 광속이다. 측정 단위는 룩스(lx) 혹은 lm/m^2(평방미터당 루멘)다. 어떤 광속에 대한 조도는 조명받는 영역이 늘어날수록 줄어든다.

명도: 명도는 디스플레이 휘도를 표현할 때 사용하는 순전히 주관적인 속성이다. 명도는 측정되는 수치가 아니라 인지되는 정도다. 기술적으로 명도와 휘도는 (자주 그러긴 하지만) 혼용하지 않아야 한다. 명도는 측정 가능한 양이 아니다.

디스플레이의 속성과 특성

증강과 가상 현실 시스템용 헤드마운트 디스플레이에는 고려해야 할 광범위한 속성과 특성이 있다. 다음 각 속성과 특성은 저마다 디스플레이의 품질과 성능에 직접 영향을 미친다.

공간 해상도: 공간 해상도^{spatial resolution}라는 용어는 디스플레이의 개별 픽셀 요소 수를 뜻하며, 수직과 수평 방향 모두의 숫자 값으로 나타낸다. 예를 들어 오큘러스 리프트 CV1의 공간 해상도는 한 눈당 1200×1080이다.

픽셀 피치: 픽셀 피치^{pixel pitch}는 한 픽셀의 중심(RGB 한 벌, LED 클러스터 등)부터 다음 픽셀 중심까지의 밀리미터(mm) 거리를 가리킨다. 이 개념은 그림 4.10의 일러스트를 참고하자.

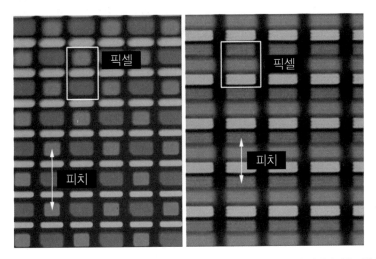

그림 4.10 픽셀 피치의 개념을 묘사하는 이미지. 한 픽셀 중심(RGB 한 벌, LED 클러스터 등)에서 다음 픽셀 중심까지의 거리며 밀리미터로 표시한다.
출처: S. 옥스타칼니스 일러스트레이션

필 팩터: 픽셀 기반 시각 디스플레이의 유형에 관계없이, 필 팩터^{fill factor}라는 용어는 개별 픽셀 요소 간에 있는 검은 공간의 양을 가리킨다. 이런 디스플레이는 보통 정밀 배열^{precision array}로 구성되므로, 픽셀 간의 검은 영역이 과도하면 디스플레이 표면을 클로즈업할 때 위에 촘촘한 그리드나 '스크린 도어'가 얹혀 있는 듯이 보일 수 있다.

이 현상을 표현할 때, 하이 필 팩터^{high fill factor}라는 말은 픽셀 사이에 검은 공간이 최소화됐다는 뜻이다. 로우 필 팩터^{low fill factor}는 픽셀 사이에 검은 공간이 과도하게 많은 것이다. 이 현상은 그림 4.11에서 확인할 수 있다.

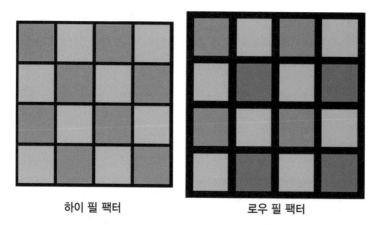

하이 필 팩터   로우 필 팩터

그림 4.11 개별 픽셀 요소 간을 메우고 있는 검은 공간의 양인 필 팩터의 개념을 묘사한 이미지. 로우 필 팩터는 근접 디스플레이에서 강한 '스크린 도어' 효과를 낳는다.
출처: S. 옥스타칼니스 일러스트레이션

이 장에서 다룬 네 가지 주요 기술(LCD, AMOLED, DLP, LCoS) 중 DLP는 칩의 반사면을 구성하는 각 미러의 크기가 극히 작아서, 픽셀 사이의 인지 가능한 공간이 최소화된다(가장 높은 필 팩터).

지속성: 지속성persistence이라는 용어는 픽셀이 밝혀진 채로 있는 기간을 가리킨다. 완전 지속은 픽셀이 프레임 전체 시간 내내 밝혀져 있다는 뜻이다. 낮은 지속은 프레임의 일부 동안만 픽셀이 밝혀져 있는 것을 가리킨다. 갱신율을 높이면 지속 시간은 줄어든다. 지속성은 보통 백분율로 표시한다.

대기 시간: 대기 시간latency은 헤드마운트 디스플레이의 움직임과 새로운 장면 뷰를 반영하기 위해 디스플레이가 실제로 업데이트되는 데 경과되는 시간(밀리초로 측정)을 뜻하는 용어다. 대기 시간은 절대 디스플레이만의 문제가 아니며, 처리 작업을 완료해야 하는 모든 시스템 컴포넌트와 디스플레이할 이미지의 업데이트에 걸리는 전체 시간이다.

응답 시간: 응답 시간이라는 용어는 픽셀이 변하는 데 걸리는 시간이다. 밀리초로 측정하며, 응답 시간이 길수록 이미지 결함이 더욱 눈에 두드러진다. 낮은 응답 시간은 헤드마운트 기기에 매우 중요하다.

색 공간: 디스플레이의 색 공간은 기기가 만들어낼 수 있는 색의 특정 범위를 결정한다. 디스플레이의 색 공간을 표현하는 데는 다양한 방법이 있지만, 국제 조명 위원회 CIE가 확립한 XYZ 색상 체계의 xy 색도도와 NTSC(RGB) 색 공간 비율이 가장 흔히 쓰인다.

대비: 대비는 디스플레이의 밝은 영역과 어두운 영역 간의 상대적 차이를 측정한 것이다. LCD는 저대비 디스플레이인 경향이 있고, AMOLED는 고대비다.

광학적 아키텍처

헤드마운트 디스플레이의 광학은 일반적으로 다음 세 가지 역할을 한다.

이미지 소스가 착용자의 눈으로부터 실제 물리적 거리보다 더 멀리에 나타나게 하는 빛의 **시준**collimation

이미지가 실제 소스보다 더 커 보이게 하는 이미지 소스 **확대**

이미지 소스부터 착용자의 눈까지, 때로는 축을 벗어나는 빛의 패턴 **전달**[멜처(Melzer) 등 2009]

앞서 자세히 살펴본 대로 헤드마운트 감상 기기에서 활용하는 이미징과 디스플레이 기술은 다양하다. 개별적인 구현마다 사용자가 눈에서 몇 센티미터 거리에 있는 평면 패널 어레이에 초점을 맞추게 해주거나, 디스플레이 기기의 옆면처럼 축을 벗어난 마이크로디스플레이에서 생성한 이미지를 시야 안으로 전달하는 등의 특별한 광학 설계가 필요하다. 여러 면에서 광학은 헤드마운트 감상 기기의 설계에서 가장 큰 과제이자 제약 요인이다. 시스템에 광학 요소가 추가될수록 전체 디스플레이의 크기와 부피는 늘어난다.

또 한 가지 중요한 과제는 헤드마운트 디스플레이가 인간 중심 시스템이라는 사실이다. 우리의 감각 기관은 복잡하고 민감하기에 정확성과 적응이 필수적이다. 그렇지 않으면 불편한 느낌과 멀미, 전반적으로 형편없는 최종 사용자 경험 등의 문제가 야기된다.

기본 개념

모든 최종 사용자의 요구에 맞는 궁극의 헤드마운트 디스플레이 기기는 현재 없으며, 앞으로도 나올 수 없을 것이다. 일반 소비자가 있는 게임과 엔터테인먼트 분야에 필요하거나 허용 가능한 기기라 해도 전문 사용자의 요구 사항에는 맞지 않을 가능성이 높다. 그리고 비용도 상당히 비싸다. 비행 시뮬레이션이나 증강 같은 전문적인 최종 사용자를 위한 정밀한 시스템은 하나같이 일반 소비자가 지불할 만한 가격 범위를 훨씬 벗어난다. 그렇긴 하지만, 이 단락에서는 독자가 알아둬야 하는 모든 헤드마운트 디스플레이의 일반적인 기능과 고려 사항, 그리고 다양한 광학적 설계를 다뤄보겠다.

시야

가상 및 증강 현실 애플리케이션의 모든 헤드마운트 디스플레이에서 핵심적인 고려 사항은 시야[FOV]로, 이는 두 눈에 보이는 가상 이미지의 총 각 크기로 정의하며, 각도로 표현된다[바필드(Barfield)와 퍼니스(Furness) 1995]. 쌍안 디스플레이는 왼쪽 눈과 오른쪽 눈의 다른 시야 중첩의 문제이므로, 때로는 수평 쌍안 시야와 총 시야를 개별 값으로 표현하면 유용하다.

그림 4.12처럼 건강한 성인의 경우 입체 영상의 기반이자 심도 인지에 중요한 평균적 수평 쌍안 시야가 120도며, 총 시야는 대략 200도로 측정된다. 우리의 수직 시야는 약 130도다.

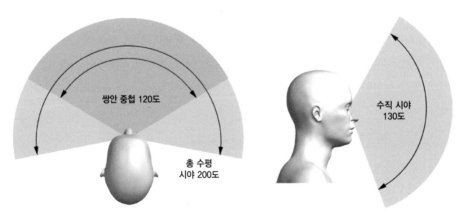

그림 4.12 평균적인 사람의 수평과 수직 시야의 한계치를 묘사한 이미지
출처: S. 옥스타칼니스 일러스트레이션

쌍안 중첩

쌍안 중첩 영역이라고도 알려진 쌍안 시야는 시각 범위 전체에서 두 눈의 단안 시야가 중첩되는 부분이다. 인간 시각의 이런 특징은 심도 인지에 극히 중요하다. 장면 안에서 물체가 보이는 상대적 각도에 따라 그 물체가 얼마나 멀리 떨어져 있는지 추정하게 되기 때문이다[보거(Boger) 2013].

동공 간 거리

동공 간 거리[IPD]는 두 눈의 동공 중심 간 거리다. 이 수치는 일반 안경부터 스테레오 헤드마운트 디스플레이에 이르는 모든 쌍안 감상 시스템에 극히 중요하다.

21장, '인적 요인의 고려 사항'에서 더 자세히 논의하겠지만, 적절한 IPD 설정은 극히 중요하다. 눈과 렌즈가 잘 정렬되지 않으면 이미지 왜곡을 초래할 수 있고, 그 결과 눈의 피로와 두통이 생겨서 멀미를 일으킬 수 있기 때문이다[에임스(Ames) 등 2005]. 부정확한 설정 역시 초점 조정에 영향을 줘서 디스플레이된 영상을 부정확하게 인지하도록 만들 수 있다.

눈동자 거리

헤드마운트 디스플레이에서 눈동자 거리[eye relief]는 눈의 각막에서부터 가장 가까이 있는 광학 요소 표면까지의 거리를 말한다. 눈동자 거리는 사용자가 디스플레이 기기의 전체 감상 각도를 확보할 수 있는 거리를 정의한다. 이 수치는 특히 시력 교정용 렌즈와 안경 착용자에게 지극히 중요한 고려 사항인데, 안경의 눈동자 거리만도 약 12mm이기 때문이다. 예를 들어 HTC 바이브(6장 참조)는 안경 위에 쓸 수 있게끔 사용자의 눈동자 거리 설정을 조정할 수 있지만, 오큘러스 리프트 CV1(6장 참조)은 그렇지 않다. 눈동자 거리를 조정하면 당연히 사용자가 디스플레이에서 실제로 인식하는 시야에 직접적인 영향을 미친다.

사출동

사출동[exit pupil]이라는 용어는 광학 시스템이 눈에 전송하는 빛의 반경을 가리킨다.

아이 박스

아이 박스eye box라는 용어는 사용자가 기기의 완전한 성능을 경험히려면 동공이 위치해야 하는 공간을 뜻한다. 그림 4.13처럼 이 공간은 눈동자 거리와 사출동에 의해 결정된다.

동공이 형성하는 옵틱과 동공 외 요소가 형성하는 옵틱

가상 및 증강 현실 디스플레이에서 사용하는 주요 광학 시스템 설계, 혹은 아키텍처에는 동공이 형성하는 것과 동공 외 요인이 형성하는 것 이렇게 두 가지가 있다[바필드 (Barfield) 2015]. HTC 바이브, 오큘러스 리프트, 소니 PSVR 같은 상용의 완전 몰입형 디스플레이는 동공 외 요인이 형성하는 아키텍처를 사용한다. 그림 4.13처럼 이 세 개의 시스템은 단일한 확대경으로 디스플레이 패널에서 나온 빛을 직접 조준한다.

동공 외 요소가 형성하는 광학 아키텍처

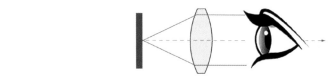

동공이 형성하는 광학 아키텍처

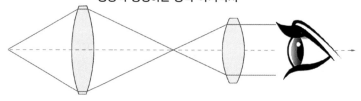

그림 4.13 동공과 동공 외 요인이 형성하는 광학 아키텍처의 기본 설정을 묘사한 이미지
출처: S. 옥스타칼니스 일러스트레이션

동공 외 요소로 형성하는 단안 렌즈 광학 디자인은 더 가볍고 컴팩트한 디스플레이를 만들어낼 수 있다는 장점이 있지만, 아이 박스가 커서 라이트 필드를 구부리는 과정에서 상당한 왜곡을 일으킨다는 단점도 있다. 핀쿠션 왜곡^{pincushion distortion}으로 알려져 있는 이 효과는 그림 4.14에서 확인할 수 있다. 이 효과를 완화하려면 이런 감상 기기에 디스플레이된 이미지를 반대의 원통형 왜곡으로 렌더링해서 상쇄해야 한다.

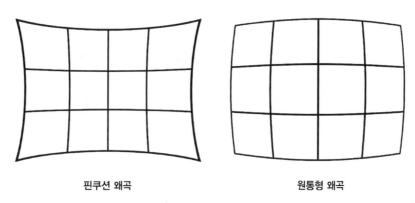

핀쿠션 왜곡　　　　　　　**원통형 왜곡**

그림 4.14 왼쪽의 핀쿠션 왜곡은 기기의 디스플레이 가장자리 부분에서 극단적 왜곡이 일어나며, 보통 반대의 배럴 왜곡으로 이미지를 렌더링해 보정한다. 이 현상을 정확히 교정하지 못하면 심도 인지가 방해되고, 거리 판단이 부정확해진다.
출처: S. 옥스타칼니스 일러스트레이션

반면, DLP DMD와 LCoS 마이크로디스플레이와 조합해 자주 사용되는 것처럼 동공이 형성하는 광학 시스템 아키텍처는 다양한 디자인 목표에 부합하도록 광학적 경로를 접거나 구부리는 등 조정이 가능해서, 헤드마운트 감상 기기의 전반적인 설계에서 유연성이 굉장히 커진다. 그림 4.15는 이 아키텍처에서 사용되는 수많은 광학적 요소, 빔 스플리터, 컴바이너의 설정을 보여준다.

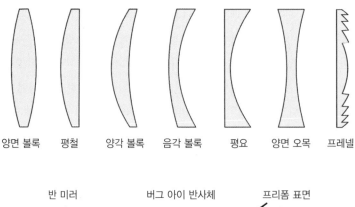

양면 볼록   평철   양각 볼록   음각 볼록   평요   양면 오목   프레넬

반 미러   버그 아이 반사체   프리폼 표면

그림 4.15 헤드마운트 디스플레이용 광학 아키텍처 설계에서 사용하는 다양한 개별 광학 요소 외에 다양한 컴바이너 기술과 전략을 보여주는 이미지
출처: 위의 광학 요소 일러스트는 위키미디어의 ElfQrin, CC BY 3.0 라이선스 의거 게재. 컴바이너 일러스트레이션은 공개 자료에서 가져옴

도파관

도파관^{waveguide}은 내부 반사에 의해 광학 시스템으로 광파를 전파하는 물리 구조체다. 그림 4.16부터 4.19까지를 보면, 도파관은 빛이 도파관에 들어오는 출발점부터 시작해 나가는 지점까지, 두 표면 사이로 빛의 운동을 제한한다.

내부 반사의 기본 개념은 상당히 단순하지만 이 지점부터 디스플레이 기술은 복잡해지는데, 주로 이미지 소스에서 나온 후 도파관 안으로(인커플링) 들어와 밖으로(아웃커플링) 나가는 방법이 그렇다. 일반적으로 기존 상용 증강 디스플레이에서 현재 활용하는 도파관의 주요 유형은 네 가지다.

홀로그램 도파관: 홀로그램 도파관은 인커플링과 아웃커플링 메커니즘에 홀로그램 광학 요소를 사용한다. 이 기법은 현재 소니 스마트 아이글래스 디스플레이에서 사용되며 그림 4.16에 나와 있다.

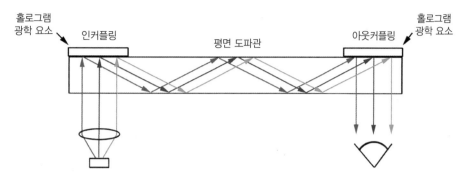

그림 4.16 홀로그램 광통로의 기본 기능 개념 일러스트
출처: S. 옥스타칼니스 일러스트레이션

회절성 도파관: 회절성 도파관은 표면 양각$^{surface\ relief}$을 포함해 때로 나노미터 범위로 측정되는 기능이 있다. 감쇄형 도파관의 기본 일러스트는 그림 4.17에서 확인할 수 있는데, 현재 마이크로소프트 홀로렌즈, 다양한 뷰직스 디스플레이, 그리고 다양한 방위 및 항공 전자 광학 시스템에서 사용된다.

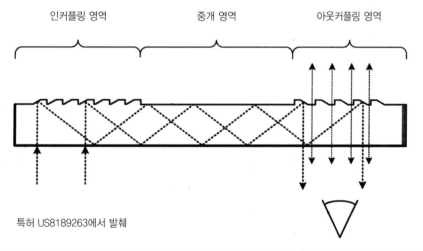

특허 US8189263에서 발췌

그림 4.17 수정된 특허 도안으로 수많은 상용 및 방위 광학 시스템에서 사용하는 기본적 회절성 광통로의 설계를 보여준다.

편광 도파관: 그림 4.18과 같은 편광 도파관은 부분 반사하는 편광 표면의 평행한 어레이와 멀티레이어 코팅을 배열해, 보는 사람의 눈을 향해 빛을 직접 비추는 여러 부분의 조합이다. 이 방법은 루무스 DK-50 AR 글래스에서 개발해 사용됐다.

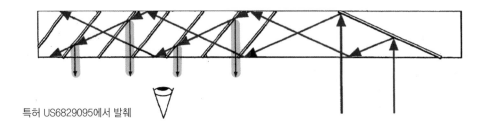

특허 US6829095에서 발췌

그림 4.18 수정 특허 도안으로, 루무스 DK-50 AR 글래스에서 사용하는 기본적 편광 도파관 기술을 묘사한다. 노랗게 표시된 화살표는 도파관에 들어와, 다양한 편광 표면을 거쳐 (파란색) 나간다.

반사형 도파관: 그림 4.19의 반사형 도파관은 적어도 하나의 준반사 거울이 있는 평평한 단일 라이트 가이드를 사용한다. 이 기법은 엡손 모베리오 제품 라인 외에 구글 글래스도 사용한다.

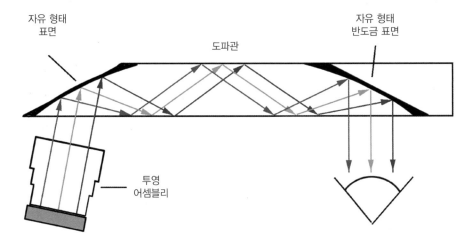

그림 4.19 엡손 모베리오 디스플레이 라인의 기본적 설계 원칙과 광학 경로를 보여준다.

결론

이 장에서 다룬 이미지 생성 기술은 모두 개발된 후 나중에 가상 및 증강 현실에 적용된 것이다. 어떤 것도 이 분야의 설정을 염두에 두고 개발되지 않았다. 때문에 하드웨어 개발자는 타협하고 취사선택을 할 수밖에 없는 입장에서, 순차적이 아닌 역설계적 접근법을 택해야 했다. 복잡한 공간 현상을 2D 표면에 시뮬레이션해서 때로는 실소가 나올 만한 광학 시스템에 억지로 밀어 넣었고, 사용자가 다른 곳에 있는 것처럼 눈속임을 쓰려는 디스플레이를 선보였다.

하지만 이 모두가 발명에서는 필연적인 단계다. 이런 제약과 타협, 취사선택 덕분에 연구원들은 수십 년 동안 여러 문제에 천착하고, 시각 체계의 기능 방식을 학습하며, 구조화된 빛의 패턴을 눈에 맞춰 형태를 잡고 제시하는 최상의 방법을 알아냈다. 진동하는 광학 섬유를 이용해 심도를 만드는 영사부터 홀로그램 이미징 기술까지 새로운 여러 디스플레이 기술이 개발 중임을 감안할 때, 오늘날 대중의 관심을 끄는 평면 패널 기반의 헤드마운트 디스플레이는 아마도 수년 후면 '유물'로 간주될 것이다.

5장

증강 디스플레이

컴퓨팅과 디스플레이 기술이 점점 더 강력해지면서 이제 현실 세계의 모습을 그래픽과 텍스트, 기호 형태의 정보로 증강할 수 있는 시대가 시작되고 있다. 이 장에서는 시중에 나와 있는 이미 입증됐거나 유망한 증강 디스플레이를 알아보고, 그 핵심적인 기능과 설계상의 차이점, 그리고 최초의 용도를 짚어본다.

복안식 증강 디스플레이

복안식 증강 디스플레이는 현재 시장에 진입 중인 신규 디스플레이의 큰 부분을 차지한다. 앞으로 살펴보겠지만 일반 소비자를 위한 디스플레이는 거의 없는데, 현재 시장에서 널리 인기를 끌 만큼 탄탄한 애플리케이션이 없기 때문이다. 반면 기업, 산업, 방위 분야에서는 애플리케이션 개발자가 갖고 있는 문제를 해결하고, 정보 수요에 부응하며, 작업 과정의 효율성을 높이는 등의 목적에 부합하는 기회가 충분히 제공되고 있다. 그럼 이제 각각의 특별한 성능과 타깃층을 중심으로 여러 디스플레이를 살펴보자.

엡손 모베리오 BT-300

상용 헤드마운트 증강 현실 디스플레이 시장의 최초 주자 중 하나인 엡손의 모베리오라인은 2011년 BT-100 런칭으로부터 시작됐다. BT-100은 반사형 도파관 광학 기술을 기반으로 한 최초의 독립형 안드로이드 웨어러블 투과형 복안식 디스플레이다. 이 기기가 출시된 첫날부터 기술에 관심이 많은 사람들은 즐겨 쓰는 컴퓨터 게임에서 사용할 수도 없고 길에서 착용해 가까운 커피숍을 찾는 데 쓸 수도 없는 두꺼운 렌즈와 좁은 시야^{FOV}의 디스플레이라며, 공개 포럼과 블로그에서 BT-100에 대한 혹평을 쏟아냈다. 그럼에도 불구하고 엡손은 어떻든 간에 디스플레이가 반드시 필요한 산업과 기업용 애플리케이션 부문에서 상당한 사용자 기반을 조용히 구축했다.

현재로 넘어와서, 엡손은 BT-300이라는 모베리오 스마트 글래스의 세 번째 세대를 소개했다. 그림 5.1처럼 새로 정돈된 디자인은 작은 평면 반사 도파관과 고해상도, 대비, 휘도, 더 검은색 톤을 영사하는 독자적인 실리콘 기반 OLED$^{Si-OLED}$ 디지털 디스플레이 기술을 자랑한다. 4장, '헤드마운트 디스플레이의 컴포넌트 기술'에서 설명한 대로, LCD는 액정 분자의 방향을 조정해 빛의 전송을 차단함으로써 검은 톤을 만들어낸다. 개별적인 OLED 픽셀 요소는 그 자체로 빛을 만들기 때문에 단지 픽셀을 끄는 것만으로 더 깊은 검은색으로 보이게 된다. 마찬가지로 OLED 디스플레이 기술은 굉장히 풍부한 색상을 재현하기에 전반적으로 이미지 화질이 훨씬 개선된다[세이코 엡손(Seiko Epson) 2016; 넬슨(Nelson) 2016].

그림 5.1 엡손 모베리오 BT-300 증강 디스플레이의 슬림한 경량 디자인
출처: 이미지 제공 – 엡손 아메리카

현재, 혹은 곧 상용으로 출시될 대부분의 다른 증강 디스플레이가 무선 디자인을 강조하지만, 모베리오 BT-300은 이전 모델처럼 프로그래밍 가능한 버튼 세 개와 원형 트랙패드도 있는 작은 핸드 컨트롤러에 대부분의 컴퓨팅과 전자 하위 시스템을 담고 있다.

엡손이 BT-300을 산업용 및 기타 기업용 애플리케이션으로 타기팅해 재적용하는 것도 중요하지만, 이 기기에는 다양한 일반 소비자용 애플리케이션이 있다. BT-300 의 제원은 표 5.1과 같다.

표 5.1 엡손 모베리오 BT-300 제원

기능	명세
오큘래러티	복안식
이미지 소스	독자적인 실리콘 OLED(Si-OLED)
해상도	720p
프레임레이트	30Hz
컬러	NTSC 90%
디스플레이 휘도	1200cd/m^2 (nits)
대비	100,000:1
디스플레이 옵틱	반사형 도파관

(이어짐)

기능	명세
시야각	23도(5미터에서 80")
투명도	완전 투명
헤드 트래킹	IMU(나침반/가속/자이로)
카메라	(1) 5MP
통신	와이파이 802.11a/b/g/n/ac, 2.4/5GHz 블루투스 스마트 레디 USB 2.0
메인 프로세서	인텔 아톰 5 1.44Ghz 쿼드코어
램	2GB
내장 저장 용량	마이크로 SD(최대 2GB), 마이크로 SDHC(최대 32GB)
추가 센서	안드로이드 5.1 기반 컨트롤러 GPS 마이크 앰비언트 라이트
쉴드	없음
개발 환경	안드로이드 5.1

(엡손 2016)

루무스 DK-50 개발 킷

실리콘 밸리에는 '금을 캐지 못하면 도끼라도 팔면 된다.'는 격언이 있다. 이 말은 다른 이들이 모두 인기 상품과 서비스를 제공할 때, 그에 필요한 중요한 도구와 컴포넌트를 공급하라는 뜻이다. 이 격언은 이제 부상 중인 가상 및 증강 현실 분야에서 이름이 그리 알려지지 않았지만 핵심적 위치를 점유하고 있는 중요 동인 기술을 제공하는 회사에 딱 들어맞는다. 그중 하나가 이스라엘 르호봇의 루무스 주식회사Lumus, Ltd로, 여러 증강 현실 디스플레이 제조업체에 핵심 컴포넌트인 편광 도파관 광학 모듈을 제공하고 있다.

4장에서 설명한 대로, (그림 5.2 참조) 이런 종류의 도파관은 부분 반사하는 편광 표면과 평행한 어레이를 도파관 기면에 심어서, LCoS 칩 같은 마이크로디스플레이 프로텍터로부터 이미지(빛의 패턴)가 도파관 기면을 통과하도록(커플인이라고 함) 해준다. 내부 반사를 통해 도파관을 통과한 다음에는 또 다른 부분 반사하는 편광 표면이 이 빛을 밖으로 향하게 해서(커플아웃) 사용자의 눈으로 보낸다.

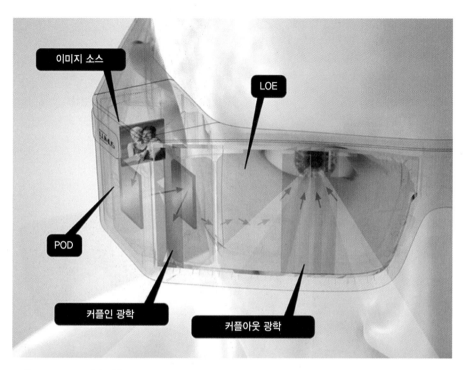

그림 5.2 루무스 도파관 광학 모듈에서 사용하는 기본적 광학 경로를 묘사한 일러스트
출처: 사진 제공 루무스 주식회사

루무스는 이런 도파관을 다양한 성능의 완성된 디스플레이 모듈로 제조하고 배급한다. 모듈은 광범위한 증강 디스플레이에 쓰이는데, 그림 5.3의 DK-50 개발 킷 등은 아래에서 설명하겠다.

그림 5.3 루무스 DK-50 개발자 킷 글래스는 다른 제조사를 위한 레퍼런스 디자인 및 테스트 플랫폼이다.
출처: 사진 제공 루무스 주식회사

소비자 제품이 아니라 다른 제조사에서 활용할 레퍼런스 디자인 및 테스트 플랫폼으로 만들었지만(금맥 대신 도끼의 역할), DK-50은 루무스 OE-32 디스플레이 모듈을 기반으로 구축한 포괄적인 무선 독립형 복안식 디스플레이다(그림 5.3). 이 기기의 해상도는 720p, 시야각은 40도다. 안드로이드를 구동하는 온보드 스냅드래곤 프로세서가 있으며, 9 DOF IMU 모션 센서와 트윈 4MP 카메라가 탑재돼 있다. 또한 애플리케이션 개발을 위한 소프트웨어 개발 킷SDK과 안드로이드 폰이 무선 리모컨 및 모바일 네트워크 백채널 역할을 하는 클라이언트 프로그램이 있다[루무스 2016]. DK-50의 제원은 표 5.2를 참고하자.

표 5.2 루무스 DK-50 제원

기능	명세
오큘래러티	복안식
이미지 소스	LCOS 마이크로디스플레이(컬러 시퀀스)
해상도	720p
프레임레이트	60Hz
컬러	풀 컬러
디스플레이	휘도 4100cd/m^2 (nits)
대비	⟩250:1
디스플레이 옵틱	루무스 도파관 (두께 ⟨2mm)
시야각	720p에서 37도, WXGA에서 40도
투명도	~80%
헤드 트래킹	9 DOF IMU
카메라	4MP 카메라 두 대, 80도
통신	와이파이 802.11, 2.4GHz 블루투스 4.0 PCB 결합 안테나
메인 프로세서	스냅드래곤 800
램	2GB
내장 저장 용량	16GB
추가 센서	
쉴드	
개발 환경	안드로이드

(루무스 2016)

AtheerAiR 글래스

엔지니어링, 건설, 의료, 물류 부문의 현장 엔지니어와 노동자를 대상으로 하는 캘리포니아 마운틴뷰의 애시어 주식회사Atheer Inc.에서 만든 그림 5.4의 AiR(증강 인터랙티브 현실) 글래스는 LCoS 디스플레이 모듈과 루무스 도파관 옵틱 기반의 복안식 시스템이다. 이 시스템은 자연스러운 제스처, 음성 명령, 모션 트래킹을 통해 사용자가 물체와 데이터의 상호작용을 쉽게 할 수 있도록 특별히 구축됐다. 클라우드 기반의 협업과 태스크 플로우 상호작용 솔루션인 AiR 엔터프라이즈 스위트와 함께 사용해, AiR

글래스 착용자는 다른 사용자와 한 팀으로 디자인 협업 태스크 검토, 원격 전문가와 동영상 통화, 실시간 이미지 주석 등의 작업을 할 수 있다.

그림 5.4 AtheerAiR 글래스는 자연스러운 제스처와 음성 명령, 모션 트래킹으로 사용자에게 제시된 물체와 데이터의 상호작용을 돕기 위해 특별히 만들어졌다.
출처: 사진 제공 애시어 주식회사

제스처 인식의 중심에는 아리^Ari라는 탄탄한 소프트웨어 애플리케이션이 있는데, 일반적인 카메라가 탑재된 어떤 모바일 기기든 제스처 인터페이스로 바꿔준다. 이 기능은 특히 수술용 장갑을 착용하거나, 손으로 조작하는 인터페이스가 비실용적이거나 문제가 되는 산업 환경 등의 상황에서 중요하다. AtheerAiR 기기의 제원은 표 5.3을 참고하자.

표 5.3 AtheerAiR 글래스 제원

기능	명세
오큘래러티	복안식
이미지 소스	LCOS 마이크로디스플레이(컬러 시퀀스)
해상도	양쪽 눈 각각 720p (1280x720)
프레임레이트	60Hz
컬러	풀 컬러
디스플레이 휘도	4100cd/m^2 (nits)
대비	$\rangle$250:1
디스플레이 옵틱	루무스 도파관(두께 $\langle$2mm)
시야각	720p에서 50도
투명도	~80%
헤드 트래킹	9 DOF IMU (InvenSense MPU 9250)
카메라	4MP 카메라 두 대, 80도
통신	와이파이 802.11, 2.4GHz 블루투스 4.1 옵셔널 4G 라이트 PCB 통합 안테나
메인 프로세서	NVIDIA Tegra K1 프로세서
램	2GB
내장 저장 용량	최대 128GB
추가 센서	지향성 마이크
쉴드	프론트 쉴드
개발 환경	AiR OS AiR SDK 기업용 AiR Suite

(애시어, 2016)

DAQRI 스마트 헬멧

여러 증강 현실 디스플레이 제조사가 소비자나 특수 분야 애플리케이션 환경을 타기팅하고 있지만, 캘리포니아 로스앤젤레스의 다큐리 주식회사DAQRI, LLC는 완전히 방향을 돌려 더 넓은 건설, 엔지니어링, 건축(AEC) 시장의 전문가용 웨어러블 증강 디스플레이 기술에 집중하고 있다.

그림 5.5는 현재 이스라엘 르호봇의 루무스 반사형 도파관 광학 모듈을 기반으로 설계됐으며, 매우 정밀하고 튼튼한 DAQRI 스마트 헬멧은 기업 대상으로 사용자의 작업 환경 뷰의 3D 공간에 맞춰 안정시킨 작업에 특화된 그래픽, 심볼, 작업 지시에 관련된 보조 기능을 제공한다. 최종 목표는 이런 보완적 정보 오버레이를 이용해서 작업자의 생산성과 효율성, 안전도를 높이는 것이다.

그림 5.5 많은 센서가 탑재된 DAQRI 스마트 헬멧은 폭넓은 AEC 전문 시장을 위한 증강 디스플레이를 제공한다.
출처: 다큐리의 허가하에 재현된 이미지. ⓒ 2016 다큐리 사 판권 보유

딱딱한 헬멧에는 얼굴을 덮는 쉴드가 있으며, IR 뎁스 매핑과 사용자 동작 추적을 위한 카메라 어레이, 적외선 열 감지 FLIR, 카메라 세 대의 인텔 리얼센스 R-200 패키지(전면)가 내장돼 있다. 사용자는 내장된 와이파이, 블루투스, 이동통신을 포함한 폭넓은 방식으로 산업 설비의 기존 정보 에코시스템에 연결할 수 있다[DAQRI, 2016].

어떤 현장이든 똑같을 수는 없으니 애플리케이션마다 일정 수준의 커스터마이징과 통합이 필요한데, 이는 다큐리의 4D 스튜디오 저작 환경을 통해 가능하다. 이 책을 쓰고 있는 현재 상세한 시스템 스펙은 공개적으로 발표되지 않았다. 표 5.4는 지금까지 알려져 있는 제원의 요약이다.

표 5.4 DAQRI 스마트 헬멧 제원

기능	명세
오큘래러티	복안식
이미지 소스	LCOS 마이크로디스플레이(컬러 시퀀스)
해상도	미공개
프레임레이트	미공개
컬러	풀 컬러
디스플레이 휘도	미공개
대비	미공개
디스플레이 옵틱	루무스 도파관(두께 ⟨2mm)
시야각	미공개
투명도	미공개
헤드 트래킹	VizNav 카메라 10 자유도(DOF) IMU (2)
카메라	360도 동영상 카메라 어레이(HD) 13MP HD 컬러 카메라 절대 눈금 FLIR 열 감지
통신	와이파이(명세 미공개) 블루투스(명세 미공개) 이동통신(명세 미공개)
메인 프로세서	6세대 인텔 코어 M7
RAM	미공개
내장 저장 용량	미공개
추가 센서	인텔 RealSense(전방)
쉴드	ANSI 호환 페이스 쉴드
개발 환경	DAQRI 4D Studio

(다큐리, 2016)

오스터하우트 디자인 그룹 R-7 스마트글래스

세계 최대의 기술 회사들이 증강과 가상 현실 분야 시장에서 선두를 다투고 있지만, 이 시장은 이미 수년간 덜 유명한 소규모 업체들의 무대였다. 그들은 조용히 실행 기술을 개발해 큰 문제를 해결하고 근본적인 지적 재산권을 확보하면서, 경쟁자보다 몇 년이나 앞서 고도로 진보한 시각화 도구를 만들어냈다. 이런 회사 중 하나가 캘리포니아 샌프란시스코의 오스터하우트 디자인 그룹[ODG]이다.

국가 안보와 방위 관련 프로젝트에 뿌리를 둔 ODG는 수년간 첨단 헤드마운트 증강
디스플레이를 정부와 기업 고객에게 납품해왔다. 원래 방위 애플리케이션으로 설계
된 기기를 다듬은 오스터하우트의 최신 디스플레이가 그림 5.6의 ODG R-7 스마트
글래스다.

그림 5.6 오스터하우트 디자인 그룹 R-7 스마트글래스는 현재 전문가용 증강 디스플레이 분야에서 최고로 간주된다.
출처: 사진 제공 ODG

주로 기업 사용자를 타기팅하는 이 스테레오 디스플레이는 이미 의료, 에너지, 교통,
창고, 물류, 정부 등의 핵심 시장에서 인기를 끌고 있다. 이 기기는 완전 무선 디자인
으로 태블릿 컴퓨터의 내장 프로세싱 파워와 성능, 연결성을 자랑한다. 이미 외과의,
파일럿, 유지 보수 검사관, 창고 및 건설 노동자 등을 돕는 이 기기용 소프트웨어 애
플리케이션이 개발됐다. 표 5.5는 이 기기의 제원이다.

표 5.5 오스터하우트 디자인 그룹 R-7 스마트글래스 제원

기능	명세
오큘래러티	복안식
이미지 소스	LCOS 마이크로디스플레이(컬러 시퀀스)
해상도	720p
프레임레이트	80fps
컬러	풀 컬러
디스플레이 휘도	자동 조정 가능
디스플레이 옵틱	미공개
시야각	30도
투명도	80%
헤드 트래킹	9 자유도 IMU
카메라	비디오: 1080p 60fps, 720p 120fps
통신	블루투스 4.1 (HS, BLE, ANT+) 와이파이 802.11ac GNSS (GPS/GLONASS)
메인 프로세서	스냅드래곤 805 2.7Ghz 쿼드코어 프로세서
램	3GB
내장 저장 용량	64GB
추가 센서	고도계 습도계 앰비언트 라이트 센서 두 개의 디지털 마이크(사용자와 환경용)
쉴드	자기 탈착식 광변색 쉴드
개발 환경	ReticleOS(안드로이드 프레임워크 + 킷캣) 디지털 아이웨어 SDK용 퀄컴 뷰포리아 SDK와 API 전제품, 개발자 프로그램 도구와 웹 사이트

(ODG, 2016)

NVIS nVisor ST50

증강과 가상 현실 산업에서 가장 오래된 디스플레이 제조사로 버지니아 레스턴의 NVIS 주식회사가 있다. 2002년 1월에 설립된 이 회사는 시판 중인 최고 성능의 눈 근접 디스플레이 시스템 제조사다. 고성능의 몰입형 훈련과 시뮬레이션에 집중하는 이 회사의 제품 라인에는 고급 차량과 무기 시뮬레이터에서 사용하는 헤드마운트 디스플레이, 가상 쌍안경, 커스텀 내장 디스플레이가 있다.

그중 가장 폭넓게 사용되는 디스플레이 제품이 그림 5.7의 nVisor ST50다. 원래 미군의 연구 개발 엔지니어링 사령부RDECOM의 보병 훈련 프로그램을 지원하기 위해 설계된 이 시스템은 현재 전 세계의 훈련, 시뮬레이션, 연구 시설에서 사용되고 있다.

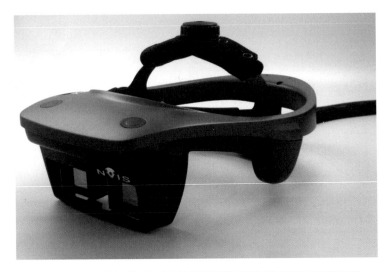

그림 5.7 nVisor ST50은 현재 구할 수 있는 최고 성능의 정확한 광학 투과형 헤드마운트 디스플레이이다.
출처: 사진 제공 NVIS 주식회사

nVisor ST50은 핵심 기술로 EMagin에서 나온 OLED(유기 조명 발광 다이오드) 마이크로디스플레이를 사용한다. 이 마이크로디스플레이는 컴팩트한 디자인으로 양쪽 눈에 각기 1280×1024 해상도의 이미지를 저전력으로 제공한다. 커스텀 광학 요소를 활용해 왜곡률 〈2%로 대각선 50도 시야에 이미지를 보여주는 이 디스플레이는 현실과 가상 환경이 아주 정확하게 맞아떨어져야 할 경우 이상적인 솔루션이다. nVisor ST50은 탈착 가능한 전면 커버가 있어, 증강 외에 완전 몰입형 애플리케이션에도 사용할 수 있다. 더 자세한 기기 제원은 표 5.6을 참고하자.

표 5.6 NVIS nVisor ST50 제원

기능	명세
오큘래러티	복안식
이미지 소스	OLED 마이크로디스플레이
해상도	1280x1024(양 눈 각각)
컬러 심도	24비트(R, G, B 각 8비트)
주사율	60Hz
디스플레이 휘도	23fL
디스플레이 지연	〈0.002ms
디스플레이 옵틱	프로프라이어터리 옵틱, 〈2% 왜곡
시야각	수평 40도 x 수직 32도
오버랩	100%
투과형 전송	44%
눈동자 거리	23mm
동공 간 거리	53~73mm(각각 조정 가능)
헤드 트래킹	다양한 외부 솔루션 지원
마이크	내장, 셸 마운티드
오디오	내장, 스테레오 헤드폰, 15~25,000Hz
연결	HDMI
컨트롤	ON/OFF, 명도, 디스플레이 설정, 머리 크기 조정
무게	1,050g
쉴드	탈착식 전면 커버로 AR/VR에 모두 적용

(NVIS, 2016)

홀로렌즈

이 시장에서 가장 폭넓은 기대를 모으고 있는 디스플레이 제품인 그림 5.8의 마이크로소프트 홀로렌즈는 마케팅 초기에 홀로그램 컴퓨터라고 광고했던 고해상도 스테레오 3D 광학 투과형 헤드마운트 디스플레이다. 2015년 1월 처음 발표된 이 완전 무선 헤드마운트 컴퓨팅 시스템 겸 디스플레이는 양쪽 눈앞에 각각 있는 홀로그램 도파관 요소로 사용자에게 실제 환경 안에서 공간적으로 연관되고 안정화된 고해상도 홀로그램을 보여준다. 이 책의 원서가 출간되기 겨우 몇 달 전에야 개발자 킷이 출시됐는데, 마이크로소프트는 이 기기의 내부 작동 방식에 관해 의도적으로 중요한 제원의 공개를 미루고 있지만, 확실히 알려진 것만 봐도 홀로렌즈는 엔지니어링 역량의 걸작품이다. 예를 들어 사용자는 응시, 제스처, 음성 인식으로 홀로그램과 상호작용할 수 있다.

홀로렌즈는 공간 매핑이 가능해서 사운드 소스를 홀로그램 오브젝트에 부착할 수 있으므로, 사용자가 홀로그램 오브젝트에 다가가거나 멀어질 때 소리가 더 커지거나 작아진다.

그림 5.8 마이크로소프트 홀로렌즈는 홀로그램 도파관 기술을 이용해 사용자가 현실 세계 환경 위에 덧씌워진 알파벳, 숫자, 기호, 그래픽 오버레이를 볼 수 있게 해주는 강력한 헤드마운트 컴퓨팅 및 디스플레이 기기다.
출처: 플리커에 실린 마이크로소프트 스웨덴 이미지. CC 2.0 라이선스에 의거 수록

17장, '항공우주와 방위'에서 보겠지만 이 기기는 여러모로 발전성이 커서, 현재 국제 우주 정거장에 근무하는 우주 비행사를 위한 몰입형 프로세스 안내(매뉴얼 혹은 가이드북)나 지상에 있는 대상과 시스템 전문가가 승무원에게 필요할 때마다 손쉽게 정보 및 작업 지원을 제공하는 용도로 사용하기 위해 도입돼 있다.

2016년 봄, 마이크로소프트가 홀로렌즈의 최초 출시 타깃을 소비자 게임 및 엔터테인먼트 기기에서 기업 사용자용 시각화 및 생산성 도구로 수정한 것이 밝혀졌다. 얼리어답터는 케이스 웨스턴 리저브 대학, NASA, 사브, 볼보 등이다[서러(Surur) 2016]. 홀

로렌즈 기기의 더 자세한 제원은 표 5.7을 참조하자.

표 5.7 마이크로소프트 홀로렌즈 제원

기능	명세
오큘래러티	복안식
이미지 소스	LCoS 마이크로디스플레이
해상도	720p / 2HD 16:9 라이트 엔진 홀로그램 해상도: 2.3M 총 라이트 포인트 홀로그램 밀도: >2,500 광점
프레임레이트	30FPS
컬러	컬러 순차 RGB
디스플레이 휘도	미공개
대비	미공개
디스플레이 옵틱	투과형 홀로그램 도파관
시야각	~30도(수평)(크레일로스, 2015)
투명도	출간 현재 명세 없음
헤드 트래킹	1 IMU
카메라	환경 인식 카메라 네 개 심도 카메라 한 개 2MP 사진 / HD 비디오카메라
통신	와이파이 802.11ac 마이크로 USB 2.0 블루투스 4.1 LE
메인 프로세서	인텔 아톰 x5-Z8100 1.04GHz 인텔 에어몬트(14nm) 커스텀 홀로그램 프로세싱 유닛(HPU)
램	2GB
내장 저장 용량	64GB
추가 센서	마이크 네 개 앰비언트 라이트 센서 한 개
쉴드	그라데이션 스모크 컬러 탈착식 쉴드
개발 환경	윈도우 10, 32비트
무게	579g

(마이크로소프트, 2016)

소니 스마트아이글래스 SED-E1

최근 소니는 그림 5.9의 스마트아이글래스 기기로 증강 현실 웨어러블 디스플레이 시장에 뛰어들었다. 개발자 플랫폼으로 개발된 이 기기는 호환 가능한 안드로이드 기반 스마트폰 인터페이스로 관련 애플리케이션을 호스팅 및 구동한다. 이 기기는 가느다란 홀로그램 도파관으로 텍스트, 심볼, 이미지 등의 녹색 모노크롬 정보를 사용자의 시야에 덧씌운다. 호스트인 안드로이드 모바일 기기와 블루투스나 WLAN으로 연결해 통신하게끔 잘 설계된 무선 컨트롤러로 기기를 조작한다.

그림 5.9 기기 뒤에 로체스터 옵티컬 매뉴팩처링의 스마트 GOLD 처방 렌즈를 결합한 소니 스마트아이글래스 증강 디스플레이의 이미지. 이 처방 렌즈는 도파관의 형태에 맞춰 디자인돼 기기의 탈착식 코받침에 고정된다.
출처: 사진 제공 로체스터 옵티컬 매뉴팩처링

센서로는 3MP 카메라와 함께 가속계, 자이로스코프, 전자 나침반, 휘도 센서, 마이크, 노이즈 제어 서브마이크가 있다. 이런 센서 데이터는 무선 연결로 컨트롤러에 전달되고, 다시 무선 연결로 스마트폰 애플리케이션이 접근할 수 있다. 스마트아이글래스 기기의 제원은 표 5.8을 보자.

표 5.8 소니 스마트아이글래스 SED-E1 제원

기능	명세
오큘래러티	복안식
이미지 소스	μDisplay 마이크로디스플레이
해상도	419x138
프레임레이트	15fps(WLAN 모드), ~10fps(BT 모드)
컬러	모노(녹색) 8비트 색심도
디스플레이 휘도	1,000cd/m² (nits)
디스플레이 옵틱	투과형 홀로그램 도파관

(이어짐)

기능	명세
시야각	30도 대각선(19도×6도)
투명도	85% 투명도
헤드 트래킹	IMU(나침반/가속계/자이로)
카메라	(1) 3MP
통신	와이파이 802.11b/g 블루투스 3.0 NFC
메인 프로세서	미공개
램	미공개
내장 저장 용량	미공개
추가 센서	휘도 센서 마이크 노이즈 억제 서브마이크
개발 환경	안드로이드 4.4 이상

(소니, 2015)

단안식 증강 디스플레이

단안식 증강 디스플레이는 주로 정보 기기 역할을 하며, 전반적인 장면 분석에 큰 영향을 주지 않으면서 사용자의 시야에 알파벳 및 숫자, 이미지, 아이콘 데이터를 보완해 제시한다. 이런 기기용의 애플리케이션은 의료 전문가가 의료 기록과 이미지, 바이탈 사인을 원격에서 편리하게 조회할 수 있는 것부터 기술자가 특정 작업을 더 효율적으로 완수할 수 있도록 도표 등의 데이터를 제공하는 것까지 다양하다.

그러면 이런 기기들을 알아보고, 각각의 강점과 주된 사용 분야를 살펴보자.

뷰직스 M100 스마트 글래스

뉴욕 로체스터에 있는 뷰직스 사는 증강 현실 분야에서 가장 오랜 운영을 자랑하는 회사다. 1997년에 다른 이름으로 설립됐던 뷰직스는 방위체들과 긴밀한 유대를 유지하면서 수년 동안 미군에서 광범위하게 사용하는 디지털 나이트비전 무기 조준기와 전술 지도 및 영상을 조회하는 고해상도 단안식 디스플레이 기기 등 매우 다양한 전문 디스플레이 기기를 개발해왔다. 수년간 다져진 역량과 기술을 활용해 2013년 1월 뷰직스는 그림 5.10의 안드로이드 기반 웨어러블 컴퓨터이자 단안식 디스플레이인 M100 스마트 글래스를 선보였다. 이 기기는 현재 전 세계에서 폭넓은 기업용 애플리케이션에 활용되고 있다. 생산 가동, 집하 작업의 효율성을 높이기 위한 창고 시설 내 작업 가이드, 원격 처방과 원격 지원, 주차 위반 단속 요원이 한눈에 번호판을 스캔해 현장에서 벨트 부착형 프린터로 딱지를 발급하는 애플리케이션이 그 예다. 이 기기는 사진을 찍고 동영상을 녹화하고 재생하며, (GPS로) 사용자 위치와 착용자의 머리 방향을 추적하는 데 사용할 수 있다. 제조사가 강조하는 대로, 기기의 주된 장점은 기존 안드로이드 앱 수천 개를 활용할 수 있다는 것이다. 사용자에 맞춘 유틸리티 제작을 도와주는 개발자 자료도 제공된다.

그림 5.10 뷰직스 M100 스마트 글래스는 현존하는 가장 폭넓게 사용되는 증강 디스플레이다.
출처: 사진 제공 뷰직스 사

사용자의 관점에서 이 기기는 30센티미터 정도 거리에서 4인치 스마트폰 화면을 보는 것과 같은 느낌을 준다. 좌측이나 우측의 아이 마운팅 옵션과 함께 디스플레이 하우징과 암은 개별 사용자의 선호에 맞춰 편하게 조정할 수 있다. M100의 제원은 표 5.9를 보자.

표 5.9 뷰직스 M100 제원

기능	명세
오큘래러티	단안식
이미지 소스	마이크로 LCD

(이어짐)

기능	명세
해상도	420x240(WQVGA)
프레임레이트	
컬러	24비트 컬러
디스플레이 휘도	$\rangle$2,000cd/m^2 (nits)
대비	
디스플레이 옵틱	비투과형 컴바이너
시야각	15도(대각선)
투명도	NA
헤드 트래킹	9 자유도 IMU
카메라	5MP 포토 1080p 동영상
통신	와이파이 802.11 b/g/n 블루투스 4.0 LE 마이크로USB: 컨트롤/전원/업그레이드
메인 프로세서	OMAP4460 @ 1.2GHz
램	1GB
내장 저장 용량	4GB
추가 센서	제스처 센서(선택형 2축) 마이크 (2) 앰비언트 라이트 근접 센서 GPS
쉴드	없음
개발 환경	안드로이드 iOS

(뷰직스, 2016a)

뷰직스 M300 스마트 글래스

2015년초, 인텔은 뷰직스에 상당한 투자를 하고 지분의 3분의 1가량을 인수해 기업, 전문가, 프로슈머용 차세대 웨어러블 디스플레이 제품의 개발과 도입을 가속화했다. 그 후 출시한 첫 기기가 그림 5.11의 M300 스마트 글래스다.

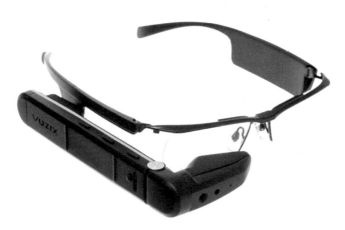

그림 5.11 새로운 뷰직스 M300은 핸즈프리 웨어러블 디스플레이 기기로 현대적인 스마트폰의 기능을 대부분 제공한다.
출처: 사진 제공 뷰직스 사

컴퓨팅, 디스플레이, 센서 기술의 진보를 활용한 새 기기는 상당히 개선된 인체역학
과 더 빠른 CPU, 교체형 배터리, 제스처 컨트롤, 현대적인 스마트폰의 기능 대부분을
제공한다. 게다가 방수 방진 기능으로, 사용자는 거의 모든 작업 환경에서도 폭넓게
M300을 활용할 수 있다. 표 5.10은 M300의 제원을 보여준다.

표 5.10 뷰직스 M300 제원

기능	명세
오큘래러티	단안식
이미지 소스	마이크로 LCD
해상도	640x360(nHD)
프레임레이트	
컬러	24비트 컬러
디스플레이 휘도	$>2,000cd/m^2$ (nits)
대비	
디스플레이 옵틱	비투과형 컴바이너
시야각	20도(대각선)
투명도	NA
헤드 트래킹	9 자유도 IMU

(이어짐)

기능	명세
카메라	13MP 포토 1080p 동영상
통신	와이파이 b/g/n/ac – 듀얼-B 2.4/5Ghz 블루투스 4.1/2.1+EDR MIMO 2x2 마이크로USB 2.0 HS
메인 프로세서	인텔 아톰
램	2GB
내장 저장 용량	16GB
추가 센서	제스처 센서(선택형 2축) 마이크 (2) 앰비언트 라이트 근접 센서 GPS
쉴드	없음
개발 환경	안드로이드 iOS

(뷰직스, 2016b)

구글 글래스

구글 글래스는 캘리포니아 마운틴뷰에 있는 구글에서 개발한 단안식 광학 투과형 헤드마운트 디스플레이형 웨어러블 컴퓨터다. 이 기기는 지금까지 개발된 그 어떤 AR/VR 디스플레이보다 다양한 반응을 유발하며 흥분과 저항을 낳았고, 수많은 연구와 개발, 애플리케이션 검토를 촉발시켰다. 2015년 초 일반 사용자 대상 출시를 취소하긴 했지만, 구글 글래스는 병원, 창고, 원격 서비스 산업 등 수많은 전문 애플리케이션 환경에서 열렬한 사용자 기반을 유지하고 있다. 이 기기의 흥미로운 애플리케이션 중에는 네팔 정부의 코뿔소, 호랑이, 코끼리 추적을 위한 무인 항공기UAV 활용[판데이(Pandey) 2014], 라이플 사용자가 모퉁이를 돌아 겨냥할 수 있는 조준 도구[왁스타프(Wagstaff) 2014] 등이 있다. 그림 5.12는 이 기기의 기본 외형 디자인이다.

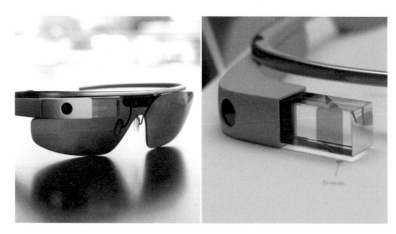

그림 5.12 이 두 이미지는 구글 글래스 디스플레이의 세부 모습을 확대한 것이다.
출처: 플리커에 실린 Ted Eytan/Mitch Altman의 이미지. CC 2.0 라이선스에 의거 수록

구글 글래스는 엔지니어링 면에서도 예술적이다. 새롭거나 혁명적인 실행 기술은 거의 없지만, 작은 크기와 사용자가 여러 가지 작업에 창의적으로 활용할 수 있다는 점은 그 자체로 혁신적이었다. 그림 5.13은 기기의 엑스선 사진으로, 핵심 내부 컴퍼넌트를 자세히 볼 수 있다.

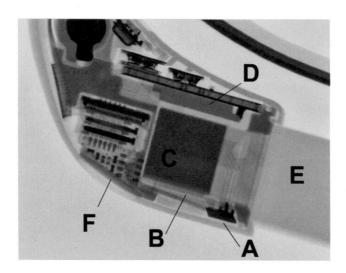

그림 5.13 구글 글래스의 디스플레이 내부의 섬세한 세부 부품과 엔지니어링 기술을 살펴볼 수 있는 엑스선 사진. 알파벳 표시별로 다음 설명을 참조하자. A) RGB LED, B) 쐐기형 플라이아이 렌즈, C) 편광 빔스플리터, D) LCoS 디스플레이, E) 도파관, F) 카메라
출처: 이미지 제공 – AGL 이니셔티브의 앤드류 반덴 휴벨(Andrew Vanden Heuvel)

이 책을 쓰고 있는 현재 구글 글래스는 재디자인 과정을 진행하고 있으며, 2017년 초 정도에 출시가 예상되고 있다. 더 세부적인 현재 버전의 제원은 표 5.10을 보자.

표 5.11 구글 글래스 익스플로러 버전 2 제원

기능	명세
오큘래러티	단안식
이미지 소스	LCOS 마이크로 디스플레이(컬러 시퀀스)
해상도	360p(640x360)
프레임레이트	NA
컬러	풀 컬러
디스플레이 휘도	150cd/m^2 (nits)
대비	NA
디스플레이 옵틱	반사형 도파관
시야	~15도
투명도	NA
헤드 트래킹	9 자유도 IMU(Invensense MPU 9250)
카메라	사진: 5MP 비디오: 720p
통신	와이파이 – 802.11 b/g, 2.4GHz 블루투스 4.0 LE
메인 프로세서	OMAP 4430 시스템 칩, 듀얼 코어
램	12GB
내장 저장 용량	16GB 플래시
추가 센서	터치패드 마이크 앰비언트 라이트 근접 센서
쉴드	없음
개발 환경	안드로이드 4.4, 킷캣

(구글, 2014)

결론

이 장에서는 현재 시장에 나와 있는 가장 유망한 증강 디스플레이를 살펴봤지만, 이 정도는 '수박 겉핥기'라 할 수밖에 없다. 집 차고의 작업장이나 더 제대로 된 여러 연구소에서 혁신적인 디스플레이 아이디어를 구현해보고 실험하며 작업하는 수십 개의 크고 작은 회사들이 있다. 일부는 자금 문제에서 삐걱거리고 있지만, 플로리다에 있는 베일에 싸인 매직 리프^{Magic Leap}처럼 수억 달러의 벤처 캐피탈을 끌어모으는 기술도 있다.

기술 애호가들로부터 보통 소비자 수준의 증강 현실 디스플레이에 대한 요구가 점점 더 높아지고 있지만, 하드웨어와 소프트웨어 제조사가 직면한 핵심 과제는 두 가지 단순한 질문으로 귀결된다. 어떤 구체적인 용도를 염두에 두고 있는가? 게임 애플리케이션 외에, 당신이 그리고 있는 킬러 앱의 속성은 무엇인가?

이 질문에 답하기가 어려우므로 대부분의 증강 디스플레이 제조사와 소프트웨어 개발사가 초기에 일반 소비자보다는 업체와 기업 사용자를 타기팅하게 된다. 이 기술을 활용한 전문가용 애플리케이션은 수도 없다. 작업자와 프로세스의 효율성 증대부터 응급실 의사나 전장의 병사를 위한 상황 인지 개선에 이르기까지 이런 문제와 도전, 수요는 이미 명확하다. 일반 대중이 "이건 꼭 사야 해."라고 생각할 아이디어가 나오기 시작할 때까지 증강 디스플레이 개발자는 매출 발생이 확실한 이런 부문에 관심을 집중할 수밖에 없다.

그렇긴 하지만, 모바일 기기 기반의 증강 디스플레이는 매우 가까운 미래에 일반 소비자 수준의 증강 현실 시장에서 파괴적인 위력을 발할 것이다. 한 사례로, 캘리포니아에 있는 페이즈스페이스 주식회사^{PhaseSpace Inc.}에서 공개한 그림 5.14의 스모크VR 헤드셋 등과 같은 혁신적인 저가 시스템은 2016년 말에서 2017년 사이에 시장에 진입할 것으로 예상된다.

그림 5.14 스탠퍼드 VR 콘퍼런스에서 찍은 2015년 2월의 이 사진은 페이즈스페이스 사에서 선보인 완전히 혁신적인 스모크VR 모바일 기기 기반의 스테레오 증강 디스플레이의 프로토타입을 보여준다.
출처: 사진 제공 페이즈스페이스(PhaseSpace)의 트레이시 맥시어리(Tracy McSheery)

원래 2007년 해군 연구소와의 계약하에 수행한 작업을 기초로 한 이 기기는 혁신적인 광시야 광학 설계로 100도의 수평 시계를 제공하는데, 색 왜곡도 없고 이미지 품질도 빼어나다. 앞에 간단한 클립형 쉴드를 추가하면 바로 완전 몰입형 가상 현실 디스플레이로 사용할 수 있다.

컴퓨터-인간 인터페이스의 이 새로운 패러다임은 여전히 무척이나 새로운 것이다. 여러 면으로 우리는 여전히 사람의 인지 체계가 지닌 강점을 효과적으로 활용할 방법을 찾아가는 중이며, 그 과정에서 이 새로운 매체의 활용할 방법도 더 잘 알게 될 것이다.

6장

완전 몰입형 디스플레이

가상 현실은 이미 와 있다. 더 이상 대학과 정부 연구소 안에서만 쓰이는 것이 아니라, 여러 핵심 실행 기술이 크게 발달해 이제 일반 소비자용의 고품질 대량 생산 헤드마운트 디스플레이 첫 세대가 나오게 됐다. 이 장에서는 상용 PC와 콘솔 기기부터 현대 스마트폰 기반의 저사양 시스템에 이르기까지 여러 수준의 최신 완전 몰입형 헤드마운트 디스플레이를 살펴보자.

PC-콘솔 기반 디스플레이

우리는 매우 특별한 시대를 살고 있다. 기본적인 데스크톱 컴퓨터 마우스가 도입된 이래, 평균적인 개인이 컴퓨터나 기타 복잡한 정보 시스템과 상호작용하는 방식에서 진정한 의미의 패러다임 전환을 경험한 사례는 거의 없었다. 컴퓨터가 생생하게 만들어낸 세계로 들어갈 수 있다는 개념을 둘러싼 열기가 한동안 뜨거웠지만, 이런 경험은 예산이 넉넉하고 특별한 임무를 달성해야 하는 시설과 조직에 국한됐었다. 하지만 시대가 변하고 있다. 그럼 현재 일반 소비자 시장과 전반적으로 대중의 관심을 지배하고 있는 PC 및 콘솔 기반 헤드마운트 디스플레이를 살펴보자. 각각의 기기마다 고유한 특성과 기능을 강조하기 위해 기본 개요와 함께 상세한 기기 스펙을 표로 제공하겠다.

오큘러스 리프트 CV1

2012년에 오큘러스라는 작은 회사가 크라우드 펀딩으로 개발한 이 제품은 완전 몰입형 가상 현실 시스템에 대한 대중의 인식과 열광을 대대적으로 부활시켰다. 두 개의 개발자 모델(DK1, DK2) 출시에 이어 소셜 미디어의 거인인 페이스북에 인수된 후 출시된 이 디스플레이의 첫 번째 소비자 버전은 인상적인 엔지니어링의 성과를 유감없이 보여주는 작품이다.

그림 6.1처럼 오큘러스 리프트 CV1(소비자 버전-1)은 한 눈당 1080×1200 해상도로 저지연low-latency AMOLED 평면 패널 두 대 기반의 경량 스테레오 광시야각FOV 헤드마운트 디스플레이다. 이 디스플레이에서 특히 주목할 점은 고도로 특화된 프리폼free-form 하이브리드 프레넬 렌즈인데, 그림 6.2에서 측면 모습을 볼 수 있다. 렌즈 표면이 매끄럽지 않은 데다가, 프레넬 회절 패턴은 매우 빡빡하다. 회전하지 않는 대칭 표면과 프레넬 패턴이 합쳐져 렌즈를 제조하기가 굉장히 어렵긴 하지만, 대신 왜곡과 부작용이 최소화되며 몰입감도 높은 110도의 수평 시야를 즐길 수 있다.

그림 6.1 오큘러스 리프트 CV1은 페이스북이 인수한 오큘러스 VR에서 제작한 최초의 상용 헤드셋이다.
출처: 이미지 eVRydayVR, 위키미디어

그림 6.2 오큘러스 리프트 CV1의 광학 요소를 측면에서 보면, 안에 탑재된 회전하지 않는 대칭형 렌즈 표면을 확인할 수 있다.
출처: 사진 제공 iFixit

디스플레이에서는 비대칭 옵틱을 활용해 부분적인 쌍안 중첩이 일어나는데, 덕분에 양안 경합은 없어지지만 수평 시야가 더 넓어진다.

내부 IMU(가속계, 자이로스코프, 자기계)와 함께, 별도의 IR 카메라에 보이는 디스플레이 하우징과 고정용 스트랩에 내장된 IR LED 배열이 사용자가 센서에서 돌아서 있을 때도 기기의 위치와 방향을 추적해준다. 이 시스템은 서 있든 앉아있든 사용 가능하도록 설계됐으며, 사용 반경은 1.5×3미터에 이른다.

오큘러스 리프트 CV1의 디스플레이 하드웨어 상세 제원은 표 6.1을 참고하자.

표 6.1 오큘러스 리프트 CV1 디스플레이 제원

기능	명세
오큘래러티	복안식
이미지 소스	AMOLED
해상도	양 눈 각각 1280x1024(2160x1200)
주사율	90Hz
디스플레이 옵틱	하이브리드 프레넬
시야각	~110도
눈동자 거리	조정 불가
동공 간 거리	58~72mm(조정 가능)
헤드 트래킹	IMU(나침반/가속계/자이로) 헤드셋의 IR LED 배열을 이용한 광학 트래킹
트래킹 영역	1.5×3미터
내장 카메라	없음
마이크	내장 마이크
오디오	통합 스테레오 온 이어(supra-aural) 헤드폰
커넥터	(1) HDMI 포트 (2) USB 3.0 포트
전화 통합	없음
무게	470g
	권장 PC 스펙
GPU	NVIDIA GeForce GTX 970 동급 이상 AMD Radeon R9 290 동급 이상
CPU	인텔 i5-4590 동급 이상
램	8GB 이상
비디오 출력	HDMI 1.3
USB 포트	(3) USB 3.0 포트 (1) USB 2.0 포트
운영체제	윈도우 7 SP1 64비트 이상

(샨클린 2016, 디지털 트렌드 2016)

HTC 바이브

오큘러스 리프트의 개발 착수와 거의 동시에 워싱턴 벨뷰의 엔터테인먼트 소프트웨어 개발업체 밸브와 대만 뉴 타이페이에 본사가 있는 다국적 스마트폰 및 태블릿 제조업체 HTC는 자체적으로 고사양 PC 기반 가상 현실 디스플레이 개발을 위한 협업에 들어갔다. 2015년 초에 처음 대중에 공개돼 공식적으로 HTC 바이브란 이름을 붙인 이 시스템은 현재 출시돼 있으며, 역시 뛰어난 디스플레이다.

그림 6.3의 HTC 바이브는 한 눈당 1080×1200 해상도를 지원하는 저지연 AMOLED 평면 패널 두 대 기반의 경량 스테레오 광시야각 헤드마운트 디스플레이이다. 독자적인 광학 요소와 프레넬 회절 그레이팅diffraction grating을 사용한 바이브는 사용자에게 왜곡과 인공 결함이 최소화된 탄탄한 110도의 수평 시야를 제공한다.

그림 6.3 HTC 바이브는 방 크기의 몰입감을 위해 처음부터 차근차근 설계한 최초의 가상 현실 시스템이다.
출처: 사진 제공 HTC

바이브와 오큘러스는 이 지점부터 핵심 시스템 기능을 매우 다른 방법으로 처리하면서 서로 달라졌다. 디자인 초기부터 HTC 바이브는 사용자가 이리저리 걸어 다니며 자연스럽게 내비게이션할 수 있고, 동시에 직관적으로 물체를 조작하며 시뮬레이션과 상호작용할 수 있는 모션 트래킹 핸드 컨트롤러 사용을 염두에 둔 '방 크기' 수준의 트래킹 기술과 함께 개발됐다.

디스플레이에 탑재된 IR LED 배열의 추적에 카메라를 사용하는 대신, 바이브 시스템
은 반대의 접근법을 사용한다. 먼저 IR 레이저 기지국 두 대가 방의 반대편 끝에 배치
돼 정확한 타이밍으로 IR 펄스와 X/Y축 IR 레이저 스캔을 발산한다. 디스플레이 하
우징에 임베드된 IR 센서 어레이는 이 IR 펄스와 레이저 스캔을 다양하게 감지한다.
이 정보를 활용해 시스템은 상당히 빠르고 정확하게 디스플레이의 위치와 방향을 계
산할 수 있다. 이 시스템은 11장, '위치, 방향, 동작 추적용 센서'에서 자세히 알아보
겠다.

바이브 시스템의 또 한 가지 인상적인 기능은 사용자 안전을 고려한 '샤프롱' 기능으
로, 사용자가 벽이나 장애물 같은 물리적 환경에 너무 가까이 다가가면 헤드셋 전면
카메라로 이를 포착해 사용자에게 보여준다. 바이브 디스플레이 하드웨어의 제원은
표 6.2를 참고하자.

표 6.2 HTC 바이브 디스플레이 제원

기능	명세
오큘래러티	복안식
이미지 소스	AMOLED-저지속(low persistence)/글로벌 조명
주사율	90Hz
디스플레이 옵틱	프레넬
시야각	110도
동공 간 거리	60.2~74.5mm(조정 가능)
헤드 트래킹	IMU(나침반/가속계/자이로) (2) IR 레이저 기지국과 HMD의 32IR 포토다이오드
트래킹 영역	4.5×4.5미터
내장 카메라	(1) 비디오카메라-전면
마이크	내장 마이크
커넥터	(1) 3.5mm 오디오 잭 (1) DC 배럴 잭 (1) HDMI 포트 (2) USB 3.0 포트
전화 통합	모바일 기기와 블루투스로 페어링 가능
무게	555g

(이어짐)

기능	명세
권장 PC 스펙	
GPU	NVIDIA GeForce GTX 970 동급 이상 AMD Radeon R9 290 동급 이상
CPU	인텔 i5-4590 이상 AMD FX 8350 이상
램	4GB 이상
비디오 출력	HDMI 1.4 디스플레이 포트 1.2 이상
USB 포트	(1) USB 2.0 포트 이상
운영체제	윈도우 7 SP1, 윈도우 8.1, 윈도우 10

(산클린 2016, 디지털 트렌드 2016)

소니 플레이스테이션 VR

소니 컴퓨터 엔터테인먼트는 수년간 콘솔 게임용으로 플레이스테이션 4[PS4] 게임 콘솔과 연동해 매우 설득력 있는 몰입형 시뮬레이션을 전달하는 가상 현실 시스템 플레이스테이션 VR[PS VR]을 개발해 발표했다. 원래 2014년 프로젝트 모피어스로 널리 알려졌던 이 새로운 고성능 주변 기기는 앞서 언급한 HTC 바이브나 오큘러스 리프트 CV1 시스템처럼 고사양 게임 PC가 있어야 작동하는 것이 아니기에 비상한 관심을 모았다.

PS VR 패키지는 바이저 스타일의 스테레오 광시야각 헤드마운트 디스플레이와 브레이크아웃 박스[breakout box]라는 두 개의 주요 컴포넌트로 구성된다. 디스플레이는 (그림 6.4) 한쪽 눈당 960×1080의 공유형 단일 1920×1080 AMOLED 패널 기반으로 약 100도의 시야각을 제공하는 독자적 광학 기술을 활용했다. 이 시스템은 내장형 관성 센서와 플레이스테이션 카메라로 디스플레이(즉 사용자의 머리)와 함께 삼차원 공간에서 플레이스테이션 무브[PS Move] 모션 컨트롤러의 위치와 방향을 정확히 추적한다.

그림 6.4 PC 기반 가상 현실 하드웨어와 달리 소니 플레이스테이션 VR 헤드셋은 이미 사용되고 있는 PS4 게임 콘솔 3,000만 대 이상과 즉시 호환이 가능하다.
출처: 이미지 제공 – Dronepicr, 위키미디어, CC 2.0 라이선스 의거 게재

브레이크아웃 박스는 디스플레이와 PS4 콘솔 간의 인터페이스 역할을 한다. 콘솔 자체에서 그래픽 생성이 쉽게 처리되지만, 개체 기반 3D 오디오 프로세싱, 한쪽 눈 이미지의 리버스 와핑reverse warping, 다른 사람에게 게임 경험을 공유해주는 소니 소셜 스크린을 위한 TV로의 HDMI 출력은 브레이크아웃 박스에서 처리한다.

PS VR 시스템은 시네마틱 모드도 제공하는데, 사용자가 헤드셋을 착용하고 있을 때 다양한 비입체 콘텐츠를 큰 가상 화면에서 보고 즐길 수 있는 기능이다. 미디어 플레이어를 통해 표준 PS4 게임, 360도 사진, PS4 무지향성 카메라 등의 기기로 찍은 동영상 등을 즐길 수 있다[스타인(Stein) 2016; 크로슬리(Crossley) 2016]. PS VR 디스플레이의 상세한 하드웨어 제원은 표 6.3을 참고하자.

표 6.3 소니 플레이스테이션 VR 디스플레이 제원

기능	명세
오큘래러티	복안식
이미지 소스	AMOLED

(이어짐)

기능	명세
해상도	한 눈당 960×1080(공유형 싱글 1920×1080 패널)
주사율	90Hz, 120Hz
디스플레이 옵틱	미공개
시야각	~100도
눈동자 거리	안경에 맞춰 조정 가능
동공 간 거리	58~72mm(조정 가능)
헤드 트래킹	6 자유도 IMU(자이로스코프, 가속계) 헤드셋의 아홉 개 LED를 이용한 광학 트래킹
트래킹 영역	3×3미터
내장 카메라	없음
마이크	마이크 입력
오디오	3D 사운드, 헤드폰 미니잭
커넥터	HDMI, USB
출력	헤드셋과 TV에 동시 출력
전화 통합	없음
무게	610g
콘솔 하드웨어	소니 플레이스테이션 4

(소니, 2016)

OSVR-오픈소스 VR 개발 킷

새로 부상 중인 가상 및 증강 현실 산업이 애플리케이션과 주변 기기 간의 호환성을 제한한다면 분명 성장을 둔화시키는 악재로 작용할 것이다. 게임과 전문가용 소프트웨어 애플리케이션이나 주변 기기가 단 한 가지 플랫폼이나 시스템으로만 제한되는 것은 최종 사용자 입장에서 큰 문제가 되고 불편하므로, 수용하는 속도가 늦춰질 수밖에 없다. 개발자가 초기부터 기본 표준을 수용하도록 유도하면 기기의 상호 호환성이 커져서 산업 성장이 가속화될 수 있다. 이런 특별한 전략이 가상 현실 개발을 위한 오픈소스 하드웨어 및 소프트웨어 에코시스템인 OSVR^Open Source Virtual Reality의 개발로 이어졌다.

해커 개발 킷^{Hacker Development Kit}이라는 그림 6.5의 하드웨어 시스템은 고품질의 스테레오 광시야각 헤드마운트 디스플레이와 연결 케이블로 구성된다. 디스플레이의 핵심은 단일 저저항 1080p AMOLED 패널(별개의 좌안, 우안 뷰를 위해 반으로 나눔)과 날렵한 커스텀 디자인 듀얼 엘리먼트 비구면 옵틱(표면 모양이 구체나 원통형의 일부로 보이지 않는 렌즈) 기반이다. 이 디스플레이의 강점은 디옵터(초점) 조정인데, 이 장에서 다룬 다른 헤드마운트 디스플레이에 부족한 기능이다. 디스플레이의 위치와 방향 추적은 내부의 9 자유도 IMU와 IR LED가 임베드된 페이스플레이트를 추적하는 카메라로 이뤄진다.

이 디스플레이는 일반적인 데스크톱 동영상 신호를 고글에서 볼 수 있도록 사이드 바이 사이드^{side-by-side} 모드로 변환하고 1080×1920, 1920×1080 동영상 신호를 모두 허용하는 등의 혁신적 기능을 담고 있다. 그래서 무선 동영상 링크로 디스플레이를 사용할 수 있다.

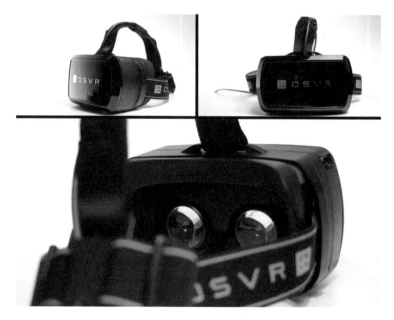

그림 6.5 레이저(Razer)와 센식스(Sensics)가 개발한 OSVR 개발 킷은 윈도우, 안드로이드, 리눅스 등 어떤 운영체제에서도 VR 경험을 제작할 수 있는 오픈 라이선스 에코시스템이다.
출처: 플리커에 실린 Maurizio Pesce의 이미지. CC 2.0 라이선스에 의거 수록

이 하드웨어는 개발자에게 자체 시스템 개발과 테스트를 위한 매우 개방적이고 비독자적인 플랫폼을 제공하려는 의의를 담고 출시됐다. 또한 무료로 다운로드할 수 있는 실제 디자인 자체까지 포함해 디스플레이의 모든 면이 해킹 가능하도록 설계됐다. 더 자세한 하드웨어 컴포넌트 제원은 표 6.4에 있다.

표 6.4 레이저/센식스 OSVR HDK HMD 제원

기능	명세
오큘래러티	복안식
이미지 소스	싱글 패널 AMOLED
해상도	풀 패널: 1920×1080p 각 눈: 960×1080p
주사율	60fps
디스플레이 옵틱	듀얼 엘리먼트 디자인 왜곡률 ⟨13%
시야각	100도
눈동자 거리	13mm
동공 간 거리	조정 불가(57~71mm까지 대응하는 아이 박스)
헤드 트래킹	9 자유도 IMU + IR LED 페이스플레이트와 카메라
트래킹 영역	–
내장 카메라	없음
마이크	없음
커넥터	(3) USB 3.0 포트– (1) 내부, (2) 외부

(신리얼리티, 2016)

OSVR은 소프트웨어 프레임워크기도 하다. OSVR API는 플랫폼에 무관하며, 가상 현실 디스플레이 기기와 주변 기기를 위한 표준화된 인터페이스다. 미들웨어 역할을 하는 OSVR 애플리케이션 프로그래밍 인터페이스API는 증강 현실/가상 현실 애플리케이션에서 헤드마운트 디스플레이와 입력 기기, 트래커 등의 주변 기기, 운영체제 간을 거의 보편적으로 지원해주는 고성능의 렌더링 및 기기 추상화 서비스 세트다.

스마트폰 기반 디스플레이 ▰▰▰▰▰▰▰▰▰

가상 현실의 부활을 가능케 할 핵심 분야가 휴대폰이라는 데는 의문의 여지가 없다. 모바일 프로세서의 성능이 계속 발전하는 것뿐 아니라, 주어진 화면 안에 지속적으로 더 많은 픽셀을 채우고 있는 디스플레이 제조사, 게다가 완전히 새로운 센서의 출현까지, 이런 개발은 이 분야에서 오랫동안 골칫거리였던 장벽을 일부 허물고 그 과정에서 창의성을 분출시키는 통로 역할을 했다. 가장 큰 영향은 몰입형 시뮬레이션을 주도하는 주요 플랫폼으로, 스마트폰 자체를 이용한 간단한 툴 개발로 귀결됐다.

그럼 스마트폰을 기반으로 한 디스플레이 시스템 두 가지를 살펴보자. 이런 기기를 제조하는 곳만도 수십 곳에 이르며, 각각 전반적 설계와 옵틱, 소재, 추가 기능, 취하는 입장도 다르지만 앞으로 소개할 두 기기가 거둔 큰 성공은 모두 이런 연구에 따른 결과로 볼 수 있다.

구글 카드보드

파괴적 혁신^{distruptive innovation}이란 원래 하버드 교수 클레이튼 크리스텐슨^{Clayton Christensen}이 만든 용어다. 시장 맨 밑바닥의 간단한 애플리케이션에 뿌리를 둔 제품이나 서비스가 굴하지 않고 점유율을 치고 올라가, 결국 이미 자리를 잡고 있는 경쟁자를 대체하는 과정을 일컫는다.

2014년 중반 구글이 골판지와 싸구려 플라스틱 볼록렌즈 두 개, 자석, 볼트, 벨크로 탭 몇 개로 만든 스마트폰 기반의 가상 현실 헤드셋을(그림 6.6) 내놓자, 그 충격은 전 세계 하이테크 센터, 특히 고사양 PC 기반 가상 현실 디스플레이를 소비자에게 전달하려 고군분투하던 회사의 회의실들을 뒤흔들었다. 이제 15달러와 스마트폰만 있으면 (상대적으로 조잡한 형태지만) 누구나 가상 현실을 경험할 수 있게 됐고, 함께 발표된 기본 소프트웨어 개발 킷^{SDK}으로 자체 애플리케이션 개발도 시작할 수 있게 된 것이다.

초기의 충격이 가라앉고 나자, 업계에서는 구글의 이런 행보가 3개월 전 20억 달러를 들여 오큘러스를 인수한 페이스북에 대한 일종의 조롱일 수도 있긴 하지만 사실 이 분야에서 가장 지적이며 파급력이 큰 시도였다는 점을 깨달았다. 갑자기 시장에 출시만 되면 고성능 몰입형 가상 현실 시스템이 어떤 경험을 줄 수 있을지 대중이 미리 맛볼 수 있는 방법이 생긴 것이다. 대중의 인지와 열광이 급상승한 결과, 어떤 수준으로든 이 시류에 동참하려는 수십 개의 새로운 회사가 급격히 세워졌을 뿐 아니라, 자체적으로 더 내구성 있는 디스플레이 하우징과 함께 킷을 제작해 판매하려는 회사를 비롯해 새로운 콘텐츠와 앱 제공사도 생겨났다. 18장, '교육'에서 다루겠지만, 구글 자체도 구글 엑스페디션이라는 프로그램을 런칭해 초등 교육 분야에서 교사가 카드보드 뷰어로 가상 현장 수업에 학급을 참여시킬 수 있게 됐다. 2015년 11월 현재, 전 세계 학교의 학생 10만 명 이상이 엑스페디션 카드보드 뷰어를 수업에 사용했다.

그림 6.6 구글 카드보드 헤드셋은 값싸고 접근 장벽이 낮은 가상 현실 체험 표준이다.
출처: 플리커에 실린 othree의 이미지. CC 2.0 라이선스에 의거 수록

삼성 기어VR

구글 카드보드와 유사한 기기들이 스마트폰 기반 디스플레이 시장에서 저렴한 제품을 대표한다면, 삼성 기어VR은 고급품 시장을 지배하고 있다. 오큘러스 VR과 합작으로 개발된 이 헤드셋은 2014년 말 처음 공개된 후 2015년 판매용으로 출시됐다. 그림 6.7처럼 기어VR 헤드셋은 삼성의 어떤 플래그십 모바일 기기든 안정적으로 장착할 수 있으며, 감상용 기기 및 컨트롤러의 역할을 한다. 시스템 옵틱은 디스플레이를

초점 조정이 가능한 96도 수평 시야까지 확장시킨다. 사용자의 머리 움직임은 모바일 기기의 IMU가 제공하는 높은 정확도를 이용해 세 개의 축(롤, 피치, 요)을 추적한다. 이 센서의 전원을 비롯해 측면에 탑재된 터치패드와 백 버튼 등의 컨트롤은 마이크로USB로 연결해 모바일 기기로 조작한다.

삼성 기어VR의 더 자세한 제원은 표 6.5를 참고하자.

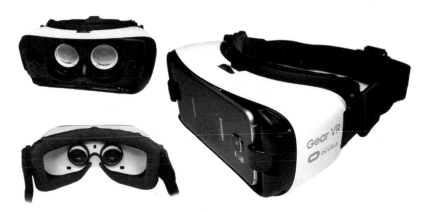

그림 6.7 삼성 기어VR은 삼성전자가 오큘러스 VR과 합작 개발한 모바일 가상 현실 헤드셋이다. 이 기기는 헤드셋의 디스플레이와 프로세서로 기능하는 다양한 삼성 스마트폰의 하우징 및 컨트롤러 역할을 한다.
출처: 이미지 S. 옥스타칼니스

표 6.5 삼성 기어VR 디스플레이 제원

기능	명세
오큘래러티	복안식
이미지 소스	AMOLED(권장 모바일 기기 이용)
해상도	호환되는 모바일 기기에 따라 다양함
주사율	60Hz(콘텐츠에 따라 다름)
디스플레이 옵틱	볼록 렌즈 하나(각 눈)
시야각	96도
눈동자 거리 / 초점	눈동자 거리 고정, 초점 조정 가능
동공 간 거리	55~71mm 수용(조정 불가)
헤드 트래킹	3 자유도 IMU(자이로스코프, 가속계)

(이어짐)

기능	명세
컨트롤	터치패드, 백 키, 볼륨 키 + 블루투스(모바일 기기를 통해)
오디오	모바일 기기의 오디오 잭을 통해
커넥터	마이크로USB
추가 센서	근접(탈착 감지)
무게	318g
호환 기기	갤럭시 S7 엣지 갤럭시 S6 갤럭시 S7 갤럭시 노트5 갤럭시 S6 엣지 갤럭시 S6 엣지+

[삼성 2016]

CAVE와 월

과학과 전문가 커뮤니티에서는 다양한 대형 고정식 몰입형 디스플레이를 사용한다. 이런 시스템은 다양한 형태와 크기로 나오는데, 다면체(다중 벽), 배경 영사, 평면 패널 기반 디스플레이, 단일 및 멀티 프로젝터의 반구면 등이 있으며 모두가 고해상도 필드 순차 방식의 스테레오 입체 이미지를 디스플레이한다. 대부분은 여러 사용자가 사용할 수 있도록 설계되는데, 각자가 착용한 LCD 셔터 글래스는 디스플레이 주사율과 동기화돼 좌안과 우안 뷰를 교차 차단하는 타이밍 신호로 제어된다. 대부분의 시스템은 주 사용자의 머리 위치와 방향을 몇 가지 방법으로 트래킹해 움직임을 측정하고, 그에 맞춰 시점을 조정한다. 이렇게 여러 사용자가 함께 사용하는 시나리오에서 나머지 참여자는 모두 수동적으로 3D 시뮬레이션을 경험하게 된다. 그런 디스플레이의 한 사례는 그림 6.8이다.

그림 6.8 아이다호 국립 연구소 연구원이 지열 에너지 모델을 컴퓨터가 지원하는 가상 환경(CAVE) 디스플레이를 통해 조회하고 있다.
출처: 이미지 제공 – 아이다호 국립 연구소

아이다호 폭포에 있는 첨단 에너지 연구 센터의 FLEX CAVE(컴퓨터 지원 가상 환경)는 네 개의 벽으로 이뤄지고 재설정 가능한 프로젝터 기반 3D 디스플레이 시스템으로, 과학자는 문자 그대로 그래픽 데이터 안으로 걸어 들어가서 이를 검토할 수 있다. 몇 분 안에 시스템을 평평한 벽면 디스플레이로 재설정할 수 있는데, 팀 협업을 위한 경사형 극장, 2D 데이터 섹션을 몰입형 3D 디스플레이와 나란히 볼 수 있는 L자 형태, 공간 구조를 검토하는 폐쇄된 방 형태, 훈련용 애플리케이션 등의 구성이 가능하다.

이 재설정 가능한 방 크기 디스플레이의 강력한 변형이 바로 그림 6.9와 6.10이다. 아이오와 마샬타운의 멕다인 사Mechdyne Corporation가 제조한 이머지플렉스EmergiFLEX라는 이 디스플레이는 고해상도 패널 24대의 큰 다면 월로 구성된다. 월은 다양하게 이동할 수 있어, 모퉁이가 하나 있는 하나의 확장된 벽체나 위아래로 프로젝터가 있는 옆이 트인 방 같은 디스플레이가 가능하다.

그림 6.9 멕다인 이머지플렉스 CAVE는 여러 사용자가 들어가 협업 디자인, 엔지니어링, 시각화 애플리케이션으로 활용할 수 있다.
출처: 이미지 제공 – 멕다인과 UALR

그림 6.10처럼, 세 개의 수직 벽면은 각각 바르코Barco LED DLP 프로젝션 큐브 여덟 개로 구성된다. 큐브 하나는 각각 해상도가 1920×1080이다. 큐브 24개를 한 개의 월로 설정하면, 전체 디스플레이 표면은 약 3미터 높이에 10미터 너비가 된다. 두 대의 고해상도 오버헤드 프로젝터는 블렌딩된 바닥 이미지를 생성하는 데 쓰인다. 바닥 자체는 매끈하고 딱딱한 소재로 만들어, 전면 영사(이 설정에서는 실제로 아래로 영사)와 측면 벽의 색상 매칭에 최적화한다.

이 시스템은 카메라 24대, 6 자유도의 광학 모션 트래킹 시스템이 통합되고(11장 참조), 디스플레이 시스템 설정과 무관하게 머리와 손을 모두 추적할 수 있다. 여기서도 사용자는 편광 안경을 쓰고 화면에 표시된 3D 그래픽을 본다.

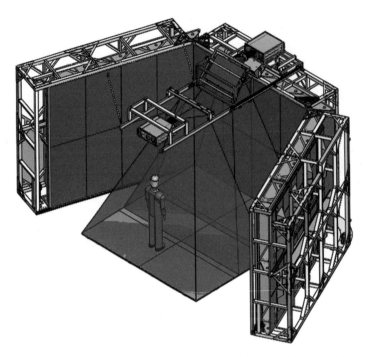

그림 6.10 이머지플렉스 디스플레이는 고해상도 바르코 LED DLP 프로젝션 큐브 24대의 다면 월과 바닥 이미지를 생성하는 오버헤드 프로젝터로 구성된다.
출처: 이미지 제공 – 멕다인과 UALR

1990년대 초 케이브 오토매틱 가상 환경Cave Automatic Virtual Environment이라는 이름으로 시카고 일리노이대 연구진이 처음 개발한 후, 여러 회사에서 방 크기 몰입형 디스플레이의 다양한 변형을 구현했다. 다양한 구현이 이뤄지면서 컴퓨터 지원 가상 환경, 컴퓨터 운영 가상 환경, COVE, iCube 같은 여러 명칭과 약어들도 함께 쏟아져 나왔다.

이런 다양한 디스플레이는 책 후반의 여러 애플리케이션 사례 연구에서 상세히 다루겠다. 그런 사례로는 건축 검토, 엔지니어링 설계 리뷰, 복잡한 과학적 데이터셋의 추가 시각화 등이 있다. 이런 시스템의 공급 업체 목록은 부록 B, '자료'를 참고하자.

반구와 돔

대형 디스플레이는 사각형으로만 제한될 필요가 전혀 없다. 반구와 돔 디스플레이는 여러 산업, 특히 시각적 재현에서 상당한 정확도를 요하는 산업과 여러 사용자를 위한 방, 그리고 무선이 필요한 분야에서 인기를 끌고 있다. 예를 들어 그림 6.11은 미군이 합동최종공격통제관^{JTAC} 기술 개발과 훈련에 사용하는 첨단 합동최종공격통제관 훈련 시스템^{AJTS}을 보여준다. 이 시스템은 사실상 어떤 환경이든 시뮬레이션할 수 있으며, 항공과 무기 시스템 대부분이 JTAC를 활용한다.

그림 6.11 합동최종공격통제관 훈련 시스템(AJTS) 시뮬레이터는 미군이 합동최종공격통제관(JTAC)과 전투 통제관을 훈련시키기 위해 사용하는 돔형 시각 디스플레이 시스템이다.
출처: 미 국방부 제공 사진

군을 위해 버지니아 헌든의 콴타딘 사^{QuantaDyn Corporation}가 개발한 AJTS의 핵심 설정은 돔 시각 디스플레이 시스템과 고해상도 프로젝터, 그리고 강력하고 직관적인 CGF^{Computer Generated Force}/SAF^{Semi-Autonomous Force} 애플리케이션으로 구성된다. 고성능 이미지 생성기는 장면을 여러 스펙트럼으로 렌더링한다. 그리고 다이내믹 청각 큐잉 시스템이 고도로 현실적인 오디오를 추가해서 시각 디스플레이를 보완한다. 이 시뮬레이터는 다른 현장 시뮬레이터와 네트워킹할 수 있으므로, JTAC는 원거리에 있는 자체 시뮬레이터 내의 실제 파일럿과 통신하며 훈련할 수 있다[콴타딘(QuantaDyn) 2013; 브루스(Bruce) 2014].

이런 대형 디스플레이에서는 입체 이미지의 사용이 늘 필요하거나 바람직하지는 않다는 점을 알아두자. 그림 6.11에서 볼 수 있듯, 많은 시뮬레이션에서 근거리 장면에는 증강된 3D 뷰가 필요 없다. 이런 기능이 없어도 디스플레이의 광시야각 속성으로 인해 사용자에게는 고도로 설득력 있는 시각적 존재감과 상황 내 몰입감이 제공된다.

결론

이 장에서는 휴대용과 헤드마운트 스테레오 뷰어부터 대형의 고정된 멀티유저 시스템까지 다양한 완전 몰입형 디스플레이를 알아봤다. 사례마다 사용자의 시야 대부분은 컴퓨터로 생성했거나 동영상인 이미지로 채워진다. 헤드마운트 기기 대부분은 매끄럽게 연결되는 360도 장면의 디스플레이를 경험할 수 있지만, 이 장에서 설명한 대형 시스템 대부분은 그렇지 않다. CAVE와 돔에는 입구가 따로 있고, 해당 시스템의 특정 애플리케이션에 이 기능이 필요 없기 때문이다.

이 책 뒷부분의 애플리케이션 사례 연구에서 보겠지만, 이런 디스플레이는 다양한 엔터테인먼트, 엔지니어링, 과학, 훈련에서 눈에 띄는 결과를 낳고 있으며, 활발히 사용 중이다.

현재 시장에 출시돼 있는 평면 패널 기반 헤드마운트 디스플레이 대부분은 불과 수년 내에 '낡은 기술'로 간주될 것이다. 기기들은 각각 원래 다른 목적으로 개발된 디스플레이를 응용해 탄생한 것이다. 그런 만큼 시스템이 제대로 기능하게 하려면 여러 전자 장치와 크고 무거운 광학 요소, 과한 크기의 하우징 등이 이용될 수밖에 없었다. 아직도 발전 중인 지금 단계에서 보자면 공학적으로 인상적인 업적이라 할 수 있지만, 이런 디스플레이는 그 용도를 고려해 처음부터 다시 설계된 새로운 시스템으로 급속히 대체될 것이다. 이런 동향은 23장, '미래'에서 더 상세히 논하겠다.

7장

청각의 구조

논란의 여지는 있지만, 청각은 사람의 가장 중요한 감각 중 하나다. 청각은 다른 이와 소통하는 수단이자, 안전에 위협을 받는 상황을 인지하게 하는 첫 번째 경로고, 우리 주변에 대해 세부적인 정보를 드러내주기도 한다. 가상 및 증강 현실 시스템에 오디오 컴포넌트를 추가하면 인공으로 만든 공간 안에서의 전반적인 '존재감'과 사용성을 개선할 수 있다. 이 장에서는 청각의 구조, 두뇌가 사운드 소스의 위치를 찾아내고 분리하는 방식, 청각 단서가 전반적인 장면 분석에 기여하는 방법을 알아본다.

소리의 정의

물리학에서는 소리를 압력의 변화로 정의한다. 소리는 물체가 진동할 때, 물체가 위치한 매체의 분자에 교란을 일으키면서 생겨난다. 개념적으로는 액체도 해당되지만, 우리는 그 매체를 공기라고 정하겠다. 이런 교란은 진동하고 확산되는 기압파처럼 공기 중에서 이동한다. 그림 7.1은 이런 파형을 묘사한다.

진동에는 주파수와 진폭이라는 중요한 속성이 있는데, 이 두 가지는 공기 분자가 이동해 그 결과 소리가 나는 방식을 결정하게 된다.

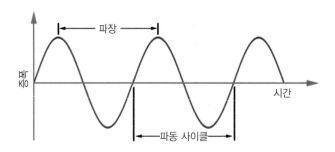

그림 7.1 파형의 기본 요소를 묘사한 일러스트
출처: S. 옥스타칼니스 일러스트레이션

주파수는 물체가 진동한 결과로서 분자가 움직이는 이동 속도며, 헤르츠(기호 Hz)나 초당 사이클로 표시한다. 주파수는 소리의 높낮이를 결정한다. 주파수가 더 높거나, 공간에서 특정 지점을 지나는 파동 사이클 수가 더 클수록 소리는 더 커진다.

진폭은 음파에서 공기 분자 이동의 최대치를 측정한 것이다. 진폭이 큰 소리는 대기압의 변화가 더 커져서 소리의 강도가 더 세진다. 소리의 강도에 대해 가장 널리 사용되는 음향 측정 단위는 데시벨dB이다.

소리굽쇠에서 나는 소리 같은 순음pure tone의 경우, 균등한 간격의 파동에 의해 공기 분자가 압축됐다가 다시 분자에 추가 공간이 주어져 확장될 수 있을 때 팽창하면서 소리가 만들어진다(그림 7.2). 주파수나 진폭에 관계없이 모든 음파는 일반적으로 공기 중에서 같은 속도로 나아간다. 해수면 섭씨 20도의 건조한 공기에서 음속은 약 1,225kph다. 따라서 더 긴 파장의 소리(저음)는 귀에 도달하는 빈도수가 적지만, 짧은 파장의 소리(고음)와 속도는 같다. 이것은 그림 7.3에서 확인할 수 있다.

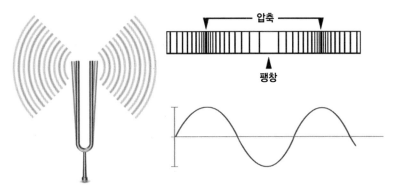

그림 7.2 음파의 압축과 팽창이 지니는 기능적 속성을 묘사한 일러스트
출처: S. 옥스타칼니스 일러스트레이션

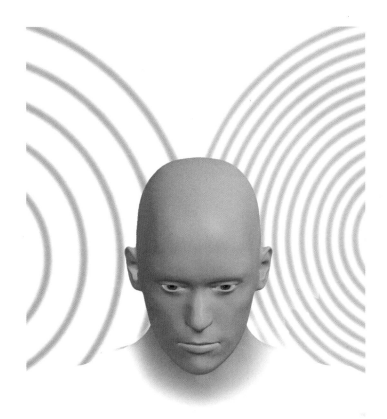

그림 7.3 음파가 더 긴 소리의 파면(wavefront)은 덜 자주 도달하지만, 파장이 짧은 파면과 속도는 같다.
출처: S. 옥스타칼니스 일러스트레이션

메아리와 반향

음파가 공기 중에서 확산돼 벽이나 다른 장애물에 부딪히면 반사, 굴절, 회절 등 다양한 영향을 받는다. 누구나 한 번쯤 계곡이나 학교의 빈 강당에서 소리를 질러본 경험이 있을 텐데, 이때 음량은 줄지만 소리는 벽에 부딪힌 다음 되돌아온다. 이것이 바로 메아리라는 소리 반사 현상이다.

벽이나 장애물까지의 거리가 17미터 이상일 때, 음속 때문에 반사된 소리가 귀로 되돌아오는 데 0.1초 이상 걸린다. 반사면이 17미터보다 가까우면 소리는 귀로 되돌아오기까지 0.1초 이하가 걸린다. 이렇게 반사된 파장은 원래의 음파와 결합해 하나의 연장된 소리로 인지된다. 메아리와 다른 이 현상은 반향이라고 하며, 샤워 부스에서 노래를 부르는 것이 그 완벽한 예다. 욕실에서 노래하면 훌륭한 가수가 부르는 것처럼 들리는 것은 원래의 음파와 반사된 음파가 섞이기 때문이다.

정확히 설명하자면, 전체 반향 시간은 사실 여러 반사와 다양한 시간 지연의 결과로 인해 0.1초보다 훨씬 더 걸릴 수 있다. 메아리에는 보통 시간 지연이 하나뿐이다. 굴절은 반사와 달리 파장이 입구를 통과하거나, 경로 중간에 장애물과 상호작용하면서 방향이 바뀌는 것이다. 물결이 입구나 장애물과 상호작용하는 방식과 유사하게, 굴절량(혹은 혼합의 정도)은 파장의 길이에 정비례해 늘어나고 줄어든다.

회절이라는 세 번째 효과는 매체 사이를(혹은 같은 매체의 변하는 속성을) 통과할 때 파장의 방향이 변화하면서 속도와 파장도 변하는 것이다. 예를 들어, 깨끗한 공기를 지나다가 짙은 안개를 통과하면 음파의 속성이 변한다.

책 후반에서 살펴보겠지만 메아리, 반향, 기타 소리의 역동적 특성은 가상 환경 시뮬레이션에 정확하게 추가될 수 있다.

청각의 동적 범위

앞에서 다룬 대로, 물체가 진동하면 공기 분자가 물결 형태로 움직이게 된다. 고주파 진동은 휘파람처럼 고음의 고주파 음파를 만들어낸다. 저주파 진동은 뱃고동 소리처럼 저음의 저주파 음파를 만들어낸다.

사람의 청각 체계가 인지하는 고저 차는 놀라운 수준이다. 이 범위의 하한선을 최소 가청치threshold of hearing라고 하는데, 건강한 개인의 귀는 현재 대기압의 10억 분의 1(1

×10⁻⁹)보다 작은 변화까지 감지할 수 있다. 이는 원소 하나의 직경보다 작은 음파 안에서의 공기 분자 이동에 상응한다[네이브(Nave) 2012].

청음 범위의 상한선은 통각 한계치threshold of pain라고 하며 120dB을 넘는다. 가청 범위는 20Hz부터 20,000Hz의 주파수로, 음향 강도로는 12등급이 있다[카츠(Katz) 2002]. 이 범위와 잡음, 강도의 몇 가지 사례는 표 7.1에 요약했다.

표 7.1 일반 환경 소음도

강도(dB)	소음 소스
0	건강한 최소가청치
10	보통 숨소리
20	15m 거리에서 속삭이는 소리
30	부드러운 속삭임
50	빗소리
60	보통 대화
110	귀에 대고 외치는 소리
120	록 콘서트
150	이륙 시 제트기 엔진
170	산탄총

다음 부분에서 논의하겠지만, 이렇게 놀라운 민감도와 최소가청치 대역의 미묘한 압력 변화를 인지할 수 있는 것은 외이와 중이의 내부 구조에서 소리가 증폭되기 때문이다. 최고 가청 대역에서는 또 다른 구조가 중이에 전달되는 힘을 감소시키거나 경감시켜 청력을 보호하는데, 이 반응은 음속에 비해 상대적으로 느리게 발생한다. 따라서 갑작스런 총소리나 폭발 같은 큰 소리가 들릴 때는 귀에 상해를 입을 수 있다.

청음 경로

귀는 환경에서 발생한 폭넓은 자극을 전달하고 경험하게 해주는 한 쌍의 감각 기관이다. 기압의 변화를 전기적 충격의 흐름으로 바꿔서 두뇌가 이를 분석하고 해석하는 이 과정은 사람의 몸 전체를 통틀어 가장 흥미로운 감각 프로세스며, 실제로는 머리

밖에서부터 시작된다. 그럼 소리가 처음 외이에 도달하는 지점부터 전기 자극이 뇌의 청각 중추로 전달되는 지점까지 청음의 경로를 따라가면서 청각 구조를 검토해보자.

외이

사람의 청각은 한 개의 자극(음파) 소스가 다른 자극(뇌를 향한 전기 자극)으로 변환되는 청각 변환이라는 프로세스로 이뤄진다. 그림 7.4처럼, 이 프로세스의 핵심은 음파가 처음 귓바퀴(라틴어로 날개라는 뜻)라는 귀의 바깥 부분에 도달하면서 시작된다.

대부분 불수의근인 귓바퀴는 연골과 피부로 이뤄진다. 공동, 고랑, 융기는 무작위적 구조가 아니라, 사실은 다양한 각도에서 도달하는 음파를 외이도로 인도하는 복잡하고 고도로 정밀한 깔때기다.

귀 해부도

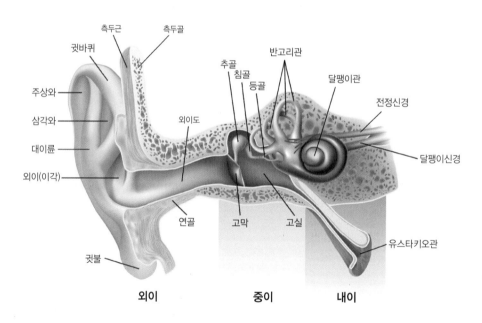

그림 7.4 귀 해부도로 보는 사람의 청음 경로
출처: 일러스트 Peterjunaidy ⓒ 123RF.com

각 개인의 귓바퀴는 전반적 형태뿐 아니라 불규칙적인 표면적 특성이 다 다르다. 소리를 외이도로 인도하는 데 더해, 이 표면에서 음파가 반사되며 조금 반향된다. 이때 특정 주파수는 증폭되고 다른 주파수는 경감되는데, 그러면서 주파수의 스펙트럼 형태가 바뀐다[미들브룩스(Middlebrooks)와 그린(Green) 1991]. 조금 뒤에 살펴보겠지만, 스펙트럼 형태의 단서라고도 하는 소리의 이런 '조율'은 소리의 출처를 분명히 판단하는 데 중요한 역할을 한다[얀티스(Yantis) 2013]. 귓바퀴는 사람의 행동과 대화 소통에 중요한 소리를 증강시켜주는 역할도 한다[래쉬(Rash) 등 2009].

일단 귓바퀴에서 안으로 들어온 음파는 이어서 외이도에 진입한다. 길이 약 2.5cm, 직경 0.7cm인[파디스(Faddis) 2008] 납작한 S 형태의 외이도는 안으로 갈수록 좁아지며 [쇼(Shaw) 1974], 중이 구조를 보호하고 공명체 역할을 해서 2,000에서 4,000Hz까지의 소리를 10~15db로 증폭한다[오샤(OSHA) 2013]. 외이도의 바깥 쪽 3분의 1은 연골로 구성돼 있으며, 그 위를 덮은 피부에는 섬모 세포와 귀지를 만드는 선이 분포한다. 안쪽 3분의 2는 얇은 피부층으로 덮인 뼈의 벽으로 구성돼 있다.

중이

외이도의 끝에는 고막이라는 얇고 반투명하며 직경 약 10mm인 타원형 막이 있다. 외이도의 바닥에 45도에서 60도 각도로 얹혀 있는 고막은 주변을 둘러싸고 있는 일련의 작은 근육들로 지탱된다[그레이(Gray) 1918; 스틴슨(Stinson)과 러튼(Lawton) 1989]. 외이도로 들어오는 음파를 액체로 채워진 달팽이관 속의 진동으로 변환하는 중이 속의 기관 중 첫 번째가 고막이다.

변환이라는 이 과정에서 음파가 고막을 진동시키면 세 개의 연속된 작은 뼈, 즉 추골, 침골, 등골(합쳐서 '소골'이라고 함)이 진동을 내이 전체로 전달한다. 이 세 뼈 중 첫 번째인 추골은 그림 7.5처럼 고막 뒷면에 단단히 붙어있다. 고막이 진동하면 추골은 이에 맞춰 움직인다. 이 진동은 이어서 침골, 등골로 전달된다. 등골저는 난원창이라고 하는, 내이로 이어지는 입구를 덮은 막으로 연결된다.

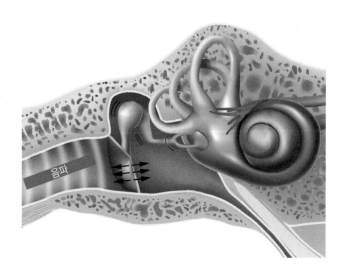

그림 7.5 외이도를 통과한 음파가 기계적 진동으로 변환되는 과정을 묘사한 그림
출처: 일러스트 Peterjunaidy ⓒ 123RF.com

음파를 기계적 진동으로 변환하는 역할 외에, 이 세 개의 작은 뼈(인간 육체에서 가장 작음)는 고막에서 나온 진동을 난원창으로 보낼 때 크게 증폭시키는 복합 레버의 역할도 한다. 이 레버 시스템은 고막(대략 80평방 밀리미터)과 난원창(약 3평방 밀리미터)의 크기 차이와 어우러져, 고막을 진동시키는 분자 크기의 음파를 30배로 증폭해준다[옥스타칼니스(Aukstakalnis)와 블래트너(Blatner) 1992]. 외이와 중이 소골에서의 증폭이 없다면, 소리 에너지 중 약 0.1%만이 내이로 도달할 수 있을 뿐이다[베터(Vetter) 2008].

노트
중이의 세 뼈(추골, 침골, 등골)는 사람의 몸에서 가장 작은 뼈다. 태어날 때부터 완전한 크기로 형성돼, 일생 동안 크기가 변하지 않는다. 세 뼈를 모두 1원짜리 동전에 올려놓아도 공간이 남는다.

내이

지금까지 음파와 그 전달 방식의 핵심적인 속성, 외이와 중이의 해부학, 음파를 기계적 진동으로 변환하는 과정을 살펴봤다. 그럼 이제 내이의 구조, 그리고 중이에서 도달한 진동이 궁극적으로 소리로 인지되도록 두뇌에 전송되는 신경 자극으로 바뀌는 방식을 알아보자.

내이는 청각과 균형 감각을 조절하는 세 개의 주요 구조로 구성된다. 이 구조 중 둘, 즉 반고리관과 전정은 세 개의 축으로 머리의 움직임을 감지하는 외에도 균형 감각에 관련돼 있는데, 이 부분은 7장 끝에서 다루겠다. 하지만 청각 경로에서 가장 중요한 구조는 달팽이관으로, 청각에 핵심적인 역할을 한다.

달팽이관(라틴어로도 달팽이)은 소용돌이 모양의 측두골 속 공동이며, 그 축을 중심으로 2.75바퀴를 돈다. 펼쳐놓으면 길이가 약 35mm인 직경 10mm의 관 모양이며, 그림 7.6처럼 액체로 가득한 전정관, 고막관, 와우관이라는 세 개의 격실로 나눠진다[퍼브스(Purves) 등 2001]. 세 개의 격실은 얇은 막으로 구분된다. 전정과 고막관은 중이의 소골이 받은 압력파를 전달하는데, 달팽이관 꼭대기에 있는 와우공이라는 작은 입구로 연결된다. 세 번째 격실인 달팽이관에는 매우 민감한 코르티 기관Organ of Corti이 있는데, 궁극적으로 청각 신경을 따라 전기 자극을 두뇌로 전송하는 청각의 중추 기관이다.

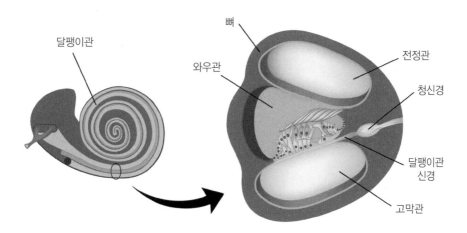

그림 7.6 사람의 달팽이관 속을 보여주는 단면도
출처: 일러스트 Alila ⓒ 123RF.com

난원창과 내창

앞에서 본 대로, 중이 속의 고막과 뼈의 진동은 달팽이관의 전정관 바닥의 난원창을 덮고 있는 막에 있는 등골의 피스톤 같은 동작을 낳는다. 하지만 공기와 달리 액체는 압축되지 않는다. 그래서 등골의 운동이 생성한 압력파는 두 번째 구멍에 흡수되는데, 이곳이 바로 고막관 바닥에 있는 난원창이다. 그림 7.7처럼 등골이 진동해서 난원창이 밀리면, 난원창을 덮고 있는 막은 반대로 진동해, 중이 속의 공기 공간이 움직인다.

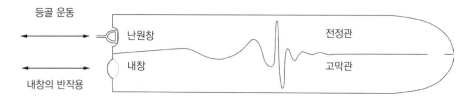

그림 7.7 난원창과 내창의 기본적인 반작용을 묘사한 그림
출처: 일러스트 Kern A, Heid C, Steeb W-H, Stoop N, Stoop R 위키미디어, CC BY 2.5 라이선스 의거 게재. S. 옥스타칼니스의 연구에서 따옴

압력파가 일으키는 전정과 고막관 내 액체의 전후 운동은 기저막의 상하 운동을 유발하는데, 이것이 궁극적으로 두뇌에 전달돼 소리로 인지되는 신경 신호로 달팽이관의 진동을 변환하는 첫 단계다.

기저막의 중요한 특징은 그 너비와 뻣뻣함 같은 역학적 속성이 계속 변화한다는 점이다. 예를 들어, 기저막의 가장 넓은 지점은 바닥의 가장 좁은 지점보다 100배 더 유연한 것으로 추정된다. 기저막은 주파수적으로 조직돼 있기도 한데, 달팽이관 속 액체의 다양한 진동 주파수는 각각 최대 이동 거리가 특정 위치로 고유하게 정해져서 직접 해석된다는 뜻이다(그림 7.8).

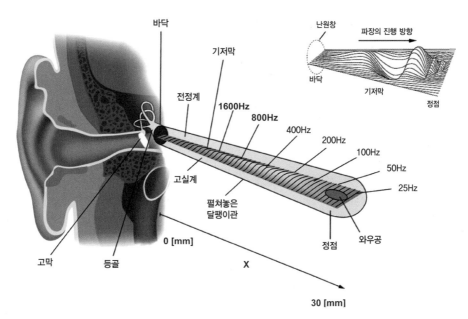

그림 7.8 펼쳐놓은 달팽이관을 묘사한 그림. 기저막의 주파수 대역별 조직에 주목하자.

출처: 일러스트 Kern A, Heid C, Steeb W–H, Stoop N, Stoop R 위키미디어, CC BY 2.5 라이선스 의거 게재. S. 옥스타칼니스의 연구에서 따옴

코르티 기관

'세포 미세 구조의 걸작'[프리츠(Fritzsch) 등 2011]이라 할 수 있는 그림 7.9의 코르티 기관은 사람의 몸을 통틀어 가장 놀라운 감각 기관이며, 논란의 여지는 있지만 청각 체계 전체에서도 가장 중요한 구조다. 기저막 상단에 위치하며, 달팽이관 전체 길이에 걸쳐 있는 코르티 기관은 표면에서 튀어나온 섬모 세포 4열로 구성된다(안쪽 섬모 세포 3열, 바깥쪽 섬모 세포 1열). 각 세포마다 부동섬모라는 작은 섬모가 튀어나와 있다. 각 섬모 세포 열 위에는 덮개(지붕)막이 걸려 있다.

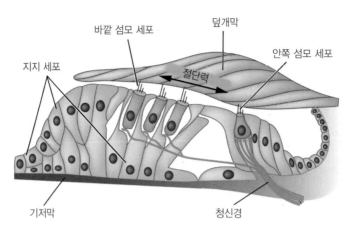

지지 세포

바깥 섬모 세포

덮개막

안쪽 섬모 세포

절단력

기저막

청신경

그림 7.9 코르티 기관의 횡단면
출처: 일러스트 hfsimaging ⓒ 123RF.com

압력파가 고막관 속의 액체를 통과할 때, 기저막에서 생성된 파형은 섬모 세포를 누르며, 부동섬모는 위에 있는 덮개막을 깎아내는 동작으로 쓸어댄다[리차드슨(Richardson) 등 2008]. 이 동작은 부동섬모를 구부리고 섬모 세포막을 가로지르는 전압을 변화시켜, 본질적으로 진동 에너지를 전기 신호로 변환하는 복잡한 전기 화학적 프로세스를 촉발한다. 이 전기 신호는 청각 신경을 따라 두뇌의 청각 중추로 전달된다.

섬모 세포의 작용 규모는 실로 놀랍다. 사람의 청각 한계에서 코르티 기관 내 섬모 세포는 원자 단위의 움직임을 충실히 감지해, 몇 십 분의 1마이크로초 안에 반응할 수 있다[퍼브즈(Purves) 등 2001].

> **노트**
>
> 놀라운 역량에도 불구하고, 내이의 달팽이관 전체는 겨우 연필 끝에 달린 지우개 정도의 크기에 불과하다.

청신경

달팽이관 신경으로도 알려진 청신경은 코르티 기관 내 섬모 세포의 전기 신호를 뇌에서 처리하도록 청각 중추로 보내는 역할을 한다.

사람의 청신경 내 신경 섬유 수는 평균 약 30,000개다. 이 신경 섬유는 그 기반의 달팽이관에서 나와 한데 모여, 약 2.5센티미터 길이의 신경 다발을 형성하며 뇌간의 척수에 있는 와우핵에서 끝난다[스펜들린(Spoendlin)과 슈로트(Schrott) 1989].

모노에서 스테레오로

지금까지 모노(한 귀의, 혹은 한 귀에 관련된) 체계의 관점에서 사람의 청각 경로를 알아봤다. 우리의 귀는 둘 다 정확히 같은 방식으로 기능하기 때문이다. 귀마다 코르티기관에서 나온 전기 신호가 청신경을 통과해, 뇌관에 있는 와우핵 복합체에서 한데 모인 후 두 귀에서 청각 정보를 처리하게 된다.

그럼 이제 귀에 도달하는 소리 에너지의 물리학과 우리 머리의 물리적 형태 간의 관계를 살펴보자. 둘 간의 상호작용은 뇌가 사용하는 다양한 음향 현상으로 이어져, 소리 출처의 위치뿐 아니라 움직임과 거리 등 다양한 속성적 특징도 확인한다.

소리의 신호와 3D 위치 측정

사람의 두뇌는 상당히 정확하게 환경 내에 있는 소리의 출처가 어디인지 확인할 수 있다. 신경과학자는 이를 능력 위치 측정이라고 부른다. 이 능력의 핵심은 공간적으로 분리된 두 귀, 우아한 내이의 변환기 및 감각 수용체와 더불어 두뇌의 강력한 인지 중추가 유입되는 음향 신호를 분석한다는 점이다. 청력이 있는 동물 대부분이 이런 능력이 있지만, 정확도는 매우 다양하다. 예를 들어 부엉이는 뛰어난 소리의 위치 측정 능력을 자랑하고, 코끼리, 고양이, 쥐도 마찬가지다. 반대로 말, 소, 염소는 이쪽 능력이 형편없다[헤프너(Heffner)와 헤프너 1992].

사람에게 정확한 소리의 위치 측정은 놀라운 수준의 풍부한 공간 인지 능력과 안전을 보장해준다. 열대우림의 (개별적이더라도) 소리부터 아이가 어디에서 노는지 부모가 알아챌 수 있는 능력, 어두운 밤에 적이 접근하는 기척을 듣는 병사의 능력까지, 청각의 이 측면은 환경의 특별한 세부 수준을 드러낸다.

소리 단서

연구원들은 사람의 두뇌가 환경에서 소리 출처의 공간적 위치를 확인할 때 사용하는 세 주요 '단서'인 두 귀의 시차[TD], 누 귀의 강도차[ID], 스펙트럼 단서를 알아냈다. 이 현상에 대해 설명하기 위해 우리는 방위(수평면에서 정면의 좌우는 방위 0도에서 정확히 전면으로 시작해, 90도는 우측, 180도는 완전 후면이다.), 앙각(수평면에서 위아래 각도), 거리라는 세 가지 요소를 기반으로 흔한 반구형 좌표 체계를 사용하겠다. 이 좌표 체계는 그림 7.10과 같다.

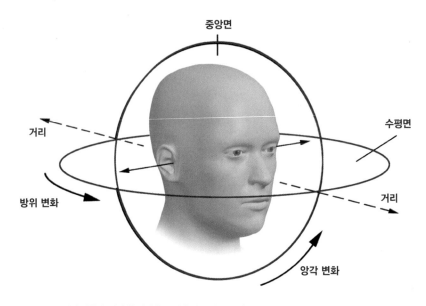

그림 7.10 소리의 방향과 위치 측정에 흔히 사용하는 좌표 체계를 묘사한 이미지
출처: S. 옥스타칼니스 일러스트레이션

방위 단서

이 두 가지 주요 소리 출처는 수평면에서 소리의 위치를 판단할 때 가장 효과적이다.

두 귀의 시차[TD]는 두 귀에 소리가 도달하는 시간차인데, 그 개념은 그림 7.11을 참고하자. 앞에서 논의한 대로, 모든 소리는 주파수와 상관없이 공통의 매체에서는 같은 속도로 진행한다. 소리가 그림 7.10에서 묘사한 중앙면 양쪽으로부터 머리에 도달할 때, 귀마다 소리의 이동 경로는 길이 차이가 난다. 달리 말해, 소리는 한쪽 귀보다 다

른 귀에 먼저 도달한다. 가장 큰 ITD는 소리 출처가 듣는 사람 머리의 왼쪽이나 오른
쪽 바로 옆에 있을 때 경험할 수 있다.

음속이 해수면에서 ~340m/s일 때, 성인의 평균 머리 너비를 소리가 나아가는 데는
약 0.6ms가 걸린다.

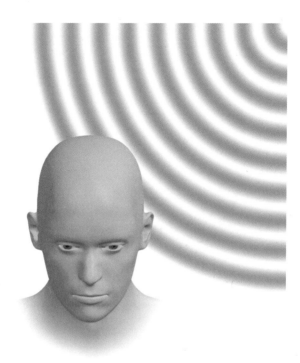

그림 7.11 두 귀의 시차 개념을 묘사한 그림으로, 중앙면을 벗어난 어디서든 출발한 소리는 양쪽 귀에 도달하는 시간
에 차이가 생긴다.
출처: S. 옥스타칼니스 일러스트레이션

소리의 출처가 앞, 뒤, 위, 아래에 바로 있을 때(즉 중앙면의 어디서든), 두 귀의 시차는
0이며 직접적 정보 추출이 없다는 뜻임을 알아두자.

두 귀의 강도 차이[Ⅱ]는 두 귀에 들리는 소리의 강도 차이로, 그림 7.12를 보면 알 수
있다. 소리가 듣는 사람의 바로 앞이나 뒤에서 들릴 때, 그 강도는 두 귀에서 같다. 하
지만 소리가 측면에서 올 때 느껴지는 강도는 귀마다 조금 달라진다. 여기에는 여러
요인이 작용한다. 일단 소리의 이동 거리가 각각 다른데, 소리의 강도는 거리가 멀수

록 줄어든다. 둘째, 음파와 그 형태에 머리가 간섭을 일으키는데, 이것을 먼 귀 쪽의 음영이라고 한다.

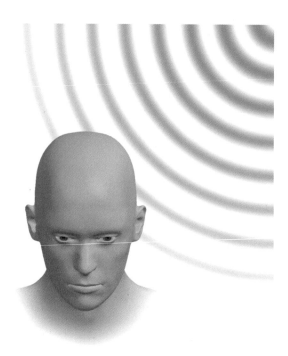

그림 7.12 두 귀의 강도 차이의 개념을 묘사한 그림. 중앙면을 따라서가 아니라면, 어디서 들려온 소리든 서로 다른 강도로 귀에 도달한다.
출처: S. 옥스타칼니스 일러스트레이션

이 현상은 주파수가 높은 소리에서 가장 흔하게 나타나는데, 음파에 파장이 부족해서 머리가 이를 효과적으로 차단하기 때문이다[히거(Heeger) 2006; 밴 완루이즈(Van Wanrooij) 등 2004]. 저주파의 소리(〈1,500Hz)는 성인 머리의 평균 너비보다 파장이 길다. 이 파동은 효율적으로 머리 주변에서 구부러져(굴절) 음영을 만들어내지 않는다[하딩(Harding) 2006].

어떤 관점에서는 공기 중으로 이동하는 100Hz의 파동 길이가 3미터 이상이라는 점도 고려할 필요가 있다. 공기 중으로 이동하는 1,500Hz의 파동은 약 200cm다.

혼돈의 원뿔

두뇌가 신속하게 다양한 도달 시간과 소리의 강도를 확인할 수 있음에도 불구하고, 여전히 소리가 앞에서 오는지 뒤에서 오는지 확인하기 어려운 상황이 있다. 머리의 왼쪽과 오른쪽에는 소리의 출처가 동일한 ITD, IID가 되는 위치가 있기 때문이다. 이 것을 혼돈의 원뿔이라고 하는데, 그림 7.13을 보자.

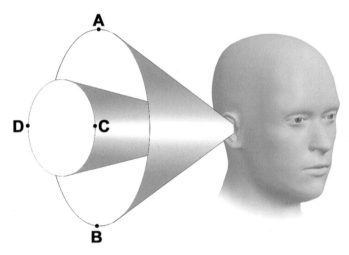

그림 7.13 혼돈의 원뿔은 고깔 모양의 지점으로, 듣는 사람의 두 귀 사이 중간에서 바깥 방향으로 벌어지며, 여기에서 소리의 출처는 동일한 두 귀의 시차와 강도 차이를 낳는다. 지점 A, B는 동일한 시간과 강도를 만들어내며, C, D도 마찬가지다.
출처: S. 옥스타칼니스 일러스트레이션

앙각 단서

머리 중앙선을 따라 어디서든 소리 출처의 앙각을 판단하려면 더 정교한 처리가 필요하다. 도달 시간과 강도에 변화가 없기 때문이다. 여기에서 소리의 세 번째 중요한 단서가 나온다.

사운드 엔지니어들이 머리 전달 함수라고 부르는 귓바퀴 확산 단서는 머리와 어깨, 그리고 외이, 즉 귓바퀴의 곡선과 도관의 크기 및 형태에서 기인한 소리의 주파수 프로필 변화를 뜻한다. 이 개념은 그림 7.14의 일러스트를 참고하자. 7장의 앞부분에서 논한 대로, 귓바퀴의 물리적 형태는 특정 주파수를 증폭하고 어떤 주파수는 경감시켜, 사실상 주파수 스펙트럼의 형태를 바꾼다. 두 귀의 축을 따라 서로 다른 지점에 도달하는 소리의 차이와는 달리, 이렇게 외이의 고유한 형태에 대한 의존성은 모노 음향 단서가 된다. 신경과학자는 뇌의 청각 중추 속 신경이 이런 스펙트럼 변화에 따라 조절된다는 사실을 발견했다[레토스키(Letowski)와 레토스키 2012].

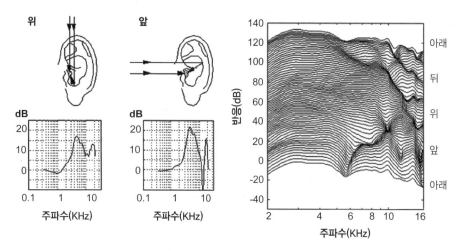

그림 7.14 귓바퀴의 모양이 서로 다른 두 방향에서 온 소리의 측정된 주파수 반응에 미치는 영향을 보여주는 그림. 오른쪽은 중앙면을 따라 개인의 주위에서 움직이는 소리 출처에 대한 주파수 반응을 보여준다.
출처: 이미지 제공 – 리처드 O. 두다, "3-D Audio for HCI", http://interface.cipic.ucdavis.edu/sound/tutorial/index. html

기타 단서

앞에서 논한 주요 음향 단서 외에, 과학자들은 전반적인 소리의 위치 측정에 기여하는 여러 다른 현상도 확인했다.

경감, 혹은 소리의 강도 감소 역시 소리의 위치 측정을 도울 수 있는데, 공기 속에서는 고주파가 저주파보다 더 빨리 둔화되기 때문이다. 따라서 소리가 약하게 들리는 것은 먼 거리라는 뜻일 수 있다. 반대로 비슷한 소리가 고주파로 들릴 때는 출처가 더 가깝다는 뜻일 수 있다. 반향 수준 역시 반향 에너지가 시간을 두고 커지므로 소리가 들려오는 초기 동안 상대적으로 충실히 소리의 위치 측정을 도울 수 있지만, 이 자극은 시간이 지날수록 점차 약해진다[드보어(Devore) 등 2009].

도플러 변화는 특히 듣는 사람을 향하거나, 그 사람으로부터 멀어지는 소리의 출처에 중요하다[샤세(Schasse) 등 2012]. 소리 출처의 이런 이동은 더 높은 음과 낮은 음 사이의 스펙트럼 전환을 낳아(혹은 낮은 음에서 높은 음으로), 듣는 사람에게 소리의 출처가 이후 어디로 갈지에 대한 추가 정보를 제공한다.

머리의 움직임은 소리의 위치 측정 정확성을 향상하는 것이 증명됐는데[맥커널리 (McAnally)와 마틴(Martin) 2014], 특히 앞에서 설명했듯이 소리의 출처가 중앙면을 따라서 나 혼돈의 원뿔에 위치하는 상황에서 두드러진다.

전정계

청각에 기여하지는 않지만, 전정계는 선형과 각 가속도, 그리고 머리의 정적인 위치를 감지한다. 그림 7.15처럼, 세반고리관이 서로 직각으로 위치해 세 공간면의 운동을 감지한다.

각 도관은 림프액으로 가득한 고리 형태인데, 각각의 기저를 팽대부^{ampulla}라고 한다. 팽대부에는 운동에 극히 민감한 섬모 세포 다발이 하나 있다. 머리가 삼차원에서 움직일 때 도관 속의 림프액은 섬모 세포를 자극하는데, 이 세포는 다시 신경화학 프로세스를 거쳐 전기 자극을 낳는다. 이 자극은 전정달팽이 신경을 따라 뇌간, 소뇌, 척수의 시냅스에 전달된다.

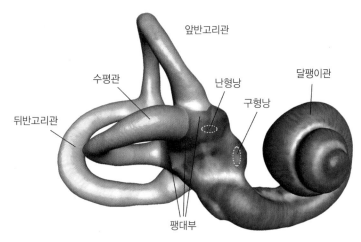

그림 7.15 사람 전정계의 일반 구조와 핵심 요소를 보여주는 일러스트
출처: 일러스트 Ortisa, 위키미디어, CC BY 3.0 라이선스 의거 게재. S 옥스타칼니스의 연구에서 따옴

두 번째 감각 기관인 난형낭과 구형낭은 평형사라는 칼슘 탄소 결정으로 덮인 작은 모낭 세포 조각이다. 이 조각들은 서로 적당한 각도에 위치해서 선형 가속을 감지한다. 머리의 어디에든 중력이 작용하므로, 평형사의 무게 때문에 두 조각 중 하나는 섬모가 구부러진다. 이렇게 구부러지면 신경화학 프로세스가 촉발돼, 뇌간으로 신경 자극이 전달된다.

난형낭과 구형낭은 중력에 대해 수직 방향을 유지할 수 있도록 하는 것이 주된 기능이다. 머리와 몸이 기울기 시작하면 이 감각 기관에서 신호를 줘서 자동으로 자세 조정을 촉발한다.

이 기관은 기능적으로 다른 쪽 귀의 감각 기관과 쌍을 이루고, 긴밀히 결합된 방식으로 작동한다는 점을 기억해두자. 내림프액의 심각한 감염이나 그에 따른 내이 손상 등으로 이 기관의 정보가 모순을 일으키면 종종 심각한 현기증과 구토를 유발한다.

마찬가지로 전정계는 눈과 긴밀히 결합돼 기능한다. 사실 전정계의 주된 기능은 머리가 움직일 때 안구를 안정적으로 유지하는 것이다. 그래서 걷거나 달릴 때처럼 머리를 돌리거나 위아래로 움직일 때 물체나 공간 내의 한 지점에 고정된 상태를 유지할 수 있다.

마지막 21장, '인적 요인의 고려 사항'에서 더 상세히 설명하겠지만, 전정계에서 나온 감각 정보는 눈에서 나온 시각 신호와도 긴밀히 연결된다. 상응하는 내이의 단서가 결여된 상태로 정말 움직이는 것 같은 시각적 감각을 주는 일부 가상 현실 시뮬레이션처럼 시각 신호가 전정계의 신호와 모순될 때는 시각에서 유발된 멀미[VIMS]가 생길 수 있다.

결론

이 장에서는 소리의 일부 기본 속성, 귀가 음향 에너지를 신경 자극으로 변환하는 과정, 환경에서 소리 출처의 위치를 판단하려고 두뇌가 신호에서 추출하는 주요 단서들을 알아봤다. 다음 장에서는 이 강력한 인지 구조의 핵심 강점을 과학자들이 복잡한 기계류와 정보 시스템에서 훨씬 더 직관적 경험으로 사용하는 방식을 알아본다.

8장

오디오 디스플레이

가상 및 증강 현실 디스플레이 시스템에서는 사용자를 향한 정보 소통에서 시각 디스플레이 컴포넌트가 지배적 역할을 하고 있지만, 이는 사용자가 향하고 있는 방향에서 일어나는 일과 이벤트에 상응하는 자극을 제공하는 데 국한된다. 숨은 오디오 단서나 풍부한 3D 배경 음향만 추가해도, 사용자를 둘러싼 360도 가상 환경에 중요한 추가 데이터를 제공할 수 있다. 이 장에서는 가상 및 증강 현실 시스템에서 사용하는 다양한 오디오 디스플레이를 알아보고, 각각의 기능적 차이와 가장 유용한 적용 유형들을 살펴보자.

기존 오디오

흔히 '귀가 눈을 이끈다^{The ears point the eyes}.'고 한다[블래트너(Blattner) 등 1991; 브로즈(Broze) 2013]. 현실 세계만큼이나 가상 및 증강 현실 애플리케이션에서도 오디오 사용은 상황 인지력을 높이고[피셔(Fisher) 등 1987], 내비게이션과 길찾기를 개선하며[아르디토(Ardito) 등 2007], 크기와 공간, 심도 인지를 개선하고[라슨(Larsson) 등 2001], 가상 환경에 전반적인 '존재감'을 더해준다[아반치니(Avanzini)와 크로사토(Crosato) 2006].

반대로 모든 가상 및 증강 현실 애플리케이션이 사운드 추가로 혜택을 입는 것은 아니란 점도 알아야 한다. 사실 과학과 공학에 타기팅된 여러 애플리케이션은 사운드를 전혀 사용하지 않는다. 그로 인한 혜택이 전혀 없기 때문이다. 예를 들어 복잡한 기하학 모델, 설계의 시각적 탐구와 검토, 지질물리학 데이터, 의료 이미징 분석에 집중하는 애플리케이션 등은 오디오 컴포넌트를 추가한다고 해서 생기는 혜택이 거의 없다.

그럼 가상 및 증강 현실 시스템에서 사용할 수 있는 여러 오디오 디스플레이 솔루션을 살펴보고, 내재된 장단점을 자세히 따져보고, 가능한 한 다양한 애플리케이션에 무엇이 가장 효과적인지 생각해보자.

모노 사운드

모노 사운드(모노럴, 모노포닉으로도 불림)는 모든 오디오 신호가 단일 채널로 결합돼 단일 스피커에 입력되는 기본적 사운드 재생 포맷을 지칭하는 용어다. 그림 8.1처럼, 오디오 출력은 한 위치에서 나오는 것으로 인지된다. 모노 사운드 시스템에 여러 대의 스피커를 사용할 수도 있는데(항공용 헤드폰처럼 클러스터링되거나 별도로 사용할 수 있음), 각각 동일한 출력 신호를 수신한다. 모노 오디오 신호는 본질적으로 두 귀가 함께 방향과 심도 단서를 시뮬레이션하는 데 필요한 강도와 도달 시간 정보가 없다는 특징이 있다. 하지만 도플러와 거리 처리(예: 경감, 필터링, 반향)를 통해 모노로도 거리 단서를 제공할 수는 있다(두 귀의 시차와 강도 차이는 7장, '청각의 구조' 참조).

모노 오디오는 기본적이고 제한적인 오디오 포맷이라고 치부하기 쉽지만, 방향 속성이 필요하지 않은 경우에는 단일 채널 출력물이 최적의 방법인 가상 및 증강 현실 시스템에서 다양하게 활용할 수 있다. 가장 단순한 사례로는 경고용 부저나 알림음을

들 수 있다. 연산 부하를 생각해봐도, 모노 사운드 생성은 최소의 시스템 자원만을 요
한다.

그림 8.1 오디오 신호가 한 위치에서 나오는 것으로 인지되는 단일 채널 사운드의 기본 모노 사운드 설정 일러스트
출처: S. 옥스타칼니스 일러스트레이션

스테레오 사운드

스테레오(스테레오포닉stereophonic의 줄임말로, 그리스어에서 스테레오스stereos는 '확고하
거나 굳은'을 뜻하며 포네phone는 '소리', '톤'을 뜻함)는 여러 오디오 신호를 두 개의 독
립된 오디오 채널로 결합하는 오디오 녹음 및 재생 포맷을 가리킨다. 그림 8.2처럼,
모노 시스템과 달리 스테레오 오디오 신호는 소리의 강도와 도달 시간 정보가 있어
방향과 심도 단서를 두 귀로 함께 시뮬레이션 및 재생할 수 있다. 스테레오 시스템은
스피커 두 개 이상이나 헤드폰 한 쌍이 있어야 그 효과를 낼 수 있다.

스테레오 시스템은 다시 두 가지로 구분할 수 있다.

- 인공적 스테레오('팬포트형pan-potted' 모노)는 단일 채널 오디오 신호(모노)를 여
  러 스피커로 재생하는 시스템을 가리킨다. 공간감은 좌우에 소스가 배치돼 있

거나 이동하는 느낌을 주기 위한 패닝(각 스피커에 보내는 소스 신호의 증폭 변경), 거리가 변하며 앞뒤로 움직이는 효과를 위한 로우 패스 필터(더 낮은 주파수가 필터를 통과하도록 차단 주파수 위의 신호를 경감), 앰비언스 효과를 위한 혼합 반향 같은 신호 처리 기법으로 시뮬레이션한다.

■ 트루 스테레오('자연적인 스테레오')는 두 개의 독립된 오디오 채널이 있는 오디오 시스템을 가리킨다. 트루 스테레오에서 재생된 사운드 신호는 두 채널의 강도와 도달 시간이 구분돼, 재생하면 원래의 음장이 주는 것과 같은 소리가 설득력 있게 재현된다.

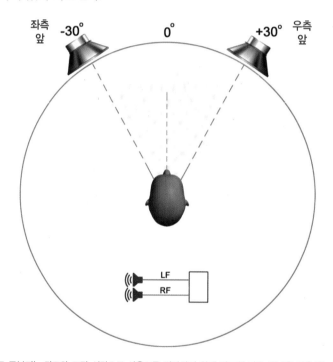

그림 8.2 서로 구분되는 강도와 도달 시간으로 사운드를 전달하기 위해 별도의 좌우 채널을 사용하는 적절한 기본 스테레오 스피커의 일러스트
출처: S. 옥스타칼니스 일러스트레이션

기존의 고정 스피커 스테레오 시스템은 설득력 있는 공간 음장을 만들어낼 수 있지만, 전달되는 오디오가 라이브로 녹음됐든, 스튜디오에서 철저한 믹싱 작업으로 탄생했든, 시각적 시뮬레이션 애플리케이션을 보완하기 위해 실시간으로 생성했든 간에 이런 효과를 경험할 수 있는 영역은 제한적이다.

그림 8.3처럼, 최상의 사운드 배치 및 심도를 느끼려면 청취자가 두 개의 스피커와 정삼각형을 이루도록 둘 사이의 중앙선에서 충분히 떨어진 곳에 있어야 한다. 이 청취 위치에서('스윗스팟sweet spot'이라고 함) 두 귀의 시차와 강도 차이가 최소화되므로, 두 대의 고정 스피커와 둘의 공통 수평면에 걸친 선의 중간 앞 영역에서는 음장 효과를 제대로 누릴 수 있다. 청취자가 스윗스팟에서 벗어나면 사운드 배치와 심도의 느낌이 극적으로 떨어진다. 소리는 계속 또렷이 들리지만, 사운드 이미지의 풍부한 공간감은 사라진다.

이상적인 청취 조건에서는 주파수 컨투어링frequency contouring과 혼선 제거로 일부 사운드 이미지를 수평면 위아래로 이동시킬 수 있지만, 이때 음장 효과는 소리가 고막에 도달하기 전에 개개인의 귓바퀴가 주파수를 변경하는 방식이 각자 다르기 때문에 제대로 느끼는 사람과 그렇지 않은 사람이 생긴다[그리싱어(Griesinger) 1990].

헤드폰의 경우 공간감은 꽤 확실하지만, 사운드 이미지가 전반적으로 두 귀 사이의 공간에서 나오는 것처럼 인지된다.

그림 8.3 스테레오 스피커는 청취 위치와 정삼각형을 형성하도록 배치해야 한다. 두 스피커의 사이와 앞에서는 팬텀 사운드 이미지가 형성된다.
출처: iconspro, pisotskii의 이미지 ⓒ 123RF.com

> **노트**
>
> 정상적인 스테레오 사운드를 가상 및 증강 현실 애플리케이션에서 사용할 때는 음장이 생성될 수 있는 영역이 제한된다는 점을 감안해 세심하게 실험해야 한다. 일반적으로는 앞쪽에서 사운드를 전달하면 된다. 신호 처리를 통해 어느 정도 유연하게 적용할 수는 있지만, 시간과 노력을 들이느니 그냥 대안을 택하는 편이 낫다는 것을 깨닫게 될 것이다. 사용자가 한 방향을 향한 고정형 디스플레이를 채택한 시스템에서는 스테레오 오디오만 제대로 활용할 수 있다. 와이드 화면의 극장 같은 영사 시스템, 자동차 앞유리 디스플레이를 보완하기 위한 자동차 안의 (6장, '완전 몰입형 디스플레이'에서 논의한 것 같은) 반구형 디스플레이, 내장형 내비게이션을 개선하기 위한 독립형 모드 등이 그런 예다. 이런 상황에서는 자동차가 움직이더라도 운전자의 운전석 내 위치와 그에 따른 스피커와의 관계가 상대적으로 지속된다.
>
> 프랑스 자동차 제조사 PSA 푸조 시트로엥이 개발 중인 한 애플리케이션은 내비게이션 시스템의 음성 지시를 최적화해준다. 사운드의 가상 배치로 '우회전' 안내가 운전자 오른쪽 앞유리에서 나오는 것 같은 느낌을 줄 수 있다[PSA 푸조 시트로엥 2015].

서라운드 사운드

서라운드 사운드라는 용어는 디지털 신호 처리 기법과 함께 중앙 청취 위치를 중심으로 세심하게 배치한 스피커들로 연결되는 독립 오디오 채널 네 개 이상으로 반몰입형 음장을 만들어내는 고급 오디오 시스템을 지칭한다. 중앙 청취 위치에서 두 개의 스피커 쪽 전면으로 뻗어가는 포물선 안쪽에서 (헤드폰의 경우에는 청취자의 머리 안쪽에서) 음장의 느낌을 제공하는 스테레오와 달리, 서라운드 사운드는 인지되는 음장을 청취자의 주위 360도 반경으로 확장한다. 스피커를 정확히 배치하면, 음장 안의 모든 요소는 그림 8.4처럼 공통의 수평면을 따라서 있는 것으로 인지된다.

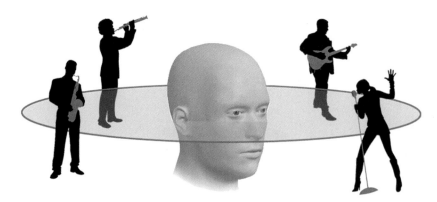

그림 8.4 서라운드 사운드는 청취자에게 수평면 360도 반경에서 나오는 소리의 느낌을 준다.
출처: iconspro, pisotskii의 이미지 © 123RF.com, bogalo/Depositphotos

서라운드 사운드 포맷

수많은 서라운드 사운드 포맷과 스피커 설정을 쓸 수 있는데, 각각 고유한 용어가 있다. 가장 기본적인 서라운드 사운드 포맷은 5.1이라고 불린다. 그림 8.5처럼, 이 포맷은 여섯 개의 별도 채널을 활용한다. 일반적인 풀 레인지 오디오 채널 다섯 개(좌측 전면, 중앙 전면, 우측 전면, 좌측 서라운드, 우측 서라운드)와 베이스 증폭을 위한 저주파 효과 채널(서브우퍼) 하나다. 이런 시스템은 주파수에 지향성이 없기 때문에 서브우퍼를 상당히 유연하게 배치할 수 있다(7장, '청각의 구조'에서 알아본 대로, 저주파 사운드의 긴 파형은 물체 주변에서 구부러진다). 게다가 영화나 사운드트랙처럼 서라운드 사운드 시스템용으로 전문적으로 믹싱된 오디오 대부분은 보통 관객/청취자가 한 방향을 향해 앉을 것이라는 사실을 활용해, 등장인물의 대사 전달에는 전면 중앙 채널을 사용한다.

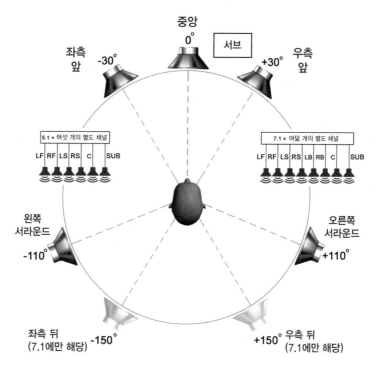

그림 8.5 기본적인 5.1과 7.1 서라운드 사운드 스피커 설정(최대각)을 보여주는 일러스트
출처: S. 옥스타칼니스 일러스트레이션

이 기본 설정에서부터 서라운드 사운드의 포맷과 스피커 설정은 더 복잡해진다. 예를 들어 6.1채널 시스템은 청취자 뒤에 있는 스피커 하나(혹은 여러 개)를 타기팅하는 추가 채널을 더힌다. 7.1 시스템은 후면에 추가 채널 누 개를 더해서 풀 채널이 총 여덟 개가 된다. 최근 시네마틱 오디오의 발전으로 7.1.2채널 시스템 개발도 이뤄졌는데, 청취자 위에 스피커 채널을 두 개 더 넣는다.

> **노트**
>
> 서라운드 사운드는 컴퓨터가 지원하는 가상 환경(CAVE), 반구형/돔형 디스플레이, 기타 와이드 시야 곡면 화면 시스템(각각 6장, '완전 몰입형 디스플레이' 참고) 같은 대형 고정 디스플레이와 다양한 풀 모션 비행 시뮬레이터 같은 몰입형 시각화 시스템에서 활용할 때가 많다. 일반적으로 개인이나 청중이 한 방향을 향해 상대적으로 안정적 위치를 유지하는 애플리케이션은 참여자 주위를 둘러싸고 들려주는 서라운드 사운드 솔루션에서 가장 큰 혜택을 누릴 수 있다.

객체 기반 서라운드 사운드

지금까지 언급한 고정 스피커 서라운드 사운드 솔루션은 각각 특정 채널(혹은 스피커)에 맞게 오디오를 믹싱하고 음장 안에 실제 사운드가 존재하는 느낌을 만들어내야 한다는 제약이 있다. 이 방법은 효과적이긴 하지만, 특히 사운드가 수평면보다 한참 위나 아래에서 들리길 바랄 때는 제약이 있다. 객체 기반 서라운드 사운드라는 새로운 혁신적 접근법이 현재 여러 제조사에서 나와(돌비 애트모스, DTS:X, Auro-3D), 오디오 엔지니어와 디자이너가 사운드 이벤트를 개별 개체로 다뤄 3D 공간에서 정확한 위치와 이동을 정의할 수 있게 됐다[돌비 2015]. 방법론과 접근법은 다양하지만, 제조사 시스템마다 사운드 디자이너가 개별 사운드 요소에 대한 특정 위치와 벡터를 선택할 수 있으며, 믹싱 소프트웨어로 타깃에 올바른 스피커를 결정해서 원하는 효과를 낼 수 있다. 이 새로운 접근법으로 훨씬 많은 고정 스피커를 극장과 홈씨어터에 적용해서 놀라운 3D 청취 경험을 만들 수 있다. 하지만 여기서 끝나는 것은 아니다.

객체 기반 시스템은 믹싱하는 동안 다양한 사운드 요소에 위치와 벡터 정보 등의 메타데이터가 인코딩된다. 제조사마다 이 메타데이터를 7장에서 언급한(그리고 이 장에서 더 상세히 논하는) HRTF 필터와 함께 활용해 표준 스테레오 헤드폰에 몰입형 서라운드 사운드 효과를 전달해서, 가상 및 증강 현실 애플리케이션을 다양하게 직접 활용할 길을 열어주는 독자적 방법을 개발했다.

이런 데모 애플리케이션 하나를 13장, '게임과 엔터테인먼트'에서 상세하게 설명할 텐데, 가수 폴 매카트니의 라이브 공연에서는 객체 기반 서라운드 사운드와 360도 입체 동영상(구형 동영상이라고도 함)을 합쳐서 입체 헤드마운트 디스플레이와 헤드폰으로 최종적인 경험을 제공하고 있다. 디스플레이에 내장된 가속계로 머리 방향을 모니터링한 후 적절히 시각과 청각 장면을 조정해, 사용자는 마치 직접 무대에 서는 것처럼 좌우로 향하고 위아래를 볼 수도 있다.

3D 사운드, 공간(화) 오디오, 혹은 공간 연계 스테레오포니 등으로도 불리는 바이노럴 오디오binaural audio는 두 귀의 자연스러운 음향 환경 인지 방법을 흉내 낸 사운드 녹음과 신디사이징 방법을 일컫는다. 앞에서 논의한 사운드 재생 방법과는 달리, 바이노럴 오디오는 자연적인 귀의 공간화에서 나온 효과(두 귀의 시차 및 강도 차이) 등 7장에서 논의한 위치 측정 단서와 함께 우리의 상반신, 머리, 귓바퀴의 형태에서 빚어지는 효과를 감안해 외이도에 진입하기 전에 음파의 주파수 스펙트럼을 조정한다. 그 결과, 사운드 출처가 사용자 주변의 360도 반구 어디서든 나타날 수 있게 된다[피셔 1991; 페링턴(Ferrington) 1993; 샤우어(Schauer) 2001; 손타치(Sontacchi) 등 2002].

벨 연구소에서 근무하고 미 해군 해저 음향 연구소 부소장을 역임한 저명한 사운드 엔지니어 윌리엄 B. 스노우(샌프란시스코, 1903년 5월 16일~1968년 10월 5일)는 스테레오와 바이노럴 사운드 간의 차이를 웅변적으로 설명했다. "바이노럴 시스템은 청취자의 두 귀에 원래의 씬을 전송하는 반면, 스테레오 시스템은 사운드의 출처를 청취자가 있는 방으로 전달한다."[스노우(Snow) 1953]

바이노럴 사운드는 녹음과 실시간 합성이라는 두 가지 주된 방법으로 가상 및 증강 현실 시스템과 애플리케이션에서 사용할 수 있다.

바이노럴 녹음

바이노럴 녹음은 음장을 포착하는 방법으로, 스튜디오든 공연장이든 야외의 자연음이든 건강한 개인이 실제 현실 세계의 환경음을 듣는 방식과 유사하다. 실제로는 무지향성 마이크 두 개를 서로 반대 방향으로 배치하고 18cm 정도 떨어뜨리면 성인의 귀 사이 거리와 비슷해진다. 7장에서 논한 대로, 이렇게 거리를 두면 마이크가 두뇌의 청각 중추가 사용하는 두 귀의 시차와 강도 차이를 포착해, 사운드가 수평면(정점)을 따라 어디에서 오는지 방향을 감지할 수 있다.

현대적인 바이노럴 녹음 시스템은 보통 특수한 마네킹 머리에 내장된 마이크 캡슐 두 개로 구성되는데, 이 머리는 외부의 대측성(반대로 대칭되는) 귀 형태(귓바퀴)를 포함해 자연적인 반사와 우리의 두뇌가 사운드 출처의 상하 각도를 판단할 때 활용하는 고주파(짧은 파장) 음파의 음조까지 포착한다. 이 시스템은 신중하게 배치된 개별 오디오 채널 두 개에서 앰비언트 사운드를 녹음해, 이런 중요한 두 귀의 시차와 귓바퀴에서의 스펙트럼 단서를 간직한다. 이 개념은 그림 8.6의 일러스트를 참고하자.

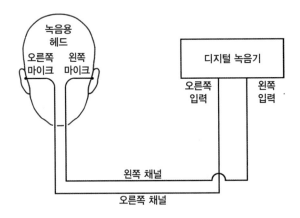

그림 8.6 좌우 채널을 구별해 별도로 유지함으로써 바이노럴 사운드 단서를 내재하는 기본적 바이노럴 녹음 설정을 묘사하는 일러스트
출처: S. 옥스타칼니스 일러스트레이션

일반적으로 마네킹 머리의 마이크 시스템은 청각적으로 가장 정확한 바이노럴 녹음 방식이다. 재생하면, 청취자는 실제로 원 녹음을 한 정확한 지점에 있는 것처럼 가상 음향 이미지를 경험할 수 있다[게일(Geil) 1979; 제누이트(Genuit)와 브레이(Bray) 1989]. 바이노럴 녹음이 미묘하고 고유한 위치 단서를 귀마다 별도로 포착하므로, 바이노럴 오디오 녹음에서 원래의 음장을 충실히 재현하려면 스테레오 헤드폰에서 재생하는 것이 공간적으로 가장 정확한 방법이다[발렛(Bartlett) 2014; 롬바르디(Lombardi) 1997].

마네킹 머리 녹음은 이퀄라이징이 필요하다

마네킹 머리를 이용해 만든 바이노럴 녹음은 다른 어떤 녹음 방법과도 상당히 다르다. 7장에서 논한 대로, 마네킹 머리는 사람의 머리와 같이 음장의 장애물 역할을 하므로, 마이크에 도달하기 전에 복잡한 음파 굴절과 주파수 스펙트럼의 변조를 낳는다. 이 굴절과 사운드의 변조는 두 귀의 시차와 함께 우리 두뇌에 3D 공간 내 사운드 출처의 명확한 위치를 확인할 수 있게 해준다.

이제 녹음한 오디오를 헤드폰으로 재생할 때 일어나는 일을 고려해보자. 녹음된 자료를 적절하게 이퀄라이징하지 않으면 음파가 헤드폰 스피커를 나온 후 실제로 고막에 도달하기 전에 청각 공동(외이 공동) 주변과 외이도에서 튕기면서 두 번째 왜곡과 사운드 스펙트럼 변조가 발생한다.

스피커를 통해 재생하면 청취자의 사운드 스펙트럼이 몸과 귀에 부딪히며 2차로 변조되는 더 많은 왜곡이 생겨나 비슷한 문제가 발생한다.

이런 현상 때문에, 녹음용 마네킹 머리 제조사마다 재생 전에 오디오 신호를 필터링하거나 다른 방식으로 원치 않는 왜곡을 처리하는 하드웨어 또는 소프트웨어 이퀄라이징 솔루션을 제공하고 있다.

하드웨어 솔루션 개요

시중에는 수많은 마네킹 머리 녹음 시스템이 나와 있다. 제조사에 따라 일부 모델은 얼굴의 이목구비를 갖춘 반면(보통 임베드된 마이크에 도달하는 사운드 스펙트럼 전반에는 영향이 거의 없음), 이목구비가 없는 대신 목과 상반신을 조립해서 이런 부분에서 나온 미묘한 사운드 반사를 포착하는 것도 있다. 그리고 머리와 상반신을 완전히 무시하는 것도 있다. 일반적으로 현대적 바이노럴 녹음 솔루션에서 대부분 찾을 수 있는 공통된 부분을 하나 꼽자면 대측성 귓바퀴 한 쌍으로, 귓바퀴의 스펙트럼 단서를 포착하고 좌우 녹음이 균일하게 되도록 보장한다.

그럼 세 가지 하드웨어 솔루션의 개요를 하이엔드의 프리시전 등급 시스템부터 시작해, 소비자급 유닛과 DIY 옵션 순으로 소개하겠다. 정확히 활용하면 각각 설득력 있는 바이노럴 오디오 경험을 제시하지만, 풀 사운드 스펙트럼의 포착 정확도, 그에 따른 최종 결과물의 심도와 풍부함은 하이엔드와 로우엔드 사이에 상당한 차이가 있다. 가상 및 증강 현실 애플리케이션에서 바이노럴 녹음을 고려하는 연구원과 개발자는

활용할 하드웨어를 결정할 때 기대 품질과 사용자가 원하는 바를 세심히 고려해야 한
다. 이 장에서는 특정 바이노럴 녹음 솔루션의 세부 사항을 설명하지만, 시장에는 다
른 상용 시스템도 많이 있다. 이런 공급 업체 목록은 부록 B, '자료'를 참고하자.

현재 가장 첨단의 풀 헤드 바이노럴 녹음 시스템 기술로는 독일 헤어초겐라트
Herzogenrath의 헤드 어쿠스틱스 GmbH를 들 수 있다.

헤드 어쿠스틱스 HMS IV 아첸 헤드

그림 8.7의 헤드 어쿠스틱스 HMS IV.1HEAD Measurement System IV.1은 독립형 하이 프리시
전 바이노럴 녹음 및 측정 시스템으로, 수학적으로 정의할 수 있는 상반신과 머리가
있다. 특히 단순화한 귓바퀴라는 것을 사용하는 점이 주목할 만하다. 모든 곡선, 융기,
물결 모양을 실제의 귓바퀴 형태와 똑같이 만든 다른 녹음용 헤드와 달리, 헤드 어쿠
스틱스는 다른 접근법을 취한다. 음향에 필수적이라는 것이 입증된 평균적인 인간 외
이의 구체적 구조를 확인한 창업자 클라우스 게누잇 박사Dr. Klaus Genuit의 여러 해에 걸
친 연구에 따르면, 귓바퀴는 '외이의 전달 기능에서 지향성 패턴에 중요한' 특성과 차
원만 통합하도록 설계됐다[게누잇 2005; CCITT, 1992]. 단순화된 귓바퀴의 두드러진 모양
은 외이 공동, 비대칭 외이도 구멍 등인데, 위치 측정 단서에 매우 중요한 부분이다[볼
란더(Vorländer) 2007].

그림 8.7 헤드 어쿠스틱스 HMS IV.1 인공 머리 시스템과 측면의 세부 모양
출처: 그림 제공 클라우스 게누잇 박사, 헤드 어쿠스틱스 GmbH

HMS IV.1 마이크 캡슐은 녹음 헤드 측면으로 조금만 들어가 있다(5mm). 이 위치에서 음파는 보통 캡슐이 시뮬레이션된 외이도 속 더 깊이 배치됐다면 나타날 추가적 변조와 변화를 겪지 않는다. 마이크 캡슐을 인공 외이도 속에 넣지 않을 때 또 한 가지 흥미로운 결과는 스윗스팟의 제한과 3D 공간 안에서의 사운드 배치에 대한 제약이 여전히 적용되긴 하지만, 포착한 오디오가 고정 스피커에서 매우 잘 재현된다는 점이 있다[울프럼(Wolfrum) 2015].

HMS IV.1은 외부 전원, 컴퓨터, 녹음 장비 등에 연결하지 않고도 독립적으로 작동할 수 있다. 이러면 오디오는 유닛의 상반신 부분에 내장된 리더인 컴팩트 플래시 카드에 녹음된다.

HMS IV.1 시스템은 선형LIN(이퀄라이징 없음), 무지향성 이퀄라이징ID, 프리필드 이퀄라이징FF, 디퓨즈 필드 이퀄라이징DF, 커스터마이징을 위한 사용자 정의 이퀄라이징 설정이라는 서로 다른 다섯 가지 이퀄라이징 중 어떤 것이든 선택할 수 있다.

HMS IV.1은 사람의 귀에 비해 고명암비일 뿐 아니라, 중앙면을 따른 지점에서 거의 0에 가까운 주파수 반응으로 유명하다[울프럼 2015].

HMS IV.1은 주로 가장 미묘한 음향의 뉘앙스도 측정하고 포착해 연구해야 하는 기술 제품, 자동차 인테리어, 항공기 캐빈, 전화 기기의 음질 검토 및 최적화 애플리케이션 같은 하이엔드 측정기기 역할을 목표로 제작됐다는 점을 기억해두자. 따라서 이처럼 고도의 품질과 해상도를 겨냥하는 가상 및 증강 현실 애플리케이션 개발자에게는 상당한 혜택이 있을 수 있다.

3디오사운드 프리 스페이스 프로

바이노럴 마이크 제조사로 워싱턴 밴쿠버의 3디오 역시 주목할 만하다. 더미 헤드에 마이크 캡슐을 내장하는 방식과 달리, 그림 8.8에 있는 프리 스페이스 마이크 제품군은 머리 형태와는 완전히 다르지만, 약 18센티미터 정도의 성인 귀 사이 거리로 구분된 디스크에 탑재된 실제와 비슷한 대측성 귓바퀴는 유지한다. 제조사에 따르면 귀 형태를 탑재한 디스크는 완벽히 현실적인 HRTF와 바이노럴 경험에 필요한 머리의 음영을 모두 제공하도록 특별히 설계됐다[앤더슨(Anderson) 2015a].

그림 8.8 3디오의 프리 스페이스 프로 II 입체 마이크
출처: 이미지 제공 - 3디오

이 마이크는 고도로 유용한 두 가지 특성을 지닌다. 하나는 작은 크기로 거의 어떤 환경에서도 쉽게 녹음이 가능하다는 점이며, 다른 하나는 카메라, 그립 핸들, 삼각대를 부착할 수 있는 핫 슈hot shoe 어댑터가 제공된다는 점이다. 시스템은 팬텀 파워를 지원하는 XLR 출력과 함께 휴대용 핸드헬드 녹음기로 오디오를 캡처할 수 있는 1/8인치 스테레오 출력 잭을 활용한다.

이 마이크에 쓰는 실리콘 고무 귓바퀴는 먼저 의료용 CT 스캐너(엑스선 컴퓨터 단층 촬영)로 귀 하나의 3D 스캔을 생성하고, 나온 모델을 보기 좋게 다듬고 더 낮은 주파수 파장에 최적화되도록 조정한다.[1][앤더슨 2015b] 이 회사는 DIY 바이노럴 녹음 프로젝트에서 사용할 수 있도록 전자 기기와 독립적으로 사용할 수 있는 귀 형태도 판매한다.

인이어 입체 녹음 마이크

인공 머리나 귓바퀴 형태를 완전히 배제한 채 바이노럴 녹음을 하고 싶다면, 가장 쉬우면서도 정확하고 저렴한 방법은 그냥 자기 머리와 귀를 활용하는 것이다. 바이노럴

---

1   2015년 8월 나와 두 전문 오디오 엔지니어가 프리 스페이스 프로 II와 헤드 어쿠스틱스 HMS IV.1 인공 헤드 시스템의 녹음 성능을 비교하는 테스트를 했다. 프리 스페이스 프로 II가 전반적인 성능과 낮은 잡음 측면에서 두드러지는 마이크임이 입증됐지만, 머리 형태가 없어서 낮은 주파수에 대한 반응은 뚜렷이 약했다.

인이어 마이크 시스템은 상용으로 수십 개가 나와 있는데, 소비자 가격대의 성능과 감도 수준은 각양각색이다(피드백, 밸런스, 낮은 잡음 등). 고품질에 합리적인 가격대로는 그림 8.9의 롤랜드 CS-10EM이 있다.

이 제품은 바이노럴 마이크가 청취용과 같은 이어 버드에 내장돼, 사용자가 녹음과 동시에 모니터링할 수 있다는 점이 독특하다. 트윈 마이크 입력에 맞추기 위해, 최소한 롤랜드 R-05 같은 2채널 핸드헬드 필드 녹음기가 필요하다는 점을 기억해두자. 앞서 언급한 대로, 임베드된 위치 측정 단서를 보존하기 위해서는 좌우 채널 전용 녹음이 필수적이다.

그림 8.9 롤랜드 CS-10EM 인이어 입체 녹음 마이크와 R-05 2채널 필드 녹음기
출처: 이미지 제공 – 롤랜드 코퍼레이션 U.S.

바이노럴 녹음 파일 포맷

공학적 관점에서 바이노럴 녹음은 일반적으로 스테레오 오디오 파일과 같다. 두 개의 트랙이 있으며, 최종 편집은 어떤 포맷으로도 변환할 수 있다. 하지만 MP3처럼 흔히 사용되는 압축 파일 포맷으로 인코딩하면 최종 제품의 오디오 품질과 공간감이 상당히 떨어진다. MP3$^{\text{MPEG-1 Audio Layer-3}}$ 압축은 코덱이 사람의 청각으로 듣기 어려운 오디오 주파수의 프리시전을 버리거나 감소시켜 전반적인 파일 크기를 크게 줄이는 음향 심리학 기반의 알고리즘을 활용하기 때문이다[암즈(Arms)와 플라이샤우어(Fleischhauer) 2005]. 스마트폰의 음악 플레이리스트 등 일반적인 오디오 애플리케이션에는 MP3 포맷이 이상적이다. 바이노럴 녹음에서 이 압축 기술은 특히 구체적으로 추구하는 사운드 이벤트의 방향 단서에 극적인 영향을 줄 수 있다.

가상 및 증강 현실 애플리케이션용 바이노럴 오디오 녹음을 제작하는 연구원과 개발자라면 항상 WAV^{Waveform Audio File Format}, AIFF^{Audio Interchange File Format} 같은 비압축 파일 포맷으로 녹음하고 조정해 전체 주파수 스펙트럼을 포착하고 보존해야 한다. 그런 다음 최종 제품을 믹스다운하고 포스트 프로덕션 과정에서 원하는 포맷으로 압축할 수 있지만, 음향적 디테일을 유지하려면 가능한 한 최상의 비트레이트를 유지해야 한다[앤더슨 2013].

녹음된 바이노럴 오디오를 VR과 AR에서 어떻게 활용하는가?

가상 및 증강 현실 애플리케이션의 맥락에서 바이노럴 오디오 녹음을 활용하는 방법은 크게 두 가지다.

환경 효과
바이노럴 녹음은 컴퓨터로 생성한 3D 시각 모델, 더 정확히 말해 특정 이벤트의 사운드 효과와는 달리 구체적이지 않은 환경 효과를 보완하는 데 사용할 수 있다. 간단한 사례로, 동일한 환경의 바이노럴 녹음이 결합된 숲의 3D 시각 모델을 생각해보자. 이 기술은 일부 가상 현실 게임 환경에서 사용되고 있지만, 특정 이벤트에 대한 것이 아니라 환경음을 제공하는 맥락에서만 적용된다.

시네마틱 VR
두 번째 방법은 360도 스테레오 동영상(혹은 단순한 스테레오 동영상)과 바이노럴 오디오를 결합하는 것이다. 이런 종류의 적용 사례로는 뮤지션 벡의 'Sound and Vision', 뮤지션 뷰욕의 'Stone Milker' 같은 뮤직 비디오가 있다. 최종 제품은 스테레오 헤드폰과 함께 스테레오 헤드마운트를 이용해 경험하게 된다. 이 애플리케이션 중 하이엔드 사례의 상세 내용은 13장, '게임과 엔터테인먼트'에서 확인할 수 있다.

실시간 바이노럴 사운드 합성

두 번째(그리고 현재 더 흔한) 가상 및 증강 현실 애플리케이션의 바이노럴 사운드 적용 방법은 완전히 다른 접근법을 취한다. (구별되는 좌우 채널로) 미리 녹음된 바이노럴 오디오를 청취자에게 제시하는 대신, 기존 모노 오디오 샘플을 7장에서 간략히 언급한 HRTF(머리 전달 함수) 측정 기반의 필터 쌍이 있는 디지털 신호 프로세서에 통과시킨다. 그러면 이런 오디오 샘플의 주파수 프로필이 조금 변조돼 사람의 상반신, 머리, 귓바퀴, 심지어는 공간의 음향 특성이 사운드에 주는 효과를 포함하게 된다. 이런 오디오 신호 수정은 문자 그대로, 두뇌가 사용하는 특정 단서를 인코딩해 현실 세계와 비견할 수 있는 정확도로 가상 사운드 출처의 정점과 상하 각도를 확인하게 해준다.

이런 디지털 필터를 통과하는 표준 사운드는 사람의 상반신, 머리, 외이를 수학적으로 재현한 것과 상호작용하면서 변조된다고도 생각할 수 있겠다. 따라서 이미 몸(혹은 마네킹 헤드)과의 상호작용으로 변조된 사운드를 녹음해 재생하는 대신, 단순한 모노 사운드를 같은 효과를 인코딩하는 디지털 필터에 통과시킨다.

방금 참조한 방법뿐 아니라, 실시간 오디오 합성에서 사용하는 HRTF와 바이노럴 사운드 외에 다른 기법도 사용할 수 있다. 예를 들어 방과 복잡한 환경 모델을 오프라인으로 직접 확보하거나 음향 물리적 모델링 접근법으로 추출할 수 있다[샨닥(Chandak) 등 2012; 테일러(Taylor) 등 2012].

HRTF 필터의 생성 방식

7장에서 논한 대로, 사람은 바이노럴 단서(두 귀의 시차 및 강도 차이)를 사용해 정점을 판단하고 모노 단서(귓바퀴의 사운드 주파수 프로필 변화)를 이용해 높이를 판단해 사운드 출처의 위치를 인지한다. 사운드의 이런 구체적 영향을 HRTF(머리 전달 함수)라 하며, 실제의 사람이나 바이노럴 녹음용 헤드 주변의 수백 개 위치에서 귀의 입구에 도달하는 경험적 사운드 측정으로 정량화할 수 있다. 이런 개별 사운드 측정은 머리 전달 자극 반응[HRIR]이라고 한다.

정확한 수학 용어로 HRTF는 HRIR의 단순한 푸리에[Fourier] 변형, 혹은 만곡일 뿐이다.

자극 반응 측정

HRIR은 귀마다 다를 뿐 아니라, 사운드가 나온 방향에 따라서도 고유하다. 예를 들어 수직면을 따라 청취자 위의 한 지점에서 도달하는 사운드는 청취자 앞의 위치에서 도달하는 사운드와 (귀마다) 다르게 변형된다.

따라서 HRIR을 측정해, 개인의 머리(혹은 앞에 언급한 더미 헤드 중 하나) 주변에서 정확히 정의된 수백 개의 위치에서 톤을 제어해야 한다. 더 많은 위치를 측정할수록 가상 사운드를 더 정확하게 배치할 수 있지만, 이런 데이터 포인트들 사이를 보간하는 기법에는 여러 가지가 있다[프리랜더(Freeland) 등 2002; 에이들러(Ajdler) 등 2005; 케이라우즈(Keyrouz)와 디폴드(Diepold) 2008; 드 수사(de Sousa)와 케이로즈(Queiroz) 2009].

HRIR 데이터의 프리시전 측정을 위해 수많은 방법론이 개발됐다. 보통 각각 중앙 청취 위치를 둘러싼 균등한 공간에 스피커를 배열하는 구조를 띤다. 현재 운영 중인 가장 정확한 시스템 중 하나는 오하이오 라이트 패터슨 공군 기지의 공군 연구소에 있는 오디토리 로컬라이제이션 퍼실리티ᴬᴸᶠ에 있다. 그림 8.10처럼 ALF는 직경 약 4미터의 구체가 놓여 있는 커다란 무반향실로, 277개의 교차점마다 스피커가 배치돼 있다[로마이(Romigh)와 심슨(Simpson) 2014].

그림 8.10 오하이오 라이트 패터슨 공군 기지 공군 연구실의 오디토리 로컬라이제이션 퍼실리티의 머리 전달 자극 반응 측정
출처: 미 공군 제공 사진

이제 당신의 귓바퀴를 친구의 귓바퀴로 바꾼다고 상상해보자. 그러면 주변 환경의 소리의 위치를 정확하게 측정하는 능력이 심각하게 줄어들 가능성이 크다. 각자의 귀 생김새의 차이를 감안하면 이는 놀라운 일이 아니다. HRIR, 따라서 HTRF가 사람마다 매우 다양하다는 것은 잘 알려진 사실이다[키슬러(Kistler)와 와이트먼(Wightman) 1992]. 그런 만큼, 개인에 맞춰지지 않은 HRTF로 필터링된 사운드를 들을 경우 심각한 위치 측정 오류가 발생할 수 있다. 이런 오류는 전후와 상하 판단에서 가장 두드러진다[웬젤(Wenzel) 등 1993; 미들브룩스(Middlebrooks) 1999; 브룬가르트(Brungart)와 로마이(Romigh) 2009].

공공 부문 HRTF 데이터베이스

현재로선 각 개인에 맞춘 HRTF를 생산하는 것이 비실용적이지만, 연구자들은 타깃 인구의 큰 그룹이 인지할 수 있는 공간 단서로 사운드를 처리하는 일반적 레퍼런스 필터를 뽑아내는 평균화 방법을 고안해냈다. 이런 레퍼런스 필터는 MIT와 UC 데이비스 같은 공공 기관에서 취합하고 배치한 여러 고도의 공간 해상도 모음에서 추출한 HRTF로 구성되는 경우가 많다. 이런 모음집에 접근하는 자세한 방법은 부록 B, '자료'를 참고하자.

위치를 안정화한 바이노럴 사운드

지금까지 바이노럴 사운드를 가상 및 증강 현실 애플리케이션에 적용하는 다양한 실행 기술을 알아봤는데, 단순화하기 위해 사용자를 수동적 청취자라고 가정했다. 하지만 현실에서 대부분의 애플리케이션을 활용할 때 사용자는 고개를 돌려 주변을 돌아보고 물리적 위치도 바꾸게 된다.

헤드 트래킹의 필요성

앞에서 살펴본 대로, 스테레오 오디오를 헤드폰으로 들으면 머릿속에서 두 개의 스피커 사이에 있는 것 같은 음장의 청각적 감각을 제공한다. 반대로 바이노럴 오디오를 헤드폰으로 전달하면 음장 한가운데에 있는 것 같은 몰입형 청각을 느낄 수 있다. 다시 말해, 음장이 현실 세계와 똑같이 머리 외부에 위치하는 것이다. 그래서 표준 오디오의 재생과 청취에는 매우 좋다. 하지만 바이노럴 오디오는 가상 및 증강 현실 애플리케이션에서 사용할 때 문제가 있다. 바로 머리의 움직임이다.

머리와 몸을 움직이는 데도 바이노럴 음장에는 변화가 일어나지 않고 함께 움직인다. 그래서 오른쪽에서 들리는 차 경적 소리는 물리적으로 사운드의 출처 쪽으로 몸을 돌린다 해도 계속 오른쪽에서 들려오게 된다.

따라서 가상 및 증강 현실 애플리케이션의 시각적 컴포넌트와 마찬가지로, 그림 8.11처럼 최소한 사용자 머리의 방향(롤, 피치, 요)을 추적해 오디오를 전달하는 시스템에 그 정보를 전달해야 한다. 이렇게 구현하면 입체 음장이 움직인다 하더라도 인지되는 효과는 고정된 상태를 유지할 것이다. 전반적인 사운드 위치 측정에 상당한 영향을 주기에 특히 머리의 움직임은 중요하다. 뭔가 더 잘 들으려고 그쪽으로 머리를 돌려본 경험은 누구나 있을 것이다.

물체(이 경우는 사람의 머리)의 위치와 방향을 추적하기 위해 사용하는 다양한 기법의 더 심층적인 내용은 11장, '위치, 방향, 동작 추적용 센서'에서 알아보겠다. 보통 하나의 트래킹 유닛에서 나온 정보는 가상 및 증강 현실 시스템의 시각과 오디오 컴포넌트가 공유한다.

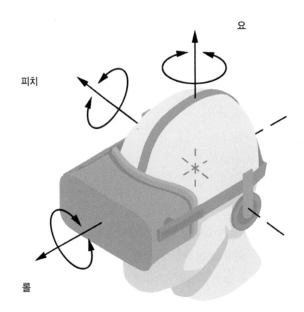

그림 8.11 헤드폰으로 전달되는 바이노럴 오디오는 청취자가 움직이는 공간에서 안정화된 음장 감각을 주기 위해, 최소한 청취자 머리의 방향(롤, 피치, 요)을 추적해야 한다.
출처: Andrewrybalko의 이미지 ⓒ 123RF.com

스피커의 입체 사운드는 어떤가?

바이노럴 오디오 녹음은 일반적인 스테레오 스피커로 재생할 수 있지만, 이때 혼선 crosstalk이 일어나 사운드의 공간 품질과 요소들의 방향성이 눈에 띄게 감소한다. 다시 말해, 두 귀가 각각 특정 귀를 위한 신호와 함께 다른 쪽 귀를 향한 신호, 즉 혼선 신호인 두 신호의 합을 받게 된다[코스로우-푸르(Khosrow-Pour) 2014]. 일반적 오디오 애플리케이션을 위한 혼선 방지 솔루션은 이미 여러 해 동안 존재했지만, 아직도 청취자의 물리적 위치를 상대적으로 안정적으로 ('스윗스팟' 제약) 유지하는 등 여러 과제가 남아 있다.

게임 애플리케이션 같은 실시간 바이노럴 합성의 경우, 고정된 스피커에 바이노럴 오디오를 전달할 때 해결해야 할 문제는 훨씬 난해하다. 혼선 방지를 적절히 제어하기 위해 사용자 머리의 위치와 방향을 트래킹해야 할 뿐 아니라, 먼저 HRTF 필터로 사운드의 방향성을 전달하는 처리도 해야 한다. 이 이슈를 해결하기 위해 상당한 연구 개발 작업이 진행 중이지만, 기존의 스피커 시스템을 통해 설득력 있는 바이노럴 오디오 씬을 전달하는 것은 가상 및 증강 현실 애플리케이션에서는 아직 어려운 상황이다.

결론

정확히 적용하면 가상 및 증강 현실 애플리케이션에 풍부한 3D 음장을 추가할 경우, 몰입감과 사용성, 그리고 전반적 경험에 강력한 영향을 줄 수 있다. 이 장에서는 다양하게 이 목표를 달성하려 사용하는 가장 흔하면서 최근 부상 중인 오디오 디스플레이 솔루션과 방법론을 알아봤다. 이 주제에 대해 더 깊이 알고 싶다면 부록 A와 부록 B를 활용하자.

9장

감각의 구조

질감부터 온도, 진동, 미끄러짐까지 촉각은 우리의 몸과 물리적 세계 간의 기계적 인터페이스 역할을 한다. 이런 감각은 컴퓨터 기반 시뮬레이션에도 활용해 현실감을 더할 수 있다. 촉각이 주는 감각적 피드백을 가상 및 증강 현실 시뮬레이션에 어떻게 응용할 수 있을지 이해하려면, 일단 우리가 실제로 현실 세계를 어떻게 느끼는지 알아야 한다. 이 장에서는 촉각의 감각 구조, 각 능력의 범위, 촉각 및 자기 자극 반응 단서가 시각과 청각을 보완하는 방법을 알아보자.

감각의 과학

친구의 손길, 옷 섬유의 다양한 질감, 골프 클럽과 야구 방망이를 휘두를 때 느껴지는 힘을 생각해보자.

사람은 놀라울 정도로 복잡한 감각 체계, 신경 경로, 물리적 환경, 물리적 환경 안에서 우리에게 작용하는 외부의 힘, 그리고 우리 몸의 위치, 방향, 운동에 관한 정보 수천 건을 매초 감지, 전달, 처리하는 뇌 영역을 갖추고 있기에 이런 감각을 느낄 수 있다. 이 모든 것을 합쳐서 몸의 감각 체계라고 하는데, 이 책의 주제에 특히 관련이 있는 것은 두 가지 하위 시스템이다. 첫 번째는 외부의 압력, 진동, 펄럭거림, 질감, 피부가 늘어나는 것을 포함한 기계적 자극을 감지하고 인지하는 능력이다. 이를 촉각[tactile sense]이라고 한다. 두 번째는 운동 감각이라고 하는데, 관절 각도와 근육, 힘줄에서 가해지는 긴장 등의 힘을 감지하고 인지하게 해준다. 이 두 가지 감각을 결합해서 일반적으로 햅틱[haptics]이라고 한다.

> **노트**
>
> 햅틱이라는 용어의 사용은 가상 현실, 로봇공학, 의료계에서 상당한 혼란과 엄청난 논쟁을 불러일으켰다. '미투(me too)' 현상으로 인해 이 용어의 적절한 사용에 상당한 불일치가 발생했기 때문이다. 햅틱은 촉각과 운동 감각 모두를 가리키는 걸까, 아니면 촉각/포스 피드백 기기처럼 점차 입지를 굳혀가고 있는 이런 감각의 기계적 자극을 제공하는 인간과 기계의 인터페이스 부류를 가리키는가? 명확히 하기 위해 이 책에서는 이 용어를 되도록 피하고, 생리학에 대해서만 사용할 것이다.

이 장에서는 두 체계를 모두 살펴본다. 촉각과 포스 피드백 기술을 가상 및 증강 현실 시스템에서 구현할 때의 난제를 이해하는 데 중요하기 때문이다.

그럼 먼저 이런 감각 대부분이 일어나는 우리 몸의 부분, 즉 피부부터 살펴보자.

피부의 해부학과 구조

피부는 촉각을 담당하는 감각 기관이며, 임신 기간 동안 발달하면서 자극에 반응하는 다섯 가지 주요 감각 중 첫 번째다[허스(Huss) 1977]. 사실 사람의 태아는 발달 후 8주 정도가 지나면 촉각에 반응한다[란탈라(Rantala) 2013].

중간 크기의 장기인 피부는 약 1.6~1.9평방미터를 덮고 있으며[린츨러(Rinzler) 2009], 전체 체중에서 약 15%를 차지한다[카니타키스(Kanitakis) 2001]. 일반적으로 피부에는 털로 덮인 부분과 자연적으로 매끈한 두 가지 종류가 있는데, 둘 다 보호, 조절, 감각 세 가지에 속하는 눈에 띄게 복잡한 기능이 있다.

보호: 외부 환경과 내부 생리 작용이 맞닿는 부분에 위치한 피부는 기계적 충격과 압력[셈불린검(Sembulingam)과 셈불린검 2002], 위험한 자외선[UV][브레너(Brenner)와 히어링(Hearing) 2008], 생물학적 병원균[네슬레(Nestle) 등 2009] 같은 다양한 위협을 방어하는 장벽 역할을 한다.

조절: 피부는 혈관의 수축과 확장[차쿠디안(Charkoudian) 2003], 수분 분비와 증발을 통한 체온 조절과 안정화에 중요한 역할을 한다.

감각: 물리적 환경과 주로 맞닿는 피부에는 환경의 변화를 감지하고, 접촉하는 물리적 세계의 속성을 느끼는 감각도 발생시키기 위한 특수한 신경 세포의 광범위한 네트워크가 있다. 이 신경 세포로 우리는 증강 및 가상 현실 시뮬레이션을 내비게이션하고 조작하는 데 사용하는 진동 컨트롤러 등의 기기가 제공하는 촉각과 포스 피드백 단서를 감지할 수 있다.

피부층

그림 9.1의 묘사처럼 사람의 피부는 두 개의 주요층으로 구성되는데, 각각 두께와 기능이 다양하다. 위의 가장 바깥층은 상피라고 한다(그리스어 epi는 '상부'라는 의미며, derma는 '피부'라는 의미다)[옥스포드 2015]. 이 층은 신체 내의 생리 작용과 외부 환경을 구분하는 물리적, 화학적 장벽 역할을 한다[매디슨(Madison) 2003; 덴다(Denda) 2000]. 구조를 동적으로 바꿀 수 있는 상피는 대략 45일마다 재생되며, 빽빽하게 채워진 비늘 같은 세포로 구성된다. 상피는 눈꺼풀이 가장 얇고(0.05mm), 손바닥과 발바닥이 가장 두껍다(1.5mm)[NIH, 2006].

두 번째 층은 진피층이라고 하는데, 상피를 지지하며 피부 두께의 약 80%를 차지한다. 진피층은 주로 모낭, 분비선, 혈관, 신경, 감각 수용 기관이 있는 결합 조직(콜라겐)으로 구성된다. 이 콜라겐이 피부에 탄력을 주며, 몸에서는 구조적으로 쿠션 역할을 한다[바운들리스(Boundless) 2015]. 위치에 따라 두께도 다른(1.5~4mm) 진피층에는 매우 혈관이 많아, 모두 합치면 17km를 넘는다[자블론스키(Jablonski) 2013]. 이 정맥망은 피부에 산소와 양분을 공급하며, 피부의 치유와 체온 조절 과정에서 중요한 역할을 한다.

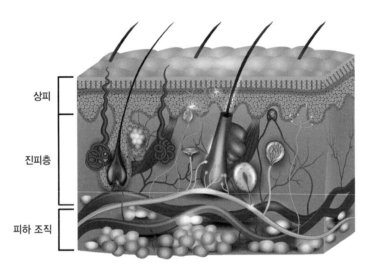

그림 9.1 두 개의 주요 층과 그 밑에서 숨은 에너지 보유고 역할을 하며 지방을 축적하고 저장하는 데 특화된 세포의 지지 구조를 상세하게 보여주는 사람의 피부 단면
출처: 이미지 guniita ⓒ 123RF.com

세 번째로 가장 안쪽 층(기술적으로는 피부의 일부로 간주하지 않음)은 하피, 혹은 피하 조직이라고 한다. 이 층은 주로 지방을 축적하고 저장하는 데 특화된 세포로 구성된다. 피하 조직은 진피층을 근육과 뼈에 붙이고 신경과 혈관을 진피층에 공급하는 역할도 한다. 여러 감각 수용 기관도 이 층에 있다.

촉각의 인지

촉감은 능동적 접촉을 통해서나[깁슨(Gibson) 1962] 친구와의 접촉, 비행 시뮬레이터에서 사용하는 베이스 키커bass kicker로부터 나오는 저주파 톤, 불꽃에서 나오는 열기 등 몸에 가해지는 외력에서 경험하는 자극과 물리적 접촉으로 촉발되는 특화된 피부 수용 기관(피부 내에 있음)이 만들어내는 감각 정보에서 출발한다.

눈과 귀에 있는 감각 수용기와 비슷하게 피부의 수용기도 효과적으로 기계적 자극, 온도 에너지 등 에너지를 전기 신호(신경 충동)로 변환하므로 변환기로 간주할 수 있다. 촉감에 관여하는 수용 기관의 유형은 주로 세 범주로 구분된다. 통각 수용기(고통을 만드는 자극을 감지), 온도 수용기(온도 관련 자극 감지), 그리고 이 책의 주제와 가장 연관된 기계적 자극 수용기(기계적 자극, 물리적 상호작용 감지)다.

기계적 감각 수용기

그림 9.2처럼 사람의 피부에는 특히 주변과의 물리적 상호작용에서 나온 다양한 기계적 자극에 반응하는 네 가지 주요 수용기인 메이스너 소체, 메르켈 디스크, 파시니안 소체, 루피니 말단이 있다. 기계적 자극 수용기라고 하는 이 센서들은 촉각, 압력, 진동, 피부 긴장의 정보를 신경계로 보낸다[퍼브즈(Purves) 등 2001]. 넷 모두 낮은 역치의 (매우 민감한) 수용기로도 분류되는데, 각각 약한 기계적 자극에 반응하기 때문이다.

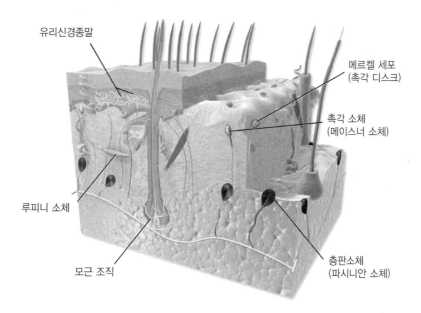

유리신경종말
메르켈 세포
(촉각 디스크)
촉각 소체
(메이스너 소체)
루피니 소체
모근 조직
층판소체
(파시니안 소체)

그림 9.2 사람의 피부 구조와 감각 기관의 상세 단면도
출처: 일러스트 BruceBlaus, 위키미디어, CC BY 3.0 라이선스 의거 게재

모든 기계적 자극 수용기는 기본적으로 같은 방식으로 기능한다.

1. 외부의 자극이나 힘이 피부 표면에 작용한다.

2. 기계적 자극 수용기를 자극하면 힘은 피부 더 깊이 전달된다.

3. 기계적 자극 수용기는 행동 잠재력(전기적 충격)을 발생시킨다.

4. 행동 잠재력은 중앙 신경계에 구심성 신경을 따라 전달돼 무의식적 인지나 행동 반응, 혹은 둘 모두를 일으킨다[게프니(Geffeney)와 굿맨(Goodman) 2012].

기계적 자극 수용기의 분류

이제 기계적 자극 수용기의 네 가지 유형을 적응률과 수용 영역의 크기라는 두 가지 기준으로 나눠 살펴보자.

적응률

기계적 자극 수용기는 사람 몸의 다른 감각 수용기와 마찬가지로 적응이라고 알려진 흥미로운 특성이 있다. 자극이 피부에 작용하면, 적절한 기계적 자극 수용기가 구심 신경(수용기나 감각 기관에서 나온 자극을 중앙 신경계에 전달하는 신경)을 따라 일련의 초기 자극을 발동해 반응하며, 외부의 자극이나 환경의 변화를 알린다. 자극이나 조직의 이동이 강할수록 신경 반응의 주파수도 더 커진다[니베스톨(Knibestol) 1973]. 이 반응은 압력과 함께 로그 함수의 형태로 증가한다는 것이 입증됐다[무니악(Muniak) 등 2007]. 수용기가 얼마나 빨리 적응하거나 수동적 상태로 돌아가는지는 그 종류에 따라 다르다. 느리고 빠르게 적응하는 기계적 자극 수용기 뒤에 숨은 기본 개념은 그림 9.3과 같다.

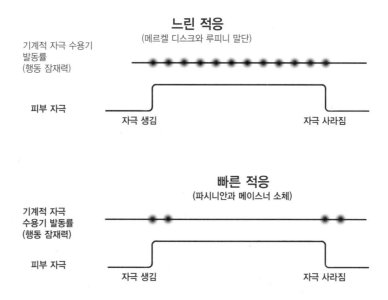

그림 9.3 감각 적응의 기본 개념과 지속적 자극에 대해 기계적 자극 수용기의 반응성이 보이는 장기적 변화를 묘사한 그림. 느리게 적응하는 수용기는 자극이 존재하는 한 계속해서 발동된다. 빠르게 적응하는 수용기는 초기에는 빨리 반응하지만 자극이 계속되면 발동을 중단하고, 자극이 제거되면 이를 알리기 위해 다시 발동된다.[1]
출처: S. 옥스타칼니스 일러스트레이션

느리게 적응하는 수용기(메르켈 디스크, 루피니 말단)는 SA라고도 하는데, 최초와 지속적 압력, 가장자리와 강도, 그리고 피부 긴장(피부 늘어남)을 포함해 접촉력에 최적화돼 반응한다[퍼브스 등 2001]. 책을 옆으로 들고 떨어뜨리지 않을 수 있는 것은 느리게 적응하는 수용기가 반응하는 직접적 결과다. 손에 들고 있는 동안 우리는 문자 그대로 책의 질량, 무게, 형태, 가장자리를 계속 인식한다. 이 인지는 지속적 감각 정보의 흐름을 중앙 신경계에 전달하는 느리게 적응하는 기계적 자극 수용기에서 나온다. 빠르게 반응하는 수용기(메이스너 소체, 파시니안 소체)는 RA라고도 하는데, 진동과 질감의 변화 등 빠르게 변하는 자극에 최적으로 반응한다. 빠르게 적응하는 수용기 역시 최초 접촉과 동작에 반응하지만, 지속적 압력에는 반응하지 않는다[탤보트(Talbot) 등 1968]. 물렁한 복숭아의 느낌과 콘크리트 표면을 구별할 수 있는 능력은 빠르게 적응

---

1   자극을 기준으로 보면 느리고 빠르게 적응하는 다양한 기계적 자극 수용기의 발동에는 여러 가지가 있는데, 자세히 들어가면 이 장의 범위와 의도를 벗어난다. 이 주제에 대한 추가 정보는 [요한슨(Johansson)과 발보(Vallbo) 1979, 1983, 2014], [발보와 요한슨 1984], [버지스(Burgess) 2012], [마티니(Martini) 등 2013], [하오(Hao) 등 2015]를 참고하자.

하는 수용기에서 온다. 게임 컨트롤러와 스마트폰에서 찾을 수 있는 진동 촉감 디스플레이도 이 능력에 의존한다.

자극을 기준으로 보면 느리고 빠르게 석응하는 다양한 기계적 자극 수용기의 발동에는 여러 가지가 있는데, 자세히 들어가면 이 장의 범위와 의도를 벗어난다. 이 주제에 대한 추가 정보는 [요한슨(Johansson)과 발보(Vallbo) 1979, 1983, 2014], [발보와 요한슨 1984], [버지스(Burgess) 2012], [마티니(Martini) 등 2013], [하오(Hao) 등 2015]을 참고하자.]

출처: S. 옥스타칼니스 일러스트레이션

수용 영역과 기계적 자극 수용기의 분포

그림 9.4의 묘사처럼, 손이나 다른 곳의 피부 표면에서 기계적 자극 수용기의 수용 영역을 적절히 자극하면 개별 수용기의 반응을 촉발하게 된다. 수용 영역의 크기는 1~2mm에서부터 손가락과 손바닥의 상당 부분까지, 수용기의 종류와 위치에 따라 다양하다[코트럼(Kortum) 2008; 요한슨과 발보 1979]. 수용 영역이 가장 작은 수용기(메르켈 디스크, 메이스너 소체)는 가장 밀도가 높으며 피부 표면에 가장 가까운 상피에 있다. 반면 가장 수용 영역이 큰 수용기(루피니 말단, 파시니안 소체)는 수가 더 적고, 피부 깊숙한 진피층과 피하층에 있다.

수용 영역의 이런 층과 중첩은 부엌 싱크대에서 커다란 수박을 들어 올리는 것부터 바늘에 실을 꿰거나 눈에 콘택트렌즈를 끼는 섬세한 일까지 온갖 수작업의 수행 능력에서 중요한 역할을 한다.

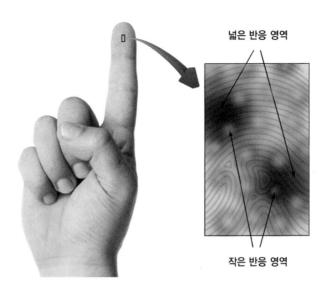

그림 9.4 적절히 자극할 때 중첩하는 수용 영역의 피부 수용기는 중앙 신경계에 신호를 전달하는 구심 신경에서 행동을 일으키도록 만든다.
출처: 손 이미지 julenochek ⓒ 123RF.com

수용기 분포와 공간 해상도

한 손의 털이 없는 피부에는 약 17,000개의 기계적 자극 수용기가 있는 것으로 추산된다[발보와 요한슨 1984]. 흥미롭게도 촉각 인지는 손가락 크기가 작을수록 향상된다. 그래서 여성의 촉감이 더 섬세하게 조율되고 민감하다[피터스(Peters) 등 2009]. 수용 영역이 가장 작은 고밀도의 수용기(메르켈 디스크, 메이스너 소체)는 공간 해상도가 가장 크기에, 모기가 물 때처럼 외부 자극이 피부에 작용하는 위치를 상당히 정확하게 확인할 수 있다. 반면 수용 영역이 큰 저밀도 수용기(루피니 말단, 파시니안 소체)는 공간 해상도가 상당히 낮다. 이 수용기는 힘이 피부의 '어디에서' 작용하는지 판단하는 정확성은 떨어지지만, 빛의 접촉에는 훨씬 더 민감하다.

피부의 공간 해상도 테스트

공간 해상도의 변화, 수용 영역의 크기, 기계적 자극 수용기의 밀도는 표준적인 두 점의 구별 평가를 통해 쉽게 알 수 있다.

그림 9.5처럼 제도용 컴퍼스나 'U' 자형으로 구부려 편 종이 클립 등을 사용해 끝과 끝 사이를 2cm 정도로 벌린다. 다른 곳을 쳐다보면서 친구에게 컴퍼스의 양 끝으로 검지 안쪽 끝을 가볍게 건드려달라고 한다. 닿는 곳이 하나로 느껴지는가, 두 개로 느껴지는가? 하나라면 좀 더 벌린 다음 다시 해본다. 두 지점이 분명히 구분되는 거리를 기억해두자. 정확성을 위해 컴퍼스 양 끝이 90도로 틀어지도록 돌린다(즉, 처음에 손가락 안쪽 끝에 수평으로 접촉했다면 이제는 수직으로 측정한다). 몸의 다양한 곳에서 이 테스트를 반복한다.

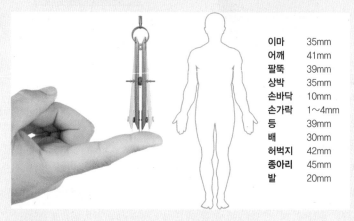

이마	35mm
어깨	41mm
팔뚝	39mm
상박	35mm
손바닥	10mm
손가락	1~4mm
등	39mm
배	30mm
허벅지	42mm
종아리	45mm
발	20mm

그림 9.5 공간 해상도와 수용 영역의 크기는 몸 부위마다 다르다. 손가락 안쪽 끝은 고해상도지만 등, 허벅지, 종아리는 저해상도다. 수치는 [와인스틴(Weinstein) 1968]에서 발췌

출처: 이미지 제공 – vadimmmus, madmaxer, supergranto © 123RF.com

기계적 자극 수용기의 세부

네 가지 주요 기계적 자극 수용기 모두 크기, 모양, 정적 및 동적 자극의 감도 범위, 피부 내의 위치, 밀도, 기능의 특정 방식 등이 다양하다. 이 기능 모두 구체적으로 설명하겠지만, 하나의 자극에도 다양한 기계적 자극 수용기의 반응에 상당한 중첩이 있음을 잊지 말자. 일례로, 가상 환경에서 물체를 조작할 때 손에서 울리는 컨트롤러나 게임용 조끼가 진동해 가슴에서 느끼는 충격은 다양한 수용기의 반응을 유발하는데, 큰 압력, 피부가 당겨지는 느낌, 진동 감지(질감 인지로 해석함) 등이 있다.

메르켈 디스크

메르켈 디스크는 구심 신경 섬유에 붙은 원반 모양의 상피 세포로, 특화된 감각 신경의 말단이다. 보통 이 신경 섬유는 중간에서 큰 직경의 신경 다발이 디스크 군집을 이룬다[네터(Netter) 2013]. 그림 9.6처럼, 메르켈 디스크는 일반적으로 상피와 진피층 사이 경계의 피부층에 있으며, 손가락을 형성하는 융기 아래 등에 있는 매끈한 피부에서 가장 많이 찾을 수 있다[베어(Bear) 등 2007, p 389]. 적절한 자극이 주어지면 디스크 벽이 변형되면서, 신경 섬유 안의 이온 채널이 열린다. 그러면 나트륨(Na+) 이온이 유입되면서 행동 잠재력이 발동된다[막시모비치(Maksimovic) 등 2014].

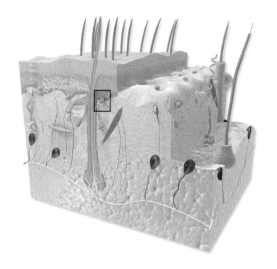
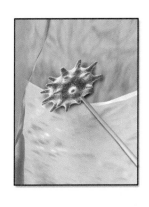

그림 9.6 메르켈 디스크는 느리게 적응하며 가벼운 접촉과 진동에 민감하고, 5~15Hz 범위의 저주파에 최대로 반응한다.
출처: 일러스트 BruceBlaus, 위키미디어, CC BY 3.0 라이선스 의거 게재

반응의 특성

메르켈 디스크는 세밀한 표면 패턴과 지속적인 빛의 기계적 자극에 매우 민감한 느리게 적응하는(SA) 수용기로, 수용 영역이 작아서 점자 읽기 같은 활동에서 핵심적인 역할을 한다[노박(Noback) 등 2005; 겐타즈(Gentaz) 2003]. 메르켈 디스크 수용기는 저주파(5~15Hz)에 최대로 반응한다[길먼(Gilman) 2002].

메이스너 소체

메이스너 소체(촉각 소체라고도 함)는 길쭉한 캡슐 같은 생김새가 특징이다. 이 소체에는 비비 꼬이고 굽이치는 구심 신경 섬유인 수평으로 납작하게 쌓인 박편 세포가 있다[카우나(Cauna)와 로스(Ross) 1960]. 압력으로 소체가 변형되면 신경 섬유가 자극을 받아 신경에서 행동 잠재력이 만들어진다[다히야(Dahiya) 등 2010]. 자극이 제거되면 소체는 원래 형태로 돌아가, 또 다른 일련의 행동 잠재력을 낳는다[존슨(Johnson) 2001].

그림 9.7처럼 상피와 진피층 간의 경계는 일정하지 않지만, 진피층에는 그 위 상피로 뻗어있는 피부 유두라는 작은 굴곡과 융기가 있다. 메이스너 소체는 피부 표면 근처의 네 번째 돌기마다 존재한다[프라인켈(Freinkel)과 우들리(Woodley) 2001]. 메이스너 소체 밀도가 가장 높은 곳은 접촉에 가장 민감한 매끈한 피부에 있는데, 특히 손가락, 손바닥, 발바닥 등이다[요한슨과 발보 1979; 맥카시(McCarthy) 등 1995; 딜론(Dillon) 등 2001; 켈리(Kelly) 등 2005].

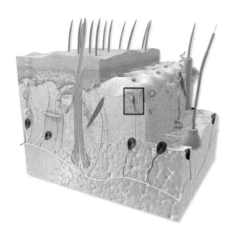

그림 9.7 메이스너 소체는 피부 표면에 가까이 있으며 빠르게 적응하는 수용기로, 질감과 미끄러짐에 민감하고 중간 범위 주파수(20~50Hz)에서 최대로 반응한다.
출처: 일러스트 BruceBlaus, 위키미디어, CC BY 3.0 라이선스 의거 게재

반응의 특성

메이스너 소체는 빠르게 적응하며(RA), 기계적 자극의 개시와 제거에 반응한다. 특히 질감이 있는 물체가 피부를 가로질러 이동하거나[퍼브즈 등 2001; 버지스(Burgess) 2012], 물체의 미끄러짐[바커(Barker)와 시체티(Cicchetti) 2012], 그리고 탐구하고 구별하기 위한 접촉

에서 변하는 형태[맨콜(Mancall)과 브록(Brock) 2011] 등의 변화하는 정보에 효율적이다. 메이스너 소체는 부드러운 면 셔츠에서 나오는[클라인(Klein)과 쏜(Thorne) 2006] 것 같은 중간 범위 주파수(20~50Hz)에 최대로 반응한다[길먼 2002].

파시니안 소체

파시니안 소체(층판 소체라고도 함)는 타원형 모양이 특징이며, 액체층으로 분리되는 섬유 결합 조직으로 이뤄진 집중적인 박판(얇은 층) 수십 개로 구성된다. 소체 전체는 외부가 콜라겐으로 싸여 있다. 소체 중앙은 구심 신경 섬유가 하나 이상으로 된 공동이 있다[퍼브스 등 2001].

외부의 힘으로 물리적 압력이 소체에 작용해 구조가 변형되면 중앙에 있는 신경 섬유도 구부러지거나 확장돼, 이온 채널(화학적 관문)을 외부막 쪽으로 열어 나트륨 이온이 유입된다. 외부력이 더 클수록 소체의 변형이 더 커지고, 나트륨 이온 유입도 커져 중앙 신경계로 전달되는 구심 신경 섬유의 행동 잠재력이 발동된다.

기계적 자극 수용기의 네 가지 종류 중 파시니안 소체는 크기가 가장 크고 수는 가장 적다[칸델(Kandel) 2000]. 그림 9.8처럼 파시니안 소체는 피부 진피층 안에 깊숙이 위치하고 피하 지방에도 분포한다.

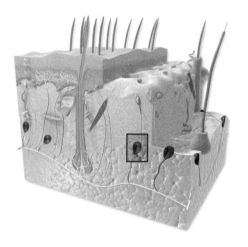

그림 9.8 파시니안 소체는 빠르게 적응하며, 피부 내 깊숙이 위치한다. 또한 고주파 진동(200~300Hz 범위)과 지속적이지 않은 깊은 압력에 민감하다.
출처: 일러스트 BruceBlaus, 위키미디어, CC BY 3.0 라이선스 의거 게재

반응의 특성

파시니안 소체는 메이스너 소체처럼 빠르게 적응하며(RA) 기계적 자극의 개시와 제거에 반응한다. 찌르기 같이 깊은 반응에 가장 민감하지만, 지속적인 압력에는 둔하다. 200~300Hz 범위로 피부에 적용되는 고주파 진동에도 잘 반응하지만[베어 등 2007, p 391; 길먼 2002] 수용 영역의 크기가 작아 자극의 위치는 잘 파악하지 못한다[노백(Noback) 등 2005]. 파시니안 소체는 굉장히 민감해서, 계면 결합이 물로 이뤄질 때는 실제로 음파를 감지할 수 있다는 것이 입증됐다[이드(Ide) 등 1987].

루피니 말단

루피니 말단(루피니 소체로도 알려짐)은 끝이 복잡한 나무 같은(그리스어 dendron이 어원인 수상 돌기) 방적기 형태가 특징이다. 이 구조 안에는 콜라겐 연결 조직에 포함된 신경 말단이 밀도 높게 얽혀 있다.

그림 9.9처럼 루피니 말단은 피부 진피층 깊숙이 위치한다. 손바닥의 접힌 부분, 관절 위, 손톱 끝을 따라 가장 밀도가 높은데, 피부가 확장될 때 방적기 모양 캡슐에 싸여 있는 콜라겐 섬유가 신경 말단을 압축해 행동 잠재력이 발동된다[가드너(Gardner) 2010].

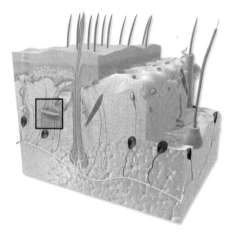

그림 9.9 루피니 말단은 매우 느리게 적응하며, 지속적 압력과 피부 확장, 미끄러짐에 민감하고 고주파에 반응한다 (300~400Hz).
출처: 일러스트 BruceBlaus, 위키미디어, CC BY 3.0 라이선스 의거 게재

반응의 특성

루피니 말단은 느리게 적응하며(SA), 지속적 압력, 피부 확장, 미끄러짐에 민감하고 손가락의 위치와 운동 제어에 기여한다[바레트(Barrett)와 가농(Ganong) 2012; 마운트캐슬(Mountcastle) 2005]. 루피니 말단은 고주파(300~400Hz)에 최대로 반응하며, 적응률은 매우 작다[가이튼(Guyton)과 홀(Hall) 2001].

기계적 자극 수용기 능력 요약

앞서 설명한 내용을 기반으로 표 9.1, 그림 9.10은 네 가지 주요 기계적 자극 수용기의 성능 특성을 요약한다.

표 9.1 주요 기계적 감각 수용기 특성 요약

수용기 이름	수용 영역 크기	적응 속도	반응 자극	민감도 범위
메르켈	작음 (2~3mm)	SA	접촉, 진동	낮음 (5~15Hz)
메이스너	작음 (3~4mm)	RA	접촉, 압력, 미끄러짐	낮음 (30~50Hz)
루피니	넓음 (10~15mm)	SA	압력, 늘어남, 미끄러짐	높음 (3~400Hz)
파시니안	넓음 ()20mm)	RA	압력, 진동	높음 (2~300Hz)

빠르게 적응

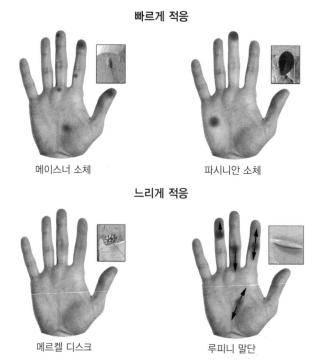

메이스너 소체   파시니안 소체

느리게 적응

메르켈 디스크   루피니 말단

그림 9.10 유형별로 손바닥과 손가락 피부에 있는 기계적 자극 수용기의 분포와 수용 영역 크기는 모두 다르다.
출처: 일러스트 BruceBlaus, 위키미디어, CC BY 3.0 라이선스 의거 게재. 손 이미지는 ratu ⓒ 123RF.com, S. 옥스타
칼니스 연구에서 발췌

지금까지 피부의 촉각 감각을 발동하는 감각 수용기의 생리와 기본 기능을 알아봤다.
손가락이 물체를 만져볼 때 이 정보는 두뇌가 우리 주변의 물리적 특징에 대해 미묘
한 세부까지 이해할 수 있게 돕는다.

그러면 이제 마찬가지로 중요한 생리와 기본 기능을 감지하고 운동감을 담당하며 관
절의 각도와 근육, 힘줄이 느끼는 긴장과 여타 힘을 인지하는 감각 수용기를 간략히
알아보자. 이 책의 주제와 연관이 있는 사례는 고급 게임 조종간을 사용할 때 경험하
는 저항과 덜컹거림(포스 피드백이라 함)에서 찾을 수 있다.

운동감의 감지

운동감은 우리 몸에서 근육, 힘줄, 관절의 위치와 무게, 운동을 감지하게 해주는 감각이다. 요컨대 신체를 인지하는 감각이다. 이 장의 앞에서 설명한 신체 감각 체계의 일부인 운동감은 의식적 사고 없이 연속적으로 사용하는 감각이다. 이 감각은 통로에서 누군가를 지나칠 때 옆으로 비킬지(그리고 얼마나 비킬지), 비행기 중간 좌석에 자기 몸이 맞을지 결정하도록 돕는다. 계단을 걸어 내려갈 때는 두뇌에 단서를 주고(발목, 무릎, 엉덩이의 각도로), 농구를 할 때는 레이업 슛을 쏘도록 돕기도 한다.

이 감각 채널에 대한 이해는 10장, '촉각과 포스 피드백 기기'(주로 출력 기기)에서 논하는 촉각과 포스 피드백 기기 영역의 연구 개발에도 도움이 되고, 사용자의 물리적 동작을 입력 방식으로 측정하는 시스템 실험도 있으므로 알아두자[폰토(Ponto) 등 2012].

자기 수용기

운동감의 핵심 측면은 자기 수용이라는 것이며, 이는 이동의 느낌, 관련된 힘의 강도, 몸에 닿는 부분의 상대적 위치에 대한 무의식적 감각이다[모스비(Mosby's) 1994]. 외부 자극이 신경 반응을 촉발하는 기계적 자극 감지와는 상당히 다르게, 자기 수용기는 몸 자체가 감각 수용기에 대한 자극 역할을 한다[셰링턴(Sherrington) 1906]. 간단한 사례로는 눈을 감고도 팔이 옆에 있는지, 머리 위로 뻗었는지, 손가락을 벌렸는지, 무릎을 구부렸는지 아는 것을 들 수 있다. 보거나 생각할 필요도 없다. 그냥 '아는' 것이다.

몸을 움직일 때, 의자에 앉은 채 자세를 바꾸든, 다리를 꼬든, 걷든, 물체에 다가가든, 이런 동작은 모두 프로세스를 촉발하는 중앙 신경계의 신경 충동에서 시작한다. 이런 움직임을 하는 동안 피부, 근육, 힘줄, 인대를 포함한 관절 조직은 형태를 바꾼다[에이드리언(Adrian) 1929; 그리그(Grigg) 1994]. 그러면 이런 조직 속의 다양한 신경과 수용기는 발동을 시작한다.

연구에 따르면, 근방추와 골지 힘줄 기관이라는 두 개의 독특한 감각 신경이 보내는 신호가 자기 수용 감각에 핵심적인 역할을 한다[프로스케(Proske)와 간디비아(Gandevia) 2009, 2012].

근방추

근방추는 캡슐에 싸여 있는 작고 길쭉한 감각 기관으로, 사람 몸의 거의 모든 골격근에 있다[퍼브스(Purves) 등 2001]. 그림 9.11에서 볼 수 있듯, 근방추라는 이름은 실제 생김새와 구조에서 나온 것이다. 근방추의 밀집도는 근육이 담당하는 기능에 따라 다양한데, 섬세한 운동에 관련된 근육에 더 많이 분포한다[테일러(Taylor) 2006].

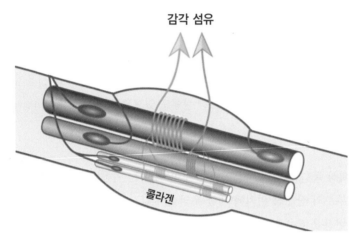

그림 9.11 근방추는 방추외 근육 섬유에 평행하게 안쪽 깊이 있는 자기 수용기다.
출처: 이미지 N. Stifani, CC BY 4.0 라이선스 의거 배포. S 오스타칼니스의 연구에서 따옴

메이스너나 파시니안 소체와 마찬가지로 근방추의 주 구성원은 콜라겐 캡슐이다. 이 캡슐에 일반 근섬유와 평행한 방향으로 특화된 방추외 근섬유가 있는데, 그 주위로는 고리나선신경종말이라는 구심 신경 말단(수상 돌기)이 말려 있다.

일반적인 근섬유가 확장할 때는 방추외 섬유의 긴장이 커져서 이온 관문이 열리고, 고리나선신경종말을 자극하게 된다. 그러면 행동 잠재력이 발동한다. 긴장이 더 클수록 발동되는 충동의 빈도 역시 커진다. 이 충동은 빠르게 중앙 신경계에 도달하고, 반환 신호가 전송돼 근육의 신장 가능 범위를 제어하며, 이 과정이 근육 손상을 방지한다[프로차즈카(Prochazka) 1980; 셔우드(Sherwood) 2015].

골지 힘줄 기관

확장을 측정하는 근방추와 달리, 또 다른 감각 수용기인 골지 힘줄 기관은 힘줄(근육과 뼈를 연결하는 튼튼한 섬유)의 긴장도를 측정한다. 야구공을 들든 무거운 짐을 들든 물체를 들어 올릴 때, 아니면 외력에 의해 손발이 작용할 때 골지 힘줄 기관은 근육이 얼마나 많은 긴장을 행사 중인지 알려준다. 10장에서 논할 포스 피드백 기기의 관점에서 골지 힘줄 기관은 손이나 팔다리에 많은 힘이 전달되고 있는지 알려주는 센서다.

근방추는 그림 9.12처럼 실제 근섬유 안에 있지만, 골지 수용기는 근육을 뼈에 연결하는 힘줄에 있다. 골지 수용기의 핵은 일반적인 근섬유 방향과 평행한 콜라겐 섬유로 구성된다. 콜라겐 섬유에는 구심 신경 섬유가 엮여 있다. 근육이 늘어나면 힘줄 속에 긴장이 생긴다. 그러면 이 긴장이 콜라겐 섬유를 바짝 당기고, 구심 신경을 자극한다. 콜라겐 섬유의 긴장도에 따라 신경의 발동률은 변화한다. 그러면 이 신호는 물리적 출력을 변조해준다[그레이(Grey) 등 2007; 밀류스닉(Mileusnic)과 로엡(Loeb) 2006].

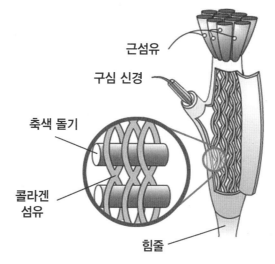

그림 9.12 골지 힘줄 기관은 콜라겐 섬유들 사이에 엮인 감각 신경 말단으로 구성된다. 근육이 늘어나 힘줄에 긴장이 가해지면 콜라겐 섬유가 신경을 자극한다.
출처: 공공 부문에서 빌어온 연구 이미지. 위키미디어 컨클루전의 신경학에서 발췌

결론

이 장에서는 두뇌가 물체와 환경의 물리적 형태의 섬세한 세부를 이해하도록 피부의 촉삭을 발동하는 감각 기관부터 몸에 작용하는 너 강한 기세적 힘을 인지할 수 있는 감각 기관까지, 촉감을 가능하게 하는 우리 몸의 주요 장치를 알아봤다. 10장에서는 더 직관적인 인간-기계 인터페이스가 가능한 프로세스와 메커니즘을 활용하는 다양한 기술과 기기를 알아보자.

10장

촉각과 포스 피드백 기기

시각과 청각 디스플레이가 가상 및 증강 현실 애플리케이션에서 가장 많은 관심을 모으고 있지만, 촉각과 운동감의 강점을 활용한 인터페이스 수도 지난 여러 해 동안 꾸준히 늘었다. 하지만 아직 상당한 기술적 과제가 남아있다. 이 장에서는 근원 기술과 실제의 촉각 및 운동감 단서를 자극하는 성능 범위, 개발자가 이 놀라운 감각의 힘을 활용할 때 마주치는 장애를 중심으로 이런 기기를 알아보자.

촉감 유도

이 책에서 다룬 인간-컴퓨터 인터페이스의 고급 기술이 특히 많이 다루는 주요 감각 세 가지 중에서 시각과 청각 채널 두 가지에는 개발이 상당히 집중돼왔다. 단지 실생활에서 이 두 가지 채널에 폭넓게 의존하고 정보가 더 많이 알려져 있기 때문이기도 하지만, 더 고해상도 디스플레이와 저지연 센서에 대한 요구 같은 기술적 장벽이 고급 기기뿐 아니라 전반적인 제품군까지로 낮아진 이유가 크다. 이에 비해 촉감을 활용하는 기술에는 상업적인 개발이 훨씬 덜 이뤄졌다.

9장, '감각의 구조'에서 알아본 것처럼, 신체의 감각 체계에는 전반적인 촉감에 기여하는 두 가지 큰 하부 시스템이 있다. 그 첫 번째인 촉각은 외부 압력, 진동, 퍼덕거림, 질감, 피부 확장 등 기계적 자극을 감지, 인지하는 능력을 맡는다. 두 번째인 운동감은 근육, 힘줄에 작용하는 긴장 및 기타 힘을 감지한다. 각각 감지할 수 있는 다양한 기계적 자극의 종류에 고도로 특화된 만큼, 가상 현실/증강 현실 애플리케이션에서 유용한 방식으로 촉각을 활용하는 데 필요한 기계적 자극의 범위를 인공적으로 만들어내려면 고도로 특화된 기술이 필요하다.

그래서 이 장에서 다루는 실행 기술 사례는 주로 촉각적 피드백을 제공하는 것과 포스(운동감) 피드백을 제공하는 것 두 가지로 크게 나누겠다. 이 책에서 실행 기술을 다루는 다른 장과 마찬가지로, 여기에 제시된 솔루션은 절대로 전체를 다 담은 목록이 아니며 전 세계의 정부, 대학, 기업 연구소에서 진행 중인 개발 프로젝트 수십 개 중 극히 일부임을 다시 한 번 강조한다.

촉각 피드백 기기

이 책을 읽는 독자는 아마도 모두 모바일 기기가 손에서 울리거나, 다양한 비디오 게임 컨트롤러와 입력 기기를 통해 드르륵 갈리는 듯한 진동감을 경험해본 적이 있을 것이다. 이런 감각은 ERM(편심 회전체) 진동 모터라는 기계적 발동기에서 만들어내는 경우가 가장 많다. 그림 10.1처럼, ERM은 그 축에 중심에서 벗어나거나 특이하게 생긴 덩어리가 달린 미니 DC 모터다. 축이 회전하면(보통 매우 고속으로), 편심체는 이 축의 회전축에 직각으로 구심력을 발생시킨다. 이 힘이 모터가 부착된 물체나 컴포넌트에 전달되며 진동을 일으킨다.

이런 장치는 설계가 단순하면서도 매우 효과적이며, 모터에 적용되는 전압을 바꾸면 속도와 그에 따른 구심력 및 진동 주파수를 쉽게 제어할 수 있다. 편심 회전체 모터는 크기와 진동력이 다양해서 다양한 촉각을 발생시킬 수 있다.

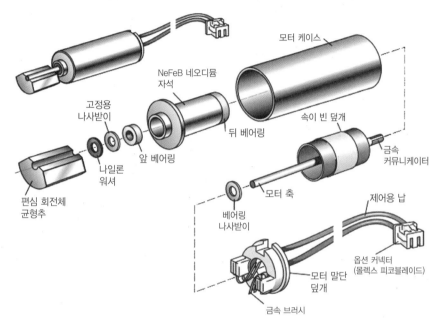

그림 10.1 편심 회전체 진동 모터의 전개도
출처: 이미지 제공 – 프리시전 마이크로드라이브 햅틱 모터(www.PrecisionMicrodrives.com)

모바일 컴퓨팅 플랫폼과 입력 기기에 더 많은 컴포넌트와 성능을 넣으려는 노력이 지속된 결과, 팬케이크 진동 모터pancake vibrator motor라는 ERM 모터의 유형이 개발됐다. 그림 10.2처럼 팬케이크 모터는 여타 ERM과 같은 원리로 기능한다. 편심체 디스크가 가늘고 폐쇄된 하우징 안에서 회전해, 이 구심력이 모터가 부착된 물체나 컴포넌트에 전달돼 진동을 유발하는 것이다[프리시전 2015].

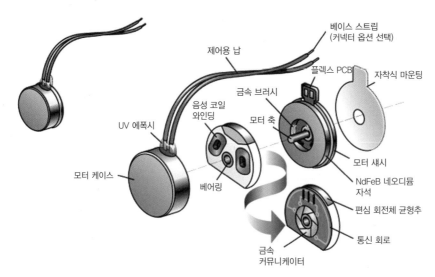

그림 10.2 편심체 진동 모터의 변형인 팬케이크 진동 모터의 전개도
출처: 이미지 제공 – 프리시전 마이크로드라이브 햅틱 모터(www.PrecisionMicrodrives.com)

애플리케이션에 따라 팬케이크 진동 모터는 여러 장점이 있는데, 가장 큰 장점은 크기가 작다는 것이지만 그 외에도 바깥쪽은 움직이지 않아서 빽빽한 컴포넌트 설계 시 공간을 더 효율적으로 사용할 수 있다는 것도 큰 강점이다.

진동 촉각 단서의 발생을 활용하는 또 다른 작동기군으로 선형 반향 작동기[LRA] 진동 모터가 있다. 그림 10.3처럼, 자기체는 스프링과 보이스 코일 사이에 자리 잡는다. 코일에 전류를 흘려보내면 자기체는 단일 축을 따라 스프링을 누른다. 그리고 코일을 따라 흐르는 전류 방향을 바꾸면 반대 방향으로 움직인다(DC인 ERM과 달리 AC 기기가 되는 것이다). 팬케이크 진동 모터와 마찬가지로 LRA는 크기가 작고 외부의 움직이는 부분도 없어서, 애플리케이션이 촉각 단서를 발생시키는 소형 기기에 이상적이다.

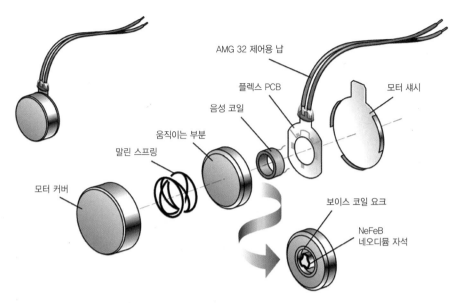

그림 10.3 선형 반향 작동기 모터의 전개도
출처: 이미지 제공 – 프리시전 마이크로드라이브 햅틱 모터(www.PrecisionMicrodrives.com)

이제부터 살펴볼 두 기기에는 편심 회전체와 선형 반향 작동기 진동 모터의 다양한
조합이 활용된다.

글러브원

지금까지 개발된 가장 전망 있는 대중 시장용 촉각 피드백 입력 기기로 스페인 알메
리아의 뉴로디지털 테크놀러지NeuroDigital Technologies가 선보인 글러브원Gloveone 인터페
이스가 있다. 수년간 개발한 이 경량 장갑은 센서와 진동 촉각 작동기를 탑재해, 컴퓨
터 화면이나 헤드마운트 디스플레이에 보이는 가상 물체와 상호작용할 때 섬세한 촉
감을 제공한다. 그림 10.4처럼 글러브원의 컴포넌트는 다음과 같은 하위 시스템으로
나눌 수 있다.

- **작동기**: 글러브원에는 손가락 끝마다 하나씩, 그리고 손바닥 전반에 다섯 개로
  총 열 개의 미니어처 LRA가 있다.
- **IMU 센서**: (6) 3축 IMU가 손가락의 굴곡, 확장, 측면 운동을 트래킹한다. 손의
  전체적 방향은 컨트롤러에 있는 (1) 9축 IMU로 트래킹한다.

- **전도 섬유**: 전도성 니트 섬유를 엄지, 검지, 중지 끝과 엄지 안쪽 접히는 부분 근처의 손바닥에서도 사용해 명령어의 제스처 트리거가 가능하다(꼬집기, 주먹 쥐기 등).

- **컨트롤러**: 손등에 탑재된 마스터 컨트롤러에는 기기의 마더보드, 블루투스 4.0 센서, IMU, USB 포트, 파워 버튼, 리튬 폴리머 배터리가 있다.

그림 10.4 뉴로디지털 테크놀러지의 글러브원 인터페이스는 손가락 끝과 손바닥 전반에 걸쳐 있는 작동기 열 개를 사용해 설득력 있는 촉각을 생성한다.
출처: 사진 제공 뉴로디지털 테크놀러지

열 개의 진동 촉각 작동기마다 1,024가지의 서로 다른 강도와 주파수를 만들어서, 광범위한 촉각을 생성할 수 있다(10×1024의 개별 설정과 조합). 이 책을 저술하는 시점에 손가락의 움직임과 손의 회전 트래킹에는 IMU가 사용되긴 하지만, 기기의 포지션 (X, Y, Z) 트래킹, 이어지는 사용자의 손 트래킹에는 리프 모션 컨트롤러, 인텔 리얼센스, 마이크로소프트 키넥트 같은 서드파티 기기의 이용이 동반된다. 제조사에 따르면, 현재 10~15밀리초 범위에 이르는 내장 센서의 지연율 때문이기도 하다.

글러브원 매니저 소프트웨어 유틸리티로 기기를 조종하고, 광범위한 개발과 테스트를 실행할 수 있다. 그림 10.5는 이 유틸리티의 스크린샷이다.

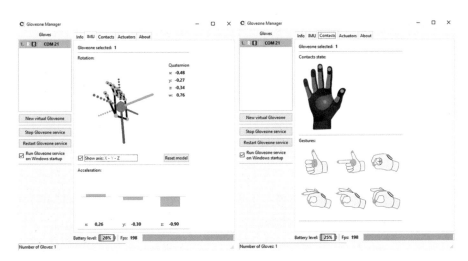

그림 10.5 글러브원 매니저 소프트웨어 유틸리티의 작동기 설정과 테스트 모드 스크린샷
출처: 사진 제공 뉴로디지털 테크놀러지

이 기기는 애초에는 게임과 엔터테인먼트 시장을 타기팅했지만, 다른 방면으로도 이미 응용이 이뤄지고 있다. 예를 들어 2015년 말 뉴로디지털 테크놀러지는 런던 왕립 대학과 제휴로 글러브원 기기를 시뮬레이션 과정에 사용하는 복강경 검사기 가상 트레이너를 공동 개발했다[커스버트슨(Cuthbertson), 2015].

테슬라수트
몸의 표면에서 전기 충동의 촉각 정보 전송은 일반적으로 일렉트로택틸, 혹은 전자 피부 자극이라고 한다[보비치(Bobich) 등 2007; 카지모토(Kajimoto) 등 2004; 카츠마렉(Kaczmarek)과 하스(Haase) 2003; 메니아(Menia)와 반 도렌(Van Doren) 1994; 히가시야마(Higashiyama)와 롤먼(Rollman) 1991; 타시로(Tashiro)와 히가시야마 1981]. 이런 기법은 수십 년 동안 연구됐지만, 대부분은 감각을 대체하는 애플리케이션(한 감각의 기능이나 출력을 다른 감각의 자극으로 이용)과 인공 기관, 원격 로봇공학의 기능성과 사용성을 높이는 데 집중돼왔다[다닐로프(Danilov) 등 2008; 탕(Tang)과 비비(Beebe) 2006; 몽크먼(Monkman) 등 2003].

일렉트로택틸 자극은 신경근육 자극과 밀접한 연관이 있는데, 전기 충동으로 선택된 근육군을 자극하는 의료와 프로 스포츠에서 폭넓게 사용하는 치료 요법이다[두셋(Doucet) 등 2012; 셰플러(Sheffler)와 체이(Chae) 2007; 레이크(Lake) 1992]. 이 기술은 방향 안내,

내비게이션, 콕핏 내 커뮤니케이션, 전정 대체 등 다양한 애플리케이션에서도 활용됐다[밴 어프(Van Erp)와 셀프(Self) 2008; 다닐로프(Danilov) 2008; 즐로트니크(Zlotnik) 1988].

오늘날까지 일렉트로택틸이나 신경근의 역량은 엔터테인먼트 산업에서 거의 효과적으로 활용되지 못했으며, 가상 및 증강 현실 시스템의 실행 기술로서 활용되는 경우는 더더욱 적었다. 부분적으로는 소형화의 기술적 난점과 엄청난 가격, 전기적 촉감과 기계적 자극 수용기의 크기와 기능 간 차이, 그리고 몸의 서로 다른 부분에 따라 전기적 촉감과 기계적 자극 수용기가 다르게 분포하는 등 여러 연관된 생리 요인에 대한 이해가 부족했기 때문이다. 하지만 이를 비롯한 여러 장벽이 하나씩 해결돼가고 있으며, 그에 따라 최신 촉각 인터페이스 디자인 역시 성장할 것으로 전망된다.

이런 발전을 활용하는 시스템 중 한 사례가 그림 10.6의 테슬라수트 DK1으로, 스코틀랜드 세인트앤드루스의 테슬라 스튜디오에서 개발했다.

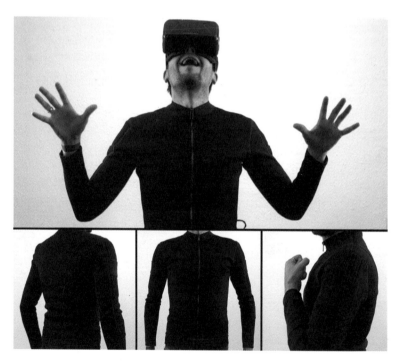

그림 10.6 풀 바디 테슬라수트 DK1은 모듈형이며 조끼, 바지, 벨트(중앙 제어 유닛 탑재), 장갑으로 구성된다. 전체 시스템은 현재 일렉트로택틸 자극점 60개가 들어있다.
출처: 이미지 제공 – 테슬라 스튜디오

9장에서 살펴본 대로, 사람의 피부는 특화된 피부 촉각 수용기의 복잡한 네트워크로 가득하다. 기계적 자극을 받으면 이 수용기는 구심 신경 섬유를 따라 중추 신경계에 작은 전기 충동을 전달한다. 그림 10.7처럼 테슬라수트 DK1은 섬유에 심은 미니어처 전극으로 미세하고 통제된 고통 없는 전기 자극을 사용자 피부의 전략적으로 선택한 수십 개 지점에 가해 구심 신경 섬유를 자극한다.

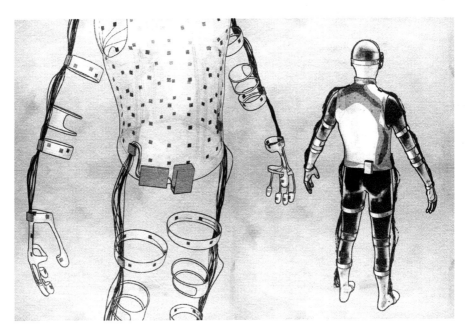

그림 10.7 테슬라수트 DK1의 일렉트로택틸 자극점 배포를 보여주는 일러스트
출처: 이미지 제공 – 테슬라 스튜디오

제조사가 택틸 에디터라고 부르는 소프트웨어 제품군으로 충동 패턴의 인코딩을 조정해, 사용자가 다양한 애플리케이션의 요구 사항에 맞는 촉각을 직접 조절할 수 있다. 자극 빈도, 진동의 폭/지속 시간, 강도/진폭, 가속 시간, 진동 패턴 등의 요인을 바꾸면 폭넓고 다양한 감각을 만들어내 실제의 물리적 자극을 시뮬레이션할 수 있다.

풀 바디 테슬라수트는 재킷, 바지, 벨트, 장갑을 포함한 여러 컴포넌트로 구성된다. 현재 수트 전체에는 개별 자극점 60개가 들어있다. 벨트에 있는 고성능 마이크로 컨트롤러는 블루투스 4LE (저 에너지) 연결로 다른 수트 컴포넌트와 통신한다.

테슬라수트 DK1은 여러 9축 IMU 센서를 통합해(11장, '위치, 방향, 동작 추적용 센서' 참조) 모션 캡처 요구 사항에도 대응한다.

햅틱 오디오와 촉각 사운드 변환기

9장에서 논한 촉각과 운동감 수용기는 사운드로도 자극할 수 있다. 예를 들어 비행기의 낮은 덜컹거림, 다가오는 헬리콥터의 둔탁한 진동, 바닥과 좌석을 진동시키는 폭발 같은 촉감을 사운드 효과가 발생시킬 때 영화를 보는 경험이 훨씬 더 참여적이고 몰입적이 된다는 데 대부분이 동의할 것이다. 사실 일반 스피커가 저주파 사운드와 진동을 만들어내도록 설계된, 고도로 전문화된 전자 기계 기기군이 있다. 스피커 스킨과 달리 넓은 표면에 작동하도록 설계된 이들 기기는 촉각 사운드 변환기, 혹은 베이스 셰이커라 하는데, 군용 시뮬레이션 애플리케이션, 나이트클럽 플로어, 그리고 디즈니와 유니버설 스튜디오 등 놀이 공원에서 광범위하게 사용된다.

지난 수년간 가상 및 증강 현실에 대한 관심이 극적으로 부활하면서, 이런 기기 다수는 게임과 엔터테인먼트 부문에서 새로운 틈새시장을 찾았다.

서브팩

원래는 새로운 음악 트랙의 낮게 둥둥거리는 베이스 라인이나 영화에 추가되는 특수 사운드 효과처럼 오디오 프로덕션의 범위를 전체를 경험해야 하는 사운드 엔지니어와 DJ가 사용하도록 설계된 그림 10.8의 서브팩 S2(스튜디오)는 의자에 장착할 수 있는 촉각 사운드 변환기다. 주파수 반응 범위가 5에서 130Hz인(7장, '청각의 구조'에서 사람 청각의 하한선이 20Hz라고 설명한 것을 기억하자.) 서브팩은 저주파 진동을 몸에 전달하는 변환기가 있으므로 사용자가 문자 그대로 사운드를 '느낄' 수 있다.

서브팩은 고도로 설득력 있는 촉각과 깊이감을 저주파 사운드 효과에 추가하는 기능 덕분에 전문 게이머와 VR 팬에게 꾸준히 좋은 평가를 받고 있다. 벽을 울려대는 서브우퍼와 달리 서브팩 자체는 비교적 조용하다. 다시 한 번 말하지만, 이 기기를 통해서는 실제로 소리를 듣는 것이 아니라 느끼게 된다.

그림 10.8 서브팩 S2는 가장 강력하고 정확한 착석형 촉각 베이스 솔루션 중 하나다. 서브팩 M2는 웨어러블 버전으로 똑같은 독자적 촉각 변환기를 활용한다.
출처: 이미지 제공 – Marwan Balaïd(http://mar-one.tumblr.com/)

서브팩의 부드러운 네오프렌 외장과 잘 디자인된 인체공학적 형태는 사용자의 등에 최대로 접촉한다. 서브팩은 세 점 스트랩 시스템으로 의자에 단단히 고정된다. 작은 컨트롤 유닛은 표준 3.5mm 스테레오 잭을 통해서나 A2DP 스트리밍을 통해 블루투스 4.0으로 오디오 입력을 받을 수 있다. 헤드폰 연결을 위한 출력 잭도 있다.

모바일 솔루션을 요하는 애플리케이션에 서브팩은 같은 범위의 성능과 기능을 제공하는 M2(모바일)라는 웨어러블 버전도 생산한다.

우저

가상 및 증강 현실 커뮤니티의 게임 부분에서 상당한 인기를 얻고 있는 촉각 사운드 변환기로 이스라엘 텔아비브에 있는 우저 주식회사에서 생산하는 모바일 웨어러블 액세서리 우저Woojer도 있다. 그림 10.9처럼 우저는 셔츠에 자석으로 붙이거나 벨트에 클립으로 고정하는 탄성 스트랩을 이용해 사용자의 가슴과 직접 접촉하도록 부착하는 성냥갑보다 조금 큰 조용한 웨어러블 폴리포닉(여러 사운드를 동시에 산출) 변환기다.

그림 10.9 우저는 특허권이 있는 폴리포닉 변환기로, 풍부하고 감정을 자극하는 초저주파 베이스 톤을 몸에 전달하는 웨어러블 촉각 기기며, 이를 통해 사용자는 사운드 감각을 느낄 수 있다.
출처: 이미지 제공 - 우저 - Born to FEEL

제조사에 따르면 우저는 인지적 추론에 의존하는데, 사람의 두뇌가 이전 경험을 통해 구축된 내부 신경의 재현에서 비롯된 예측을 근거로 감각 자극을 추론하는 능력이다 [우저 2013; 아겔로풀로스(Aggelopoulos) 2015].

이 제품의 굉장히 독특한 기능은 폴리포닉 진동 발생에 소프트웨어나 알고리즘을 사용하지 않는다는 점이다. 즉 오디오 입력에서 나온 신호를 수신할 때와 이에 상응하는 진동이 만들어질 때 지연 시간이 최소한(~1ms)이므로, 귀가 듣는 바와 몸이 느끼는 바의 차이가 없다는 뜻이다.

우저 1.0의 스펙을 보면 0~500Hz의 주파수 반응 범위, 세 가지 진동 수준 제어 스위치, 충전 가능한 리튬 이온 배터리, 마이크로USB 충전 포트, 온/오프와 오버드라이브를 나타내는 적녹 LED, 진동과 동조화돼 점멸하는 파란 LED와 3.5mm 아날로그 오디오 포트 한 쌍(플레이어용 하나, 헤드폰용 하나)이 있다. 우저 2.0은 좀 더 작고, 케이블을 없애기 위해 블루투스 4.0을 갖췄다.

클라크 신테시스 풀 컨택트 오디오 택틸 사운드 변환기

의자, 소파, 바닥 같은 물체나 표면에 단단히 부착하는 부류의 또 다른 촉각 변환기군
도 있다. 대부분의 변환기는 코일이나 자석으로 구동되는 작은 추를 넣어 고음질의
사운드-모션 증강을 제공한다. 고성능 시뮬레이션과 훈련에서 이런 촉각과 운동감
단서가 주어질 때 정확한 정신운동성 반사 능력이 커지고, 훈련 경험이 더욱 풍성해
진다.

이 시장에서 고성능 변환기를 생산하는 선도 업체로 콜로라도 리틀턴의 클라크 신테
시스가 있다. 그림 10.10처럼, 여러 모델 중 하나인 TST329 골드 트랜스듀서는 전 세
계적으로 극장부터 상용/군용 차량 시뮬레이터까지 아우르는 전문가용 오디오/비디
오 애플리케이션에 사용된다.

그림 10.10 클라크 신테시스 TST329 골드 트랜스듀서는 전 세계의 전문가용 시뮬레이션과 훈련 애플리케이션에서 사
용되는 고음질 사운드 모션 증강 기기다.
출처: 사진과 일러스트레이션 제공 클라크 신테시스

이런 촉각 사운드 변환기군은 보통 제대로 작동하려면 앰프가 필요하다. 클라크
TST329 골드의 경우 임피던스 4옴의 125~150와트에서 완전한 범위의 성능에 도달
한다. 직경 20센티미터, 높이 6센티미터며 기기의 주파수 반응은 10~17Hz다.

포스 피드백 기기 ■■■■■

포스 피드백 기기는 접촉력, 진동, 동작을 사용자에게 적용해 촉감을 준다[로블레스-데-라-토레(Robles-De-La-Torre) 2010]. 설득력 있는 경험을 제공하고 사람의 경험에 맞추기 위해, 기기가 행사하는 최대의 힘은 사람이 만들 수 있는 최대한의 힘에 맞거나 그보다 커야 한다[라이사모(Raisamo)와 라이사모 2007]. 그럼 증강 및 가상 현실 시스템에 적용되는 다양한 혁신적 포스 피드백 솔루션을 살펴보자.

사이버글러브 시스템 사이버그래스프

작동자가 수동으로 컴퓨터가 생성한 모델과 상호작용하거나, 실제로 느끼거나, 로봇의 능란한 최종 작동체를 정확히 조종하는 기능이 필요한 고도로 전문화된 산업용, 방위용 애플리케이션은 무수히 많다. 그런 애플리케이션은 다양한 영역의 복잡한 시뮬레이션과 유인 우주 비행의 훈련 시나리오부터 안전거리에서 위험 물질 처리를 해야 하는 원격 로봇공학 애플리케이션까지 다양하다. 이런 중요 작업에서 전 세계적으로 활용되는 선도적 기기로 사이버그래스프CyberGrasp라는 힘 반영 외골격이 있는데, 캘리포니아 산호세의 사이버글러브 시스템에서 제조한다.

그림 10.11처럼, 사이버그래스프는 데스크톱 유닛의 작동기 다섯 개에서 기기의 손가락 끝으로 라우팅되는 힘줄(케이블) 네트워크로 저항성 포스 피드백을 손가락마다 제공하는 경량의 힘 반영 외골격이다. 사이버그래스프가 손가락마다 행사하는 힘은 최대 12뉴튼(12킬로그램 힘(lbF)과 동등)이다. 사용 시 사이버그래스프는 전체 동작 범위에 걸쳐 손가락 끝에 거의 직각으로 힘을 전달한다(혹은 손가락을 긴장시킨다). 기기는 그 전체를 세세하게 설정할 수 있어, 손가락마다 개별적인 프로그래밍도 가능하다.

사이버그래스프를 사용할 때는 가상 캐릭터나 원격 조정 시스템을 조종하기 위해 손가락을 구부리고 펼친 정도를 정확하게 측정해야 한다. 그럴 때를 위한 그림 10.11의 사이버글러브 같은 데이터 장갑 입력 기기에 대해서도 이 회사는 글로벌 선도 공급 업체로 손꼽힌다. 사이버글러브의 고급 버전은 12장, '내비게이션과 상호작용 구동 기기'에서 자세히 살펴보겠다.

사이버그래스프 시스템의 사용은 연구소나 작업장의 고정된 곳에 국한되지 않는다. 작동자의 이동성을 요구하는 애플리케이션에서는 데스크톱 작동기와 컨트롤러를 이런 목적으로 특별히 설계된 배낭 형태로 착용할 수 있다.

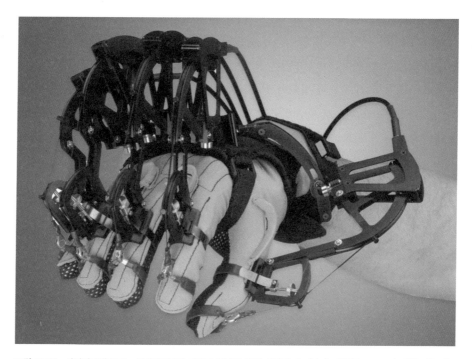

그림 10.11 사이버그래스프는 사이버글러브 데이터 장갑에 맞춰 사용자 손가락에 저항하는 포스 피드백을 제공하는 경량의 힘 반영 외골격이다.
출처: 사진 제공 CyberGlove Systems/CyberGrasp®

지오매직 터치 X 햅틱 기기

모델 제작자부터 의사, 화학자, 엔지니어까지 개인이 복잡한 3D 구조의 생성, 조작, 조각, 다듬기 등과 같이 수동으로 상호작용해야 하는 애플리케이션 영역이 존재한다. 외과 의사가 수술실에서 실제로 수술하기 전에 뼈 절단과 셰이핑을 연습하거나, 화학자가 약물 분자를 세포 내 수용 영역에 안착시키거나, 기계공학자가 복잡한 가상 조립 작업을 하는 등이 그것이다.

이런 애플리케이션에서 고해상도로 고도의 힘을 산출하는 광범위한 양방향성의 매우 직관적인 포스 피드백 기기군은 디지털 모델과 긴밀한 수동 상호작용을 가능하게 해준다. 매우 작은 기기 중에서 가장 널리 사용되는 것으로는 노스캐롤라이나 모리스빌의 지오매직 사가 만든 터치 X$^{Touch\,X}$ 데스크톱 햅틱 기기가 있다.

그림 10.12처럼 터치 X는 펜 모양의 스타일러스가 있는 힘 반영 로보틱 햅틱 기기다. 작동 시 사용자는 자유롭게 스타일러스를 움직일 수 있으며, 정확히 6 DOF에 걸쳐 추적돼 스크린 속 도구들과 정확히 상응하게 된다. 기하학적 물체와 스크린 속 도구의 상호작용은 실시간으로 실제처럼 보이는 고해상도의 마찰력이 적은 포스 피드백 출력을 각 축(x, y, z)을 따라 스타일러스에 발생시킨다.

그림 10.12 지오매직 터치 X는 포스 피드백을 사용자의 손에 적용하는 데스크톱 햅틱 기기로, 화면 속 물체를 조작하며 가상의 물체를 느끼고 실제와 같은 촉각을 느끼게 해준다.
출처: 이미지 제공 – 3D 시스템즈

그림 10.13의 특허 도안(#6985133)처럼 작동기와 케이블 드라이브에서 힘이 만들어져, 회전축마다 동력을 제공한다. 일반 작동 모드에서 기기의 위치 해상도는 1,100dpi(.023mm) 이상이다. 스타일러스에 최대로 가할 수 있는 힘은 7.9뉴튼(7.9킬로포스(lbF)와 등등)이다.

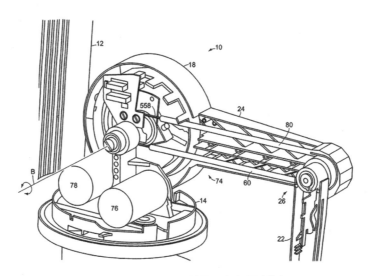

그림 10.13 지오매직 터치 X 데스크톱 햅틱 기기의 내부 작용을 보여주는 특허 일러스트

결론

이 장에서 살펴봤듯이, 가상 및 증강 현실 시스템에서 활용하는 사용자 인터페이스의 촉각과 포스 피드백의 구현은 엄청나게 진보하고 있긴 하지만, 생리적 정보 경로의 속성, 복잡성, 감지 가능한 자극의 넓은 범위를 감안할 때 상당한 과제를 안고 있기도 하다. 정확하고 비용 대비 효과적으로 손에 쥐거나 책상에 올려놓거나 몸에 착용할 수 있는 적당한 크기의 기기로 다양한 압력, 퍼덕거림, 질감, 절단력, 가장자리 등의 자극을 만들어내는 것은 공학적으로나 개발적으로 모두 엄청난 기술적 난관이다.

소비자용 촉각과 포스 피드백 기기의 개발과 생산에서 직면하는 또 다른 과제로는 회사가 크든 작든 상관없이 지적 재산권의 장벽을 꼽을 수 있다. 2001년 초부터 강력하고 광범위한 특허가 다수 출원돼 다양한 컨트롤러와 모바일 기기에 촉각과 포스 피드백 효과를 전달하는 많은 기술이 묶여버렸고, 사용료를 지불할 의지나 능력이 없는 회사들의 유망한 여러 제품이 사장됐다. 이런 특허로는 6,424,333, 6,275,213, 6,429,846(업데이트인 7,592,999, 7,982,720, 8,031,181, 8,059,105 포함), 7,969,288이 있다. 사실 마이크로소프트, HTC, 소니, 모토롤라(구글이 인수 후 합의) 같은 여러 회사가 대규모 침해 소송을 당했다. 하지만 사업은 사업이고, 지적 재산권 보유자인 캘리포니아 산호세의 이머전 코퍼레이션은 사용료를 받을 자격이 있다.

이런저런 이유로 나는 사람의 촉각을 정확히 갖출 혁신적인 실행 기술의 경로는 어떤 형식이든 신경 촉각 자극이 될 것이라고 굳게 믿는다. 스코틀랜드 세인트 앤드루스의 테슬라 스튜디오에서 개발한 테슬라수트 설명에서 말한 것처럼 말이다. 9장에서 배운 대로 촉각의 대부분은 두뇌의 처리 중추에 전송되는 특화된 수용기에서 생성된, 일련의 고도로 구조화된 전기 충동 패턴에 지나지 않는다. 일단 다양한 감각의 인코딩 방식을 더 잘 이해하면(복숭아 표면의 질감을 느끼면 항상 비슷한 자극 패턴이 나오는가?), 완전히 기계적인 자극 수용기 자체를 우회하는 방식으로 측정, 목록화, 재생하는 법을 개발할 수 있다.

11장

위치, 방향, 동작 추적용 센서

디스플레이나 입력 기기의 위치와 방향의 트래킹부터 물리적 입력과 트리거하고자 하는 명령이나 액션의 방향과 강도 모니터링까지, 가상 및 증강 현실 시스템은 광범위하게 센서를 활용한다. 이 장에서는 작동 모드와 각각의 장단점을 위주로 다양한 핵심 센서 기술을 알아보자.

센서 기술 소개

센서는 모든 가상 및 증강 현실 시스템의 핵심 실행 기술이다. 참여자의 위치, 사용자의 머리(그리고 헤드마운트 조회 기기)와 손(혹은 수동 인터페이스)의 포지션 및 방향을 3D 공간에서 트래킹하는 데는 센서가 사용된다. 어떤 장면을 그릴지, 가상 환경 및 그 안의 물체와 상호작용한 결과로 어떤 이벤트를 트리거할지 파악할 수 있도록 센서는 컴퓨터 시스템에 어디를 보고 있는지 알려준다. 센서는 가상 공간과 그 콘텐츠 안에 있다는 느낌이나 상호작용을 전달하는 데 절대적으로 중요하다.

이 장에서는 사용자의 포지션(X, Y, Z)과 방향(롤, 피치, 요)을 트래킹하는 다양한 센서 기술과 현재 가상 및 증강 현실 시스템에 가장 흔히 활용되는 입출력 기기를 알아본다. 이런 솔루션은 광학, 전자기, 관성, 음향 방법론을 기준으로 하위 카테고리로 나눌 수 있는데, 각각 강점과 한계가 있다. 예를 들어 직접적인 선 연결이나 기계적 연결을 요구하는 것도 있지만, 송신기와 수신기 사이를 가리는 것이 없어야 하는 것도 있고, 또한 환경 소음, 자연광 혹은 작동 범위 안에 전도체가 있으면 영향을 받는 것도 있다. 솔루션마다 정확도와 시스템 지연(이동과 반응 사이의 시간 간격)도 다양하다.

실행 기술을 다루는 이 책의 다른 장처럼, 상용 솔루션을 모두 다루기는 불가능하다. 그런 만큼 여기서 다루는 특정 제품과 기능적 방법론은 특정 센서와 기술 카테고리를 대표하는 것으로 이해하길 바란다. 각 공급 업체의 상세한 목록은 이 책 끝의 부록 B, '자료'에 있다.

광학 트래커

광학 트래킹은 일반적으로 카메라로 물체의 이동을 모니터링하는 다양한 기법을 가리킨다. 이 기법은 사람이나 물체가 이동할 때 액티브와 패시브 적외선 마커를 추적하는 단일 혹은 복수 카메라 시스템부터, 송신기에서 전송된 빛이 물체에 반사된 후 수신기에 도달하는 데 필요한 시간을 측정하는 단일 카메라 시스템, 적외선을 알려진 패턴으로 투사한 후 그 패턴의 왜곡을 기반으로 운동을 계산하는 시스템까지 다양하다. 편의상 현재 가상 및 증강 현실 분야에서 활용하는 가장 흔한 광학 솔루션인 멀티 카메라 시스템부터 시작해보자.

멀티카메라 광학 트래킹

멀티카메라 광학 트래커는 적외선 역반사체(패시브 마커)나 적외선 LED(액티브 마커)가 정렬돼, 개인이나 물체의 운동을 측정한다는 기본 원칙하에 작동한다. 위치와 방향의 변화는 삼각 측량법으로 추출한다. 그림 11.1은 기본적인 멀티카메라 구현을 묘사한다. 각 카메라마다 근거리 적외선 LED를 렌즈 주위에 배열한다. 이 LED는 측정 영역을 비추며, 트래킹되는 물체의 패시브 마커가 카메라로 빛을 반사한다. 카메라는 보통 광학 대역 투과 필터로 파장이 다른 앰비언트 라이트의 간섭을 제거해, 마커 확인 과정을 안정시킨다.

그림 11.1 트래킹되는 물체에는 유입되는 적외선 빛을 카메라로 다시 반사시키는 역반사 마커가 붙어있다.
출처: 이미지 제공 – 옵티트랙(OptiTrack)

원격 소스에서 조명을 비출 필요는 없지만, 역반사체와 달리 LED가 배열된 물체를 트래킹해야 하는 애플리케이션 역시 본질적으로 같은 방식으로 작동한다. 적외선 트래커가 6 자유도(6 DOF)에 걸쳐 운동을 트래킹하려면 최소한 동일 직선상이 아닌 리플렉터 세 개나 LED가 필요하다는 점도 알아두자. 그래서 프로세싱 유닛은 고정 카메라 유닛 간의 거리와 함께 마커의 알려진 기하학 설정을 근거로 단순한 삼각 측량 기법을 사용한다.

컴퓨터 기반 가상 환경^{CAVE}처럼 더 몰입적인 애플리케이션은 반구형이든 대형 포맷의 파노라마 디스플레이든, 트래킹 중인 물체나 사람이 항상 여러 유닛에 잡히도록 추가 카메라를 사용해야 한다. 그림 11.2는 이 개념을 묘사한 것이다.

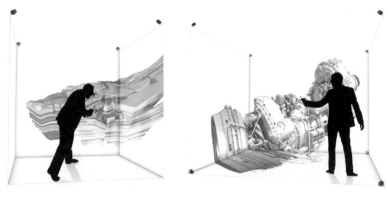

카메라 네 개   **카메라 여덟 개**

그림 11.2 광학 트래킹 시스템은 추가 카메라를 포함해, 사용자의 물리적 위치에 관계없이 여러 대의 카메라가 역반사 마커를 비춰 포착하도록 하는 경우가 많다.
출처: 이미지 제공 – 옵티트랙

이런 광학 트래킹 솔루션을 사용할 때는 다음 몇 가지를 중요하게 고려해야 한다.

- 패시브 리플렉터를 트래킹하는 시스템은 연결선을 줄일 수 있다는 장점이 있지만, 카메라와 컨트롤러를 더해 복잡도가 높아져서 값도 비싸다. 마커를 지오메트리에 고정해야 하는 경우도 많다.

- 적외선 LED 어레이를 이용해 물체를 트래킹하도록 설계된 시스템은 덜 비싸긴 하지만 LED에 전원을 공급해야 한다. 즉 선으로 연결하거나 배터리를 내장해야 한다는 뜻이다.

일반적으로 적외선 LED와 반사형 마커를 트래킹하는 고정식 카메라 사용은 아웃사이드 인outside-in 트래킹이라고 한다.

반대로 인사이드 아웃inside-out이라는 트래킹 방식은 사용자 주변에 위치가 고정된 적외선 발신기를 배치(컴퓨터 모니터, 벽, 천장 등)하고, 헤드마운트 디스플레이에 탑재된 카메라를 통해 발신기의 위치와 방향을 추적한다. 이런 구현의 혁신적 사례로는 이 장의 뒷부분에서 설명할 밸브Valve의 라이트하우스lighthouse 트래킹 시스템이 있다.

또한 적외선 조명과 LED 사용을 모두 배제하고, 대신 프로세싱 유닛에서 쉽게 인지할 수 있게 디자인된 스티커형 마커를 사용하는 시스템도 있다.

마지막으로, 즉석에서 변화를 찾아 연속적 이미지를 비교하는 무차별 대입^{brute force} 방식이 있다.

광학 센서

≪마이너리티 리포트≫나 ≪아이언맨≫ 같은 SF 영화는 사용자가 허공에 손을 뻗어 홀로그램 데이터와 상호작용하고, 그래픽 요소 속을 돌아다니며, CAD 모델을 조정하는 놀라운 컴퓨터 인터페이스 묘사로 청중을 놀라게 했다. 각 영화의 핵심에는 장갑을 비롯해 그 어떤 센서도 착용하지 않고 3D 공간 안에서 사용자 손의 위치와 방향을 추적하는 기술을 보여준다. 이런 기술은 이제 막 출현하기 시작했고, 가상 및 증강 현실 분야에서 상당한 밝은 전망을 보여주고 있다.

리프 모션 컨트롤러

바로 이런 사례가 리프 모션 컨트롤러^{Leap Motion Controller}로, 캘리포니아 샌프란시스코의 리프 모션^{Leap Motion}에서 개발한 소비자용 광학 센서다. 이 기기는 터치 없이 컴퓨터 시스템을 3D 손 제스처만으로 제어할 수 있도록 설계됐는데, 100분의 1밀리미터 정확도에 가시적 지연이 없다고 한다[리프, 2013]. 그림 11.3처럼, 리프 기기는 와이드 앵글 렌즈가 있는 카메라 두 대와 적외선 LED 세 대로 구성된다. 카메라는 적외선을 850나노미터 파장으로 포착하도록 튜닝됐는데, 빛의 가시광선 외 부분이다.

그림 11.3 HP 엔비 17 리프 모션 SE 노트북과 HP 리프 모션 키보드에서 사용하도록 설계된 축소판 센서 모듈과 독립형 리프 모션 기기의 회로판을 보여주는 이미지
출처: 이미지 제공 – 리프 모션

그림 11.4처럼 책상에 올려놓으면 기기 위로 0.2미터 영역의 상호작용을 커버하는데, 컨트롤러 위로 약 60센티미터, 양쪽으로 60센티미터(약 150도 각도와 같음), 깊이 60센티미터(약 120도 각도와 같음)다.

이런 작동 영역의 제한은 부분적으로는 역제곱 법칙$^{inverse-square\ law}$이라는 기초 물리학 원리로 결정된다. 조명의 강도는 광원으로부터의 거리의 역제곱에 비례한다고 선언하는 법칙이다. 다시 말해, 빛이 광원에서 멀리로 이동할 때는 수평 수직 방향 모두로 확산되고 그러면서 강도가 줄게 된다. 적외선 파동의 전체적 힘은 같은 상태가 유지되지만, 빛이 광원에서 멀어지며 더 넓은 영역으로 확산되기 때문에 일어나는 현상이다. 위에서 설명한 범위를 넘어서면, 적외선의 강도는 카메라가 더 이상 안정적으로 사용자의 손 위치를 측정하기에 충분할 만큼 반사된 빛을 받을 수 없는 수준으로 떨어진다.

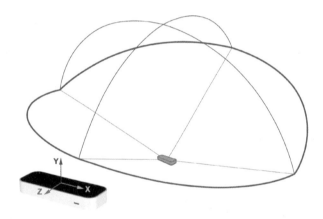

그림 11.4 리프 모션 컨트롤러 위로 영향력이 미치는 영역을 나타내는 선. 기기 위로 60센티미터, 양 쪽으로 60센티미터에 해당한다.
출처: 이미지 제공 – 리프 모션

리프 모션 기기가 작동하는 배경 원리는 지금까지 설명한 다른 광학 센서와는 상당히 다르다. 사용자의 손이 기기 위의 상호작용 공간을 뚫고 이동할 때, 스테레오 카메라는 호스트 컴퓨터로 스트리밍되는 장면 정보를 수집한다. 이어서 컨트롤 소프트웨어가 카메라가 보는 모습의 3D 재현을 재구성하고 해석하는데, 제스처를 인식해 가상의 물체를 제어할 때 사용하는 트래킹 데이터도 소프트웨어가 생성한다.

처음에는 데스크톱 인터페이스로 설계됐지만, 첫 출시 직후 개발자들은 리프 모션 센서 데이터를 몰입형 가상 현실 애플리케이션의 자연스러운 입력 장치로 사용하는 데 필요한 소프트웨어들을 실험하기 시작했다.

그림 11.5처럼 오큘러스, HTC, OSVR 등의 헤드마운트 디스플레이 전면에 탑재하면 스테레오 카메라로 찍은 장면이 사용자의 손목과 팔을 쉽게 포괄하게 된다.

그림 11.5 가운데는 리프 모션 컨트롤러와 오큘러스 리프트의 시야각 비교를 보여준다. 리프의 시야각이 리프트보다 넓기 때문에 사용자의 시야 밖에 있더라도 손 동작을 추적할 수 있다.
출처: 이미지 제공 – 리프 모션

시스템 카메라에 분명히 잡히지 않은 손가락과 손 포지션을 예측하기 위해, 리프 모션 애플리케이션 프로그래밍 인터페이스API는 정확하게 손과 손가락을 트래킹해주는 광범위한 유틸리티를 제공한다. API를 이용해 개발자는 관절의 포지션과 뼈 길이를 포함한 손의 뼈 위치와 수치 데이터를 추출할 수 있다. 이 기능은 가상의 손이 가상 물체와 상호작용할 수 있도록 하는 핵심이다.

마이크로소프트 키넥트

마이크로소프트의 모션 감지 입력 기기인 키넥트 라인의 핵심에는 또 다른 강력한 광학 트래킹 기술이 있다. 이 기기는 처음 엑스박스 비디오 게임 콘솔의 제스처 인식과 모션 트래킹을 위해 만들어졌지만, 곧 윈도우 PC와 커스텀 시스템에서 사용할 수 있는 하드웨어의 추가 버전이 출시됐다.

키넥트 센서의 초기 버전은 몸의 포지션을 추론하는 다단계 프로세스를 사용했다. 그림 11.6처럼 이 시스템은 적외선 레이저 프로젝터와 RGB, 적외선 CMOS(상보형 금속 산화 반도체) 카메라로 구성된다. 구조광이라고도 하는 기법을 활용해 장면에 투사된 적외선 점의 패턴을 분석함으로써, 공간적으로 인코딩된 뎁스 맵이 구성된다. 적외선 프로젝터 앞에는 서로 다른 두 직각면에 다른 초점 길이로 특수 비점수차 렌즈가 있으므로, 투영된 이미지가 서로 다른 거리에서 초점이 맞는 수직과 수평면이 생긴다. 따라서 빛의 둥근 점들을 투영해 타원으로 초점을 맞추는데, 그 방향은 렌즈의 심도에 따라 다르다. 이어서 IR 카메라가 수집한 장면을 분석하고, 뎁스 맵을 만들어 동작을 모니터링한다.

마이크 망과 다언어 인식 기능이 있어 메인 컴퓨터 시스템을 음성 명령으로 제어할 수도 있다.

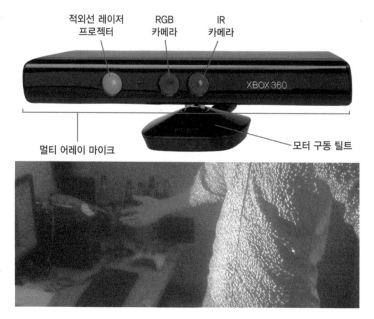

그림 11.6 키넥트 기기의 초기 버전에서 뎁스 맵 생성 및 동작 모니터링을 위한 점을 만드는 구조광 사용을 보여주는 이미지
출처: 키넥트 이미지 제공 – 제임스 파프, 점 패턴 이미지 제공 – 제프 워렌, 플리커 CC 2.0 라이선스에 의거 게재

윈도우용 키넥트 같은 좀 더 최근에 등장한 버전은 완전히 다른 각도로 트래킹에 접근한다. 점의 패턴과 기하학을 분석하는 대신, 최신 센서는 전파 시간$^{time-of-flight}$이라는 기술을 활용한다. 간단히 설명하자면, 이 센서는 빛의 포톤이 레이저 프로젝터에서 나와 타깃 표면에 반사된 후 이미지 센서로 돌아오는 데 걸리는 시간을 측정한다.

그림 11.7처럼, 이 신기술 시스템은 액티브 적외선 이미징(직접적 적외선 장면 조명)을 사용하는데, 상당히 더 많은 장면 세부가 있는 뎁스 맵을 생성해 얼굴의 이목구비, 손과 손가락 포지션, 옷의 접힌 부분, 구겨짐, 주름까지 인식할 수 있다.

그림 11.7 키넥트 기기의 최신 버전과 액티브 적외선 이미징 및 전파 시간 기술을 사용해 생성된 훨씬 상세한 뎁스 맵을 보여주는 이미지
출처: 키넥트 기기 이미지 제공 – 바고게임즈(BagoGames), 스캔 이미지 제공 – 카일 맥도널드. 플리커 CC 2.0 라이선스에 의거 게재

소프트웨어 개발자 툴킷이 출시돼 흥미로운 수많은 애플리케이션에 키넥트 기기를 활용할 수 있게 됐는데, 온라인 가상 현실 소셜, 채팅, 게임 커뮤니티인 알트스페이스VR^{AltspaceVR} 등이 있다.

비콘 트래커

비콘 트래킹은 적외선 발신기를 사용자 주위에 전략적으로 배치해 위치와 방향을 모니터링하는 새로운 방법이다. 그런 다음, 물체에 탑재한 적외선 센서가 고정된 적외선 발신기에 대해 상대적인 위치와 방향을 추적한다. 워싱턴 벨뷰의 밸브 코퍼레이션에서 개발한 이 트래킹 기법은 HTC 바이브 가상 현실 시스템에 활용된다.

그림 11.8처럼, 이 구현은 방 안의 두 모서리 윗부분에 설치한 두 개의 '등대' 기지국으로 구성된다. 각 기지국은 동조화된 파동을 발신하는 적외선 비콘과 적외선 레이저를 반사시켜 연속적으로 트래킹 볼륨을 휩쓸고 지나가는 수직, 수평선을 만들어내는 플라이휠 두 개로 구성된다. 동조화된 파동과 함께 레이저 광선으로도 기지국에 상대적인 바이브의 헤드셋과 핸드 컨트롤러 센서의 위치 및 방향을 감지할 수 있다.

그림 11.8 HTC 바이브 시스템이 사용하는 라이트하우스 트래킹 시스템은 헤드셋과 컨트롤러의 센서로 적외선 레이저 광선과 벽에 설치된 발신기의 빛을 감지한다.

출처: 방과 캐릭터 이미지 stryjekk, subarashii21 © 123RF.com – S. 옥사칼니스의 연구에서 발췌

전자기 트래커

전자기 트래킹 시스템은 20년 넘게 가상 현실 시스템에서 핵심적 역할을 해왔다. 이 분야의 가장 초기 진입자 중 하나며 가장 수요가 많고 업무 수행에 필수적인 애플리케이션에서 여전히 활약하고 있는 솔루션은 버몬트 콜체스터의 폴히머스 주식회사가 개발한 패스트랙FASTRAK 시스템이다.

자기 트래킹 시스템의 배경이 되는 일반 운영 원칙은 상당히 단순하다. 그림 11.9처럼, 전송기는 서로 각도를 맞춘 와이어형의 코일 세 개가 있는 작은 고정형 정육면체다. 세 개의 코일에 전류를 순서대로 보내면 세 개의 쌍극 자기장이 만들어지는데, 서로 직각 방향이 된다.

센서 자체는 대체로 전송기와 같은 디자인이지만 크기는 꽤 작다. 센서를 탑재한 물체가 세 개의 자기장을 통과하면, 자기장의 변화에 비례해 세 개의 코일에서 전류가 만들어진다. 이 신호를 유무선 연결로 컨트롤러에 전송하는데, 여기서 전송기에 상대적인 수신기의 위치와 방향을 계산한다.

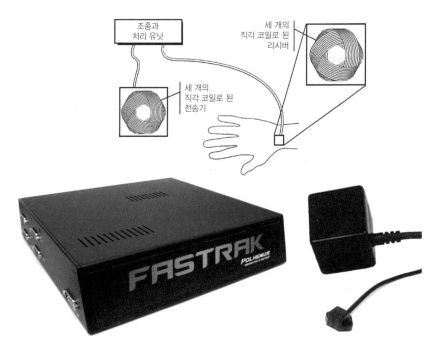

그림 11.9 폴히머스 패스트랙 전자기 트래커의 송신기와 수신기 내 코일의 직각 와이어를 묘사한 일러스트
출처: 이미지 제공 – www.polhemus.com

패스트랙 시스템은 포지션 갱신율이 120Hz(센서 수로 나눔)고, 지연율은 약 4밀리초다. 표준 작동 범위는 1~2미터지만, 시스템 애드온으로 3미터까지 확장할 수 있다. 측정 정확도는 X, Y, Z 포시션에 대해 0.8밀리 RMS며, 수신기 방향에 대해 0.15도 RMS다.

시중에서 구할 수 있는 다양한 자기장 위치 감지기는 일반적으로 AC 전류로 자기장을 생성하는 것과 DC 전류를 사용하는 것 두 가지가 있지만, 가상 현실 영역에서는 AC 솔루션이 더 지배적인 편이다. AC 시스템은 더 큰 작동 범위에서 정확한 측정이 가능할 뿐 아니라, 신호 대 잡음비도 낮아 여러 유닛을 같은 공간에서 이용하는 데 따른 혼선을 최소화할 수 있다.

이 장의 다른 모든 트래킹 솔루션처럼 이 시스템에도 한계와 구현 과제가 있다. 아마 가장 잘 알려져 있는 것은 작동 범위 내 전도체의 영향일 것이다. 자기장을 발생시키는 데 사용하는 AC 전류가 변동할 때 전도체에 맴돌이 전류가 생겨서 자기장에 왜곡이 생기고 시스템 성능 저하가 일어날 수 있다. 하지만 적응형 필터링을 포함해 수많은 보정 솔루션이 개발돼 이 영향은 줄어들었다.

관성 센서

관성 센서는 힘을 측정하는 기기다. 현대적인 여러 관성 센서, 특히 일반 소비자 상품의 센서로는 MEMS(초소형 정밀 기계 체계) 기기류가 있다. 가속계(가속 측정용), 자이로스코프(각속도 측정용), 자력계(지구 자기장에 상대적인 방향 측정, 즉 나침반)가 여기에 해당한다. 모든 초소형 전자 제품에 흔한 제조 기술과 소재로 제조하는 관성 센서는 현재 매우 다양한 제품과 시스템에서 찾아볼 수 있다. 일부 응용 사례를 보면 자동차(에어백 작동을 위한 충돌 감지용), 다리미와 게임 컨트롤러의 기울기 센서, 모바일 기기 화면 디스플레이의 방향 재설정 등에 쓰인다.

관성 센서의 작동 방식

단순하게 설명하자면, MEMS 관성 센서의 중심 요소는 캔틸레버 암^{cantilever arm}이나 스프링처럼 중립적 위치에서 외부 가속의 영향하에 움직이는 프루프 매스^{proof mass}다.

이 운동은 프루프 매스와 몇 가지 고정 요소 간의 정전 용량^{capacitance}을 변경한다. 측정된 정전 용량의 변화는 가속과 회전을 정량화하는 데 사용된다. 그림 11.10은 이런 MEMS 관성 센서의 복잡도를 보여주는 예로, 애플 아이폰 4에 있는 ST 마이크로 3축 자이로스코프다.

지난 10년간, 관성 센서는 가상 및 증강 현실 분야의 개발자가 자연스럽게 작은 크기, 낮은 비용, 높은 갱신율, 낮은 지연율 등 여러 혜택을 이용할 수 있는 쪽으로 발전했다. 단독으로 사용하든 다른 센서 기술과 조합하든(하이브리드 시스템), 관성 센서는 이 분야의 핵심적 실행 기술의 전반적 성능, 크기, 적용 가능성에 상당한 영향을 주기 시작했다.

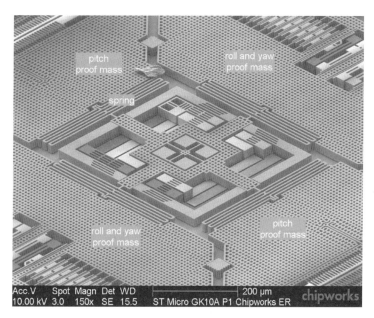

그림 11.10 아이폰 4s 3축 자이로의 상세 이미지. 여러 MEMS 구조가 분명히 보인다.
출처: 사진 제공 칩웍스 주식회사

적용 사례

이상적인 예를 들면, 관성 센서를 구글 글래스 디스플레이에서 사용하는 사례가 될 것 같다(5장, '증강 디스플레이' 참조). 이 전자 제품의 컴팩트한 디자인 비결은 그림

11.11의 인벤센스 MPU-9150이라는 작은 칩에 숨어있다. 이 관성 센서는 세계 최초의 9축 모션 트래킹 MEMS 기기로, 3축 자이로스코프, 3축 가속계, 3축 디지털 나침반이 있다. 유사한 관싱 센서가 캘리포니아 샌프란시스코의 오스터하우트 디자인 그룹이 제조한 R7 스마트 글래스 증강 디스플레이에도 쓰인다.

이 책에서 다룬 여러 다른 입력 기기가 MEMS 관성 센서를 적용하고는 있지만, 이 분야는 상업적으로는 아직 유아기라 할 수 있다. 하드웨어 디자이너들이 디스플레이와 입력 기기 같은 핵심 컴포넌트 크기를 줄이고자 노력하고 있으므로, 독자들은 이런 기술을 점차 신제품의 핵심에서 볼 수 있을 것이다.

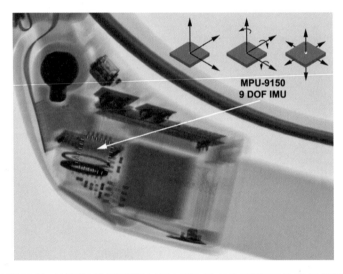

그림 11.11 구글 글래스 디스플레이 내부의 인벤센스 MPU-9150 9축 모션 트래킹 MEMS 센서의 위치를 보여주는 엑스선 사진
출처: 이미지 제공 – AGL 이니셔티브의 앤드류 반덴 휴벨(Andrew Vanden Heuvel)

> **노트**
> IMU는 데드 레코닝(dead-reckoning) 혹은 추측 위치 추정 기기라고 불린다. 추측 위치 추정은 이전에 결정된 고정 값과, 그 위치를 경과한 시간 및 코스에 따라 알려지거나 추정된 속도를 근거로 현재 위치를 계산하는 과정이다. 따라서 선입견으로 오염된 측정치는 시간이 지날수록 계산 오류가 커진다. 이런 이유로 IMU는 이상치를 보정하기 위해 칩 기반 GPS 같은 다른 센서와 조합해 사용하는 것이 일반적이다.

음향 센서

이 책을 저술하는 현재 기준으로 가상 및 증강 현실 영역에서 상용으로 활용되고 있는 음향 트래킹 솔루션은 거의 없다. 그럼에도 음향 센서, 구체적으로 초음파 트래커는 적절한 상황에서 강력한 솔루션이 될 수 있다. 이 센서군에서 독보적인 주자는 메사추세스 빌레리카의 인터센스 코퍼레이션이 제조하는 초정밀 IS-900 시스템이다.

전형적인 설정에서 IS-900 시스템은 소니스트립스^{SoniStrips}라는 기기를 사용하는데, 이는 응답기에 맞춰 초음파 펄스를 전달한다. 그림 11.12처럼 소니스트립스는 일반적으로 트래킹하는 작업 공간 위에 설치해, 조회 기기 또는 다른 물체에 탑재한 핸드헬드 컨트롤러나 센서 바 속에 있는 센서에서 방해받지 않는 시야를 유지할 수 있다. 일단 소니스트립스를 설치하고 나면, 각 소니스트립과 센서 간 관계를 세심히 보정해서 6 DOF 모두에 걸쳐 정확한 트래킹이 되도록 해야 한다.

그림 11.12 미군 유인 휴대 방공(MANPAD) 시뮬레이터에 높이 초음파 응답기가 임베드된 인터센스 소니스트립스망을 보여주는 이미지
출처: 미 해군 제공 사진

인터센스 시스템에서 초음파 트래킹 컴포넌트는 트래킹 작업 공간에서 물체의 위치를 판단하는 측정 값을 찾는 데 원칙적으로 데카르트 좌표(X, Y, Z)를 사용한다. 트래킹되는 물체의 방향(롤, 피치, 요)은 그림 11.13과 같은 핸드헬드 컨트롤러나 센서 바

에 임베드된 이너시아큐브^{InertiaCube}라는 초정밀 관성 센서로 측정한다. 이런 기기의
이동 측정은 유무선 연결을 통해 받침대로 고정된 기반 유닛에 전송된다.

이렇게 여러 드래킹 기술을 사용하는 것을 센서 퓨전이라 하며, 산업 전반에 걸쳐 다
양한 조합이 활용된다.

그림 11.13 인터센스 IS-900 관성-초음파 트래킹 시스템의 무선 핸드헬드 컨트롤러와 유선 센서 바 컴포넌트를 보여
주는 이미지
출처: 플리커에 실린 아이다호 국립 연구소 이미지. CC 2.0 라이선스에 의거 수록

시뮬레이션과 트레이닝 쪽에서도 폭넓게 사용되지만, IS-900은 매우 많은 CAVE, 파
워월^{Powerwall}, 반구형 디스플레이 설치에서도 이 장의 앞에서 언급한 광학 트래킹 솔
루션의 대안으로 사용된다.

일반적으로 음향 트래커는 광범위한 초기 설정과 조정이 필요한 까다로운 시스템이
다. 환경 소음으로 인한 오류에도 매우 민감한데, 특히 통신사의 신호 파장에 가까운
것들이 그렇다. 비행 시뮬레이터 같은 조종 환경을 완벽히 제어하는 애플리케이션에
는 이 트래킹 솔루션이 이상적이다.

결론

가상 환경 시스템이 확산되려면 정확하고 효율적이며 적당한 가격대의 센서가 필수적이다. 가상 및 증강 현실이 다양한 산업에 전환적 영향을 주는 것과 마찬가지로, 이런 핵심적인 발전 중 상당수는 센서가 발달하면서 발생했지만, 여전히 해결해야 할 과제도 남아있다. 기술적 솔루션의 약점 때문이 아니라, 이 분야가 상대적으로 덜 성숙됐기 때문에 일어나는 문제다.

어떤 센서 기술을 활용할지 결정할 때 시스템 개발자가 직면하는 가장 큰 도전은 성능 측정과 제시 방법이 제각각이라는 점이지만, 이 문제는 기존의 업체가 엄격한 산업 표준이 출현하고 있는 이 분야에 충분히 참여하면 자연스럽게 해결될 것이다.

12장

내비게이션과
상호작용 구동 기기

어떤 가상/증강 현실 시스템에서나 가장 근본적이고 필수적인 기반 기술 컴포넌트 중 하나는 바로 사용자가 시뮬레이션 속에서 이동하고 상호작용하는 장치다. 이런 장치는 시스템의 사용성을 극적으로 확장할 뿐만 아니라, 전반적 몰입감에 중요하다고 여겨진다. 이 장에서는 현재 개발되고 있거나 부상 중인 여러 솔루션과 함께, 이런 하드웨어 컴포넌트 하나가 이 산업의 미래를 결정할 수 있는 이유는 과연 무엇인지 알아보자.

2D와 3D의 상호작용과 내비게이션

상호작용형 몰입 가상 현실 애플리케이션은 모델/데이터 상호작용과 내비게이션 혹은 이 둘을 위해 보통 사용자 입력이 가능한 수단이 필요하다. 특수 시스템은 차치하더라도 마우스, 터치패드, 기본적 게임 컨트롤러 같은 표준의 2D 기기는 애플리케이션의 기능 및 유틸리티가 2D 평면에 있거나 해석되지 않는 한, 그 용도가 제한적이다. 예를 들어 시점이 일반적으로 Z축(상하)을 따라 제한되는 건축물 안내나 게임 애플리케이션은 2D 입력 기기 사용이 적절하며 이상적인 솔루션일 수 있다. 하지만 일단 Z축을 따르는 사용자 운동을 비행 관련 애플리케이션 등에서 활성화하면, 내비게이션이 방해받거나 불가능하거나 상당히 덜 직관적이 될 수 있다.

분명히 말하자면, 모든 2D 인터페이스가 수동 기기로 되는 것은 아니다. 그림 12.1처럼 몰입형 디스플레이 솔루션과 결합한 다양한 설정의 러닝 머신이 연구 기관, 대형 건축 회사, 시뮬레이션 및 훈련 애플리케이션에서 폭넓게 사용되고 있다. 대부분의 시스템은 시점을 XY 면을 따라서만 옮기게 돼 있지만, 일부 특수 시스템은 비스듬한 면을 활용해 옮길 수도 있다. 러닝 머신 기반의 시스템 대부분은 한결같이, 발의 움직임 트래킹에 사용하는 기술과는 완전히 독립적으로 사용자의 머리 움직임을 어떻게든 6 자유도DOF에 걸쳐 추적한다. 따라서 사용자는 러닝 머신에서 한 방향으로 걸어가면서도 현실 세계에서 움직이는 것과 마찬가지로 머리를 위, 아래, 옆으로 돌릴 수 있다.

그림 12.1 몰입형 가상 현실 애플리케이션에서 참여자의 시점을 XY 면을 따라 옮길 때 사용하는 러닝 머신 시스템의 세 가지 사례 이미지. 각각 일리노이 어바나 샴페인 대학의 벡맨 일리노이 시뮬레이터 연구소(Beckman Institute Illinois Simulator Lab)에 있는 컴퓨터 지원 가상 환경(CAVE) 디스플레이의 표준 러닝 머신(왼쪽), 버추익스(Virtuix)의 무지향성 러닝 머신(중앙), 그리고 옴니피니티(오른쪽)의 무지향성 러닝 머신이다.
출처: 이미지 제공 – 일리노이 시뮬레이터 연구소(일리노이 대학), 위키미디어 Czar CC 2.0 라이선스 의거 게재, 존 슈미츠

수동 인터페이스의 중요성

1장, '컴퓨터로 만든 세계'에서 설명한 대로, 현재 가상 현실이라는 타이틀을 달고 있는 몰입형 시각화에는 다양한 시나리오가 있다. 여기에는 참여자가 단지 '구경만 하며' 동영상이 재생되는 동안 머리를 돌리는 정도로만 행동이 제한되는 3D 시뮬레이션이나 360도 동영상 재생, 아니면 여러 개개인의 군중이 한 사람이 내비게이션하는 CAVE 디스플레이에 들어가는 경우, 헤드마운트 디스플레이를 사용하는 개인이나 여러 사용자의 인터랙티브 경험까지 다양한 것이 가능하다. 시나리오에 따라 컴퓨터로 생성한 공간이나 모델 안에 있는 것 같은 강력한 시각적 존재감을 제공할 수 있지만, 시뮬레이션 속 물체의 일인칭 내비게이션과 직접 상호작용을 허용하는 시스템은 가장 참여적이고 설득력이 있으며, 가장 몰입감이 큰 편이다. 어떤 식이든 촉각과 포스 피드백이 제공될 때 특히 그렇다[몬로이(Monroy) 등 2008; 케차바르지(Kechavarzi) 등 2012; 멕클로인(McGloin) 등 2013].

그래서 HTC 바이브 같이 카메라를 통합한 특수 애플리케이션이나 시스템 외에는 완전히 눈을 가리는 헤드마운트 디스플레이를 착용하면 사용자가 현실 환경을 시각적으로 참조할 수 없다는 점을 기억해야 한다. 키보드, 마우스, 트랙볼, 게임 컨트롤러 등 어떤 것도 볼 수 없다. 따라서 애플리케이션에서 반드시 사용해야 하는 어떤 입력 기기든 직관적이고 조작이 쉬워야 한다. 물리학자이자 작가며 예전에는 아타리 게임을 디자인했던 크리스 크로포드는 1984년에 출간된 저서인 『The Art of Computer Game Design』에서 이 요건을 통찰력 있게 설명한다.

"배트를 주고 야구의 목표는 공을 치는 것이라고 말해주면, 그 게임의 목표를 이루기 위해 배트를 공 쪽으로 휘둘러야 한다고 판단하는 데 어려움을 겪는 이는 거의 없을 것이다. 하지만 컴퓨터 야구 게임은 규칙을 알아내기가 그리 쉽지 않다. 배트를 휘두르려면 H를 눌러야 하나? 아니면 S를? 아니면 B를? 혹은 START 키를 눌러야 하나? 조이스틱이라면 트리거를 눌러야 하나? 컨트롤 설명이 없다면 목표는 불분명해진다."[크로포드, 1984]

크로포드의 이 비유가 몰입형 가상 현실 애플리케이션에 대한 것은 아니지만, 이 말은 이 분야의 수동 인터페이스나 컨트롤러 디자이너가 직면한 과제의 복잡도를 분명히 알려준다. 어느 정도의 크기와 형태가 적절한가? 버튼과 트리거는 어디에 둬야 좋은가? 무게는 어느 정도가 적당한가? 어떤 촉각과 포스 피드백 단서를 통합해야 할까? 버튼과 트리거는 아이콘으로 표시해야 할까? (VR의 가장 큰 사용자 기반이 될) 일반 엔터테인먼트 애플리케이션용으로 설계된 기기가 건축가나 엔지니어에게도 효과적인 솔루션 역할을 할 수 있을까?

이 장에서는 특히 이 분야용으로 나온 다양한 입력 기기와 대안적 용도로 개발됐지만 이 영역에서 일반적으로 적용 가능성을 찾고 있는 몇 가지를 알아보겠다.

다른 장에서의 제품 설명처럼, 모든 상용 솔루션을 하나하나 다루는 것은 실용적이지 않다. 그런 만큼 다음에 언급하는 특정 제품과 기능적 방법론은 특정 기기 카테고리를 대표하는 것으로 이해하길 바란다. 공급 업체의 상세한 목록은 이 책의 부록 B, '자료'에 있다.

마지막으로, 논리적으로 이 장에 포함돼야 할 여러 기기 중 이미 다른 장에서 핵심 실행 센서 기술을 설명하며 상세히 설명한 것도 있다. 적외선과 스테레오 카메라로 손의 움직임을 추적하는 리프 모션 기기, 구조광 필드와 전파 시간 측정으로 사용자 트래킹 및 상호작용 등이 가능한 마이크로소프트 키넥트 센서군이 그렇다. 이런 기기를 어디에서 설명했는지는 이 장에서 적절한 부분에 넣어뒀다.

손과 제스처 트래킹

자신을 위해 완전 몰입형 헤드마운트 디스플레이 기반의 가상 현실 시스템을 사용하는 것 말고, 처음 사용하는 다른 사람의 반응을 자세히 관찰하는 것도 재미있는 경험이다. 흔히 새로운 사용자는 한 손이나 두 손을 모두 들고, 보고 있는 가상 물체를 쥐거나 다른 식으로 상호작용하려는 행동을 보이는 경우가 많다. 이것은 현실 세계에서 물체에 접근해 손으로 만져보고 상호작용하려는 것과 마찬가지로 본능적인 반응이다. 수동 인터페이스는 '불신의 유예^{suspended disbelief}'라는 전반적 목표에 매우 중요하기 때문에 마이크로소프트와 소니에서 제조하는 게임 컨트롤러처럼 실제 이 분야에 참여하는 회사가 궁극적으로 시장을 지배하는 일종의 '킹 메이커'이자 핵심 결정 요인일 수 있다. 다행히 가상 및 증강 현실의 폭넓은 응용 영역을 감안할 때, 공략할 수 있는 시장 점유율은 방대하다.

그럼 가상 환경과 그 안의 물체와 가장 자연스러우면서 직관적인 상호작용 수단이 되는 입력 기기부터 살펴보자.

글러브

가상 현실/증강 현실 산업의 초창기부터 가상 환경에서 상호작용하고 내비게이션에 사용하는 주요(그리고 선호하는) 인터페이스는 물리적 세계와의 가장 자연스러운 상호작용 수단인 손의 힘, 기민함, 동작 범위, 정확도를 활용하는 기본적인 장갑을 기반으로 한 것이다. 수년간 한두 가지 측면에서 성공한 수십 가지가 생산됐지만, 특히 캘리포니아 산호세의 사이버글러브 시스템 주식회사는 이 업계의 부침을 조심스럽게 헤쳐나가며 계속해서 포춘지 선정 500대/글로벌 500대 기업으로 자리매김했고 전세계의 정부 기관과 대학에서 폭넓게 사용하는 고품질의 정밀 기기를 생산하고 있다. 그림 12.2가 그런 기기 중 하나다.

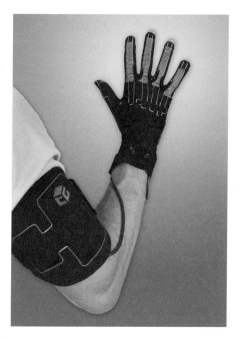

그림 12.2 무선 사이버글러브 III 모션 캡처 데이터 글러브는 22개까지의 정확도 높은 관절 각도 센서로 손과 손가락의 동작을 정확한 실시간 디지털 관절 각도 데이터로 변환한다.
출처: 사진 제공 사이버글러브 시스템 LLC

사이버글러브 III

사이버글러브 III는 사용자의 손가락과 손의 움직임을 정확히 정량화하고, 제어 소프트웨어와 함께 이 움직임을 가상 환경이나 컴퓨터 화면 속 환경에서 손의 그래픽 재현으로 매핑하는 무선의 손 중심 3D 모션 캡처 기기다. 사용자는 물리적 개체처럼 디지털 개체에 '손을 뻗어 조작'할 수 있다[CGS, 2015].

모델에 따라 사이버글러브 III는 기기의 서로 다른 지점 18~22개에 걸쳐 독자적으로 저항하는 구부러짐 감지 기술로 정확도 높은 관절 각도 측정이 가능하다. 각 손가락의 구부러짐 센서, 외전 센서, 엄지손가락 교차, 손바닥 아치 등을 측정하는 센서가 있으며, 기본 장갑 자체는 신축성 있는 섬유와 환풍이 잘되는 메시 재질의 손바닥으로 구성된다. 센서 데이터 비율은 100레코드/초(SD 카드)부터 120레코드/초(USB, 와이파이)에 이른다. 무선 데이터 전송은 802.11g 와이파이로 가능하다.

그림 12.2의 기본 형태에서 이 기기는 촉각이나 포스 피드백 단서를 제공하지 않는다는 점을 강조하겠다. 그런 성능은 애드온 시스템으로 가능하다.

그런 제품 중 하나가 10장, '촉각과 포스 피드백 기기'에서 상세히 설명한 사이버그래스프 힘 반영 외골격이다.

사용자의 손 운동을 3D 공간에서 트래킹해야 하는 애플리케이션에서 글러브는 11장, '위치, 방향, 동작 트래킹 센서'에서 상세히 설명한 트래킹 기술 중 하나와 페어링돼야 한다.

페레그린 USB 글러브

소비자용으로 그림 12.3의 페레그린 USB 글러브^{Peregrine USB Glove}는 가상 및 증강 현실 산업용으로 비용 대비 효과가 높은 자연스러운 인터페이스로 상당히 유망하다. 앨버타 로이드민스터의 아이언 월 이노베이션스가 개발했고, 원래 〈마인크래프트〉 등 과제 중심 실시간 전략^{RTS} 게임의 '웨어러블 키보드'로 개발된 페레그린은 가상 현실 게임 커뮤니티에서 새로운 사용자군을 찾고 있다.

내구성과 신축성이 있고, 세탁할 수도 있는 스판덱스와 나일론 메시로 만든 이 장갑에는 손 바닥 전체에 하나, 엄지에 두 개, 이렇게 총 세 개의 전도성 컨택트 패드가 있다. 또한 손가락 안쪽에 걸쳐 접점이 18개 있다(검지와 셋째, 넷째 손가락에 각각 다섯 개, 약지에 세 개). 컨택트 패드의 손가락 지점 18개 중 어디든 접촉하면 고유의 제어 신호를 게임이나 기타 애플리케이션에 전송한다. 제어 소프트웨어로 사용자는 제스처만을 기반으로 직접 프로그래밍할 수 있는 액션 30개 이상을 커스터마이징하고 보정할 수 있어서 고유한 터치 조합이 이뤄진다.

그림 12.3 페레그린 USB 글러브는 기기의 손가락과 손바닥에 분포된 전도성 컨택트 패드 및 접점을 이용해서 제스처를 일반 컴퓨터와 소프트웨어 애플리케이션 명령문으로 바꾼다.
출처: 이미지 제공 – 아이언 윌 이노베이션 캐나다 주식회사

페레그린은 장갑 뒤에 탑재된 탈착식 자기 팟에 붙이는 USB로 컴퓨터에 연결된다. 동작과 몸짓이 케이블 길이를 넘으면 탈착식 팟이 그냥 빠져서 글러브와 센서 손상이 방지된다.

다시 한 번 말하지만, 이 기기는 어떤 형태든 촉각이나 포스 피드백 단서를 제공하지 않는다. 사용자의 손 움직임을 3D 공간에서 트래킹해야 하는 애플리케이션이라면 장갑을 11장에서 자세히 다룬 트래킹 기술 중 하나와 페어링해서 써야 한다.

듀얼 완드/페어링 컨트롤러

간단한 실험을 하나 해보자. 한 손을 바지 주머니에 넣고 하루를 지내는 것이다. 짜증이 나서 실험을 포기하기까지 얼마나 버틸 수 있는지 확인해보자. 가상 현실 시스템을 매우 빈번히, 혹은 수동 조작이 필요한 채로 사용할 때도 마찬가지 개념이 적용된다. 우리 손이 두 개인 데는 이유가 있다. 듀얼 완드/페어링 컨트롤러는 우리 주위의

정보 수집 대역폭을 늘려주고, 기능성과 기민함도 크며, 과제도 더 쉽게 완료할 수 있게 해준다. 그럼 몰입형 가상 환경에서 상호작용과 내비게이션을 돕기 위해 설계된 다양한 듀얼 완드와 페어링 컨트롤러를 알아보자.

HTC 바이브 스팀VR 컨트롤러

특히 HTC 바이브 가상 현실 시스템에서 사용하도록 설계된 그림 12.4의 바이브 컨트롤러는 질감이 있는 둥근 터치패드, 집게손가락 아래의 듀얼 스테이지 트리거, 두 개의 그립 버튼과 시스템 및 메뉴 버튼이 통합된 균형 잡힌 인체공학적 디자인이다. 미학적으로도 매력적인 컨트롤러 헤드의 도넛 형태는 기기의 위치와 방향을 트래킹하는 센서를 분리할 때 필요하다. 컨트롤러는 마이크로USB 케이블로 충전하는 일체형 리튬 폴리머 배터리를 사용하며, 한 번 충전으로 수 시간 사용할 수 있다.

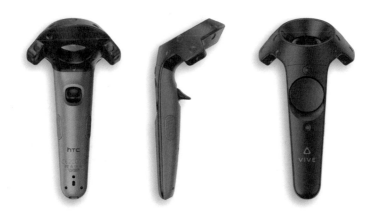

그림 12.4 HTC 바이브/스팀 VR 컨트롤러는 가상 현실 시뮬레이션에서 유연하고 다재다능한 상호작용과 내비게이션을 실행하기 위해 설계된 첨단 3D 입력 기기다.
출처: 사진 제공 HTC

이 컨트롤러의 위치와 방향은 11장에서 설명한 HTC 바이브 헤드마운트 디스플레이처럼, 내부 MEM 센서와 함께 라이트하우스 3D 공간 레이저 트래킹 기술을 활용해 모니터링한다. 인터페이스 컨트롤과 내부 센서에서 나온 데이터는 무선 송신기를 통해, 호스트 컴퓨터가 유발할 수 있는 간섭 노이즈에서 분리돼 바이브 헤드마운트 디스플레이 수신기로 전송된다. 가벼운 햅틱 효과는 진동 촉감 단서로 제공된다.

오큘러스 터치

지금까지 개발된 가장 혁신적 사용자 인터페이스인 오큘러스 터치는 원래 오큘러스 리프트 가상 현실 시스템용으로 개발된 한 쌍의 핸드헬드 무선 컨트롤러다. 터치 컨트롤러는 산업 디자이너가 제품으로 줄 수 있는 영향력에 대한 좋은 사례기도 한데, 이 장의 앞에서 언급한 필수적인 기능 중 상당수를 구현했다. 기기는 손에 편안하게 쥐어지며, 단 몇 초면 작동 방식을 파악할 수 있다. 그림 12.5처럼, 각 유닛은 검지에 잘 맞게 배치된 트리거 하나, 중지에 두 번째 트리거, 완벽히 배치된 아날로그 엄지 스틱과 라벨이 잘 보이는 두 개의 버튼으로 이뤄져 있다. 기기의 전체적인 모양은 사용자의 손가락에 걸리적거리지 않으면서 쥐기, 가리키기, 흔들기 같이 자연스러운 제스처가 가능하게 돼 있다. 정전식 표면과 기기의 다른 부분은 시스템이 이런 손의 포즈를 인식하도록 도와줘서 추가적인 콘트롤도 가능하다.

그림 12.5 오큘러스 터치 컨트롤러는 위치와 방향 트래킹을 돕는 IR LED 등 다양한 센서와 함께 가리키기, 흔들기 같은 자연스러운 손 포즈를 추적하는 정전식 컨트롤 표면을 활용한다.
출처: 이미지 제공 – 플리커 에브리데이VR

이런 컨트롤러의 포지션 및 방향은 각 기기 주변에 배치된 IR LED 위치를 모니터링하는 적외선 카메라인 오큘러스 컨스텔레이션 트래킹 기술로 모니터링된다. 사용자의 손가락이 버튼을 터치하는지, 혹은 특정 위치에 있는지 감지하는 인터페이스 컨트롤과 내부 센서에서 나온 데이터는 무선 전송기를 통해, PC가 생성할 수 있는 간섭

노이즈에서 분리된 오큘러스 헤드마운트 디스플레이 수신기에 전송된다.

오큘러스 터치 컨트롤러는 진동 촉감 단서를 통해 햅틱 피드백을 제공하는데, 주파수와 진폭 모두 가변적이어서 애플리케이션 개발자가 직접 관찰하거나 사용자가 개시한 이벤트에 맞는 촉각 감각을 만들 때 상당한 자유와 창의성을 누릴 수 있다.

소니 플레이스테이션 무브 VR 컨트롤러

여러 해 동안 소니 플레이스테이션 라인의 토대가 된 그림 12.6의 무브 VR 컨트롤러는 이 장에서 다룬 다른 제품보다 미적으로나 인체공학적으로도 뒤처지고, 거친 사용자 환경을 고려해 만들어지기도 했지만 과제 수행 면에서는 독보적이다. 무브 컨트롤러에는 각각 입력 버튼이 아홉 개 있는데, 컨트롤 버튼 네 개(O, □, △, X), 측면의 스타트와 선택 버튼, 표준 PS 버튼, 트리거 버튼, 커다란 무브 버튼이 있다. 이 컨트롤러는 특히 상단의 조명 볼(위치 추적에 사용)의 색이 실제 사용 중에 변하는 기능이 참신하다.

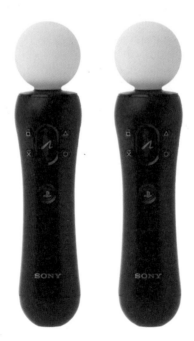

그림 12.6 소니 PS 무브 컨트롤러는 3D 공간에서 사용자 손의 빠르고도 미묘한 움직임을 트래킹한다.
출처: 이미지 제공 – 에반스 아모스

내장된 리튬 이온 충전 배터리는 완충 시 작동 시간이 10시간이다. 이 컨트롤러의 포지션은 소니 플레이스테이션 카메라로 모니터링한다(사실 뎁스 비전을 위한 스테레오 카메라가 포함돼 있다). 기기의 방향은 내부 MEM 자이로스코프, 가속계, 3축 나침반으로 트래킹하며, 빠른 움직임과 미묘한 움직임을 모두 측정한다. 이 센서에서 나온 정보는 블루투스 송신기로 플레이스테이션 베이스 유닛에 전달된다.

플레이스테이션 무브 VR 컨트롤러는 진동 촉감 단서나 시스템 사용자가 럼블링이라고 부르는 떨림으로 햅틱 피드백을 제공한다.

몸 전체 트래킹

몸 전체의 역동적 움직임을 추적해야 하는 몰입형 가상 현실 애플리케이션 시나리오도 매우 많다. 놀라운 예로는 경찰이나 군대가 방 진입 작전과 저격수를 다루는 상황을 위한 필수 기술을 개발할 때 이런 기술을 사용하는 것이다. 몰입형 훈련 시나리오 동안 참여자 몸의 여러 지점과 무기의 움직임을 트래킹함으로써 세부적인 사후 활동 분석을 하고, 문제를 확인하며, 기술을 가다듬을 수 있다. 그림 12.7은 그런 구현을 보여준다.

그림 12.7 동부전선 1군단 157 보병대 군인이 보병 훈련 시스템(DSTS, Dismounted Soldier Training System)을 활용하고 있다. 비록 이 시스템은 훈련을 대체하지 못하지만, 시나리오를 변경하고 반복할 수 있기에 연습을 보강해주며 개인과 팀 단위의 동작 등을 분석해준다.
출처: 미 국방부 제공 사진

이런 세부 동작 연구에서 활용하는 방법은 모션 캡처^MOCAP 기술 카테고리에 속하는데, 광학적과 비광학적 두 가지 유형으로 구분된다. 여러 광학 트래킹 기술은 11장에서 설명했다. 몰입형 가상 현실 애플리케이션에서 광학적 MOCAP 시스템의 여러 용례는 15장, '과학과 공학'에서 살펴보자.

퍼셉션 뉴런

새로운 관성 트래킹 기술의 출현으로 광학 MOCAP 솔루션보다 상당히 저렴한 대안의 문이 열렸다. 그중 하나가 중국 베이징의 노이톰 주식회사가 제조한 퍼셉션 뉴런 Perception Neuron이다. 그림 12.8처럼, 퍼셉션 뉴런 시스템은 뉴런이라는 허브에 연결되는 각각 1cm×1cm 크기의 상호 호환 가능한 모션 센서 기반이다. 뉴런에는 자이로스코프, 가속계, 자력계로 구성된 관성 측정 유닛^IMU이 들어있다. 이 시스템이 영리한 점은 모든 뉴런이 상호 호환 가능하므로 필요한 어떤 곳에든 배치해 무한대의 조합을 만들어낼 수 있다는 점인데 손, 몸의 특정 부분, 액세서리에 이르기까지 배치해 섬세한 움직임을 측정할 수 있다. 하나의 허브에는 1~30개의 뉴런을 연결할 수 있다.

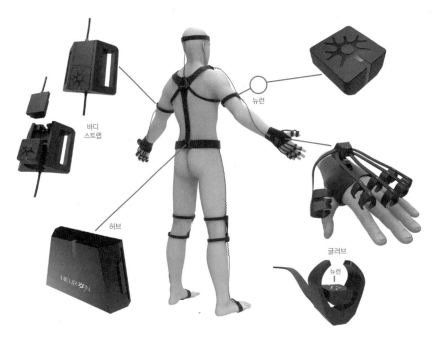

그림 12.8 퍼셉션 뉴런 모션 캡처 시스템은 32개까지 상호 호환 가능한 개별 센서로 사용자의 몸과 사지를 트래킹한다.
출처: 사진 제공 노이톰 주식회사

퍼셉션 뉴런 시스템은 와이파이를 통한 무선이나 내장 레코딩 온보드 녹음으로, 혹은 USB를 이용해 유선으로도 작동할 수 있어서 완벽하게 유연한 사용성을 자랑한다. 이 시스템의 여러 가지 변형으로는 18~32개의 개별 뉴런 센서까지 출시돼 있다. 또한 이미 상당히 매끄럽게 오큘러스와 HTC 바이브 양쪽의 VR 시스템에서 작동하며 마야, 3ds 맥스, 유니티, 언리얼 등 여러 소프트웨어 솔루션과도 잘 작동함이 폭넓게 입증됐다.

게임, 엔터테인먼트 인터페이스

삼성 기어VR처럼 스마트폰 기반 헤드마운트 디스플레이와 함께 사용하는 상용 게임 컨트롤러는 이미 널리 사용되고 있다. 이 사용 시나리오에서는 이런 종류의 여러 블루투스 컨트롤러가 갤럭시 S7, S6, S6 엣지, S6 엣지플러스, 노트 4, 5 같은 안드로이드 기반 삼성 모바일 기기와 연결되긴 하지만, 특정 기기의 정확한 기능에 따라 컨트롤 설계를 다시 매핑해야 할 수도 있다. 그런 설정을 위한 다양한 도움말은 인터넷에서 찾을 수 있다.

이 책을 준비하는 현재 초기 오큘러스 리프트의 상용 헤드셋(6장, '완전 몰입형 디스플레이' 설명 참조)은 그림 12.9의 마이크로소프트 엑스박스 원 컨트롤러와 번들링돼, 완전 몰입형 애플리케이션에서 이 인터페이스의 유효성을 입증했다.

그림 12.9 엑스박스 원 게임패드는 오큘러스 리프트 헤드마운트 디스플레이의 소비자 버전에 번들로 판매된 최초의 수동 컨트롤러다.
출처: 플리커에 실린 바고게임즈의 이미지. CC 2.0 라이선스에 의거 수록

오큘러스 개발자 킷 1과 2 같은 기기의 상용 출시와 함께 개발된 최초의 몰입형 게임 애플리케이션으로는 운전 시뮬레이터가 있다. 이 특정 애플리케이션 시나리오에 사용하는 최고 사양의 게임 운전대 중 일부는 스위스 로망쉬르모르쥬의 로지텍 인터내셔널이 생산한다. 그림 12.10은 그중 하나인 G29 드라이빙 포스 레이싱 휠과 변속기다. 여기서 특히 주목할 점은 9장, '감각의 구조'에서 설명한 고해상도의 촉각과 포스 피드백 단서의 광범위한 적용이다. 주변 기기는 다양한 게임 콘솔 및 윈도우 기반 PC와 호환 가능하다.

그림 12.10 로지텍 G29 드라이빙 포스 레이싱 휠은 오큘러스와 페어링해 상당히 몰입감 있는 운전 시뮬레이션 경험을 전달하는 시뮬레이터 등급의 헬리컬(톱니) 기어 포스 피드백 입력 기기다.
출처: 이미지 제공 – 로지텍

머리로 하는 내비게이션

사람의 뇌는 특히 매혹적이며 복잡한 장기다. 혈관 길이는 16만 킬로미터에 달하고[터킹턴(Turkington) 1996] 뉴런 개수는 1,000억 개로 추정되며, 각각 시냅스가 1,000에서 10,000개 사이다[처들러(Chudler) 2011]. 그리고 메모리 저장 용량은 2.5페타바이트 범위로 추정된다(페타바이트는 100만 기가바이트, 1,000테라바이트다)[레버(Reber) 2010]. IBM의 뇌 구조 컴퓨팅^{brain-inspired computing} 대표 연구원인 다르멘드라 S. 모다는 보수적으로 인간 두뇌가 38페타플롭의 연산력이 있다고 추산한다(페타플롭은 초당 1,000조 회의 연산력이다)[그리네마이어(Greenemeier) 2009]. 게다가 이런 엄청난 능력이 75%가 물로 이뤄진 약 1.3킬로그램의 젤라틴 덩어리에 들어있는 것이다[후안(Juan) 2006].

우리 존재의 매 순간 드러나는 이 놀라운 기능적 역량을 상상하는 SF 작품 속의 직접적인 두뇌-기계 인터페이스[BMI] 사례는 터무니없는 것이 아니다. 인간과 기계 간의 경계를 완전히 제거하기란 가까운 미래에는 거의 불가능하겠지만, 그 선은 분명 흐릿해지고 있다. 지난 10년간 상당한 진보가 이뤄져서 간섭적, 비간섭적 방법을 사용한 사람의 인지와 감각 운동 기능의 지원, 복구, 증강을 주목표로, 사람의 두뇌와 복잡한 정보 시스템 간의 직접 커뮤니케이션 경로가 만들어졌다.

이런 노력 뒤에 숨은 동력이 증강 및 가상 현실 인터페이스 그 자체에 집중된 것은 아니지만, 이 분야가 이런 발전과 그로 인한 제품을 활용하는 것만은 분명하다.

그런 기기 중 하나는 캘리포니아 샌프란시스코의 바이오 정보과학 회사 이모티브 주식회사가 개발한 에포크 멀티채널 EEG(뇌파도) 측정 시스템이다. 그림 12.11처럼 기기는 개별 센서 14개(그리고 두 개의 참조/측위 센서)가 있는데, 뇌의 전자 신호를 측정한다. 처음에는 사용자가 동작 기반의 행동을 생각하는 동시에 두뇌 활동을 기록하고 분석해 시스템을 '훈련'시킨다. 그러다 보면 시스템은 뚜렷한 사고들 간의 차이를 구분할 수 있다. 이어서 이런 감지를 어떤 컴퓨팅 플랫폼이나 애플리케이션에도 할당하고 매핑할 수 있는데[레(Le) 2010], 주의와 명상 데이터의 높은 변동성과 이상성 때문에 아직은 해결해야 할 여러 과제가 남아있다[마스켈리우나스(Maskeliunas) 등 2016].

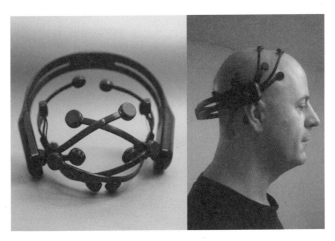

그림 12.11 에포크 헤드셋은 고해상도와 멀티채널을 지원하는 휴대 가능한 EEG 시스템으로, 사용자가 생각만으로 몰입형 가상 환경을 내비게이션할 수 있다.
출처: 플리커에 실린 브루노 코르디올리와 보우노우즈의 이미지. CC 2.0 라이선스에 의거 수록

대중 시장용 제품 개발을 가능하게 해준 혁신은 수학적으로 사용자 두뇌의 대뇌피질 주름을 펴서, 주름 패턴이 지문처럼 개인마다 고유함에도 불구하고 신호 매핑을 실제 출처에 가깝게 하는 알고리슴이 개발되면서 이뤄졌다[레(Le) 2010].

이 기기는 이미 여러 몰입형 가상 현실과 로봇공학 애플리케이션의 인터페이스로 전 세계에서 폭넓게 사용 중이다.

결론

입력 기기, 컨트롤러, 기타 사용자 입력이 가능한 수단은 몰입형 가상 현실 시스템과 애플리케이션 대부분에서 핵심적인 컴포넌트다. 센서로 가득한 장갑, 반지, 완드 같은 수동 인터페이스, 수많은 게임 인터페이스부터 모션 캡처 시스템, 무지향성 러닝 머신, EEG 활동이나 시선 트래킹 기기까지, 이 도구는 컴퓨터가 생성한 환경 내의 이동과 상호작용에 필수적이다.

몰입형 가상 현실 시스템의 다양한 애플리케이션 영역 역시 방대하고 다양한 입력 기기를 선택해야 한다. 예를 들어 새로운 우주 정거장 모듈 설계를 평가하는 엔지니어라면 게임 팬이나 미묘한 복강경 기법을 시술하는 의사와는 완전히 다른 도구가 필요하다. 이런 이유로 실제 애플리케이션, 콘텐츠와 더불어 상호작용과 내비게이션이 가능한 기기는 이 업계에서 가장 역동적이고 변화무쌍한 측면이 될 것이다.

3부

증강 현실과
가상 현실의 응용

13장

게임과 엔터테인먼트

아직 상당히 초기임에도 가상 및 증강 현실은 예술, 게임, 엔터테인먼트 산업을 곧 뒤바꿔놓을 것으로 보인다. 예술적 표현을 위한 완전히 새로운 매체와 형식으로부터 사용자를 둘러싸고 액션이 펼쳐지는 몰입형 게임, 입체 360도 영화에 이르기까지, 이런 기술은 이미 그 영역에서 전통적 매체를 다시 정의하고 있다. 이 장에서는 예술과 엔터테인먼트의 몰입형 시스템에서 독특한 애플리케이션을 강점과 혜택, 그리고 이 새로운 매체를 활용하기 위한 과제를 중심으로 살펴보자.

가상 현실과 예술 ▮▮▮▮▮▮▮▮▮▮▮▮

예술가에게 가상 현실은 특히 새로운 표현 매체로, 아이디어의 외연화와 공유를 위한 새로운 캔버스라 할 수 있다. 그러나 전통적인 매체와 달리, 가상 현실은 물리학이나 비현실성 등에 제약을 받지 않는다. 겨우 수년 전만 해도 상상할 수 없던 작품을 이제 창조할 수 있다. 예를 들어 규모는 더 이상 문젯거리가 아니다. 화가는 더 이상 2D 캔버스나 표면에 제한되지 않는다. 조각가는 사용자의 손 제스처와 표정을 기반으로 형태가 바뀌는 작품을 창조할 수 있고, 변형되는 창작품이 깨지기 쉽거나 일반적인 엔트로피 법칙을 따르는 것도 아니다. 사실 이런 창작물의 표현에서 현실적 제약은 프로그래밍 기술과 콘텐츠 생성 도구의 적절한 활용 능력뿐이다.

지금까지 발표된 것 중 이런 목적을 이루고자 예술적 표현 매체로 가상 현실을 지원하는 인상적인 소프트웨어 애플리케이션으로는 틸트 브러시(원래는 소프트웨어 회사 스킬먼 앤 해켓에서 개발됐으며 2015년 구글에 인수됨)가 있다. 틸트 브러시는 2D 페인팅 유틸리티가 아니라, 헤드마운트 디스플레이와 페어링된 핸드 컨트롤러를 사용해 사용자가 3D 공간에서 그림을 그릴 수 있는 완전히 새로운 차원의 유틸리티다. 브러시, 패턴, 컬러 팔레트, 혁신적 유틸리티 툴셋을 광범위하게 갖춰, 사용자는 이 애플리케이션이 나오기 전에는 존재하지 않던 기법으로 예술품을 창조할 수 있다. 또한 연기, 불, 빛으로도 그릴 수 있다.

재능 있는 사람의 손에서 이 도구가 발휘할 수 있는 힘을 보여주는 놀라운 사례가 바로 그림 13.1이다. 이 3D 창조물은 영국의 예술가 알릭스 브리스캠이 HTC 바이브 입체 헤드마운트 디스플레이(6장, '완전 몰입형 디스플레이')와 페어링된 핸드 컨트롤러를 착용하고서 15분 내에 그렸다[오포저블 VR, 2015].

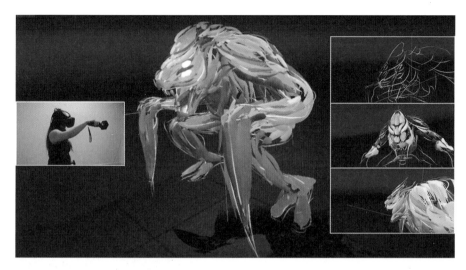

그림 13.1 영국 아티스트 알릭스 브리스캠이 HTC 바이브 헤드마운트 디스플레이, 수동 컨트롤러, 구글의 틸트 브러시라는 3D 페인팅 프로그램을 사용해 생성한 3D 그림의 스크린샷
출처: 오포저블 그룹 리미티드

비슷한 패키지 '미디엄'은 오큘러스 리프트 시스템용으로 개발됐다. 틸트 브러시와 미디엄 모두를 위한 컨트롤 설계가 사용자에게 가상 팔레트와 브러시를 제공하긴 하지만, 미디엄은 협업 도구로서의 조각 프로그램에 가깝다.

게임

가상 및 증강 현실의 다양한 잠재적 응용 영역을 감안할 때, 현재 시장에서 가장 큰 잠재력과 팬층이 있는 부분은 바로 게임이다. 전자 게임 분야의 모든 회사는 소프트웨어든 하드웨어든 주변 기기든, 저마다 이 시장 영역의 차세대 대변혁을 활용한 프로젝트를 개발하고 있다. 사실 컴퓨터 게임 시장의 크기와 수익성은 그래픽 프로세싱 유닛GPU 성능의 발전 속도, 가상 현실 전체 분야의 재출현 뒤에 숨은 중대한 동력이었다.

싱글 유저 일인칭 게임

게임 영역에서 이 분야의 상대적으로 짧은 역사에도 불구하고, 입체 헤드마운트 디스플레이를 사용하도록 설계됐거나 사후에 그런 용도로 포팅된 컴퓨터 게임의 수와 다양성은 인상적이며 점차 늘고 있다. 테마는 비행, 운전 시뮬레이션부터 미로 던전 내비게이션, 괴물과의 전투, 수술 시뮬레이터, 표준적인 군대 스타일의 일인칭 슈팅 게임까지 다양하다. 그림 13.2는 아이슬란드 레이캬비크의 CCP 게임즈가 만든 인기작 〈건잭Gunjack〉의 한 장면이다. 우주에서 펼쳐지는 이 시각적 쾌감을 주는 게임에서 플레이어는 시추선의 포대를 조작해 해적과 싸워야 한다.

그림 13.2 특히 가상 현실 시스템에서 사용하기 위해 디자인된 일인칭 액션 슈팅 게임 〈이브: 건잭〉의 스크린샷
출처: 플리커에 실린 브라이언 워거의 이미지. CC 2.0 라이선스에 의거 수록

에픽 게임즈의 언리얼 엔진 4 제품군을 개발 도구로 구축한 〈건잭〉은 특히 스마트폰 기반의 삼성 기어VR 헤드마운트 디스플레이를 사용하도록 설계됐다[CCP, 2015](6장, '완전 몰입형 디스플레이' 참조). 사용자 내비게이션과 게임 내 기능 상호작용은 다양한 핸드헬드 게임 컨트롤러로 이뤄진다(12장, '내비게이션과 상호작용 구동 기기' 참조).

현재 오큘러스, HTC 바이브, 소니 PS4 VR, OSVR 등 VR 시스템을 지원하는 싱글 유저 일인칭 게임은 수백 개에 이른다.

멀티플레이어 일인칭 게임

1980년대 중반 최초의 상용 가상 현실 시스템이 도입된 이래, 멀티유저 혹은 '공유' 가상 환경의 개념은 이 주제에서 일반 담론의 초석이었다. 과학자와 엔지니어는 공동 프로젝트에 여러 참여자가 원격으로 협업하는 기능에 열광하고, 교육 전문가는 가상 교실을 만들고 탈중앙화할 방법을 열심히 탐구하며, 페이스북 같은 소셜 네트워킹 회사는 만장일치로 가상 현실이 미래에 소셜 인터랙션을 돕는 주요 도구라고 선언한다 [메츠(Metz) 2016]. 컴퓨터 게임 팬도 다르지 않다. 힘을 합쳐 공동의 목표를 달성하는 것으로부터 실력이 중요한 경쟁이 매우 강조되는 게임까지, 가상 현실 시스템의 게임 소프트웨어 개발에서 주로 고려해야 할 사항은 여러 사용자에게 적용되는가 하는 것이며, 이유도 당연하다. 여러 사용자를 지원하는 표준 컴퓨터 게임은 같은 소파에 나란히 앉아있든, 전 세계 어딘가에 흩어진 플레이어가 함께하는 것이든, 업계에서 가장 매출이 높고 가장 인기 있는 타이틀에 속한다. 하지만 표준 컴퓨터 게임과 달리, 멀티유저 가상 현실 애플리케이션은 흥미로운 컴퓨팅과 연결성의 과제를 제기한다.

가장 기본적인 수준의 완전 몰입형 가상 현실 시스템은 입체 헤드마운트 디스플레이, 적어도 하나의 입력 기기나 컨트롤러, 최소한 사용자 손의 위치, 가능하면 방향까지 트래킹하는 센서가 필요하다. 이 모든 하드웨어는 이미 집중 연산이 필요한 작업을 구동하기 때문에 단일 시스템으로 여러 사용자를 지원하는 것은 비실용적이다. 즉 멀티유저 가상 현실 게임은 어떤 형식이든 네트워킹으로 구동되도록 설계되고 있으며, 스펙은 플랫폼과 타이틀의 소스에 따라 다르다.

대규모 멀티플레이어 일인칭 게임

해결해야 할 이 연결성 문제와 잠재력은 저녁에 친구 서넛이 모여 가상 칼싸움을 하거나 도시에서 혈투를 벌이는 것을 훨씬 넘어선다. 〈월드 오브 워크래프트〉와 〈이브 온라인〉 같은 기존 대규모 멀티플레이어 일인칭 게임MMFPG의 선례를 따라, 수많은 소프트웨어 제조사가 활발히 가상 현실 시스템을 지원하는 애플리케이션과 네트워킹 인프라를 개발하고 있다. 그림 13.3이 바로 이런 노력 중 하나인 〈위자드 온라인Wizard Online〉이다[올리베티 2016].

그림 13.3 가상 현실 시스템과 데스크톱 컴퓨터에서도 사용하도록 설계된 대규모 멀티플레이어 일인칭 게임 〈위자드 온라인〉의 스크린샷
출처: Playwizardonline.com. 게임플레이 프로그래밍(창업자 마허 오저)

위치 기반 엔터테인먼트

가상 현실 게임을 가정(혹은 회사)에서만 할 수 있는 것은 아니다. 몰입형 가상 현실 시스템을 활용해 집 밖에서 즐길 수 있는 엔터테인먼트 게임장은 전 세계 수많은 지역에 있다. 이런 시스템은 혼합 현실 외에 프리 롬free roam 형식도 취하는데, 다음에 상세히 설명하겠다.

혼합 현실 게임

혼합 현실은 현실과 가상 세계의 융합으로, 실제 물리적 환경 내에 있는 물체가 가상 환경 시뮬레이션에서 직접적인 기능적 역할을 한다. 창고 공간을 아무 특징이 없는 실린더, 육면체, 구체가 여기저기 배치된 역시 별 특징이 없는 복도, 모퉁이, 방들이 미로처럼 얽혀 있도록 만들었다고 상상해보자. 이제 헤드마운트 디스플레이를 착용하고, 이렇게 아무 특징이 없는 물리적 공간에 완벽하게 맞춰지고 상관관계가 완벽히 디자인된, 세부 묘사가 풍부한 가상 환경이 보인다고 상상해보자. 이것이 바로 혼합 현실MR이며, 유타 주 린든에 있는 더 보이드The Void라는 새로운 위치 기반 게임 센터의 기반 기술이기도 하다.

더 보이드는 '포드'라고 하는 대체로 특징이 없고 마음대로 다시 설정할 수 있는 물리적 환경을 헤드마운트 디스플레이를 통해서는 아름답게 디자인된 그래픽으로 보이도록 함으로써, 게임 장면에서 고도로 설득력 있는 존재감을 만들어낸다. 안개, 열기, 냄새, 강풍기, 서라운드 사운드 같은 추가적 감각 단서가 시뮬레이션의 현실성을 극적으로 높여준다. 마찬가지로 진동하는 벽과 바닥, 3 자유도 모션 플랫폼 같은 효과로 이를테면 다른 층으로 엘리베이터 타고 가기, 다른 전장으로의 이동을 시뮬레이션해 게임 공간을 실제 시나리오가 전개되는 1.6평방미터의 물리적 공간보다 상당히 크게 인식시킬 수 있다[더 보이드 2015].

한 번에 플레이어 6~8명이 들어갈 수 있고, 시뮬레이션에서 활용하는 실제 기술은 커스텀 디자인의 광시야각 스테레오 헤드마운트 디스플레이다. 그래픽은 사용자가 등에 맨 휴대용 경량 컴퓨터로 생성한다. 디스플레이, 손, 손에 든 무기의 위치와 방향은 광학과 관성 센서의 조합으로 모니터링한다.

증강 디스플레이를 사용한 혼합 현실

또 다른 혼합 현실의 구현은 완전히 다른 각도에서 이 패러다임에 접근한다. 사용자가 앞에서 설명한 완전 몰입형 디스플레이에서 정확히 상관관계가 있는 이미지를 보면서 물리적 환경과 상호작용하는 것이 아니라, 증강 현실 디스플레이를 사용하면 사용자의 현실 세계 환경에 컴퓨터가 생성한 물체를 배치하는 것이다. 최근 사례로는 마이크로소프트 홀로렌즈 디스플레이를 이용해 〈마인크래프트〉를 테이블톱으로 구현한 것 등이 있다.

프리 롬

혼합 현실 설정과 달리 프리 롬 게임은 전적으로 헤드마운트 디스플레이로 전달되는 가상 환경의 그래픽 재현에 의존하며, 사용자는 자유롭게 빈 공간의 정해진 부분 안에서 돌아다닌다. 이런 게임 센터 중 하나가 호주 멜버른의 제로 레이턴시 파티Zero Latency PTY LTD다. 그림 13.4처럼, 제로 레이턴시는 작은 배낭에 든 소형 델 에일리언웨어 알파 게임용 컴퓨터로 작동하는 완전 몰입형 광시야각 헤드마운트 디스플레이를 제공한다. 사용자의 머리와 무기의 위치 및 방향은 (싱글 포인트 조명구로 표시하는)

광학 트래킹과 관성 센서의 조합으로 모니터링된다. 여러 참여자가 50분짜리 미션에 참여하는 실제 게임 공간은 4평방미터다[심슨(Simpson) 2015].

그림 13.4 호주 멜버른의 제로 레이턴시 가상 엔터테인먼트 센터에서 사용하는 프리 롬 게임 구현을 보여주는 장면
출처: 이미지 제공 – 호주 멜버른 제로 레이턴시 파티 사

실행 기술의 상용화가 상대적으로 얼마 안 됐다는 점을 감안할 때(여러 경우는 아직 프로토타입 단계에 있다.), 방금 본 위치 기반 엔터테인먼트장은 얼리어답터 제품이 늘 그렇듯 허점이 있다. 그래도 이런 회사는 위치 기반 엔터테인먼트가 어떤 방향을 취해야 할지 강력한 시사점을 보여준다.

몰입형 동영상/시네마틱 가상 현실

몰입형 동영상 개념은 상당히 단순하다. 전통적 동영상이나 영화 제작에서는 감독이나 카메라 감독이 포착할 특정 장면이나 프레임을 선택한다. 이어서 편집자가 클립을 한데 모아, 궁극적으로 최종 사용자가 무엇을 보게 될지 제어한다. 몰입형 동영상은 전문화된 카메라 시스템으로 모든 방향의 이미지를 동시에 포착하며, 동영상 속에서 어떤 방향이나 특징을 볼지는 최종 사용자가 결정한다.

수년간 표준 360도 동영상(단순히 반구로 변형된 평평한 등방장형 동영상)이 사용되며
상당히 흔해졌지만, 이 분야에서 큰 발전은 그림 13.5의 스테레오 360도 카메라의 도
입이다. 이런 시스템마다 왼쪽과 오른쪽 눈에 별도의 360도 뷰를 포착하는데, 출력물
은 스테레오 헤드마운트 디스플레이에서 조회한다.

그림 13.5 스테레오 360 동영상을 포착하기 위해 설계된 세 가지 카메라 시스템. 전트 원(중앙 위), 넥스트VR 가상 현
실 디지털 시네마 시스템(좌측), 부즈 소비자 중심 3D 카메라(우측)
출처: 이미지 제공 – 넥스트VR 주식회사, 전트 주식회사, 휴먼아이즈 테크놀러지 LTD

이 기술은 다양한 엔터테인먼트 분야에 걸쳐 강력한 애플리케이션 적용 잠재성이 있
다. 열대 우림을 걸으며 아름다운 자연을 즐기는 야외 스포츠 애호가로부터 이런 특
화된 카메라를 전략적인 곳에 배치한 후 스포츠 이벤트를 인터넷으로 생중계할 수 있
도록 몰입형 360도 입체 동영상을 캡처해 스트리밍하는 전문 프로덕션까지 다양한
이에게 유용하게 쓰일 수 있다.

음악과 영화 산업 모두가 관심을 가지고 주목한 초기의 더 매력적인 애플리케이션은
2014년 8월 뮤지션 폴 매카트니가 캘리포니아 팔로알토의 전트 사Jaunt Inc.와 제휴해
샌프란시스코 캔들스틱 파크에서 개최한 콘서트의 360도 입체 녹화였다. 그림 13.6
은 그림 13.5에서 본 전트 카메라 리그의 초기 버전이다. 초기 시스템 중 셋은 무대의
서로 다른 위치에 배치돼, 다양한 시점을 잡아냈다. 그리고 구글 카드보드/삼성 VR
타입의 디스플레이를 위한 무료 스마트폰 앱이 배포돼, 시청자가 매카트니의 360도
입체 동영상 'Live and Let Die' 공연을 시청하면서 그와 함께 (헤드폰을 통해) 바이노
럴 오디오로 감상할 수 있었다[옹(Ong) 2014].

그림 13.6 콘서트장에서 전트 원 카메라 시스템의 초기 버전을 이용해 스테레오 360도 동영상으로 녹화 중인 뮤지션 폴 매카트니의 스틸 샷
출처: 이미지 제공 – 전트 주식회사

이 카메라는 형태가 계속 변하고 있지만, 이 책을 저술하는 현재 전트 카메라 리그는 개별 카메라 16대를 중앙선에, 그리고 네 대를 상하단에 배치해 각각 4K 해상도로 녹화한다. 녹화된 출력물은 개별 파일 24개로 나오고, 이 파일들은 전트의 클라우드 렌더링 파이프라인에 한 세트로 업로드된다. 그다음 동영상 24개가 좌우안 파노라마 동영상의 단일 파일로 병합되며, 포맷은 동영상 편집 패키지 대부분에서 임포팅해 읽을 수 있다[뮤리에(Murie) 2016].

엔터테인먼트와 미디어 분야의 완전히 새로운 매체임을 감안해서 탐험과 실험적인 포맷으로 시작하긴 했지만, 메이저 할리우드 스튜디오도 이런 시스템으로 작업하기 시작했다. 일단은 시네마틱 가상 현실을 통한 내러티브의 포착과 전달을 위한 완전히 새로운 방법이 먼저 개발돼야 한다.

결론

아타리의 〈퐁〉 같은 최초의 컴퓨터 게임이 나타난 이래로, 개발자는 사용자를 더 완전히 플레이어 경험으로 끌어들이는 도구와 기법을 개발하기 위해 쉼 없이 노력해왔다. 그 이래로 빠르게 변화하는 이 산업은 그래픽, 디스플레이 품질, 상호작용 도구, 수많은 동전을 집어넣는 독립형 아케이드 게임에서부터 수천 개 집의 거실을 한 번에 연결하는 글로벌 네트워크 기반 일인칭 게임으로의 전환 등과 같은 놀라운 진화를 이뤘다. 가상 현실은 분명 이 진화의 다음 단계며, 앞으로 수년간 가상 현실 산업의 주요 매출이 발생하는 핵심 시장의 역할을 할 것이다.

증강 현실 게임 애플리케이션도 마찬가지다. 개발과 시장 출시 측면에서는 여전히 매우 초기 단계지만, 이 특별한 패러다임은 완전히 새로운 종류의 게임 경험을 제공하기 때문에 잠재력이 상당하다. 또한 완전 몰입형의 구현에 비해 멀미나 벽과 같은 물리적 물체와의 충돌 우려를 덜고, 실제 게임 환경의 무한한 변형 등 수많은 혜택을 얻을 수도 있다.

영화에서 이 기술의 응용은 완전히 다른 얘기다. 첫 개인용 컴퓨터가 1970년대 중반 도입됐을 때, 많은 이들은 이 기술을 궁극적으로 어떻게 활용할지 머리를 긁적이며 의아해했다. 복잡한 정보 시스템이 현대 사회에 얼마나 깊숙이 침투할지 내다본 사람은 거의 없었다. 여러 면에서 지금은 가상 현실이 궁극적으로 할리우드 제작에서 어떤 역할을 맡을지 같은 질문이 나오고 있다. 물론 처음의 답은 틀림없이 어떤 형태든 인터랙티브 시네마의 형태가 될 것이다. 그러나 이 주제를 파고들면, 적어도 당분간은 답보다 질문이 무한히 더 많이 튀어나온다. 영화 제작 전문가는 수중에 엄청나게 강력한 도구가 있다는 것을 알지만, 그 역량을 어떻게 활용할지에 대해서는 이제 막 탐구가 막 시작됐을 뿐이다.

예를 들어 영화 제작이라는 과학적 예술 분야는 카메라의 위치와 동작부터 장면, 조명의 효과적 사용, 관객의 눈과 관심을 프레임의 어디로 끌어당길 것인지 유도하고, 궁극적으로는 개인이 보고 듣는 바의 모든 측면에 이르기까지 지난 100년 이상에 걸쳐 완전히 다 변화하며 발전했다. 이를 비롯한 수천 가지 다른 잘 정의된 방법과 기법이 영화 제작가가 궁극적으로 관객과 2D 표면에 전달하는 시각과 청각 언어를 구성한다. 이 복잡한 시청각 언어로 제작자, 감독, 포스트 프로덕션 팀은 관객을 또 다른 곳으로 보내고, 그 효과가 때로 평생 지속되는 감정으로 이어지기도 한다. 바로 그 매체를 바꾸면, 단순히 관객 주위를 액션으로 에워싸든, 어떤 형태나 상호작용까지 허용하든, 이 언어에 깔려 있는 예술과 과학에 직접적인 영향을 준다.

어떤 답은 점차 늘어가는 메이저리그 스포츠, 콘서트 등 특정 이벤트의 단순한 360도 동영상 포착, 실시간 전달, 다시 보기의 사용에서 찾고 있다. 이 새 매체의 언어는 천천히 쌓여가는 중이다.

14장

건축과 건설

건축가가 디자인 콘셉트를 다듬는 데 도움을 주는 것부터 일반 하도급자가 더 효과적으로 매우 다양한 직군의 팀이 개입하는 대규모 프로젝트를 관리할 수 있게 해주고 기존 부동산의 판매를 돕는 것까지 몰입형 가상 현실 시스템은 건축, 엔지니어링, 건설 산업에 전환적인 영향을 주고 있다. 이 장에서는 새로운 디스플레이 도구로서 디자인, 커뮤니케이션, 프로젝트 관리 과제를 해결해주는 매우 다양한 방식을 알아보기 위해 크고 작은 회사 모두의 사례 연구를 확인해보겠다.

인공적 공간

공간의 시각화, 즉 2D와 3D 형태를 머릿속에서 그려보고 조작하는 능력도 인간 사고의 놀라운 역량이다. 건축 분야에서는 이 능력을 이용해서 디자이너가 공간과 형태의 복잡한 3D 기하학, 재료 선택과 다양한 조명 조건에 따른 차이, 매우 다양한 건축 시스템과 프로세스의 상호작용을 머릿속으로 시각화할 수 있다.

하지만 이 능력에도 한계는 있다. 예를 들어 검토 중인 구조나 공간의 복잡성이 더 커지면, 이 머릿속 이미지를 외연화해 더 구체적으로 시각적 검토와 확인을 거치고 더 나아가 디자인 아이디어를 클라이언트와 의논할 필요성도 더욱 커진다.

건축가가 건설 전에 디자인 콘셉트와 결정을 외연화, 평가, 전달하는 데 사용하는 전통적 방법론은 수작업 일러스트와 컴퓨터로 생성한 현실적 렌더링 같은 2D 재현으로부터 실제 모델을 만들어 내시경으로 보는 방법과 워크스테이션에서 보는 실시간 안내까지 다양하다. 이 방법은 건축 공간이 어떻게 보일지 그 느낌을 제공하는 데도 유용하지만, 건축가와 더 중요하게는 건축에 대해 문외한인 고객이 마음속으로 완성될 규모의 구조물의 정확한 이미지를 그릴 수 있게 해서 디자인의 복잡한 기하학, 지표, 공간의 상관관계를 이해하는 엄청난 일을 가능하게 해준다.

기술을 구현하는 개개의 실행 기술을 대충 꿰어 맞춰 작동하도록 만든 완전 몰입형 가상 현실 시스템의 초기 사례부터 건축은 이 분야에서 탐구한 주요 응용 영역 중 하나였다. 그 이래 몰입형 건축 안내는 복잡하고 사람이 들어갈 수 있는 3D 구조물을 효과적으로 실체화하고 경험할 수 있는 방식으로 점차 건축가, 엔지니어, 훈련 중인 학생, 부동산 중개업체 등이 의존하는 수단이 됐다.

이 장에서는 이 분야에서 다양하게 활용하는 몰입형과 반몰입형 가상 및 증강 현실 기술을 알아보겠다. 이 책에서 설명한 다른 애플리케이션처럼, 이런 사례는 가상 인터페이스를 활용할 수 있는 변형과 창의적 방식을 생각해볼 수 있는 예제이자 출발점이 돼줄 것이다.

건축 디자인: 망간 그룹 아키텍트

건축가나 엔지니어가 종래의 2D 디스플레이에서 구조물의 3D CAD 모델을 보고 머릿속으로 디자인 속의 실제 공간적 특징을 시각화하는 것과, 헤드마운트 디스플레이를 착용하고 똑같은 CAD 모델을 내비게이션하는 것은 완전히 다르다. 하지만 삽 한 번 뜨기도 전에 실제 규모로 공간의 물리적, 기능적 특징을 평가하고 배관과 냉난방 환기 시스템의 충돌을 찾아보기까지 하는 것이 건설 과정 중 하나로 자리 잡게 됐다. 전 세계의 점점 더 많은 건축 회사에서 정확히 이런 일이 일어나고 있다. 고객 역시 이런 도구를 이용해 프로젝트를 확정하고, 건축 입찰에 들어가기 전에 디자인을 리뷰하고 변경할 수 있다.

이런 기술의 단순하지만 강력한 응용의 이상적인 사례는 메릴랜드 타코마 파크의 망간 그룹 아키텍트^{Mangan Group Architects}다. 리모델링, 프로덕션 홈(건축사 소유의 도면으로 건축되는 집), 소규모 상가 프로젝트가 전문인 풀 서비스 소규모 건설사 망간 그룹은 몰입형 가상 현실 시뮬레이션을 정기적으로 활용해 디자인 팀 간의 효율적인 커뮤니케이션과 협업을 도모하고, 고객이 디자인을 실제 크기로 구경하면서 여러 옵션을 선택할 수 있게 해주며, 원하는 경우 수정도 요청할 수 있게 해준다.

이런 프로젝트 중 하나가 최근의 호텔 리모델링으로, 상업 개발업자인 고객에게 룸과 옥상 데크 등 제안한 디자인을 시각화해서 보여줬다. 리뷰 과정에서 고객은 레이아웃과 디자인 내용을 수정할 뿐 아니라, 버튼 하나로 미리 프로그래밍된 외관과 컴포넌트 기능의 여러 변형을(고정식 패널인가, 슬라이딩 패널인가 등) 바꿀 수 있었다.

그림 14.1처럼, 이 사무실에서 사용하는 기본 하드웨어는 오큘러스 DK2 스테레오 헤드마운트 디스플레이(6장, '완전 몰입형 디스플레이' 참조), 디스플레이에 내장된 위치와 방향 추적용 소형 적외선 센서(데스크톱 모니터에 탑재) IR-LED망, 그리고 쉬운 내비게이션과 시점 전환을 돕는 마이크로소프트 엑스박스 핸드 컨트롤러다.

그림 14.1 제안된 디자인의 몰입형 건축 소개가 구동되는 망간 그룹 클라이언트를 보여주는 사진
출처: 이미지 제공 – 망간 그룹 아키텍트

그림 14.2의 입체 이미지 쌍에서 보이는 것처럼, 오큘러스 DK2 헤드마운트 디스플레이는 적당히 밝은 중간 해상도의 액티브 매트릭스 유기 발광 다이오드^AMOLED 이미지(눈당 960×1080)로, 고객이 컨트롤러를 이용해 디자인 모델을 여러 시점으로 조작해서 볼 수 있다. 위치/방향 트래킹의 지연 시간은 20ms 이내로, 사용자가 머리를 움직이는 데 따라 이미지가 매끄럽게 이동한다.

오큘러스 시스템 내에서 업계 표준 CAD 모델을 준비하는 데는 간단한 소프트웨어 경로면 충분하다. 일례로 CAD 파일을 직접 유니티 3D 게임 엔진으로 임포팅해, 유니티에서 커스텀 소재의 재질, 조명, 셰이딩과 디자이너의 아이디어를 반영할 때 필요한 여러 처리 등의 시각 효과를 적용할 수도 있다.

그림 14.2 망간 그룹의 고객이 헤드마운트 디스플레이로 제안된 디자인을 보는 동안 헤드셋에 전달되는 입체 이미지 한 쌍이 동시에 표준 데스크톱 모니터에 표시되므로, 디자이너 등은 고객이 모델의 어느 부분을 관찰하는지 확인할 수 있다.
출처: 이미지 제공 - 망간 그룹 아키텍트

망간 그룹의 신조에 따르면, 작업 과정에 이 기법을 적용할 때 디자인 프로젝트에는 눈에 띄게 긍정적인 효과가 있었다. 더욱 중요하게는 명료하고 통찰이 담긴 디자인적 이해를 도와 디자인 단계에서 고객이 좀 더 정보에 근거한 결정을 할 수 있게 됐다.

특정 응용 영역에서 이런 기법의 사용이 더 이상 그저 자금이 풍족한 조사 기관이나 회사 연구소만의 일이 아니라는 데 주목하자. 사실 망간 그룹은 연간 총매출이 100만 달러에 못 미치는 총 직원 수 여섯 명의 업체임을 강조하며, 이 기술이 소규모 업체도 접근 및 적용이 가능하다는 점을 분명히 입증하고 있다.

건설 관리

건설 프로젝트의 자금 규모가 클수록 디자이너, 엔지니어, 건설업자, 고객 간의 긴밀한 협업이 더 필요해진다. 이런 정도의 협업을 수행하기 위한 최신 수단으로 빌딩 정보 모델링BIM 방식이 있는데, 건축가, 엔지니어, 하도급자가 여러 직군의 프로젝트 데이터, 드로잉, 디자인, 기타 정보를 하나의 3D 가상 모델로 모아 조정하는 프로세스를 지칭한다. 전통적 협업이 2D 디자인과 각 직군에서 쌓고 확인하고 직접 검증한 데이터를 기반으로 하는 반면, BIM은 여러 직군과 소스의 데이터를 모아 공통으로 접근 가능한 하나의 가상 모델로 통합한다.

BIM 방식이 강력한 또 한 가지 측면은 네 번째 차원, 즉 시간 요소를 모델에 추가할 수 있다는 것이다. 시간이나 일정 관련 정보를 개별 3D CAD 요소와 조합에 할당함으로써 건축가, 엔지니어, 하도급자, 기타 이해관계자가 프로젝트의 다양한 단계를 정확한 이벤트 순서에 따라 3D 모델로 시각화해볼 수 있으므로 건설 진행 상황을 더 잘 이해하고 전반적인 프로젝트 관리를 개선할 수 있다[맥키니(McKinney) 등 1996; 자코비 (Jacobi) 2011].

크고 작은 디자인과 건설 프로젝트 모두 BIM이 활용돼 건축, 엔지니어링, 건설 업계에 광범위한 영향을 주고 있다. 모든 당사자가 하나의 공통 모델에 접근해 검토하고 조정되지 않았거나 충돌하는 디자인 기능에 대해 즉시 해결책을 제시함으로써 효율적 협업, 커뮤니케이션, 쉬운 시스템 간 충돌 확인을 돕는다. 과거에는 이런 갈등 중 상당수가 건설이 이미 시작된 후 발견돼 문제가 되기 마련이었다.

다음의 사례 연구에서 볼 수 있듯이, BIM과 고성능 몰입형 시각화 기술을 합치면 이런 기술이 대규모 설계와 건설 프로젝트에 미치는 영향이 더욱 커진다.

모텐슨 건설

미네소타 미니애폴리스의 모텐슨 건설Mortenson Construction은 미국 최대의 개인 소유이자 최고 수준의 일반 하도급 겸 건설 관리 업체로, 가상 디자인과 건설 분야에서 전문성을 인정받고 있다. 이 회사는 10년 이상 고객, 재하도급자, 프로젝트 팀원들이 혜택을 받을 수 있게끔 혁신적인 몰입형 시각화 도구와 함께 BIM을 적극적으로 활용하고 있다.

이 기술이 적용된 주요 프로젝트로는 펜실베니아 주립대학 캠퍼스의 유니버시티 파크에 있는 그림 14.3의 페귤라 빙상 경기장Pegula Ice Arena이 있다. 1억 달러 규모에 6.5 평방킬로미터의 넓이와 6,000석의 좌석을 갖춘 이 경기장은 NHL(북미 프로 아이스하키 리그) 규모의 빙상장 두 개, 메인 빙상 경기장과 연습용 링크, 라커룸 여덟 개, 사무 공간, 선수 이용 공간, 그 외 다양한 기타 시설을 자랑한다.

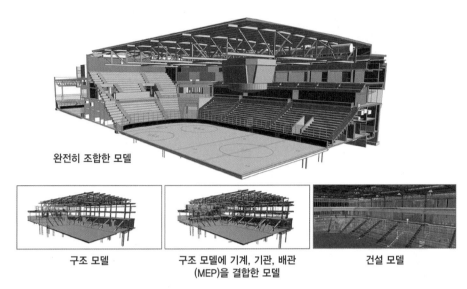

완전히 조합한 모델

구조 모델   **구조 모델에 기계, 기관, 배관**   **건설 모델**
                      (MEP)을 결합한 모델

그림 14.3 표준 시각화 과제 외에 몰입형 건축 안내도로 설계와 건설 팀 구성원이 사용하는 페귤라 BIM 모델의 다양한 세부 사항 수준을 보여주는 컴파짓 이미지
출처: 이미지 제공 – 모텐슨 건설

프로젝트 설계 단계에서 모텐슨은 미주리 주 캔자스 시티의 크로포드 아키텍트 Crawford Architects 및 고객과 함께 여러 완료 단계에 걸쳐 실제 규모 시설의 세부적인 가상 모델을 만들어 둘러보고 평가할 수 있었다. 이런 검토 작업은 펜실베니아 주립대의 응용 연구소Applied Research Laboratory에 있는 컴퓨터 지원 가상 환경CAVE 디스플레이 시스템(6장 참조)으로 진행했다.

그림 14.4처럼, 펜실베니아 주립대의 CAVE 시스템은 후면 영사 화면 네 개로 이뤄진 방이다. 스테레오 이미지는 고해상도 바르코Barco 프로젝터 네 개로 이 표면에 영사된다. 머리 위에서는 아래 방향 영사 시스템을 활용해 바닥까지 시뮬레이션 이미지가 연장되도록 한다. CAVE 안에서 사용자는 편광 글래스를 착용해 근처 서버에서 생성한 3D 그래픽을 본다.

그림 14.4 펜실베니아 주립대 응용 연구소의 CAVE는 벽 역할을 하는 후면 영사 화면 네 개로 구성된다. 고해상도 프로젝터에서 나온 입체 이미지는 거울에 반사돼 각각 디스플레이 표면에 영사된다.
출처: 플리커에 실린 데이브 페이프(Dave Pape)의 이미지. CC 2.0 라이선스에 의거 수록

미국에서도 가장 뛰어난 대학 빙상장으로 꼽히는 이 시설의 첫 번째 건축 안내는 건설 과정이 시작되기 18개월 전에 이미 구성돼 상세 설계뿐 아니라 건설에서도 핵심적 역할을 했다.

이 사전 건설 투어 동안 공용 구역, 훈련 시설, 사무 공간, 지하 통신 인프라에서 다양한 설계 결함이 확인됐는데, 그중 상당수는 실제 건설에 접어들어 상당 기간이 지나기까지는 드러나기 힘든 것들이었다. 그림 14.5는 시설 내의 연습 링크를 내려다볼 수 있는 실내 창에서 아래에 있는 팀 벤치가 보이지 않는 것을 보여주는 예다. 업체는 바닥에서 창을 띄우지 않고 바닥까지 내려오도록 늘려서 아래 조망이 가려지지 않도록 수정했다. 참여자들의 설명대로, 이 문제는 CAVE의 몰입형 실제 규모 시각화 성능을 활용하지 않으면 확인할 수 없었을 것이다.

그림 14.5 왼쪽의 이미지 쌍은 디자인 결함을 시설의 가상 투어에서 확인한 전후의 페귤라 빙상장의 연습 링크가 내려다보이는 조망창 설계를 보여준다. 오른쪽 사진은 설계로 변경한 현재 결과를 보여준다.
출처: 이미지 제공 – 모텐슨 건설

이 건설 안내에서 사무 공간의 규모와 레이아웃, 코치 라커룸의 재설정, 기계실 조명 재배치 같은 다른 설계적 문제도 확인됐다. 이런 문제를 설계 과정에서 발견함으로써 추가 건설 비용을 부담하지 않고도 조정할 수 있었다. 모텐슨은 이 설계 검토에서 CAVE 사용을 통해 건설하는 동안과 사후까지 475,500달러 이상의 변경 비용을 절감한 것으로 추산한다[모텐슨 2013]. 그림 14.6은 제안된 시설 설계 안내 과정이 진행되는 CAVE 디스플레이 내부에서 찍은 사진이다.

그림 14.6 펜실베니아 주립대 캠퍼스의 응용 연구소에 있는 CAVE 디스플레이 안에서 페귤라 빙상장 안내가 진행되는 동안 펜실베니아 주립대 아이스하키 팀 수석 코치 가이 가돕스키가 편광 입체 글래스를 착용하고 있는 이미지
출처: 이미지 제공 – 펜실베니아 주 대학 대항 경기

설계 평가를 위해서도 CAVE를 사용했지만, 펜실베니아 주립대 코칭 스탭은 이 시스템을 1부 경기 첫 시즌에 핵심 선수 선발 및 계약을 위한 경기장 가상 투어에도 사용했다는 점이 이채롭다.

냅홀츠 건설

미국 최고의 상업적 일반 하도급 및 건설 관리 회사인 아칸소 콘웨이의 냅홀츠 건설도 BIM을 고성능 몰입형 쌍방향 시각화 기술과 결합할 때 얻을 수 있는 엄청난 혜택을 발견했다. 여기서도 이 응용 영역은 다양한 프로젝트 참여자와 이해관계자를 한데 모아 더 긴밀한 협업 및 설계 검토를 진행하고, 고객에게 정확한 최종 구조물의 데모를 전달하는 데 쓰인다.

아칸소 리틀락 대학UALR EAC(이머징 분석 센터)와의 제휴하에 냅홀츠 팀은 건설 전 설계 검토 프로세스의 일부로 아이오와 마샬타운의 멕다인 사가 주문형 디자인으로 구축한 EAC의 첨단 CAVE 디스플레이 시스템을 정기적으로 활용한다.

냅홀츠가 이 디스플레이 시스템을 사용한 사례로는 센트럴 아칸소 방사선 치료 협회CARTI 암 센터의 프로젝트 설계 및 건설 과정의 건축 안내가 있다. 9,000만 달러 규모에 연면적 4.8평방킬로미터에 달하는 아칸소 리틀락의 이 시설은 의료, 수술, 방사선 치료와 함께 진단 방사선과 혈액 검사 서비스를 제공한다. 그림 14.7에서 볼 수 있듯이 건축, 엔지니어링, 건설 팀은 다양한 협업 설계 리뷰, 건설 가능성 측정, 구조, 배관, 공조 시설의 충돌 발견 및 복구와 전반적인 직군 간 프로젝트 관리를 위해 CAVE 디스플레이를 광범위하게 사용했다.

그림 14.7 아칸소 대학 이머징 분석 센터의 첨단 센트럴 아칸소 방사선 치료 협회(CARTI) 암 센터의 프로젝트 CAVE 시스템에서 포크 스탠리 윌콕스 아키텍트(Polk Stanley Wilcox Architects)와 작업 중인 냅홀츠 건설 팀 구성원들
출처: 이미지 제공 – 냅홀츠

이 프로젝트는 이런 시각화 기술 활용을 통해 뚜렷한 여러 혜택을 얻었다. 여기에는 초기 결함 감지를 가능하게 해준 중대한 설계 검토, 최소 비용으로 즉석에서 수행한 설계 변경, 그리고 이를 통한 일정과 비용 절감이 있다.

부동산 판매 애플리케이션

설계와 건설 과정 지원뿐 아니라 몰입형과 반몰입형 가상 현실 시스템은 기존 부동산 판매를 돕는 강력한 도구이기도 하다. 일례로 로스앤젤레스에 있는 소더비 국제 부동산의 매튜 후드 부동산 그룹은 다양한 기술 구현을 통해 남부 캘리포니아와 뉴욕의 호화 주택을 전시한다.

그림 14.8처럼 후드의 팀은 모터로 구동되는 삼각대에 장착돼 제 자리에서 회전하면서 HDR(고명암비) 이미지와 상세한 3D 공간 데이터를 동시에 점 데이터군 형식으로 포착하는 매터포트Matterport 카메라를 사용한다. 태블릿 애플리케이션으로 카메라를 조정해 집과 아파트의 곳곳을 둘러보는 다양한 스캔본을 포착하는데, 이 전 과정이

몇 시간이면 완료된다. 이 데이터는 이어서 매터포트의 클라우드 서버에 업로드되고, 포인트 간 상관관계를 계산해 폴리곤 메시가 생성되고, 여러 스캔본이 하나로 매끄럽게 연결된다.

그림 14.8 매터포트 프로 3D 카메라를 이용해 내부 공간의 고해상도 3D 스캔을 수집한다. 이 이미지 속의 방은 실제 공간의 스캔 중 한 시점이다.
출처: 이미지 제공 − atthewHoodRE.com/매터포트 사

그러면 그림 14.9처럼 부동산의 모습이 고해상도의 정확하고 현실감 있는 '인형의 집' 같은 3D 모델로 변환된다. 이 모델은 마야, 오토캐드, 레빗, 솔리드웍스 같은 다양하고 흔한 디자인 유틸리티로 임포트할 수 있으며, 유니티 소프트웨어 프레임워크나 다른 그래픽 엔진을 통해 휴대용 뷰어와 모바일 기기부터 헤드마운트 디스플레이까지 아우르는 다양한 디스플레이로 조회할 수 있다.

고정된 하나의 시점에서 공간을 묘사하는 파노라마 사진이나, 마찬가지로 보는 사람이 '체험하는 동안' 시점 변경(롤, 피치, 요)에 제약을 받는 구형 동영상과는 달리, 매터포트 같은 스캐너로 생성한 3D 지오메트리 모델은 포착한 3D 지오메트리를 자유롭게 살펴볼 수 있다.

그림 14.9 매터포트 프로 3D 카메라로 만들어낸 여러 스캔에서 생성한 3D 인형의 집 사례를 보여주는 이미지. 이 모델을 시뮬레이션 유틸리티로 임포트해 스테레오 헤드마운트 디스플레이로 조회할 수 있다.
출처: 이미지 제공 – 매터포트 사

잠재적인 구매자는 현재 삼성 기어VR 디스플레이(6장 참조)와 핸드 컨트롤러를 제공받아 여러 모델을 자유롭게 둘러볼 수 있다. 중개업자는 언제든 그냥 데스크톱 모니터만 흘끗 봐도 사용자가 어디를 보는지 알 수 있으므로, 특정 부동산의 세부 투어를 제공하고 실제 매물을 방문한 것처럼 질문에 답할 수 있다.

이런 실행 기술은 특히 후드가 거래하는 지역과 고가의 부동산 구매자 및 판매자에 잘 맞는다. 한곳에서 여러 부동산을 제대로 살펴보는 투어를 제공해 관심 매물을 몇 개로 좁히면 상당한 시간과 노력을 절감해주며, 교통 체증으로 악명 높은 이 지역을 불필요하게 돌아다닐 필요도 없어 효율성을 높여준다.

이 기술의 적용이 후드 사에 강력한 도구임이 입증됨에 따라, 미국 전체의 다른 사무실로 확산되고 있다. 이런 전략은 나라 반대편에 있거나 세계 다른 지역에 있는 중개업자도 고객에게 가상 부동산 모델을 보여줘서 보통은 실제 부동산을 보기 위해 긴 시간 여행을 하는 수고를 덜어줄 수 있다.

건축의 음향

건축 공간의 모델링과 시뮬레이션은 시각 영역에만 국한되지 않는다. 점점 더 많은 건축 설계 회사가 이제 세련된 음향 모델링 소프트웨어 유틸리티를 도입해 공간이나 구조물의 음향 성능을 예측하는 수단으로 활용하고, 고객이 최적의 설계 결정을 할 수 있도록 도와준다. 이런 소프트웨어 패키지는 기본 CAD 지오메트리와 함께 건축 자재의 음향적 속성까지 임포트해 반향, 전달, 굴절 경로 등을 모델링한다. 쌍방향으로 기능하는 이런 시뮬레이션은 실시간 시각적 소개와 결합해 건축가와 고객에게 공감각적으로 정확한 제안된 설계와 대안의 재현을 제시할 수 있다.

이런 기능은 컴퓨터 게임이나 기타 몰입형 엔터테인먼트 설정에서도 점차 활용도가 높아져서 시뮬레이션에 현실성을 부여하고 있다. 이 분야의 선도적 소프트웨어 개발사는 노스캐롤라이나 카르보로의 임펄소닉Impulsonic Inc.이다.

결론

이 장에서는 몰입형 가상 현실 기술의 다양한 애플리케이션을 건축, 건설, 부동산 판매 분야에서 시연하는 여러 사례 연구를 소개했다. 접근법과 기술적 솔루션은 다양하지만, 궁극적 목표는 본질적으로 같다. 실제 크기로 건축 공간의 복잡한 지오메트리를 디자이너, 건설업자, 고객에게 제공할 시각화 수단을 찾는 것이다. 비슷한 구현을 북미와 전 세계의 수백 개 건축, 건설 관리, 부동산 중개업소에서 찾아볼 수 있다. 이를 위해 사용할 수 있는 하드웨어와 소프트웨어 도구의 상용화가 점점 늘어나는 점을 생각하면, 이런 응용 영역 안에서 해당 기술의 지속적 적용은 거의 보장된 것이나 다름없다.

이 분야에서 시도되는 증강 시각화 솔루션의 응용은 상당한 잠재력과 가능성도 가졌지만, 필요한 하드웨어와 소프트웨어 솔루션의 개발은 완전 몰입형 시스템보다 매우 더딘 속도로 이뤄지고 있다. 이 책의 여러 부분에서 지적한 대로, 개발 속도가 더딘 가장 큰 원인은 해상도와 시야각FOV이 충분한 광학 투과형 디스플레이가 아직 나오지 않았기 때문이다(하지만 이는 시간 문제일 뿐이다). 일단 디스플레이 문제만 극복하면, 실행 소프트웨어 유틸리티는 굉장히 빨리 출현할 것이다.

15장

과학과 공학

쌍방향 몰입형 디스플레이 시스템은 여러 공학 분야에서 폭넓게 사용된다. 설계 프로세스의 시작부터 전 세계 여러 지역에 있는 여러 직군의 팀 간 의사 결정을 돕는 것까지, 이런 기술은 디자인 품질, 비용 통제, 워크플로우 효율성에 큰 영향을 준다. 이 장에서는 다양한 엔지니어링 직군에서 쓰이는 몇 가지 애플리케이션을 흔히 직면하는 문제와 시스템이 제공하는 정량화 가능한 혜택 측면에서 알아보겠다.

시뮬레이션과 혁신

가상 및 증강 현실은 항공우주부터 자동차 디자인, 선박 구조, 공공 프로젝트에 이르는 수많은 공학 분야에서 중요한 도구가 되고 있다. 고객에게 디자인 아이디어를 제시하는 수준을 넘어서 이런 도구는 실제 공학, 제조, 유지 보수 프로세스에서 입증하고 정량화할 수 있는 영향을 보여준다. 또한 산출물의 품질을 더욱 높이고, 디자인 결함을 줄여주며, 비용 및 투입 시간을 더 크게 절감해준다. 이런 혜택은 큰 데이터셋을 대규모로 시각화하고 검토함으로써 얻을 수 있는데, 물리적 프로토타입의 필요를 감소시키거나 없애줄 때가 많지만, 초기에 오류 확인, 효율적 협업 및 의사 결정 유도, 전통적 디스플레이로는 달성 불가한 관점에서 나온 복잡한 시스템 분석이 가능하다는 것도 빼놓을 수 없다. 더 넓은 분야에서 이런 도구의 중요성이 커져서, 미국 국립 공학 아카데미는 가상 현실 시스템의 개선을 21세기 공학의 14가지 대과제 중 하나로 지목했다[NAE 2015].

이 장에서는 여러 엔지니어링 분야의 몇 가지 핵심 애플리케이션 사례를 탐구하겠다. 산업별로 구분된 이 사례들은 디자인적 과제와 함께 다양한 가상 및 증강 현실 시스템을 사용함으로써 이뤄진 혜택 모두를 보여주고 있다.

선박 건조와 해양 공학

선박 설계사와 해양 엔지니어는 전통적인 건축가와 비슷하면서도 종종 그 이상으로 다양한 설계 과제에 직면한다. 제한된 공간에서 필요한 물품을 자급해야 하는 특성 때문에 엔지니어는 추진과 조종, 동력 발전과 배분, 열 배출과 공조^{HVAC}, 물 분배와 하수, 화물 처리 등을 위한 시스템을 모두 넣어야 한다. 대부분의 선박에는 선원이 있으므로, 선박 설계사는 분만실, 복도, 조리실, 화장실 등 기타 필요한 시설도 포함해야 한다. 선체는 액체에서 나아갈 때 최소한의 저항을 받도록 설계해야 하며, 어떤 경우는 표면에 최소한의 부착물만 남겨야 한다. 험난한 운항 환경을 감안해 선박에는 여러 방수 격실을 설계해야 하고 종종 선체가 하나 이상일 때도 많은데, 파도의 작용과 환경에서 받는 엄청난 힘에 대처할 수 있어야 한다. 이것이 제대로 기능하고 항해에 적합하며 독립적으로 운항하는 선박을 만드는 데 필요한 조건이다. 용도나 임무에 따라 추가적인 선박 시스템의 목록은 이보다 훨씬 더 늘어날 수도 있다. 전함의 경우는 위에서 언급한 모든 것 외에 공격 및 방어 무기 시스템, 항공기나 소형 함정의 격납, 보수, 발진 능력뿐 아니라 엄청난 센서망도 갖춰야 한다.

대규모 조선 프로그램을 효과적이고 비용 효율적 설계로 변환하기 위한 기능 명세를 위해, 조선업체는 몰입형 3D 시각화 기법의 최초 얼리어답터 중 하나로서 엔지니어링 프로세스의 초기부터 시작해 건조 단계에까지 활용해왔는데, 철강 부품을 작업하기보다 몇 년이나 전부터 시각화 단계에 들어간다. 이런 회사가 바로 영국 런던에 본사를 둔 다국적 방위, 안보 및 항공우주 회사인 BAE 시스템즈다.

영국 왕립 해군 26형 글로벌 전함

가장 최근의 사례 둘에서 BAE의 엔지니어들은 대규모 몰입형 3D 디스플레이 기법을 새로운 26형 글로벌 전함과 영국 해군 연안 경비함의 설계 및 프로토타이핑에도 활용하고 있다(그림 15.1 참조). 둘 다 2017년에서 2020년 사이에 실무에 투입될 것으로 예상되는데[RINA 2011], 이 새로운 다목적 전함들은 전쟁의 전 단계에 걸쳐 연합 및 다국적 작전용으로 설계 중이며, 복잡한 전투 작전, 해적 격퇴와 인도적 활동, 재난 구조에 활용될 예정이다.

그림 15.1 런던 기반의 BAE 시스템즈는 다양한 몰입형 디스플레이를 영국 해군 수상 전투 함정의 설계에 활용한다.
출처: 이미지 제공 - BAE 시스템즈 유한회사

세너 FORAN CAD/CAM 선박 설계 시스템과 PTC 사(이전 명칭은 파라메트릭 테크놀러지 코퍼레이션)의 윈드칠 프로덕트 라이프사이클 관리^{PLM} 프로그램을 이용해 여러 직군의 엔지니어들이 선박 모델 설계, 가공, 조립의 다양한 단계에서 영국 체셔에 있는 버트레일리스가 만든 대형 포맷의 3D 디스플레이 솔루션으로 시각화할 수 있다. 세 개의 BAE의 글래스고 조선소를 비롯해, 포츠머스와 브리스톨 기지 하나씩을 포함해 최소한 다섯 개의 시각화 세트가 다양한 설정으로 구성됐다. 모든 시스템은 네트워크로 연결돼 지리적으로 떨어진 그룹들이 긴밀히 협업할 수 있다.

그림 15.2처럼, 다양한 시스템이 단일 혹은 여러 위치에서 한 명 혹은 여러 명의 엔지니어링 인력이 선박 디자인을 각도와 규모에 따라 전통적 기법과는 비교할 수 없는 전체적 통찰을 가능하게 해주는 하위 시스템 조합으로 하나씩 살펴보고 평가할 수 있다.

그림 15.2 BAE 시스템즈의 엔지니어가 컴퓨터가 지원하는 다면 가상 환경(CAVE) 디스플레이와 대형 3D 프로젝션 월에서 곧 나올 전함의 복잡한 디자인을 자유롭게 살펴보고 있다.
출처: 이미지 제공 – BAE 시스템즈 유한회사

26형 함선 건조의 최초 런칭은 2016년 말에야 시작하지만, 이런 시뮬레이션과 시각화 시스템의 광범위한 사용으로 현재 이해관계자들이 요청한 핵심 설계 변경의 마무리가 진행 중이다. 일례로 함정의 헬기용 데크에서 멀린 헬리콥터의 이륙과 착륙을 모니터링할 수 있는 장교용 관측소를 새로 추가해 달라는 해군의 요청에 따라 설계 변경이 신속히 구현됐고, 설계 변경 구현이 적절한지 확인하기 위해 시뮬레이션 시스템을 이용해 시야 확보 검토가 수행됐다.

영국 해군 아스튜트급 핵잠수함

이 전함 프로젝트는 BAE가 영국 해군을 위한 선적 설계 및 건조에서 이런 시각화 기술을 적용한 최초의 사례는 아니다. 지금껏 개발된 것 중 가장 복잡한 기계류로 꼽히는 원자력 구동 아스튜트급 잠수함 설계 및 구축이 더 이전에 있었다. 이 프로젝트에서 몰입형 디스플레이 기술 구현의 특히 고유한 측면은 시각화 솔루션에 여러 직군의 엔지니어 팀뿐 아니라 실제 용접공, 파이프 조립공, 전기 기사, 그리고 영국 바로우인퍼니스에 있는 조선, 조립 시설 인부도 건조 과정 동안 쉽게 접근할 수 있어야 했다는 점이다.

이 요건에 맞추기 위해 다양한 설계 시설에 있는 'VR 스위트' 세 개에 추가로 버탈리스는 BAE에 두 대의 후면 영사 기반의 'VR 캐빈'도 공급했는데, 건조 중인 잠수함을 둘러싼 기중기 위에 탑재해 값비싼 목업을 대체했다. 작업자는 언제든 캐빈을 방문해 시스템을 활용함으로써 작업할 객실의 특성을 파악하고, 까다로운 축조나 설치 문제를 분석할 수 있다[버탈리스 2010]. BAE는 이 시스템을 적용해 물리적 프로토타입을 구성하는 데 필요한 시간, 비용, 노력을 줄이고, 설계/건조 생산성을 증대하면서 설계의 문제점을 초기에 확인하는 등 큰 혜택이 있었다고 보고한다. 2015년 기준으로 주문된 배는 일곱 척으로, 그중 셋은 이미 납품돼 사용 중이며 나머지 넷은 2024년까지 납품될 예정이다. 새로운 선박이 완성돼 배치되면, 생산 라인은 다음 선박을 위한 설계로 변경되고 업데이트된다. 지금까지 가상 현실 시스템은 설계/구축 과정에서 빼놓을 수 없는 부분으로 남아있다.

자동차 공학

자동차 회사는 매년 신차 개발이나 승용차 및 트럭의 신형 모델 연구 과정에서 특별한 설계와 공학적 과제에 직면한다. 자동차는 수만 개의 개별 부품과 수십 개의 하위 조립 부품으로 구성되는 정교한 기계며, 모든 부품이 정해진 허용 범위와 성능 표준에 맞아야만 궁극적으로 안정성과 외관에 대한 고객의 높은 기대 수준에 부응할 수 있다.

설계와 상세화, 엄격한 테스트는 완성된 자동차만이 아니라 실제 조립 과정에도 적용돼야 한다. 따라서 메이저 제조사부터 이들과 협력하는 소규모 10인 디자인 샵까지, 엔지니어들은 지속적으로 경쟁력 있는 제품을 위한 더 정확하고 효율적이며 비용 대비 효과가 높은 새로운 도구와 방법론을 찾는다. 몰입형 가상 환경 시뮬레이션 기술은 이런 목표에 걸맞은 강력한 솔루션임을 보여주고 있다.

포드 자동차

이런 기술 활용을 도입한 많은 자동차 제조사 중에는 미시간 디어본의 포드 자동차가 있다. 다양한 몰입형 디스플레이 방법론을 이용해, 전 세계의 포드 디자이너와 엔지니어는 실시간으로 기계적 시스템, 차량 외관, 전반적인 고객 경험 설계부터 전반적 제조 가능성 검토, 프로세스 레이아웃, 생산 라인 직원의 안전을 위한 인체공학 연구에 이르는 작업을 전 세계에 걸쳐 협업하고 있다.

설계 분석

그림 15.3처럼 포드에서 개발 중인 차량의 고해상도 입체 이미지를 디자이너와 엔지니어에게 제공하는 데는 NVIS 사의 nVisor ST50 스테레오 헤드마운트 디스플레이(5장, '증강 디스플레이' 참조)가 사용된다.

그림 15.3 포드 자동차는 자동차 설계 평가 시 입체 헤드마운트 디스플레이 등 몰입형 시각화 도구를 폭넓게 사용한다.
출처: 이미지 제공 – 포드 자동차

시각화 도구는 작업자가 실제 크기의 차량 디자인 내외장을 진짜 같은 3D 모델로 살펴보며 남는 부분, 틈새, 마감을 정확히 평가하게 해줄 뿐 아니라, 엔지니어와 디자이너도 자유롭게 차량의 기본 구조를 검토해 기계와 전자 시스템이 설계 구조 안에서 어떻게 상호작용하는지 연구할 수 있게 해준다.

미국 포드는 본사의 메인 이머전 랩 외에도 호주, 독일, 중국, 인도, 브라질, 멕시코에 비슷한 역량을 갖춘 디자인 협업 센터를 두고 있다. 이 시설에서는 여러 직군의 엔지니어와 디자이너 그룹이 물리적 프로토타입을 구축하기도 한참 전에 공통의 가상 환경에서 협업할 수 있다. 시뮬레이션 품질은 매우 뛰어나, 디자인 팀에게 굉장히 정확한 색상의 그라데이션, 섀도우, 질감, 조명, 반사를 제공한다.

포드의 디자이너와 엔지니어들은 이 기술로 2013년 한 해에만 가상 차량 프로토타입 193대에서 135,000개 이상의 세부를 검사했다[포드 2013].

생산 시뮬레이션

여러 직군이 이 시스템에 접근할 수 있으므로 자동차 디자이너는 차량의 외관과 고객 경험에 초점을 두는 반면, 포드 가상 생산 전문가들은 디자인의 현실성과 생산 라인 직원의 안전을 위한 상세한 연구를 수행한다. 이런 연구 역시 신차 출시보다 2~3년 전에 이뤄질 수 있다.

3D 프린팅 역시 이 시뮬레이션에 활용된다. 그림 15.4는 2015 F-150 픽업트럭 트랜스미션의 물리적 목업을 준비해 조립 라인의 연결 과정 연구를 수행하는 예다(트랜스미션 목업 위의 반사형 마커, 조종자의 손, 헤드마운트 디스플레이와 함께 비계에 설치된 적외선 광학 추적 시스템을 잘 보자).

그림 15.4 가상 현실 시뮬레이션과 함께 간단하게 3D 프린터로 만든 트랜스미션 목업을 사용해 2015 F-150 픽업트럭 조립 라인의 연결 절차를 검증하는 포드 엔지니어의 사진. 이런 테스트는 독립형 가상 시뮬레이션에 비해 신뢰도가 매우 높고, 더 나은 생산 과정의 의사 결정에 기여했다.
출처: 이미지 제공 – 포드 자동차

포드에 따르면, 이런 시뮬레이션 연구는 새로운 인체공학 기술, 리프트 보조 기기, 워크스테이션 디자인 개편, 데이터 기반 프로세스 변경과 함께 미국 내 '산업 역군' 50,000명 이상의 부상률을 70%나 감소시켰고, 전 세계적으로는 그 이상의 성과를 거뒀다[포드 2015].

항공우주공학

항공우주공학은 주로 항공과 우주 기반 시스템의 설계, 개발, 테스트에 집중한다. 항공기와 유무인 우주선부터 로켓과 미사일까지 이런 시스템은 전반적인 복잡성, 까다로운 작동 조건, 임무 수행에 필수적인 속성 때문에 매우 독특한 설계적 과제가 따른다. 이런 시스템 복잡도가 커지면서 오류와 시스템 충돌을 최소화하고 엄청난 예산이 투입돼야 하는 프로젝트의 수익도 극대화할 수 있도록 최고의 다단계 설계와 개발 검토 프로세스의 필요성도 커지고 있다.

록히드 마틴 코퍼레이션

항공우주 분야에서 이런 시각화 기술의 포괄적 응용에 대한 이상적인 사례는 메릴랜드 베데스다에 있는 글로벌 안보 및 항공우주 회사 록히드 마틴이다. 이 회사는 여러 가상 시뮬레이션 시설을 운영하지만, 콜로라도 리틀턴에 위치한 CHIL^{Collaborative Human Immersive Laboratory}이 그중에서도 가장 종합적이다. 다음 사례를 보면 록히드 마틴이 다양한 사업에서 이런 기술을 어떻게 다양한 프로그램에 적용했는지 볼 수 있다.

우주 시스템

록히드 마틴은 NASA의 내구성이 좋은 유인 딥 스페이스 탐사를 위한 최초의 비행선인 오리온 다목적 유인 우주선의 설계, 개발, 구축을 위해 선정된 주 하도급 업체다. 오리온은 우주 비행사를 저지구 궤도를 넘어 달, 소행성, 이어서 화성의 목적지로 신고 간 다음, 다시 안전하게 지구로 귀환시키려 한다.

그림 15.5처럼, 오리온은 2014년 12월 5일 최초의 테스트 비행용으로 실제 록히드 공장에서 제조되기 전에 CHIL 시설에서 CAVE와 입체 헤드마운트 디스플레이 등 다양한 시각화 도구를 이용해 선체 전체를 가상 공간에서 조립했다. 이 프로세스로 미리 어떤 문제든 발견해 해결하려면 특정 기술자가 어디에 배치돼야 하는지 등의 세세한 부분까지, 전체 시스템 설계와 조립 과정의 중요한 검토가 가능했다. 그 결과 프로젝트 전반에서 주목할 만한 시간과 비용의 절감이 이뤄졌다.

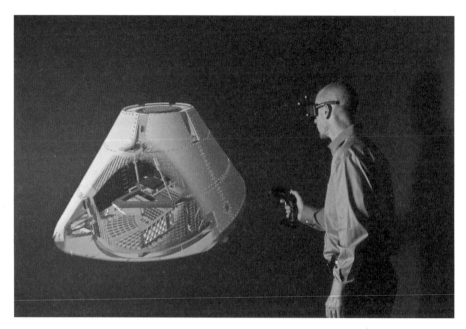

그림 15.5 록히드 마틴은 첨단 몰입형 CAVE 시스템과 헤드마운트 디스플레이를 이용해 NASA의 오리온 다목적 유인 우주선 설계 및 조립을 완전히 평가했다.
출처: 이미지 제공 – 록히드 마틴 코퍼레이션

이런 도구를 적용해 엄청난 성공과 눈에 띄는 결과를 얻은 프로젝트가 오리온 프로그램만은 아니다. 사실 록히드의 주요 우주 프로그램 중 대부분은 현재 이 회사에서 '가상 패스파인딩'이라고 부르는 전략을 따르는데, 설계와 생산 프로세스 전반에 걸쳐 디지털 데이터를 사용해 제품 건조에 필요한 시간과 비용을 절감한다.

차세대 GPS III 위성 개발에 연관된 프로젝트와 그림 15.6의 메이븐Mars Atmosphere and Volatile EvolutioN Mission 우주 탐사 같은 무인 시스템에서의 응용도 그런 사례에 해당한다. 여기서도 시뮬레이션으로 실제 우주선의 철저한 설계 검토를 거쳤을 뿐 아니라, 최종 건조와 테스트도 시뮬레이션 절차를 거쳤다.

그림 15.6 메이븐 우주선을 콜로라도 리틀턴에 있는 록히드 마틴의 열진공 챔버(TVAC)로 이동시키는 가상 시뮬레이션과 실제 이미지
출처: 이미지 제공 – 록히드 마틴 코퍼레이션

항공학

이런 몰입형 시뮬레이션 기술이 활용되는 록히드의 프로그램은 항공 사업으로도 확장돼, 인체공학 연구를 수행하기 위해 모션 캡처 기술도 폭넓게 사용한다. 자동차 제조에서의 응용에 대한 앞부분의 설명과 비슷하게, 제품이 실제 생산되기 훨씬 전에 엔지니어가 가상의 조립과 유지 보수 작업을 수행할 수 있으므로 부적절한 도구 정리, 작업자 접근성, 안전 등의 장애 요소를 조기에 확인하고, 생산 과정이나 현장에서 문제에 직면하기 전에 적절한 설계 변경과 기타 필요한 조정을 할 수 있다. 그림 15.7처럼 이런 역량은 이미 F-35 라이트닝 II 다목적 전투기의 적절한 무기 탑재와 재급유 절차 개발 같은 과제에 활용됐다.

그림 15.7 록히드 마틴 엔지니어들은 F-35 라이트닝 II 다목적 전투기의 무기 탑재와 재급유 절차의 가상 설계 검토 및 개발을 위해 모션 캡처 기술을 광범위하게 활용한다.
출처: 이미지 제공 – 록히드 마틴 코퍼레이션

록히드 마틴은 또한 검사와 유지 보수 솔루션의 효과 및 효율성을 증대하기 위해 수 많은 항공 프로그램에 증강 현실 시각화 솔루션을 수용해왔다. 그중에서도 F-35와 F-22 전투기 프로그램에서의 적용은 가장 주목을 끈다. 브리티시컬럼비아 밴쿠버의 엔그레인 사NGRAIN Inc.가 개발한 독특한 소프트웨어 세트를 이용해 기술자는 모바일 태블릿 기기나 광학 투과형 헤드마운트 디스플레이로 특정 작업 영역 위에 도움말과 애니메이션으로 묘사된 장비 사용 절차를 포함한 실시간 시스템 데이터와 3D 그래 픽을 정확히 얹어볼 수 있다. 그 결과 수리 시간이 눈에 띄게 감소했고 오류도 최소화 됐는데, 스텔스 항공기에서는 매우 작은 표면 손상으로도 레이더 포착 가능성이 엄청 나게 커질 수 있기 때문에 이 플랫폼에서는 둘 다 굉장히 중요하다.

원자력 공학 및 생산

제조업은 영국 경제에서 상당 부분을 차지한다. 고부가가치 제조업[HVM] 프로젝트를 외국으로부터 더 많이 유인하는 데 필요한 전문성과 역량을 갖춘 산업 기반으로 영국을 포지셔닝하기 위해 정부는 수억 파운드를 핵심 엘리트 센터 일곱 개에 투자했는데, 각각 특정 영역에서 혁신 역량 가속화에 집중해 글로벌 수준에서 경쟁력 있는 제품과 서비스로 미래의 경제 성장 주도에 기여하려 한다. 캐터펄트 센터[Catapult Center]라는 이 시설들은 정부 산업 정책, 학술 연구, 기업 간의 가교 역할을 하며, 생물 제재와 비료부터 저탄소 운송 시스템 및 우주 탐사용 위성 애플리케이션까지 다양한 영역을 아우른다.

수많은 캐터펄트 센터가 운영 과정에서 몰입형 가상 현실을 광범위하게 사용한다. 특히 이 장과 관련이 깊은 곳은 사우스 요크셔 셰필드에 있는 NAMRC[Nuclear Advanced Manufacturing Research Center] 애플리케이션이다. 셰필드 대학이 이끄는 NAMRC는 영국 회사들과 협력해 원자력 시설과 기타 에너지 분야의 고도로 전문화된 컴포넌트 제조 역량을 개선하는 일을 한다.

원자력 산업이 직면한 엔지니어링과 제조 과제는 이 장에서 다룬 많은 다른 사례들과 독특한 차이가 있지만, 동시에 비슷한 면도 있다. 가장 큰 차이 중 하나는 관련 컴포넌트와 시스템의 크기 및 무게다. 민간용 발전소의 원자로 대부분에는 거대한 구조물이 사용되는데, 어떤 경우는 그림 15.8 같은 정밀 부품 하나만도 수십 톤에 달한다[버탈리스(Virtalis) 2010].

이런 개별 컴포넌트는 완성 후 다른 부품과 결합해 이동해야 하는데, 상당한 안전상 위험 요소와 물류적인 난제가 따른다. 이런 대형 컴포넌트와 구조물을 시설 내 스테이션에서 스테이션으로 들어 올려 이동할 때는 다른 작업을 중단해야 할 때가 많다. 사실 이런 크기의 부품을 옮기는 것만도 전체 제조 소요 시간의 약 5분의 1로 추산된다[NAMRC, 2012]. 이런 낭비는 건설 프로젝트 기간 전반에 걸쳐 생산성이 낮아지고 비용이 상당히 올라간다는 뜻이기도 하다.

그림 15.8 원자력 발전소에서 사용하는 증기 터빈의 부품 하나가 얼마나 거대한지 보여주는 이미지. 이 부품 하나의 무게만 20메트릭톤에 달한다.
출처: 이미지 photosoup ⓒ 123RF.com

완벽히 정확한 설계를 이상적으로는 제조 전에, 더 중요하게는 최종 조립 전에 보장하는 것 역시 해결 과제다. 앞서 언급한 크기와 무게를 감안할 때, 가능한 한 프로세스 초기에 설계상의 충돌과 불완전성을 확인해야 한다.

NAMRC가 롤스로이스 같은 회사에서 제조 공정을 최적화도록(그에 따라 글로벌 원자력 산업 공급 체인에서 더 성공적으로 경쟁하도록) 돕는 여러 방법에는 공장 레이아웃과 프로세스 계획의 시각화, 협업 설계 검토, 가상 프로토타이핑(그림 15.9), 인적 요인 평가가 있다.

그림 15.9 영국 NAMRC 엔지니어는 다양한 첨단 몰입형 디스플레이로 롤스로이스 등의 회사를 도와서 핵 발전소의 대형 컴포넌트 제조와 이동 프로세스를 최적화한다.
출처: 이미지 제공 – 원자력 AMRC

일례로 이 대형 컴포넌트의 생산 프로세스와 이동은 개별 이벤트 시뮬레이션DES 소프트웨어로 모델링하고 조립 시설의 가상 모델과 결합해 장기적이면서 완전한 단계가 모두 평가됐다. 그 결과 어떤 부품들이 상호작용하고 잠재적으로 지연을 일으키게 될지 식별할 수 있었고, 이는 특히 작업 흐름이 비선형적인 공장에 유용하다[NAMRC 2012].

이런 서비스에 사용되는 도구는 현재 사용 가능한 몰입형 디스플레이의 전 범위에 걸치는데, 다양한 스테레오 헤드마운트 디스플레이 기기, 액티브큐브ActiveCube라는 영국의 버탈리스에서 만든 네 명에게까지 적용할 수 있는 3.2평방미터의 CAVE 스타일 디스플레이, 참여자 25명까지 들어갈 수 있는 액티브월ActiveWall 3D 시각화 시스템 등이 있다.

결론

이 장에서 확인했듯이, 몰입형 시각 디스플레이 기술은 다양한 공학 분야에서 현재 관행을 강력하게 확장해준다는 것이 입증됐다. 이런 기술은 엔지니어의 과학, 수학, 그리고 경험적 증거를 응용할 수 있도록 직접 돕고 보완해서 구조, 기기, 그리고 공정을 발명, 혁신, 구축, 개선해준다. 가장 흔한 컴퓨터 이용 디자인CAD/컴퓨터 이용 제조CAM와 모델 지오메트리가 만들어지는 컴퓨터 통합 생산CIM 소프트웨어를 사용할 수 있는 폭넓은 소프트웨어 경로의 사용성은 이런 기술의 폭넓은 수용을 극적으로 가속화했다.

몰입형 디스플레이 기술은 여러 직군의 전문가 팀이 공통적인 3D 시각화 언어로 커뮤니케이션하고 협업할 수 있다는 혜택도 따른다. 다양한 분야의 엔지니어 그룹이 CAVE에 들어가거나 다른 공동 시뮬레이션에 참여하는 것은 그 자체로도 매력적인 프로세스다. 이런 결과는 새로운 통찰, 아이디어, 해법으로 이어져 더 빠른 의사 결정과 오류 감소를 돕는다. 이를 비롯해 이 장의 사례 연구에서 개괄한 다른 여러 혜택을 보면, 공학 부문에서 몰입형 디스플레이의 응용이야말로 이 기술의 가장 영향력 있는 활용이라고 믿게 된다.

반면, 이 책을 저술하는 현재 폭넓은 공학 분야에서 보편적인 증강 디스플레이의 사용은 아직 상대적으로 초기 단계에 있으며, 지금까지 가장 큰 장애물은 저렴한 상용 광학 투과형 디스플레이가 부족하다는 점이었지만 이런 상황 역시 빠르게 변하고 있다. 업계에서 예고한 수많은 솔루션이 상용 시장에 진입할 때까지는 스마트폰과 태블릿 등 과도기적 플랫폼이 애플리케이션 개발에 이상적인 시스템 역할을 하고 있다.

16장

의료와 제약

교육, 훈련, 수술 리허설부터 의사의 상황 인지 개선, 환자의 회복과 재활을 돕는 도구에 이르기까지 가상 및 증강 현실 기술을 구현하는 점차 더 많은 애플리케이션이 신체와 정신 건강 분야에서 주목할 만한 결과를 낳고 향후 개발에도 상당한 잠재력을 보이고 있다. 이 장에서는 이런 애플리케이션 중 몇 가지가 해결하는 구체적 문제, 주요 실행 기술 컴포넌트, 전통적으로 활용되던 솔루션 대비 강점을 위주로 살펴보겠다.

의료 분야의 발전 ▉▉▉▉▉▉▉▉▉▉

신체와 정신 건강 분야에서의 가상 및 증강 현실 적용은 의료의 많은 영역에 전환을 가져오고 있다. 임상으로 검증된 강력한 수술 시뮬레이터부터 의사의 상황 인지 수준을 높이고 워크플로우를 최적화하려 설계된 혁신적 정보 디스플레이까지, 궁극적으로 더 나은 치료를 제공하고 환자에게 더 좋은 결과를 낳으며 더 효율적으로 자원을 활용하도록 유도하는 방식으로 이런 기술의 적용엔 큰 발전이 있었다.

이 장에서는 몰입형, 반몰입형, 증강 디스플레이 기술의 여러 혁신적 애플리케이션을 알아보고, 해결하는 구체적 문제와 활용하는 솔루션, 주목할 만한 혜택을 상세히 살펴본다. 이런 사례는 지난 수년간 이 분야를 타기팅해 하드웨어 및 소프트웨어 솔루션을 내놓은 여러 회사에서 제공하는 매혹적인 제품은 물론, 전 세계 대학과 병원 수십 곳에 설치된 탄탄한 애플리케이션과 개발 중인 것들, 그리고 임상 시험이 진행 중인 것 중 극히 일부분에 지나지 않는다. 이 모두를 다루려면 이 장, 어쩌면 이 책 전체의 범위와 주제를 훌쩍 뛰어넘을 것이다. 그런 만큼, 이 장에서 강조하는 사례는 세심하게 생각하고 계획됐으며 문제 해결에 큰 영향을 줄 수 있고 문제에 부합하는, 가능한 한 폭넓은 애플리케이션으로 정했다.

훈련용 애플리케이션 ▉▉▉▉▉▉▉▉▉▉

'연습만이 완벽해지는 길이다.'는 옛 격언이 얼마나 맞는 말인지는 모두 잘 알 것이다. 사람의 노력 중 거의 모든 영역에서, 아이가 코 대신 입에 제대로 음식을 집어넣도록 배울 때처럼 가장 기본적인 재주부터 어른이 특별한 재능을 일정 수준으로 숙련하기까지, 연습과 훈련이 대부분의 신체나 정신적 활동에서 성과를 개선해준다는 데는 의심의 여지가 없다. 과제의 복잡도가 높아질수록 더 많은 연습이 필요한데, 이는 기술을 처음 배울 때만이 아니라 숙련도를 유지하기 위해서도 마찬가지다. 특히 다양한 의료 분야만큼 이런 진리가 통하는 곳도 없는데, 개개인의 건강과 복지를 다루기 때문이다.

이런 면에서 지난 10년간은 가상 및 증강 현실 기반이거나 이를 통합해 의료용으로 개발한 시뮬레이션과 훈련 유틸리티 수가 극적으로 증가했고, 그런 수용은 이 분야에 전환을 가져왔다. 실력을 연마하는 학생에서 시술자까지, 섬세한 미세 시술 테크닉부터 복잡한 침습적 수술에 이르기까지 좀 더 전통적인 실력 개발 방법에 비해 이런 기술을 사용했을 때의 혜택은 문서화가 잘 이뤄져 있다.

어쩌면 의료 분야에서 컴퓨터 기반 시뮬레이션 기술을 사용할 때 가장 큰 혜택은 학생이나 시술자가 실패해도 문제없는 환경을 만드는 데 있을 것이다. 실패는 학습 과정에서 절대적으로 중요하지만, 의학에서는 그런 결과를 감수할 수 없다. 따라서 임상과 수술실에서보다는 훈련과 수술 리허설 과정에서 실수하는 편이 훨씬 낫다.

헬프미씨 백내장 수술 시뮬레이터

세계보건기구에 따르면 전 세계적으로 시력 상실의 주된 원인은 백내장을 치료받지 못하기 때문인데, 눈의 수정체가 뿌옇게 흐려져서 망막에 빛이 잘 전달되지 않으면서 일어난다(3장, '시각의 구조' 참조; WHO, 2014a). 최신 통계에 따르면 전 세계 2,000만 명 이상, 혹은 전체 시력 상실 건 중 약 절반이 이 증상의 결과다. 대부분 백내장은 정상적인 노화의 결과로 발생하지만, 때로 백내장을 갖고 태어나는 아이도 있다. 80세쯤 되면 미국인 중 절반 이상이 한쪽 눈이나 두 눈에 모두 백내장이 생기거나 백내장 수술을 받는다[WHO, 2014b; NEI, 2009].

선진국에서는 보통 외래로 교정 수술을 쉽게 받을 수 있지만, 저개발 국가에서는 치료비와 훈련받은 전문의 부족, 인식 부족 등 접근 장벽이 심각하다[타빈(Tabin) 2005]. 늘어만 가는 이 문제와 싸워 백내장으로 인한 시력 상실을 없애는 것을 목표로 설립된 미국 기반의 비영리 조직이자 글로벌 캠페인인 헬프미씨[HelpMeSee]는 무그(뉴욕주 뉴욕시), 인시모(프랑스 슈트라스부르), 센스그래픽스(스웨덴 키스타) 등 수많은 협력사와 힘을 합쳐, 증상을 바로잡고 시력 회복을 위해 빠르고 효과적이며 수준 높은 수술을 하는 국내 전문가를 양성하기 위해 고성능 수술 시뮬레이터를 개발 중이다.

수동 소절개 백내장 수술[MSICS] 시뮬레이터라는 이 시스템을 활용해 백내장으로 흐려진 수정체를 제거하고 안구 내에 인공 렌즈를 이식하는데, 전문의의 경우 성인 환자에게는 불과 5분, 아동에게는 15분 내에 비용이 저렴하고 효과가 뛰어나며 최소한의 절개만으로 수술 절차를 완료하는 시술법을 훈련시킨다[HelpMeSee, 2014a].

그림 16.1처럼, MSICS 시뮬레이터는 단독으로 작동하는 카트형 시스템으로, 보통은 입체 현미경을 두는 곳의 지지대에 고해상도^{HD} 스테레오 디스플레이를 탑재해 사용한다. 실제 수술 절차와 마찬가지로 외과 익사는 기기의 머리 근처에 앉아 기기를 조회한다. 뷰어를 들여다보면 의사에게 매우 세밀하게 묘사된 사람 눈의 그래픽 모델이 제시된다. 시뮬레이터의 메인 유저 인터페이스는 실제 수술 절차와 똑같이 양 손을 쓰는 수술 안내로 구성돼 있다.

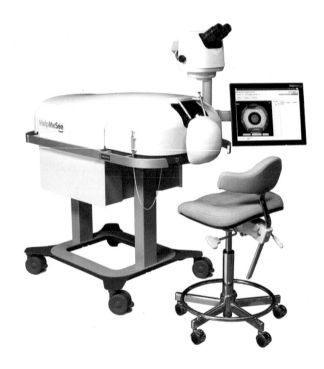

그림 16.1 헬프미씨, 무그 인더스트리얼 그룹, 그 외 여러 소프트웨어 협력사가 개발한 수동 소절개 백내장 수술 (MSICS) 시뮬레이터로 저개발 국가의 백내장 수술 전문의 수천 명을 훈련시킬 수 있다.
출처: 이미지 제공 – 무그 사/헬프미씨

시술자가 도구를 움직여 가상의 안구와 상호작용하면, 생리학을 기반으로 한 가상의 조직 모델이 무그가 개발한 고성능 햅틱 기술과 센스그래픽 및 인시모에서 만든 시뮬레이션 엔진이 결합해 시각과 촉각적으로 현실감을 주는데, 숙련된 의사가 실제 수술에서 경험하는 상황과 거의 구별하기 어려운 수준이다[헬프미씨 2014a].

이 시스템은 교수용 워크스테이션과 코스웨어도 있어, 백내장 전문의가 실제 수술 절차 동안 직면할 수 있는 합병증과 훈련 과제 240개 이상을 포괄한다[무그 2015; 싱 (Singh)과 스트라우스(Strauss) 2014].

2016년부터 아시아, 아프리카, 라틴 아메리카에 걸쳐 훈련 센터 일곱 개를 세우고 시스템을 설치할 계획으로, 각각 연간 MSICS 외과의 지망생 1,000명까지 훈련하면서 이들이 거쳐야 하는 400~700시간의 훈련 과정에서 시뮬레이터 연습은 약 60%를 차지할 것으로 예상된다[브로일스(Broyles) 2012]. 헬프미씨에 따르면, 이 절차로 훈련받은 수술 전문의마다 미화 약 50달러의 수술 비용으로 연간 2,500회 이상을 시술할 수 있다[헬프미씨 2014b; 2014d].

시모돈트 덴탈 트레이너

전 세계 치과대 학생은 전통적으로 '팬텀 헤드'의 플라스틱 이에 드릴과 기타 도구를 사용해 임상 스킬을 연습해왔다. 값비싸고 시간도 많이 걸리며, 강사의 관점에서 학생의 실력 평가가 굉장히 주관적이게 된다. 학생들이 상당히 저렴한 비용으로 필수 기술을 더 빨리 제대로 쌓을 수 있도록, 무그 인더스트리얼 그룹과 암스테르담 치의학 센터^{ACTA}가 협력해 3D 시각화, 촉각, 포스 피드백 기술, 오디오를 결합함으로써 고품질, 고해상도로 양손의 민첩성을 연습하는 시뮬레이터 시모돈트^{Simodont}를 개발했다. 이에 따라 치과 시술을 매우 현실적으로 훈련할 수 있게 됐다[포셀(Forsell) 2011; 무그 2011].

그림 16.2처럼 사용자는 병원의 치과의사와 비슷한 위치에 앉는다. 편광 스테레오 안경을 착용한 시술자가 조회 창을 보면 정해진 수업에서 사용해야 하는 기구들(핸드피스, 갈개, 거울 등)을 실제로 움직일 공간에 환자 입의 또렷하고 정확한 크기의 3D 모델이 보인다. 사용자가 임상에서 사용해야 하는 표준 도구와 똑같은 기구를 움직이면, 가상 도구가 그 동작을 정확히 따라 한다. 가상의 드릴이 가상의 이와 상호작용하면, 시뮬레이션 엔진과 햅틱 드라이버가 드릴로 가는 느낌과 접촉을 생생하게 렌더링하면서 치아 상아질의 딱딱한 느낌까지 줘서 실제 이를 드릴로 가는 것 같은 완전한 시각, 청각, 촉각 경험을 제공한다. 치과에 있는 드릴과 똑같이, 페달 장치로 가상 드릴의 속도를 제어한다.

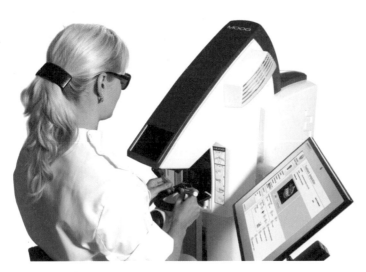

그림 16.2 무그 인더스트리얼 그룹과 암스테르담 치의학 센터(ACTA)가 개발한 시모돈트 덴탈 트레이너는 전 세계 치대생이 실제 환자를 치료하는 데 필요한 기술의 상당수를 연습하고 연마하는 데 사용된다.
출처: 이미지 제공 – 무그 사

ACTA가 개발한 정교한 코스웨어는 다양한 훈련 과정과 시나리오를 제공할 뿐 아니라, 교수가 학생의 동작을 재생하고 검토해 더욱 객관적인 피드백을 제시하는 기능도 제공한다. 시스템은 또한 진짜 치아를 스캔해서 임포트함으로써 케이스 시나리오를 무한히 확장할 수 있다.

시모돈트의 치과 훈련 장비는 현재 전 세계 치대에서 사용되며 학생들이 성공적으로 실력을 쌓을 수 있음을 증명하고 있다.

다른 의료 절차 시뮬레이터처럼, 이런 시스템이 학습 환경에 주는 가치는 아무리 강조해도 지나침이 없다. 학생의 관점에서 봐도 시뮬레이터는 일단 임상 환경에 들어가고 나면 환자 치료에 사용해야만 하는 기술을 미리 연마할 수 있는 강력한 도구다. 교수 입장에서 시모돈트 같은 시뮬레이터는 훈련 시나리오와 교육 과정의 옵션 개발에 상당히 큰 유연성을 가져다주므로 더 나은 졸업생을 배출할 수 있다.

치료 애플리케이션

"멜로디는 추억을 불러오지,

놀라운 일,

마음은 이미 옛날 다른 곳에 가 있네."

– 클린트 블랙, State of Mind, 1993

클린트 블랙의 1993년 컨트리 뮤직 히트곡 'State of Mind'의 가사는 소리, 시각, 냄새와 다양한 기타 환경 단서를 기반으로 메모리를 저장하고 불러내는 인간 두뇌의 힘을 완벽하게 묘사한다. 임상에서 일화적 자전적 기억[EAM]으로 분류되는 이런 현상은 우리 존재에 엄청난 혜택뿐 아니라 간헐적인 문제도 일으키는 비자발적 인지와 기억 시스템이다. 이 기능이 매우 문제가 되는 영역은 전쟁 중 전장에서 겪은 경험과 같이 극단적인 정신적, 육체적 트라우마에 대한 감각 정보와 기억이 유지되는 것이다.

외상 후 스트레스 장애

2001년 9월 11일 이후, 미군은 14년 이상 고강도의 빠른 육상 전투 작전과 전개를 지속했고, 이는 현역이나 예비역 인구의 상당한 정신 건강 문제로 이어졌다[리조(Rizzo) 등 2012]. 2014년 기준으로 미군 약 250만 명이 자유 지속 작전[Operation Enduring Freedom][1], 이라크 해방 작전[Operation Iraqi Freedom]에 한 번 이상 배치됐다[램천드(Ramchand) 등 2014; 호칭거(Hautzinger) 등 2015]. 복귀한 모든 현역병 중 18% 이상이 심리적 상해를 겪는 것으로 추산되며, 배치됐던 병력 중 상당수는 삶 자체를 바꿔버린 여러 스트레스 요인에 노출된 것으로 보고됐다[호지(Hoge) 등 2004; APA 2007].

이런 심리 상태를 통틀어 외상 후 스트레스 장애[PTSD] 혹은 상해라고 분류하는데, 미국 심리학회는 개인이 큰 스트레스, 전쟁, 기타 사람의 생사에 위협을 주는 사건에 한 번 이상 노출된 후 발생하는 불안 장애라고 정의한다[디안젤리스(DeAngelis) 2008].[2]

---

1 아프간 전투를 의미한다. – 옮긴이
2 연구 결과, 이 장애는 일단 발현한 후에는 만성이 되는 경우가 많았다[호지 등 2004].

현재까지 출간된 연구를 보면 이런 질환에 가장 널리 사용하며 경험적으로 검증된 심리치료 요법은 장기간 노출 요법으로, 상상 노출과 실제 노출 두 가지로 구성된다. 이름 그대로 상상 노출은 훈련된 치료사가 환자에게 세심한 통제하에 섬신적으로 반복해서 기억으로부터 트라우마 경험을 회상해 말로 표현하게 한다. 실제 노출은 두려워하는 물체, 활동, 상황을 시뮬레이션으로 노출하는 빠르고도 점진적인 방식이다. 두 방식을 활용하면 개인이 스트레스 요인에 안전하게 개입하고 평가하고 감정적으로 처리할 수 있으므로 과도한 두려움과 초조함을 극복할 수 있다[포아(Foa) 등 2007; 디안젤리스 2008].

출간된 연구에서는 분명히 PTSD 치료에 장기 노출 치료를 사용할 때 높은 비율로 효과를 입증하지만, 전통적인 치료법에는 여전히 상당한 과제가 남아있다. 가장 군건한 장애는 환자가 정신적인 트라우마 경험의 시각화에 의존해야 한다는 점이었다. 트라우마를 떠올리기를 기피하는 것이 PTSD 핵심 증상 중 하나이므로 이는 큰 걸림돌이 아닐 수 없다[리조(Rizzo) 등 2006]. 또한 환자와 임상의가 매우 다양한 트라우마 자극의 재노출을 확실히 통제하는 데도 분명 애로 사항이 있다. 다시 말해, 전장의 스트레스 상황과 환경을 효과적으로 시뮬레이션하려면, 임상 사무실에서 할 수 있는 것은 별로 없다. 매우 최근까지는 그랬다.

브레이브마인드(가상 이라크와 아프가니스탄)

몰입형 디스플레이의 발전, 컴퓨팅 성능 개선, 그리고 장면과 캐릭터 모델링을 활용해 서던 캘리포니아 대학 크리에이티브 기술 연구소USC/ICT의 연구진은 장기 노출 요법을 전투 관련 PTSD로 고생하는 병사에게 전달하는 방식과 효과를 높이는 새로운 임상 도구의 기초를 개발했다.

USC/ICT와 조지아에 있는 버추얼리 베터 사Virtually Better Inc., 샌디에고 해군 의료 센터 NMC-SD, 제네바 파운데이션이 협업해 만든 브레이브마인드Bravemind라는 이 시스템은 환자에게 불안을 낳는 자극이 감소하거나 환자가 적응할 때까지 전쟁에 대한 트라우마 기억의 기저 경험을 완전 몰입형으로 가상 현실로 재현하되, 통제된 점진적 노출이 가능하다[버추얼리 베터 2008].[3]

---

3   이 장에서는 PTSD를 군인과 직접 연관 지어 논했지만, 이런 심리적 상해와 질병은 강간 피해자, 테러리스트 공격 피해자, 현장 목격자 같은 이도 경험한다.

그림 16.3처럼 브레이브마인드 시스템의 핵심 하드웨어 컴포넌트는 바로 구할 수 있는 상용 기술로 구성되는데 PC, 듀얼 모니터, 소니 HMZ T3W 입체 헤드마운트 디스플레이, 위치/방향 센서, 핸드헬드 컨트롤러가 의료 등급의 모바일 카트 안에 깔끔히 내장된다. 브레이브마인드 시스템은 전장 환경의 시각과 소리만이 아니라 엔진의 울림, 폭발, 총격 등의 환경 소음에 상응하는 진동 단서를 전달하는 서브우퍼를 내장한 작은 플로어 플랫폼 형태의 촉각 피드백 컴포넌트도 갖췄다. 냄새를 일으키는 기계도 있어서 상황과 관련된 냄새(폭약, 불타는 고무, 디젤 연료, 쓰레기, 화약 등)를 전달한다.

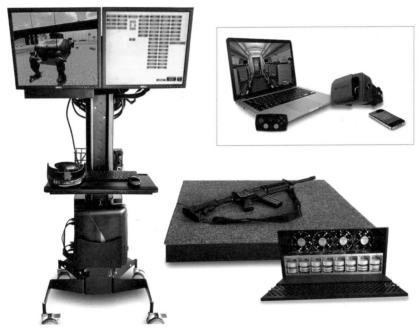

그림 16.3 서던 캘리포니아 대학/크리에이티브 기술 연구소가 개발한 브레이브마인드 시뮬레이터는 몰입형 가상 현실 노출 요법을 외상 후 스트레스 장애(PTSD)로 고생하는 군인에게 제공하기 위해 특별히 설계됐다.
출처: 이미지 제공 – 버추얼리 베터 사(www.VirtuallyBetter.com)

이 책을 저술하는 현재 두 가지 주요 가상 환경 시뮬레이션 소프트웨어 패키지인 버추얼 이라크와 버추얼 아프가니스탄이 나와 있다. 둘 다 중동 도시를 닮은 다양한 전장 환경과 사막의 도로 환경 기반 모델을 담고 있다. 임상의는 도보 순찰, 시가전, 차량 호위, 교량 통과, 헬리콥터를 통한 의료 후송을 포함하는 다양한 시나리오와 강도를 활용해 상당히 유연하고 통제된 방식으로 환자를 개입시킬 수 있다.

정량적 혜택

수많은 연구에서[리조(Rizzo) 등 2015; 게라르디(Gerardi) 등 2008; 레거(Reger)와 감(Gahm) 2008; 리조 등 2007; 디페디(Difede) 등 2007; 디페디와 호프먼(Hoffman) 2002], 외상 후 스트레스 장애 치료에 가상 현실 노출 요법을 사용하는 것은 통계적, 임상적으로 모두 상당한 효과를 보였다. 연구에서는 이전에 PTSD 치료를 받지 않은 환자와 더 전통적인 노출 요법 치료를 받은 환자, 그리고 실제 전쟁 지역에서 치료받는 현역 군무원도 포함됐다.

이 시뮬레이션 유틸리티를 사용한 결과는 전망이 매우 밝아, 미국 내 도시 50곳 이상의 재향군인 병원, 군 의료 센터, 대학 연구 센터 등이 PTSD의 연구와 치료를 위해 브레이브마인드 시스템을 적극적으로 사용 중이다.

공포증

가상 현실 노출 요법VRET을 비행 공포, 고소 공포, 폭풍 공포 같은 다양한 공포증 치료에 사용할 때 수많은 연구에서 통계적, 임상적으로 중요한 성과를 보였다.

비행 공포/고소 공포/폭풍 공포 치료 제품군

조지아에 있는 버추얼리 베터 사는 특히 일반적인 공포증, 중독, 통증의 완화와 이완 치료를 위해 설계된 여러 상용 PC 기반 VRET(가상 현실 치료) 소프트웨어 제품군을 생산해왔다. 앞에서 언급한 브레이브마인드처럼 더 탄탄한 성능과 주변 기기를 요하는 시스템과 달리, 이런 VRET 세트는 그림 16.4처럼 노트북 PC에서 구동할 수 있고, 스마트폰 기반 스테레오 헤드마운트 디스플레이를 활용할 수도 있다(6장 참조).

그림 16.4 버추얼리 베터 사는 구체적으로 비행 공포, 고소 공포, 폭풍 공포 등 공포증 치료를 위해 여러 PC 기반 가상 현실 노출 요법 애플리케이션을 개발했다.
출처: 이미지 제공 – 버추얼리 베터 사(www.VirtuallyBetter.com)

스마트폰 속 가속계가 사용자의 머리 방향(롤, 피치, 요) 트래킹을 처리하는 동시에, 환자는 작은 핸드 컨트롤러를 이용해 안전하게 편한 속도로 시뮬레이션 모델 안에서 시점을 전환할 수 있다. 여기서도 임상의는 다양한 시나리오에 사용자를 참여시키며, 상당히 유연하고 통제된 방식으로 치료 계획에서 기대하던 결과물에 도달할 수 있다.

정량적 혜택

2015년 특정 공포증의 14개 VRET 임상 실험 메타 분석(여러 독립적 연구의 발견 사항을 조합하는 통계적 기법) 결과, 두 가지 큰 시사점이 발견됐다. 환자는 치료 후 행동 평가에서 치료 전보다 상당히 더 나은 성과를 보였고, 치료 후 행동 평가 결과와 후속 치료 동안의 결과는 전통적인 직접 노출 기법과 별다른 차이를 보이지 않았다는 점이다. 이 연구는 VRET이 현실 상황에서 상당한 행동 변화를 낳을 수 있다는 점을 알려 줬다[모리아(Moria) 등 2015]. 이 핵심 발견 사항을 확장해보면, 제대로 적용할 경우 VRET 사용이 치료 효율성을 높여줄 뿐 아니라, 환자와 임상의가 실제 노출 치료 시나리오에 참여하러 현장을 방문할 필요가 없다는 점을 감안할 때 비용 감소에도 상당한 효과가 있음을 알 수 있다.

혈관 이미징

혈관에서 피를 뽑거나 정맥주사IV를 놓는 것은 연구 기술진, 간호사, 전문 응급 요원, 군의관, 마취의 능 의료 전문가가 마주치는 가장 까다로운 임상 과제 중 하나다. 전 세계에서 가장 일상적으로 이뤄지는 침습적 시술이지만, 좁은 거미 정맥, 피하 지방, 짙은 색 피부, 추운 기온, 탈수, 혈액 투석으로 인한 혈관 수축 등 다양한 상황과 조건 때문에 일견 단순해 보이는 이 일도 굉장히 어려워질 수 있다.

이베나 아이온 글래스

이 처치를 더 쉽게 하기 위해 캘리포니아에 있는 이베나 메디컬Evena Medical은 의료진이 피부를 투시해 그 아래의 혈관 구조를 거의 실시간으로 시각화함으로써 침습적 시술에 가장 좋은 정맥을 선택할 수 있는 헤드마운트 스테레오 증강 현실 디스플레이를 개발했다. 그림 16.5의 아이온 글래스Eyes-On Glass라는 이 기기는 디스플레이의 눈썹 부분에 내장된 특허 다중 스펙트럼 조명 시스템이 몸의 타깃 영역을 $600 \sim 1,000 \mu m$ 사이의 근적외선NIR 빛 파장 네 개로 비춘다. 혈액은 이 빛의 파장을 피부와 근육 같은 주변 조직보다 더 많이 흡수하며 어두워지기 때문에 광학적으로 고대비가 만들어진다. 이 특정 파장에 민감한 두 개의 주문 설계된 카메라(눈마다 하나씩)가 동영상 이미지를 수집하고, 이미지는 벨트에 착용한 컨트롤러로 이동한다.

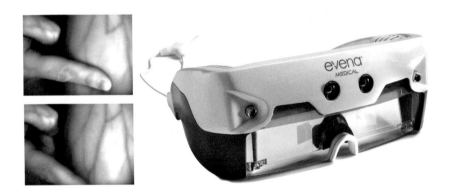

그림 16.5 이베나의 아이온 글래스는 고유의 조명과 동영상 시스템으로 착용자의 현실 세계 모습에 증강된 뷰를 오버레이해서 임상의가 환자의 혈관을 더 잘 볼 수 있게 한다.
출처: 사진 켄트 라신, 이베나 메디컬

컨트롤러는 서로 다른 파장 네 개의 동영상 이미지(눈마다 별개)를 서로 결합한다. 결과는 이어서 엡손 모베리오 BT-200 디스플레이의 하위 모델이 내장된 헤드셋의 디스플레이 부분으로 돌아간다(5장, '증강 디스플레이' 참조). 디스플레이 안에 있는 프로젝터는 이어서 별개의 좌우 동영상 채널을 착용자의 현실 세계 장면 위에 오버레이한 후 임상적으로 유용한 3D 뷰를 만들어내서 의료진에게 보이는 혈관망을 극적으로 개선해준다.

그림 16.5의 작은 그림과 같이, 이 기기는 정상적이지 않은 정맥 구조를 매우 잘 드러내준다.

정량적 혜택

임상 환경에서 이런 기기가 주는 혜택은 매우 많다. 미국에서 이뤄지는 정맥 주사만도 날마다 250만 건 이상에 이른다[월시(Walsh) 2008; 오그덴-그래블(Ogden-Grable)과 길(Gill) 2005]. 어린이 중 60%, 어른 중 40%가 정맥 주사를 맞으려면 한 번 이상 시도해야 하는 것으로 추산된다[프레이(Frey) 1998; 해리스(Harris) 2004]. 이런 실패율 때문에 병원에 오는 거의 모두가 경험하는 이 기본 시술은 의료 상해의 주원인이 되고 있다. 여기에 물품과 노동의 추가 투입 비용과 정맥 주사 관련 합병증으로 인한 병원 체류 시간 연장을 더하면, 이런 이미징 기기가 얼마나 큰 혜택을 주는지 쉽게 알 수 있다.

건강 관리 정보학

현대 병원 환경의 수많은 정보를 생각해보자. 매순간 의료진에게는 여러 곳에서 나오는 알파벳과 숫자, 그래픽, 번쩍이는 빛, 상태 모니터의 신호음, 알람 등의 엄청난 데이터가 넘쳐나며, 이 모두 환자의 활력 징후와 전반적 상태를 알려준다. 이런 정보 중 일부만 해도 심전도와 심박 모니터, 혈압, 호흡수, 산소 포화도, 체온, EKG, EEG 기록, 수술 전 및 실시간 의료 시각 자료, 정맥 주사액, 약물 투약량 등이 있다. 이런 정보의 홍수를 감안하면 의사가 얼마나 빨리 정보량에 압도될지 이해할 수 있을 것이다. 사실, 환자 모니터링 기술의 발전에서 비롯된 인지 부담으로 인해 인적 과오를 늘릴 수 있다는 주장에도 일리가 있다.

마찬가지로 중요한 문제는 의사가 특정 작업이나 시술에 너무 집중한 나머지 생체 신호의 중요한 변화 같은 핵심 정보를 놓칠 수 있다는 점이다.

이런 두 가지 정보 관리 문제(너무 많거나 너무 적은 것)의 결합은 수술 팀이 복잡한 침습적 시술을 하는 동시에 수술대 주변과 위, 심지어는 수술실 여기저기에까지 널려 있는 다양한 디스플레이에서 센서 데이터를 모니터링해야 하는 수술 현장에서 특히 심해진다.

과제와 정보 포화가 합쳐지면서 상황 인지에 집중을 요하는 이런 상황은 고성능 전투기 파일럿이 직면하는 문제와 놀라울 정도로 유사하다. 그리고 해법 역시 비슷해 보인다.

바이탈스트림

캘리포니아에 있는 바이탈 엔터프라이즈^{Vital Enterprises}는 여러 헤드마운트 증강 디스플레이 기기에서 복잡한 의료 센서와 이미징 데이터를 보고 공유해, 수술실처럼 정보가 넘쳐나고 고도의 기술을 사용하며 위험 역시 큰 환경에서 작업하는 전문 의료진의 상황 인지와 효율성을 높여주는 바이탈스트림^{VitalStream}이라는 소프트웨어 플랫폼을 개발했다.

그림 16.6처럼, 바이탈스트림은 구글 글래스, 오스터하우트 디자인 그룹 R-7 스마트 글래스(5장 참조) 등의 기기와 함께 활용해 사용자의 시야에 다양한 출처의 중요한 데이터를 직접 표시할 수 있다. 디스플레이가 가능한 데이터 유형에는 생체 신호, 방사선 이미지, 내시경과 형광 투시 동영상 등이 있다.

바이탈스트림 플랫폼의 강력한 기능은 제로터치^{ZeroTouch}라는 것이다. 제로터치는 디스플레이 기기의 가속계와 자이로스코프로 사용자의 머리 동작을 모니터링해서 핸즈프리로 시스템의 데이터 제시와 커뮤니케이션 기능을 제어한다.

바이탈스트림은 증강 디스플레이에서 흔한 내장 동영상 카메라도 활용해, 수술을 녹화하고 원격 PC와 태블릿 등으로 다른 팀원과 이미지를 공유할 수 있다.

그림 16.6 바이탈스트림 소프트웨어 플랫폼은 구글 글래스 등의 디스플레이와 결합해 핵심 의료 센서와 이미지 데이터를 착용자의 시야에 배치해서 상황 인지력을 높여준다.
출처: 이미지 제공 – 바이탈 인터프라이즈 소프트웨어 사

정량적 혜택

2014년 스탠퍼드 의대는 바이탈스트림과 구글 글래스 사용에 대한 무작위적인 파일럿 연구를 수행해 환자의 생체 신호를 집도의의 시야에 스트리밍하는 효과를 평가했다. 연구에서 수술 레지던트들은 더미 시뮬레이터에서 비교적 일상적인 시술을 수행하면서, 그동안 흉관 삽관(갈비뼈 사이의 가슴을 조금 절개한 후 폐 주위의 액체나 기체를 배출하는 것)이나 기관지 내시경(기관지경이라는 가느다란 기구로 기도와 폐를 검사)의 즉각적인 응급 처치가 필요한 합병증을 제시받았다[설리반(Sullivan) 2014]. 연구에서 참가자는 전통적인 생체 신호 모니터와 더불어 무선 생체 신호 데이터 스트리밍인 바이탈스트림/구글 글래스를 모두 이용해 두 가지 절차를 수행했다.

연구 결과는 인상적이었다.

두 가지 응급 시술 모두, 구글 글래스 디스플레이의 센서 데이터 실시간 스트리밍을 통해 외과 의사의 시야에 계속 보여줌으로써, 전통적인 모니터를 이용한 대조군보다 더 빠르게 생체 신호의 중대한 변화를 인식했다. 흉관 삽관의 경우, 글래스 사용자는

저혈압(비정상적 저혈압) 인지 시간이 대조군보다 10.5초 더 빨랐다. 기관지 내시경의 경우, 글래스 사용자는 중대한 산소 불포화의 인지 시간이 8.8초 더 빨랐다[라이버트 (Liebert) 등 2014].

이 애플리케이션 설명은 하나의 연구만 참조하긴 하지만, 오류를 허용할 수 없는 고강도의 의료 시나리오에서 이 새로운 디스플레이를 평가한 다른 여러 조사에서도 유사한 결과가 도출됐다.

약시를 위한 IRIS 비전 에이드

약시라는 용어는 흐린 시야, 맹점, 터널 시야 등 시야가 일부만 남는 특성의 시각 불균형을 가리키는데, 법적 의미의 시력 상실도 여기에 포함된다[시력 협회 2016]. 주로 노화로 인해 일어나는 약시의 주원인은 황반 변성, 당뇨성 망막병증, 심장마비와 기타 의료 질병이다. 일반적으로 약시는 안경, 콘택트렌즈, 약물, 수술로 교정할 수 없다. 따라서 이 질병으로 씨름하는 400~500만 명가량의 미국인은 핸드헬드 전자 확대경, 웨어러블 미니어처 쌍안경, 변형 가능한 루페 돋보기 안경, 토킹 워치 등 다양한 보조 기술에 의지할 때가 많다.

최근에는 삼성 기어VR(6장 참조) 같은 휴대폰 기반 몰입형 디스플레이의 발전으로 다양한 새 보조 기술이 개발돼 약시 환자의 불편을 덜어주고 있다. 그런 제품 중 하나가 캘리포니아에 있는 비저나이즈Visionize, LLC가 만든 IRIS 비전 시스템이다. 이 제품은 고해상도 디스플레이와 모바일 기기에 내장된 카메라를 활용하도록 특별히 개발된 소프트웨어로, 그림 16.7처럼 확대된 '방울 시야'가 사용자의 시야 중앙에 위치한다. 방울의 크기를 디스플레이 옆에 달린 로커 스위치로 제어할 수 있기 때문에 사용자는 전반적인 장면의 맥락을 유지하면서 확대 반경의 범위를 변경할 수 있다.

그림 16.7 IRIS 비전 시스템은 모바일 기기 카메라와 특수한 소프트웨어로 착용자의 시야 일부를 매우 크게 확대해 준다.
출처: 이미지 제공 – 프랭크 워블린 교수

UC 버클리와 메릴랜드에 있는 센식스 사의 과학자가 개발한 IRIS 비전 시스템은 많은 이들이 겪고 있는 문제를 예리하게 포착해, 저렴한 비용의 효과 높은 헤드마운트 디스플레이 기반 솔루션을 통해 수백만의 삶을 개선하고 있다.

결론

가상 및 증강 현실은 신체와 정신 건강 분야에 상당한 잠재력을 갖고 있으며, 이제 대두되기 시작한 애플리케이션 분야의 윤곽을 잡아가고 있다. 예를 들어 전문 애플리케이션을 제외하면 정기적인 물리 요법 치료에서 완전 몰입형 시각화 기능이 필요한 경우를 상상하긴 어렵지만, 특히 다양한 해부학의 복잡한 상호 관계를 이해해야 할 경우 그 교육 부문에서 얻을 수 있는 혜택은 방대하다. 그런 만큼, 가상 현실의 가장 실용적인 애플리케이션은 실제 노출 훈련과 수술 리허설, 그리고 고정된 디스플레이로 특정 영역에 관심을 집중시키는 형식으로 나올 것이다. 여러 경우, 실제 수술 동안 헤드셋을 착용하지 않는다면 의사는 훈련 중에도 헤드셋을 착용하고 싶어 하지 않는다.

하지만 증강 현실은 완전히 다르다. 의료진이 직면하는 가장 큰 과제 중 하나가 정보 접근성과 관리이기에(때로는 더 많이, 때로는 정확히 구체적인 유형만 요한다.), 센서 데이터, 의료 관련 이미지, 자업 현장 개선, 환자 기록을 얹어 보는 기능은 앞으로 몇 해 동안 의료의 품질과 효율성에 중요한 영향을 미칠 것이다.

17장

항공우주와 방위

몰입형과 증강 디스플레이 기술의 응용은 미국을 비롯한 여러 산업화 국가 대부분의 항공우주, 방위 커뮤니티에 확산됐다. 제트기처럼 복잡한 기계를 조종하는 상황에서 사람의 인지 체계를 최대한 활용하는 것부터 우주 비행사 훈련, 군인의 실력 강화, 상황 인지를 돕는 데 이르기까지, 가상 및 증강 현실 시스템은 성과와 비용 효율성에 실질적인 영향을 미친다. 이 장에서는 그런 애플리케이션이 주는 혜택과 여전히 해결해야 할 과제를 집중적으로 살펴보겠다.

비행 시뮬레이션과 훈련 ▰▰▰▰▰▰

비행기를 안전하게 조종하는 능력은 후천적 재능이다. 가장 기본적인 수준에서 수십 시간의 실제 비행시간에 더해, 파일럿 자격증을 받는 데 필요한 법적으로 인정받는 스킬셋과 실력 수준을 개발, 시연, 테스트하는 교실 학습이 필요하다. 항공기가 더 복잡할수록, 점차 복잡해져가는 시스템을 어떻게 안전하고 효과적으로 다루는지 배우는 데 필요한 시간과 전문적 훈련도 늘어난다.

이 훈련 방법론은 편대 비행이나 공중 재급유 같은 고급 스킬이 필요한 지점까지는 충분히 효과가 있다. 이 시점부터는 추가 비행기와 승무원, 고급 시뮬레이터 등까지 필요하므로 훈련 과제와 비용이 상당히 늘어난다.

퓨즈드 리얼리티

캘리포니아 호손의 시스템즈 테크놀러지 사는 이런 질문을 던진다. 실제 비행기를 시뮬레이터로 사용하면 가상과 현실 모두의 장점을 취할 수 있을까? 답은 '예'다. 캘리포니아 에드워즈에 있는 NASA의 암스트롱 비행 연구 센터와 캘리포니아 모하비의 국립 테스트 파일럿 스쿨과의 협업으로, 엔지니어들은 어떤 비행기든 비행 시뮬레이터로 사용하는 퓨즈드 리얼리티Fused Reality라는 혁신적 가상/증강 현실 시스템을 개발했다.

그림 17.1처럼 시스템의 핵심은 중앙에 탑재된 비디오카메라를 포함하도록 커스터마이징한 완전 몰입형 스테레오 헤드마운트 디스플레이다. 이 카메라에서 나온 동영상 신호는 고성능 노트북 컴퓨터에 전송되는데, 노트북은 항공기 전자 항공 데이터 버스에 연결된다. 특화된 소프트웨어 알고리즘은 동영상 신호를 분석해서, 조종석이 어디서 끝나고 앞유리와 창이 어디서 시작하는지 판단한다. 이 공간으로(앞유리와 창) 컴퓨터가 생성한 이미지가 디스플레이로 돌아오는 동영상 신호에 배치돼 사용자에게 제시된다.

사용자의 머리 방향(롤, 피치, 요)은 디스플레이 유닛에 내장된 IMU로 모니터링된다. 이 정보는 비행기 조종, 비행 속도, 방향 등 전자 항공 버스에서 나온 데이터와 결합돼 컴퓨터가 생성한 이미지에 정확히 등록된다.

퓨즈드 리얼리티 시스템은 두 가지 주요 운영 모드를 제공한다. 첫 번째는 그림 17.2 처럼 조종석 내부의 현실 세계 뷰를 제공하지만, 앞유리와 창 밖에 보이는 모습은 완전히 컴퓨터가 생성한 것이다. 이런 기능은 훈련 시나리오 생성에 무한한 유연성을 제공한다. 사용자가 실제로는 황량한 사막 위를 높이 날고 있는데도 디스플레이에는 세부적인 산의 장면이 제시될 수 있다. 까다로운 접근과 정밀 진입 활주로, 수송기 착륙을 수천 피트 상공에서 연습할 수 있다. 혹은 그림 17.2처럼 복잡한 공중 재급유 작전과 여러 편대 비행 시나리오를 사방 수 킬로미터 내에 다른 항공기가 없는 상태에서도 연습할 수 있다. 이 모드에서는 두말할 나위 없이 조종석에 보조 파일럿을 둬야 한다.

그림 17.1　퓨즈드 리얼리티 헤드마운트 디스플레이가 사용자에게 실제 조종석 내부와 장치, 그리고 창에서부터 시작되는 컴퓨터가 생성한 이미지가 결합된 뷰를 제공하는 이미지
출처: 이미지 제공 – NASA

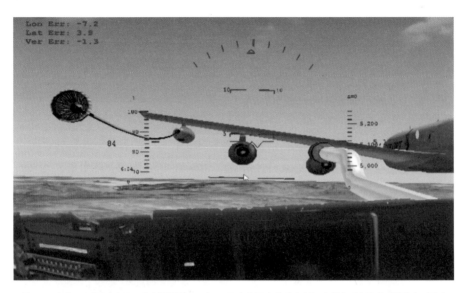

그림 17.2 퓨즈드 리얼리티 시스템의 한 운영 모드는 조종사의 물리적 제어판을 넘어선 부분부터는 완전히 컴퓨터로 생성한 가상 환경을 표시한다. 이 공중 재급유 시뮬레이션 스냅샷에서 조종사는 가상의 연료 보급 파이프를 컴퓨터로 생성된 급유기의 날개에서 연장된 공중 급유통으로 연결하려는 중이다.
출처: 이미지 제공 – NASA

그림 17.3의 두 번째 운영 설정은 '스텐실 모드'라 부른다. 이 설정은 사용자에게 조종석 내부와 항공기 외부 장면 모두에 대해 현실 세계의 뷰를 제시하지만, 외부 뷰에는 항공기 등 컴퓨터로 생성한 물체를 넣는다. 여기서도 잠재적인 응용 시나리오의 범위는 무한하다. 파일럿은 다른 비행기나 승무원이 관련된 전통적인 현실 세계의 작전이 주는 위험 없이 매우 적은 비용으로 기술을 연습하고 연마할 수 있다. 이 시뮬레이션에서 가상의 항공기와 충돌하면, 그냥 훈련 애플리케이션을 리셋해서 다시 시작하면 그만이다[멀린(Merlin) 2015].

게다가 퓨즈드 리얼리티 시스템은 비행 기술을 개발하고 연마할 때 사용하는 전통적인 육상 시뮬레이터와 비교할 때 구별되는 여러 장점이 있다. 최첨단의 풀 모션 비행 시뮬레이터조차 착륙 과정과 그 과정에서 전정 기관에 전달되는 미묘한 감각, 기체의 충격 단서, 에너지 방출이 주는 내적 감각을 재현할 수 없다. 시뮬레이터를 공중에 띄움으로써 이런 중요한 인지 단서가 보존된다.

그림 17.3 스텐실 모드로 동작하는 퓨즈드 리얼리티 시스템을 보여주는 이미지. 컴퓨터가 생성한 가상 급유기는 바깥 세상의 실제 장면에 디스플레이된다.
출처: 이미지 제공 – NASA

작전 계획 및 리허설

시뮬레이터와 훈련 시스템은 미군의 모든 부대와 다른 산업화된 국가 중 대부분의 방위력에서 핵심적인 역할을 한다. 이런 시뮬레이터는 미 해군 신병이 서로 다른 선박 17개의 긴급 시나리오에 대응하도록 교육받는 전장 64미터의 알레이버크급 구축함 시뮬레이터 USS 트레이어(BST 21) 같은 대형 시스템부터 비행기 조종사가 사용하는 첨단 고해상도 풀 모션 비행 시뮬레이터까지 다양하다. 해외 전투지에 배치된 미군은 모두 준비 과정의 일부 측면에 시뮬레이터를 사용하게 되는데, 몰입형 가상 훈련의 의존률은 점차 늘고 있다.

모든 시뮬레이터 방법론과 마찬가지로 이 시스템은 실력을 연마하고 작전을 미리 연습해보며, 안전하면서 비용 대비 효과가 높은 방식으로 어떠한 생사의 위협 없이 실수를 허용한다. 그럼 이런 솔루션 중 일부를 간단히 알아보자.

보병 훈련 시스템

보병 훈련 시스템DSTS, Dismounted Soldier Training System은 미군용으로 특별히 설계된 완전 몰입형 가상 현실 보병 팀 훈련 솔루션이다. 기본 설정에서 DSTS는 현재 표준 미군 사격대 규모인 아홉 명까지 지원하는 탄탄한 독립형 시스템이다. 그림 17.4처럼, 병사는 각기 머리의 위치와 방향을 추적하는 통합 센서, 스테레오 스피커, 음성 및 라디오 커뮤니케이션 시뮬레이션용 마이크, 디스플레이 이미지 생성용 그래픽 하드웨어, 그리고 사용자의 몸 움직임을 추적하는 추가 센서와 계기가 달린 무기를 추적하는 작은 배낭을 착용하고 입체 헤드마운트 디스플레이를 장착한다.

그림 17.4 장비를 착용한 채 보병 훈련 시스템(DSTS)을 활용해 훈련 시나리오에 참여하는 미군을 보여주는 이미지
출처: 미 국방부 제공 사진

각 병사는 3미터 × 3미터의 훈련 영역 중앙에 배치된 1.2미터 반경의 고무 패드에 선다. 병사의 발 아래에 놓인 패드의 느낌에 따라 각 참여자는 훈련장 내 특정 반경을 유지하게 된다. 실제로 걷는 대신, 병사는 그냥 무기를 조종하며 가상 모델을 통해 위치를 이동한다. 시스템의 바로 이 측면 덕분에 실제 훈련에 비해 매우 적은 비용으로 소규모의 다용도 시설에서 훈련을 실행할 수 있다.

(사격 기술이 아니라) 특히 이동 대형과 실내 침투 연습 같은 분대와 팀의 전술을 향상하기 위해 설계된 DSTS 시스템은 훈련 시나리오 개발에서 무한한 유연성을 보인다.

아홉 명을 수용하는 시스템은 완전한 이동성이 보장되며, 전기가 공급되고 45평방미터의 공간만 확보되면 어디서든 사용할 수 있다. 이런 시스템 수백 개가 전 세계에서 사용되고 있으며, 무제한의 네트워킹이 가능해 지리적으로 떨어져 있는 곳에서 대규모로 훈련 연습을 할 수 있다[코우스터(Koester) 2013].

PARASIM 가상 현실 낙하산 시뮬레이터

인류가 매우 높은 곳에서 허공으로 뛰어내린 후 안전하게 땅으로 하강할 수 있다는 아이디어 자체는 9세기 중국 문명까지 거슬러 올라간다. 하지만 알려진 인물에 의해 처음으로 기록에 남은 낙하산 디자인은 1495년 레오나르도 다빈치의 것이다. 이 디자인은 네모난 나무 프레임으로 펼쳐져 유지되는 피라미드 형태의 린넨 덮개로 구성돼 있다. 최초의 실용적 낙하산이자 일반적으로 받아들여지는 현대적 낙하산 시스템의 선구적 형태는 1783년 프랑스 물리학자 루이 세바스티앙 레노르망으로부터 나왔다. 그의 작업물은 궁극적으로 1차 세계 대전 동안 끈 달린 관찰용 열기구 안에 대포 척후병이 타도록 한 군용 낙하산으로 이어졌다. 기구는 적기가 목표물로 잡기에 충분히 기동성이 떨어지는 위험스러운 타깃이었기에 척후병은 위협을 감지하면 바로 바구니 밖으로 뛰어내렸다.

현재 낙하산은 대부분의 현대적 군대에서 빼놓을 수 없는 도구가 됐다. 낙하산을 이용해 많은 수의 병사, 장비, 공급품을 전장으로 빨리 수송할 수 있고, 소규모 특수 작전병 그룹이 소리 없이 한밤중에 적의 후방으로 쉽게 침투할 수 있다. 그러나 낙하산 설계와 활용 관련 학문의 이 모든 진보에도, 낙하산은 그 특성상 아직 수많은 변수와 잠재적 오류를 감안해야 하는 매우 위험한 수단이다. 직업적으로 낙하산을 정기적으로 사용하는 사람들은 위험 요소를 경감시키는 신기술과 방법론을 계속 탐색하고 있다.

그런 진보 중 하나가 그림 17.5의 캘리포니아 호손에 있는 시스템즈 테크놀러지 사에서 만든 PARASIM 가상 현실 낙하산 시뮬레이터다. 애초 미국 산림청이 삼림 소방 낙하대원(삼림 소방관) 낙하산의 응급 상황을 확인하는 훈련을 도우려 개발한 이 시스템은 미군, 특수 작전 사령관, USDA 산림청, 토지 관리부와 전 세계의 비슷한 조직에서 중요한 훈련 도구가 됐다.

PARASIM 시스템은 최종 사용자 필요에 따라 여러 설정을 선택할 수 있다. 예를 들어 미리 계획하에 선을 고정하고 자유 낙하하는 설정에서 낙하산병은 항공기를 탈출해 낙하산이 퍼질 때까지 바로 수평 방향을 취하고, 고정 선 점프의 경우에는 비교적 빠르게 수직 방향으로 바꾼다. 이 훈련을 지원하기 위해 제품의 한 버전에는 동력 윈치가 있는데, 시뮬레이션에서 일단 가상의 낙하산이 퍼지면 사용자를 수평에서 수직 방향으로 자동 전환시킨다.

그림 17.5 PARASIM 가상 현실 낙하산 시뮬레이터는 미군의 모든 부대와 다른 부서 및 기관에서 중요한 항공 작전 훈련에 이용한다.
출처: 이미지 제공 – 시스템즈 테크놀러지 사

이 제품의 또 다른 버전은 특히 항공 승무원의 비상 탈출과 대피를 도우려 설계됐다. 현실 세계 훈련 시나리오 대부분에서 이런 상황은 즉시 낙하산이 퍼져, 시뮬레이터의 추가 조작이 필요하지 않다.

그림 17.6처럼, 시스템의 두 가지 버전에 대한 일반 설정에는 스테레오 헤드마운트 디스플레이(고객에 따라 컴포넌트 변경 가능), 사용자의 머리 방향을 트래킹하는 IMU 센서, 컨트롤 라인/스티어링 토글이 있다. 미리 계획한 점프를 하고 지연해서 펼치는 데 사용하는 시뮬레이터 버전에서는 마이크로소프트 키넥트 센서를 활용해(11장, '위치, 방향, 동작 추적용 센서' 참조) 실제 점프하는 것처럼 손과 팔의 움직임을 트래킹해 가상 공간에서의 낙하를 제어한다.

이 시뮬레이터의 마법이 이뤄지는 곳은 소프트웨어다. PARASIM은 낙하산 디자인 50 가지 이상이 포함된 고성능 물리 기반 점프 시뮬레이터로, 각 디자인의 세부 성능 특성이 정확하게 재현된다. 따라서 어떤 낙하산을 어떤 기상 조건에서 사용해도 매우 정밀한 훈련이 가능하다. 초심자와 숙련자 모두 훈련이 가능하도록 디자인된 이 시스템은 오작동과 응급 절차 시뮬레이션, 낙하산 제어, 적절한 상황 인지, 다양한 착륙 기법 등의 연습을 지원한다. 소프트웨어 제품군 역시 실제 장소를 기반으로 한 다양한 시뮬레이션 환경을 포함한다[STI, 2013a].

PARASIM은 무한한 수의 시스템을 네트워킹하는 기능도 매우 유용하다. 이런 시뮬레이션에서는 모든 낙하산병이 서로를 볼 수 있으므로 집단 작전을 계획하고 연습하는 데 이상적이다.

그림 17.6 PARASIM 가상 현실 낙하산 시뮬레이터는 스테레오 광시야각(FOV) 헤드마운트 디스플레이와 센서가 있어서 사용자의 머리 방향을 추적한다.
출처: 미 국방부 제공 사진

그림 17.7처럼, 시스템의 세 번째 변형은 강하 지휘관 훈련용으로 사용할 수 있다. 앞에서 설명한 퓨즈드 리얼리티 기술을 사용한 이 시스템은 군장을 갖춘 점프를 관리 감독할 때 필요한 기술을 키우고 연마하는 혼합 현실 애플리케이션으로, PARASIM 사용자 그룹과 연계해서 사용할 수 있다[STI, 2013b].

그림 17.7 PARASIM 시스템의 점프 마스터(Jump Master) 변형은 항공 작전을 관리하고 감독하는 강하 지휘관의 심도 높은 훈련이 가능한 혼합 현실 애플리케이션이다.
출처: 이미지 제공 – 시스템즈 테크놀로지 사

보병 상황 인지

역사적으로 전장은 혼란스럽고 상황을 제대로 인지할 수 없는 곳이므로, 병사에게는 정보가 가장 가치 있는 자원이 된다. 실제로 기원전 6세기에 저작돼 전투 전략의 고전으로 꼽히는 '손자병법'의 숨은 주제는 전장의 승리는 지휘관의 정보 획득, 제어, 조작 능력에서 나온다는 것이다. 현대적 용어로 풀어보면, 이런 정보는 적의 위치와 화력, 자기 분대의 규모와 위치 정보, 그리고 UAV, 항공기, 위성 등의 원격 센싱 플랫폼에서 얻은 정보를 뜻한다. 이상적인 상황에서는 미국 군대가 수십 년 동안 노력해오고 있는 바와 같이 모든 병사가 더 큰 네트워크의 일부로 정보 소비자이자 생산자의 역할을 할 수 있을 것이다. 지난 여러 해에 걸쳐 이런 시스템의 기초가 현장에 적용되기 시작했다.

넷 워리어

넷 워리어^{Nett Warrior}는 미 육군이 전투 작전 동안 사용하는 통합 보병 상황 인지 시스템이다. 그림 17.8처럼, 현재 구현된 시스템은 병사의 라이플맨 무전기^{Rifleman Radio}에 연결돼 위치 정보, 문자 메시지, 사진, 지도, 기타 데이터를 공유하는 안드로이드 기반의 스마트폰과 비슷한 핸드헬드/가슴 착용 기기로 돼 있다. 보안 무전 기반의 연결은 이동형 자가 형성On-The-Move self-forming 네트워크라고 부른다.

그림 17.8 미군 병사가 안드로이드 기반 넷 워리어 통합형 보병 상황 인지, 임무 지휘 시스템을 이용하는 모습
출처: 미 국방부 제공 사진

개발 중인 이 프로그램의 다음 단계에서는 시스템에 낮밤 모두의 전술 애플리케이션을 위한 헤드마운트 증강 현실 디스플레이 컴포넌트가 추가될 예정이다. 이 단계에서는 네트워킹된 헤드업 상황 인식을 추가로 제공해 아군 살상을 줄이고 치사율, 생존 가능성, 기동성을 늘리려 한다.

이런 기기에 디스플레이되는 전술 정보의 사례는 그림 17.9를 보자. ARC4라는 시스템의 기반 소프트웨어는 뉴멕시코 알부케르케의 응용 연구 협회Applied Research Associates 가 방위 첨단 연구 프로젝트 기관DARPA과 6년간 협업해 개발했다. 디스플레이에 상관없이 ARC4 소프트웨어는 사용자에게 지리적으로 정확하게 등록된 아이콘을 현실 세계 모습에 덮어 씌워 보여준다. 이 아이콘 정보의 정확한 배치는 헬멧에 탑재된 헤드 트래킹/동영상 프로세싱 유닛을 통해 이뤄진다. 인터페이스의 군용 버전은 지휘관과 소단위 팀에 헤드업 블루(아군) 트래킹, 팀 리더와 개별 사병 간의 내비게이션, 타깃 핸드오프, 비언어적이며 시야에서 사라지지 않는 커뮤니케이션을 포함한 공통 작전 이미지COP를 제공한다[응용 연구 협회 2015].

그림 17.9 응용 연구 협회가 개발한 전술 정보 디스플레이로 ARC4 증강 현실 소프트웨어 솔루션을 통해 보병에게 제공되는 전술 정보 디스플레이의 사례 이미지
출처: 이미지 제공 – 어플라이드 리서치 어소시에이츠 사

고급 조종석 항공 전자장치

항공기는 계속 발전해 인간이 만든 가장 복잡하고 중요한 기계 중 하나로 등극했다. 그 크기와 역량은 여러 해에 걸쳐 꾸준히 증가했고, 안전한 조종과 효과적인 활용에 대한 도전도 마찬가지로 늘어났다. 그럼 가상 및 증강 현실로 실행 기술의 적용을 통해 드러난 과제와 해결책을 알아보자.

군대

군용기, 특히 제트 전투기의 조종석 디자인은 지난 수십 년간 상당히 변화했다. 예전에 조종석은 수십 개의 스위치, 버튼, 기타 수동 제어 장치를 갖췄고, 수많은 원시적 코드로 된 다이얼과 게이지로 항공기 시스템, 내비게이션, 무기 상태, 센서 등의 정보를 제공했다. 이런 정보는 알파벳과 숫자 형식(알파벳, 숫자 조합)으로 제시되는데, 이 모두가 중요 정보를 전달하고 조종사가 항공기 밖에서 일어나는 일을 머릿속으로 그려볼 수 있게 한다. 그런데 이런 복잡한 정신적 처리가 실제 항공기 조종 및 비행 기하학과 관련한 문제 해결, 공중전 기동, 전술적 교전의 과제보다 더 넘쳐난다. 이런 초기의 디자인은 타깃이나 위협이 있는 항공기 밖을 보는 대신 조종사가 다이얼과 게이지를 읽는 등 상당 시간 조종석에 관심을 집중할 수밖에 없게 돼 문제가 컸다. 그래서 정보 과잉, 큰 스트레스, 상황 인지력 상실을 자주 느끼는 결과가 따랐다.

이와 똑같은 항공 시스템, 내비게이션, 무기 상태, 센서 등의 정보가 다기능 디스플레이(버튼으로 둘러싸인 작은 화면들)로 이동하면서, 모두를 늘 가시적으로 두기보다는 여러 페이지로 정리해 정보 처리가 편하도록 배려하는 논리적 변화도 이뤄졌다. 조종석 대시보드에 눈높이로 HUD가 거치되면서 투명 스크린이나 컴바이너로 항공 전자 정보가 문자나 숫자에서 기호로 전환돼 이런 부담이 조금은 줄어들었다. 하지만 조종사가 이 정보를 보려면 똑바로 앞을 봐야 한다는 큰 제약 요인이 있다.

현시점에서 조종석 디자인의 다음 논리적 발전은 정보 디스플레이가 HUD 유닛에서 파일럿 헬멧 안의 바이저 바로 앞에 탑재된 광학 요소로 이동하는 것이다. 그런 시스템은 머리가 어디를 향하든 중요 정보를 조종사에게 표시할 수 있으므로, 조종사가 조종석 안쪽 대신 항공기 밖을 볼 수 있는 시간을 더욱 극대화한다. 여러 면에서 헬멧에 탑재된 디스플레이는 폭넓게 설치된 최초의 증강 현실 시스템으로 간주할 수 있다.

지금까지 다양한 헬멧 탑재 디스플레이 수십 개가 전 세계의 고정익(비행기형)과 회전익(헬기형) 항공기용으로 개발됐는데, 다음 목적 중 적어도 하나에 부합한다.

- 조준, 내비게이션, 항공기 성능 데이터를 조종사에게 표시

- HOBS^{high off-boresight} 공대공과 공대지 무기의 직접 조종

- 레이더, FLIR 등 온보드 센서의 슬레이브화

- 센서 동영상 표시

그림 17.10은 현재 고정익과 회전익 항공기에 설치돼 사용 중인 두 가지 현대적 헬멧 마운트 디스플레이를 보여준다.

그림 17.10 미 군용기에서 현재 사용 중인 두 헤드마운트 디스플레이의 이미지. 왼쪽은 A-10 썬더볼트와 에어 내셔널 가드/에어 포스 리저브 F-16 블록 30/32 바이퍼 항공기에서 사용 중인 GENTEX 스콜피온 헬멧 마운티드 큐잉 시스템 (Scorpion Helmet-Mounted Cueing System)이다. 오른쪽은 코브라 AH-1Z, 휴이 UH-1Y를 포함해 16개국의 주요 헬리콥터 프로그램 다섯 개에서 운영 중인 데일즈 탑아울(Thales TopOwl) 헬멧 마운티드 사이트 앤 디스플레이다. 출처: 사진 제공 데일즈(Thales) - 우주, 운송, 방위, 보안 시장의 글로벌 테크놀러지 리더(www.thalesgroup.com)

이 애플리케이션 설정에서 극히 넓은 광시야각 디스플레이는 사실 장애물과 잠재적 위험 요소로 간주됨을 알아두자. 목적은 공중 무기와 센서 타기팅 제품군에서 나온 필수적인 정보를 시야 안에서 복잡하지 않게 파일럿에게 제공하는 것이다. 조종사의 시야가 복잡해지면 재앙을 낳을 수 있기 때문이다.

F-35 통합 전투 공격기 헬멧 마운트 디스플레이 시스템

현재 사용 중이며 최첨단 성능을 뽐내는 가장 진화한 헬멧 마운트 디스플레이 시스템 HMDS은 록히드 마틴 F-35 라이트닝 II 3군 통합 전투 공격기에 탑재된 것이다.

그림 17.11의 경량 헬멧에는 나이트 비전이 결합된 30도 × 40도 쌍안 시야에 고명도, 고해상도 디스플레이가 내장된다. 완전 결합된 주야간 비행 무기와 센서 데이터 시각화 솔루션으로, 이 시스템을 갖춘 비행기 조종사는 목표물을 그저 보기만 하는 것으로도 무기가 조준되는 것 이상의 능력을 갖출 수 있다. 야간 임무용으로는 센서와 무기 단서 외에도 시스템에서 직접 바이저 내부에 나이트 비전을 투사하므로 별개의 나이트비전 고글이 필요하지 않다.

그림 17.11 F-35A 라이트닝 II 헬멧 마운트 디스플레이의 비스듬한 뷰 이미지로, 조종사에게 비교할 수 없는 상황 인지력을 제공할 뿐 아니라 항공기 외장에 탑재된 센서 패키지 여섯 개에서 나온 실시간 이미지도 보여준다.
출처: 미 국방부 제공 사진

이 시스템에서 가장 혁신적인 기능은 조종석 외부에 기체가 아예 존재하지 않는 것처럼 항공기 아래와 측면이 포함된 구형 360도 뷰를 표시하는 기능이다. '글래스 콕핏'이라고 하는 이 기능은 전자 광학 분산형 개구 시스템DAS, Distributed Aperture System으로 가능한데, F-35 기체 외장에 탑재된 적외선 고해상도 센서 여섯 개로 구성된다. 중첩되는 센서 여섯 개의 시야가 합쳐져 장애물이 없는 반구(4π 입체각) 이미지와 함께 미사일 및 항공기 감지와 반격 단서를 제공한다. 그림 17.12는 항공 전자 장비 센서 데이터와 함께 적외선 장면을 결합해 조종사의 HMD에서 받는 뷰의 사례를 제공한다.

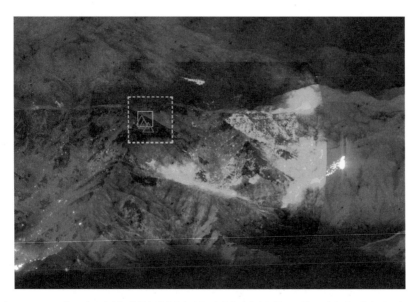

그림 17.12 F-35의 DAS는 외장에 탑재된 센서에서 나온 실시간 이미지를 온보드 항공 전자 시스템이 제공하는 데이터와 합친다.
출처: 이미지 제공 – S. 옥스타칼니스

상용 항공

상용 항공기 조종사는 군용 항공과 같은 정보 사용 가능성과 인지 처리 과제 중 상당수에 직면하지만, 전투 조작이나 무기 조준 및 배치 같은 추가 부담은 없다. 특히 상용 항공 부문의 과제는 짙은 안개나 폭풍의 경우처럼 가시성이 낮을 때의 이착륙인데, 같은 조건에서 육상 이동 시 활주로에 침범할 잠재성도 있다. 이 문제는 명백히 새로운 것이 아니며, 항공기 제조사와 전자 항공 장치 공급 업체가 헤드업 디스플레이 기술을 다양한 항공기에 적용했지만 조종사가 전방을 향할 때만 정보가 보인다는 한계가 남는다. 그런 만큼, 여러 제조사는 현재 상용 항공기용 헤드마운트 디스플레이를 조종석 항공 전자 장치 제품군의 옵션으로 도입 중이다. 그런 회사 중 하나가 이스라엘 하이파의 엘빗 시스템즈^{Elbit Systems, Ltd}다.

스카이렌즈 디스플레이

스카이렌즈^{Skylens}는 엘빗 클리어비전 인핸스드 플라잇 비전 시스템^{EFVS}의 웨어러블 디스플레이 컴포넌트다. 클리어비전은 다중 스펙트럼 센서를 항공기 외장에 탑재해 어둡거나 가시성이 낮은 상황에서 지형과 공항 조명을 포착한다. 이 데이터는 글로벌 지형 데이터베이스의 토폴로지와 등사 비행 가이던스 심볼과 합쳐져, 실제 가시성이 제한되거나 전혀 없을 때도 바깥세상의 고해상도 뷰를 제공하는 폴드다운 HUD에 투사된다.

스카이렌즈 컴포넌트는 조종사에게 보통은 HUD에 표시되는 것과 같은 정보를 헤드 마운트 기기에서 제공한다. 파일럿의 머리 동작을 트래킹해 중대한 정보와 심볼을 조종사가 살펴보는 실제 세계에 안정되고 상호 연관되도록 제시함으로써, 정밀과 비정밀 진입을 수행하는 능력을 개선하고 CFIT(수동 하강 지상 충돌) 사고의 위험을 줄여준다.

스카이렌즈 시스템 자체는 단안식의 바이저에 비추는 디스플레이로, 이미지 소스는 1280×1024 모노(녹색) 마이크로디스플레이며 원형 유효 반경은 1024×1024다. 이 시스템은 머리 트래킹에 중복되는 광학 센서 세 개를 사용한다.

민간

일반 항공 부문 역시 상용 및 군 항공 부문과 마찬가지로 정보의 가용성과 정신적 처리 과제가 있다. 일반 항공기의 조종석 항공 전자 장비는 지난 10년 넘게 첨단 다기능 디스플레이로 지형, 내비게이션 보조, 위험, 날씨, 통행 인지 정보의 시각화 구현에서 상당히 발전했지만, 여기서도 정보 접근을 위해 조종사가 여전히 하늘을 보기보다는 조종석 내에 관심을 집중해야 한다. 더구나 현재의 디스플레이 기술로는 여전히 조종사가 이 복잡한 2D 정보를 항공기 주변 환경에 대한 3D 이미지로 머릿속에 그려내야 하므로 작업량과 스트레스 수준이 심각하게 높아진다.

그러나 군이나 상용 부문과 달리, 일반 항공기 조종사에게는 최근까지 유효한(혹은 저렴한) 솔루션이 없었다. 다행히 증강 현실 소프트웨어 및 디스플레이 하드웨어의 발전과 미국 및 국제 항공 당국의 일견 무관해 보이는 노력으로 인해 일반 항공기 조종사에게도 놀라운 대안적 정보 디스플레이의 가능성이 일부 열리고 있다. 간단히 말해, 2020년 1월 1일 이후 지정된 미국 영공(클래스 A, B, C와 D, E의 일부)에서 항공기

를 운항하려면 연방 규제에 따라 항공기에 ADS-B(자동 종속 감시 방송) 응답기라는
것을 갖춰야 한다. 이 작은 전자 장치는 단순히 ADS-B OUT이라고 부르는데, 비행
기의 고도, 풍속, GPS에서 추출한 위치 정보를 육상 기지와 ADS-B IN 수신기를 갖
춘 인근 다른 비행기에 전송한다. 항공 교통 컨트롤러와 적절히 장비를 갖춘 항공기
는 이 정보로 실시간 비행 중인 항공기를 '보고', 궁극적으로는 항공 교통 관리와
안전을 목표로 삼는다. 보통 ADS 데이터는 조종석 내 2D 다기능 디스플레이에 표시
된다.

에어로 글래스

캘리포니아 샌디에고와 헝가리 부다페스트에 있는 에어로 글래스 사Aero Glass Inc.는
ADS-B와 기타 장치의 데이터를 엡손 모베리오나 오스터하우트 디자인 그룹ODG
R-7(둘 다 5장, '증강 디스플레이' 참조) 같은 증강 헤드마운트 디스플레이에 표시하는
수단을 개발하는 여러 회사 중 하나다.

그림 17.13처럼 시각 효과는 조종사의 머리와 비행기의 위치 및 방향에 상관없이 사
용자의 현실 세계 뷰 위에 그래픽과 기호 형태로 이 정보를 얹어 보여준다.

그림 17.13 조종사 머리의 위치와 방향 트래킹용 증강 현실 헤드마운트 디스플레이자 센서인 에어로 글래스 소프트웨
어로 표시되는 비행 정보의 사례 이미지
출처: 이미지 제공 – 에어로 글래스 코퍼레이션

위 이미지에서 볼 수 있듯이 보통은 다기능 디스플레이나 조종사의 무릎에 놓인 지도/차트에서 2D로 나타나는 조절되거나 제한된 영공 볼륨, 다양한 항로, 근처 비행기의 위치와 이동 같은 원시 데이터 유형 중 다수가 실제로는 정적이거나 시간에 따라 변하는 3D 현상이다. 데이터의 실제 공간 특성 외에 그 정확한 위치를 묘사하는 방식으로 정보를 표시하기 때문에 조종사는 상황 인지 수준이 크게 향상되고 비행 중인 실제 환경을 시각적으로 이해할 수 있다.

에어로 글래스 시스템은 ADS-B 및 기타 항공 전자 데이터, 조종사 머리의 위치와 방향 측정 센서에서 나온 정보, 실제 디스플레이 기기를 통합한 소프트웨어 제품군으로 구성된다.

우주 작전

세계에서 가장 발전한 가상 및 증강 현실 시스템과 애플리케이션은 미국 전역에서 유무인 우주 작전을 지원하는 NASA 연구소에서 찾을 수 있다. 현재 우주로 향하는 미국 우주 비행사 모두의 훈련에 사용하는 여러 시설과 도구 개발에는 상당한 시간과 노력, 비용이 투자됐다. 그런 훈련 중 대부분은 텍사스 휴스턴의 NASA 존슨 우주 센터 가상 현실 실험실VRL에서 이뤄지는데, 그림 17.14는 이곳에서 실행되는 훈련의 한 장면이다.

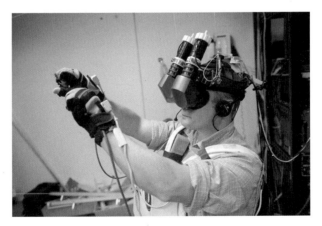

그림 17.14 NASA의 우주 비행사 마이클 핀커가 NASA 존슨 우주 센터의 우주선 목업 시설에서 가상 현실 하드웨어를 사용하는 모습
출처: 이미지 제공 – NASA

수년간 전통적 훈련과 준비를 하는 외에도 NASA는 몰입형 가상 현실 시스템과 관련 기술을 광범위하게 활용해 네 가지 주요 영역에서 우주 비행사를 훈련시킨다.

- **우주 유영(EVA) 훈련**은 우주 비행사의 우주 유영과 국제 우주 정거장^{ISS} 외부에서 수행할 과업을 준비시킨다.
- **SAFER(추진형 배낭 비행 장치) 훈련**은 우주 비행사가 우주 유영 동안 착용하는 작은 독립형 추진 배낭 시스템 사용을 준비시킨다. 우주 비행사가 ISS나 우주선으로부터 떨어져 닿을 수 없는 곳으로 떠갈 경우, SAFER는 비행사가 스스로를 구조할 수 있는 수단이 된다.
- **로봇 작업**은 우주 비행사가 카나댐2^{Canadam2} 등의 로봇 시스템을 사용하도록 가르친다.
- **무중력 매스 핸들링**^{Zero-G Mass Handling}은 미세중력 환경에서 개체의 무중력 매스 특성을 시뮬레이션한다(우주에 있는 동안에는 물체의 무게가 없지만, 물체가 클 경우에는 여전히 처리하고 다루는 데 상당한 어려움이 있다).

프로젝트 사이드킥

우주 비행사는 우주여행 전에 2년 이상 훈련하지만, 팀원과 분야별 전문가의 광범위한 육상 지원이 없이는 임무를 수행할 수 없다. 공학적 문제 해결부터 선내 실험의 적절한 수행까지, 우주 비행사가 임무의 목표를 안전하고 효과적으로 수행하도록 돕는데는 상당한 노력이 들어간다. 이런 목적으로 NASA는 표준 전파, 동영상, 텍스트 커뮤니케이션을 넘어설 이런 지원의 구현 방법을 지속적으로 연구하고 있다. 이 책을 저술하는 현재 진행 중인 것으로 프로젝트 사이드킥^{Project Sidekick}이 있다.

마이크로소프트 홀로렌즈(5장 참조)가 제공하는 것과 같은 증강 디스플레이 기술의 발전을 활용하는 이 프로젝트의 목표는 몰입형 절차 참조(즉, 매뉴얼과 가이드북)와 필요할 때마다 승무원 정보와 과제 지원을 제공하도록 개발된 원격 지원 시스템 활용법을 탐구하는 것이다. 혼합 현실 설정의 개념(물리적 환경과 가상 물체의 결합)을 기반으로, 홀로렌즈 기기에 표시되는 고해상도 홀로그램을 우주 비행사의 현실 세계 뷰에 통합할 수 있으므로 우주 궤도에 있는 인력과 육상 인력이 핵심 정보와 지침에 접근하고 교류하는 새로운 방법이 가능하다. 그림 17.15는 홀로렌즈 기기 배치 전 테스트 과정의 모습이다.

그림 17.15 NASA의 무중력 실험기 C9(Weightless Wonder C9) 제트기에서 프로젝트 사이드킥을 테스트하는 NASA 와 마이크로소프트 엔지니어. 프로젝트 사이드킥은 마이크로소프트 홀로렌즈로 국제 우주 정거장에서 작업하는 우주 비행사에게 가상의 도움과 지상 인력의 지원을 제공한다.
출처: 이미지 제공 – NASA

이 책을 저술하는 현재 사이드킥 시스템에는 두 가지 기본 운영 모드가 있는데, 독립(절차 참조 시스템) 모드와 원격 전문가 모드다.

- **독립 모드**는 우주 비행사가 편한 곳 어디든 배치할 수 있는 홀로그램 형태의 디스플레이로, 도움말, 절차, 체크리스트 등 광범위한 매뉴얼에 접근할 수 있다.
- **원격 전문가 모드**는 지상 인력의 실시간 일대일 지원이 가능한 동영상 회의 기능이다. 승무원은 홀로그램 동영상 화면을 열어 비행 관제 팀, 시스템 전문가, 유효 하중 개발자를 볼 수 있다.

홀로렌즈의 내장 카메라를 이용해 지상 인력은 우주 비행사의 작업 영역을 보고, 직접 작업 목표에 대해 도움을 줄 수 있다. 사이드킥 프로젝트는 홀로렌즈와 기타 유무인 우주 프로그램에 사용되는 다른 헤드마운트 증강 디스플레이의 여러 애플리케이션 중 단 하나일 뿐이다. 온사이트^{OnSight}라는 또 다른 프로젝트는 현재 지구에 있는 과학자와 엔지니어를 화성에 있는 큐리오시티 로버의 가상으로 재현한 운영 환경에 배치해준다. 로버에서 되돌아오는 데이터를 이용해 3D 모델을 홀로렌즈 기기에서 생성한 후 표시해, 과학자는 자유롭게 일인칭 시점으로 지역을 탐험하고, 새로운 로버 운영을 계획하며, 지난 시스템 작업의 결과를 미리 볼 수 있다.

결론

이 장에서는 우주 항공과 방위 부문에서 확립돼 있는 기존의 수많은 가상 및 증강 현실 기술 애플리케이션을 가볍게 훑어봤다. 다른 영역과 비교해서 이렇게 기술 수용과 활용이 발전한 이유는 다양한데, 명확하고 임무에 필수적으로 필요하며(궁극적으로 개발 안건에 집중하는 동인이 됨), 다년간 집중 연구가 가능한 예산, 개발과 문제 해결 노력, 그리고 주목할 만한 결과를 보여주는 기술 등이 있었기 때문이다.

이런 면에서 국방부와 NASA가 첨단의 가상 및 증강 현실 시스템에 현재까지 기여한 방대한 폭과 깊이를 수치로 나타내기는 어렵다. 1960년대와 1980년대에 각각 이런 기술에 대한 연구와 개발이 이뤄진 이후 현재에 이르기까지, 이 분야의 소규모 업체와 대학 연구원에 대한 제품의 공급과 기증, 협업, 주제별 지식과 전문가 공유는 이 분야의 발전에 절대적으로 중요했으며 앞으로도 그럴 것이다. 이들의 기여가 가장 눈에 띄는 영역으로는 센서 기술, 사용자 인터페이스 디자인, 바이노럴 오디오, 광학 시스템, 인간 인지 및 행동의 핵심 연구가 있다.

18장

교육

다양한 직업의 핵심 기술을 익히도록 돕는 것부터, 건축처럼 복잡한 분야의 학생에게 추상적 개념을 교육하고 어린이들을 위한 경험 학습을 수행하는 데 이르기까지 가상 및 증강 현실은 교육 분야에서 놀라운 잠재력이 있다. 이 장에서는 학습 결과에 대한 영향이 입증된 여러 기존 애플리케이션을 알아보고, 교육 과정을 돕는 시스템 구현에서 직면하는 과제를 상세히 설명하겠다.

촉각 기술 교육 ▰▰▰▰▰▰▰

가상 및 증강 현실 시스템이 교육에서 가장 먼저 성공한 애플리케이션 영역 중 하나가 구체적인 촉각 기술 교육이다. 몰입형 시스템을 사용해 국제 우주 정거장의 조립과 수리 절차를 연습하는 우주 비행사로부터 특정 숙련 기술까지, 이런 애플리케이션과 턴키 시스템turnkey system 개발은 확립된 프로세스다. 단순하게 설명하면, 이런 애플리케이션 유형은 가상 도구를 활용해 과제를 수행하고, 필요한 허용 범위 안에 들어올 때까지 동작과 절차를 가다듬는다. 그런 교육 애플리케이션은 이를테면 복잡한 물리학과 화학 이론 교육용 시스템 개발보다 상당히 구현하기 쉽다.

그럼 몰입형 가상 현실 시스템으로 익히고 연습하는 촉각 기술 교육에 사용하는 두 가지 애플리케이션을 살펴보자. 이런 애플리케이션 결과물을 정량화하고 분석해 즉각적인 피드백을 제공한다.

VRTEX 360 용접 시뮬레이터

특정 분야의 숙련 기술자 교육은 인증 시험을 통과하는 데 필요한 스킬셋과 전문성을 구축하기까지 감독하에 수천 시간까지는 아니더라도 수백 시간의 훈련과 연습이 필요하다. 이런 훈련은 값비싸고 위험하며 낭비가 될 때가 많다. 이런 도전에서 가장 잘 알려진 숙련 기술 중 하나가 산업용 용접이다. 공예 수련생은 일관되게 좋은 제품을 만들기 위해 필요한 여러 기술을 연습하는 데 상당한 시간과 노력, 그리고 재료를 소모해야 한다.

이런 학습 과정을 더 효율적이고 저렴하게 할 수 있도록, 오하이오 클리블랜드의 다국적 용접 장비 및 제품 제조사 링컨 일렉트릭Lincoln Electric은 커네티컷 이스트 하트포드의 VR심 사VRSim Inc.와 협업해, 전통적인 용접 수련공의 방법을 보완하고 개선하기 위해 학교에서 사용하는 고성능 가상 현실 기반 용접 시뮬레이터를 개발했다.

VRTEX 360은 쉴드가 있는 금속 아크 용접SMAW, 가스 금속 아크 용접GMAW, 파이프 용접, 멀티포지션 용접 등 다양한 용접 프로세스를 시뮬레이션하게끔 설계된 완전한 용접기 훈련 장치다. 그림 18.1에서 보듯, 시스템은 용접 헬멧에 내장돼 머리에 착용하는 완전 몰입형 디스플레이, 여러 위치 센서, 등신대의 용접 건, 스팅거 조립, 조정 가능한 용접 스탠드, 시스템을 제어하고 강사가 학생의 작업을 확인할 수 있는 큰 평면 디스플레이로 구성된다.

VRTEX 360은 교육자에게 이 산업의 표준 방법론과 평가 기준에 일관된 직접적인 훈련이 가능하게끔 특별히 설계됐으며 안전, 재료 낭비 같은 문제도 없다. 시스템은 진짜 기계의 설정 복제와 실제와 같이 용접으로 녹아들어가는 시뮬레이션, 음향, 효과, 학생의 훈련 결과를 실시간으로 측정하고 기록하는 유틸리티를 갖춰 강사는 용접공의 동작에 관련된 결함을 즉시 확인할 수 있다[링컨 2012].

그림 18.1 링컨 일렉트릭의 VRTEX 360 아크 용접 시뮬레이터는 전 세계에서 사용 중이며, 다양한 용접 스킬을 개발하는 포괄적 커리큘럼이 있다.
출처: 미국 오하이오 클리블랜드 링컨 일렉트릭의 허가하에 게재

VRTEX 360의 강력한 기능은 스팅거 기기(쉴드를 씌운 금속 아크 용접을 하는 동안 용접봉을 고정하는 클램프)의 실제 같은 동작에 있는데, 실제로 용접하는 동안 핸드피스가 오므라들며 전극이 녹아들어가는 방식을 시뮬레이션하며, 소재와 시나리오 설정 조건에 따라 정도가 달라진다.

용접 헬멧은 듀얼 소니 1280×720 OLED 마이크로디스플레이에 다양한 동공 간 거리에 맞춰 조정할 수 있는 광학 요소가 결합돼 있다. 헬멧 디스플레이와 용접 건의 위

치 및 방향은 폴히머스^{Polhemus}에서 공급하는 자기 위치 센서로 추적한다(11장, '위치, 방향, 동작 추적용 센서' 참조). 그림 18.2처럼 시스템은 학생의 손 동작, 각도, 이동 시간, 훈련 시스템 설정을 기준으로, 고도로 정확한 용접 프로세스 및 용접으로 녹아들어가는 역학의 시뮬레이션을 제공한다.

더 작고 쉽게 이동 가능한 버전은 교실이나 채용 이벤트에서, 그리고 채용 테스트 도구로 사용할 수 있다.

정량적 혜택에 관한 한, 여러 연구에 걸쳐[스톤(Stone) 등 2011a, 2011b, 2013] 핵심 기술 교육의 몰입형 가상 현실 용접 시뮬레이터 사용에서 나온 결과는 통계적, 인구학적으로도 중요한 결과를 나타낸다. 그 모두가 전통적 방식으로 훈련받은 학생의 기술과 동등하거나 그 이상의 수준을 입증해준다. 한 연구 결과[스톤 등 2011b], 통합 훈련을 받은 학생(50%는 전통적 용접, 50%는 시뮬레이션)은 단순한 전통적 용접 훈련을 받은 집단에 비해 전반적으로 자격증 획득률이 41.6% 증가했다.

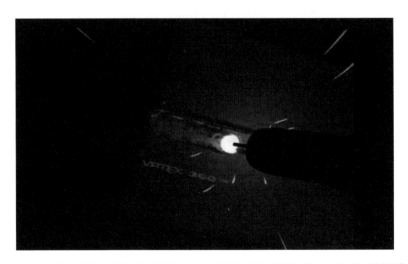

그림 18.2 VRTEX 용접 헬멧은 대면형으로 탑재된 통합 디스플레이로 용접 기법을 연습하는 가상 환경에 학생을 몰입시킨다.
출처: 미국 오하이오 클리블랜드 링컨 일렉트릭의 허가하에 게재

VRTEX 시뮬레이터 사용은 현재 용접 교육에 유효한 방식으로 폭넓게 인정되며, 16개 언어로 사용 가능한 포괄적 커리큘럼과 함께 전 세계 141개국에서 사용 중이다.

심스프레이 스프레이 페인트 훈련 시스템

스프레이 페인팅은 항공우주에서 자동차에 이르는 여러 산업 분야에 걸쳐 생산과 건설을 위해 폭넓게 사용하는 기법이다. 단순히 스프레이건을 흔들어 표면을 칠하는 것을 넘어서, 다양한 페인트와 산업용 코팅제를 적절한 두께로 적용하는 숙련자가 되려면 상당한 훈련과 전문성이 필요하다. 일관되지 않게 뿌리면 코팅이 불균등하게 될수 있다. 산업에 따라 불균등한 코팅은 자동차 충돌 수리 시 형편없는 마감부터 항공역학 효율성의 대폭 감소, 고성능 항공기의 운영비 증가를 일으킬 뿐 아니라, 산업용 코팅이 제대로 적용되지 못한 경우엔 화재나 부식 위험까지 온갖 일을 초래할 수 있다. 한 사례로 손으로 칠하는 페인트와 보호용 코팅은 NASA의 미국 우주 프로그램에서 폭넓게 사용된다.

전문적인 스프레이 페인트 훈련에서 직면하는 과제로는 환경이 제어되는 페인트 부스의 높은 비용, 다양한 부품과 표면(단순히 편평한 금속 표면부터 차 문이나 동체 패널 같은 불규칙한 형태의 물체까지)을 위한 과도한 설정과 준비에 걸리는 시간, 원자재 비용, 잠재적인 건강의 위험 등이 있다. 이 외에 다른 요인도 실제 훈련 프로그램 동안 발생하는 지식 전수의 양에 적지 않은 과제를 남긴다.

코네티컷 이스트 하트포트의 VR심 사가 개발한 심스프레이^{SimSpray} 훈련 프로그램은 이런 과제 중 상당수를 극적으로 줄이거나 제거해준다. 전통적 훈련 방법론을 증강하려 설계된 심스프레이는 커스텀 스프레이건 같은 물리적 컴포넌트와 햅틱 피드백을 결합해 입체 헤드마운트 디스플레이, 위치/방향 센서와 함께 '뒤로 밀리는' 느낌을 제공하며, 훈련생은 적절한 스프레이 페인팅과 코팅 기법을 연습하는 3D 시뮬레이션 환경에 몰입하게 된다.

심스프레이 시스템의 전체 모습은 그림 18.3과 같다. 시스템은 두 개의 폴히머스 자기 추적 센서를 탑재해 스프레이건, 소니 HMZ-T1 스테레오 헤드마운트 디스플레이 모두의 위치와 방향을 정확히 모니터링한다.

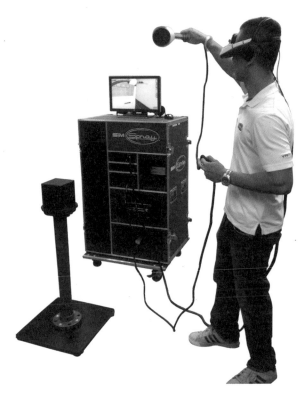

그림 18.3 심스프레이 훈련 시스템은 스테레오 헤드마운트 디스플레이와 포스 피드백 단서를 통합해 학생에게 현실적인 훈련 유틸리티를 제공한다.
출처: 이미지 제공 – VR심 사

심스프레이 시스템은 폭넓은 페인팅 시나리오 옵션을 선택할 수 있는 포괄적 소프트웨어 유틸리티 세트와 함께 제공되며, 프로세스 선택, 부품 선택(평면 패널, 주름진 패널, 자동차 펜더, 연료 탱크 등), 페인팅 환경(부스, 샵, 브릿지) 등을 연습할 수 있다. 또한 시스템의 두 버전(표준형, 산업형)으로 다양한 훈련 필요에 맞출 수 있다.

그림 18.4의 묘사처럼 시스템은 학생에게 즉각적으로 실제와 같은 시각적 피드백도 제공하고, 강사에게는 학생의 학습 진행을 평가하는 다양한 도구와 지표를 제공한다. 페인토미터Paintometer라는 유틸리티는 페인팅에 실제 들인 시간, 적용되고 낭비된 페인트/코팅제의 측정 값, 페인트한 부품 수, VOC(휘발성 유기 합성물) 총 발산량 같은 총계를 계산한다.

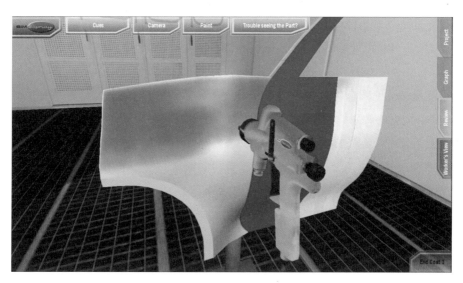

그림 18.4 전문적 안내와 함께, 지속적으로 과제를 반복하고 기법을 상세하게 연습할 수 있으므로 심스프레이를 활용하는 학생은 더 숙련된 페인터가 될 수 있다.
출처: 이미지 제공 – VR심 사

어쩌면 가장 중요한 것은 심스프레이가 학생이 실제 페인트건 트리거를 당겨 정확히 페인팅과 코팅 과제를 수행하는 데 필요한 밀 구축, 떨어져 설 거리, 이동 각도, 속도, 엣지 블렌딩 같은 기술을 연습하는 시간의 총량을 극대화해 전통적 훈련 모델을 역전시킬 것이란 사실이다. 이런 역전은 소재, 소모품, 폐기물 처리 비용 같은 추가 비용 없이 더 짧은 시간에 더 많은 훈련을 반복하는 것으로 이어진다.

앞에서 자세히 설명한 VRTEX 용접 시뮬레이터와 비슷하게, 심스프레이는 현재 학교에서 유효한 훈련 도구로 받아들여져, 미국 전역과 전 세계에서 사용된다.

이론, 지식 습득, 개념 형성

증강 및 가상 현실은 앞의 사례처럼 변경되지 않는, 연습이 필요한 스킬셋 교육에 응용하는 것 외에 주제별 이론과 개념 교육에도 상당한 잠재력을 가진다. 이상적인 사례는 건축과 토목 공학이다.

건축 교육

건축학과 학생이 학습해야 하는 과제는 방대하다. 한편으로 대학 과정 대부분의 핵심 목표는 거주 가능한 대형 구조물의 설계 시 공간, 형태, 소재, 기능, 미학의 개념을 통합할 때 필요한 기술 개발이다. 다른 한편으로 학생은 이런 정신적 개념을 정확히 풀이하고 외연화해 아이디어와 디자인 의도를 다른 이에게 전달하는 법도 배워야 한다. 이를 위해서는 보통 도면, 구획과 입면도, 스케치, 컬러 렌더링, 축적 모델, 시각화, 건축 문건 등과 같은 형태의 메커니즘이 동원된다. 이런 과제를 결합하기는 쉽지 않아서, 학생이 물리적으로 축적에 맞게 구성된 디자인을 보기까지는 구조를 머릿속으로 어떻게 형상화했는지와 그림이나 CAD 모델 같은 건설 지침에 실제로 무엇이 묘사됐는지 그 차이를 검증할 방법이 없다. 어떤 것도 학생에게 결국 사용하게 될 내부에서의 관점으로 구조물을 실제 경험할 수단을 제공하지는 못한다. 공간이 방문자에게 어떤 영향을 미치는가? 다른 각도와 위치에서는 공간이 어떻게 보이는가? 크기와 배치가 적절한 창이 기존의, 혹은 원하는 조망을 만들어주는가? 이런 기본적 시각화와 외연화 문제가 수 세기 동안 이 분야의 전문가에, 그리고 현대의 학계에까지 골칫거리가 돼왔다.

VR의 등장

완전 몰입형 가상 현실 시스템의 개별 컴포넌트 기술이 대학 연구실에서 일반용으로 처음 조합된 초창기부터, 건축 안내는 중심 기반 애플리케이션이었다. 부분적으로는 시뮬레이션 유틸리티로 임포트할 수 있는 기하학적 모델 설계를 매우 쉽게 해주는, 상용 CAD 유틸리티의 병렬적인 개발 덕분이다. 이 기술의 중요성과 이 분야에서 해결 가능한 문제를 즉시 포착하지 못한 건축가나 강사는 거의 없었다. 건축 공간의 시각적 분석에 사용할 수 있는 도구는 많지만, 헤드마운트 디스플레이나 컴퓨터 지원 가상 환경CAVE 시스템 같은 몰입형 시스템은 실제 규모로 디자인적 의사 결정을 시각화, 전달, 경험하는 최초의 진정한 해결책으로 볼 수 있다.

현재로 오면, 북미 전역 수십 곳, 문자 그대로 전 세계로는 수백 곳의 대학 건축 과정에서 가상 및 증강 현실 연구소를 이미 설립했거나 몰입형 디스플레이 사용을 연구 과정의 교육적 흐름에 통합하려 하고 있다. 그러나 여기에도 상당한 과제가 있다.

공간 분석, 디자인 리뷰, 문제 확인에서 이 시스템이 지닌 가치는 명백하며, 그 강점을 입증하는 사례 연구도 늘고 있다(14장, '건축과 건설' 참조). 그러나 교육적 관점에서 몰입형과 증강 디스플레이를 건축 디자인 교육에 사용한 결과를 전통적 기법과 대비해서 실제로 어떻게 측정할 수 있을까? 혜택을 정량화하는 메커니즘은 무엇일까? 기준은 무엇인가? 여전히 학생들에게 디자인 재현의 더 전통적 기법을 전부 교육해야 할까? 그렇지 않다면 어떤 기술 교육을 없애야 할까?

이를 비롯한 다른 여러 의문을 현재 전 세계 교육 기관에서 고민하고 있다. 일부는 초기에 이 기술을 도입해 신입생이 시각-공간 스킬(머릿속으로 이차원과 삼차원 형태를 조작하는 능력) 등의 주요 인지 능력, 고형물의 투사와 재현 등을 제대로 개발하도록 돕기도 했다. 종종 이 분야의 문제는 적성이 아니라 교육 방법에 기인한다[팬디(Pandey) 등 2015]. 이런 종류의 애플리케이션에서 이런 시각 기술의 진행과 영향은 다른 기법과 표준 테스트 및 결과물을 비교해 측정할 수 있다.

그러나 디자인 분석에서 의견 주도의 측면은 어떤가? 의견과 취향이 다양하기로 악명 높은 이 분야에서 디자인 능력에 미치는 몰입형 시각화 기술의 효과를 정량적으로 어떻게 측정하는가? 여러 프로그램은 교수진과 다른 학생의 주관적 분석(모든 건축학과에서 찾을 수 있는 디자인 리뷰, 다른 이름으로는 비판, 심판 프로세스라고도 하는 경험)과 학생들의 추천과 상세 설문 조사에 의해 결정되는데, 예외 없이 매우 열광적인 반응을 보이고 있다.

수년간의 교육 과정에서 언제 이 기술을 디자인 커리큘럼의 일부로 사용해야 하는지도 중요한 질문이다. 예를 들어 이 장을 조사하는 중 나는 '아름다운 정육면체를 디자인하시오. 스튜디오에서 사용 가능한 어떤 도구로든 프로젝트를 완성하시오.'와 같이 강사의 지시가 단순했다고 신입생이 디자인 스튜디오 프로젝트를 회고하는 익명 포럼 게시글을 봤다. 게시자는 계속해서 물리적 소재 대신 지오메트리 모델링 프로그램과 헤드마운트 디스플레이를 사용하는 바람에 디자인 스튜디오 수업에서 다른 학생의 창의성과 작업물을 보면서 얻을 수 있는 통찰력을 놓쳤다고도 적었다. 이 학생에게는 이 경험이 기술을 사용할 적절한 시간과 장소는 따로 있음을 알게 되는 '깨달음'의 순간이었다. 이 사례는 너무 단순화한 것일 수도 있지만, 강력한 신기술을 커리큘럼에 어떻게 통합할지뿐 아니라, 언제가 좋은가라는 질문도 강사가 직면하는 과제의 핵심에 있다는 점을 보여준다.

가상 오버레이

몰입형 디스플레이만 건축 디자인 교육 현장에 혼란을 주는 것은 아니다. 5장, '증강 디스플레이'에서 자세히 살펴본 증강 디스플레이의 등장도 이 산업에 전환적 영향을 줄 것이다. 오토데스크 레빗 같은 빌딩 정보 모델링BIM과 함께 사용하면(14장 참조), 건축 디자인이 직업인 사람에게 완전히 새로운 기회가 출현하고 있지만 직업적 관행에서 어떻게 사용할 것이며 학생들을 어떻게 적절히 준비시킬지는 여전히 결정이 필요한 상황이다.

일례로 플로리다 국제대학(마이애미)과 미주리 주립대(스프링필드)가 연계해, 연구진이 증강 디스플레이, BIM, 쌍방향 수업에서 이 기술의 결합이 학생의 문제 해결과 협동 학습 기술을 개선함으로써 더 지속 가능하고 성능이 뛰어난 건물 디자인으로 이어지는지 판단하기 위한 여러 직군 조사를 시작했다. 그림 18.5처럼, 조사의 일부는 학생들이 증강 디스플레이를 사용해 캠퍼스에서 건물의 현실 세계 뷰를 얹어 BIM 데이터를 조회하는 것으로 이뤄졌다.

그림 18.5 플로리다 국제대와 미주리 주립대 연구진은 증강 디스플레이로 학생에게 캠퍼스 구조물의 현실 세계 뷰 위에 빌딩 정보 모델링(BIM) 데이터를 시각화해서 볼 수 있게 해준다.
출처: 이미지 제공 – 플로리다 국제대학

건축학을 위한 증강 현실과 공동 문제 해결 학습 전략 프로젝트는 국립 과학 재단 기부금에서 기금의 일부를 마련했으며, 기술이 학습 결과물을 개선하는지 '여부'뿐 아니라 '어떻게' 커리큘럼을 짜서 그런 결과를 낳을지 탐구하고 그런 결과를 측정하고 분석하는 지표 개발도 시작하려 하고 있다[NSF 2015].

구글 익스피디션 파이오니어 프로그램

학습 환경에서 가상 현실 애플리케이션의 사용은 고등 교육에만 국한되지 않는다. 구글 익스피디션 파이오니어 프로그램은 교사가 학급을 가상 현장 학습에 참여시키게 해주는 초등교육의 새로운 몰입형 학습 방식으로, 학생이 교실 벽을 넘어 세상을 더 깊이 이해하는 기회를 제공한다. 그림 18.6처럼, 학생에게 저가의 스테레오 뷰어를 지급하고 나서 강사가 학급을 박물관, 지리적으로 먼 곳, 심지어 우주 공간으로 인도해 태양계의 구조와 구성까지 알려줄 수 있다[스바루(Suburu) 2015].

구글 교육 프로그램의 일부이자 자동차 제조사 스바루, PBS, 교육 출판사 휴튼 미플린 하코트 등과의 제휴로 수행된 이 프로그램의 목표는 구글의 기술과 자원을 적용해 교실 내 학습 경험을 개선하는 것이다. 2015년 11월 기준으로 전 세계 학교의 학생 10만 명 이상이 구글 익스피디션을 수업에 활용했다.

그림 18.6 구글 익스피디션 파이오니어 프로그램은 전 세계 학생 10만 명 이상이 저렴한 가상 현실 헤드셋을 학교 커리큘럼에서 사용하도록 했다.
출처: 플리커에 실린 로리 설리반의 이미지. CC 2.0 라이선스에 의거 수록

학교는 직접 구글에 프로그램 참여 신청을 한다. 회사는 선정된 학교에 익스페디션 킷을 제공하는데, 안드로이드 기반 ASUS 스마트폰, 구글 카드보드나 마텔의 뷰마스터 가상 현실 뷰어 같은 디스플레이 하우징, 교사용 태블릿, 스마트폰이 오프라인으로 구동될 수 있게 해주는 무선 라우터와 교재가 포함된다. 이 시스템으로 교사는 50명까지의 학생에게 남극, 아테네 아크로폴리스, 만리장성 등 120곳 이상의 지역 투어를 안내할 수 있으며, 각 현장 학습마다 360도 구형 이미지, 동영상, 사운드 조합이 있다. 교사는 교사용 태블릿으로 장면에 대한 정보와 사실을 이야기해주는 등 수업을 안내하면서 현장 학습을 제어할 수 있다.

이 프로그램 설치에서 중요한 면은 구글 담당자가 기술이 설치되는 학교마다 방문해 설정을 돕고, 강사에게 훈련을 제공해야 한다는 점이다.

결론

이 장에서 살펴본 응용 사례로 볼 때 가상 및 증강 현실이 교육 영역에서 가진 잠재력은 분명하다. 그러나 대부분의 사례처럼 이 기술은 이제야 간신히 안정적인 상용 제품의 형식으로 구할 수 있는 상태가 됐을 뿐이다. 이런 기술을 활용하는 교육 방법론의 기술과 과학이 자리 잡을 시간은 거의 없었다. 수많은 적용 가능한 분야의 교사 중에는 충분한 개인적 기술 지식과 경험을 통해 학생이 받을 수 있는 실제 혜택에 맞춰 어떻게 활용해야 할지, 혹은 그 강점을 이용해 어떻게 교육적 목표를 진전시킬지 이해하는 사람이 절대적으로 부족하다.

교육 환경의 디지털 혁신이 자동으로 학습 결과의 품질을 높여주지는 못한다. 미시건대 켄타로 토야마 박사의 설명대로, 기술의 주된 효과는 인간의 힘을 확장해주는 것이다. 교육에서 기술은 이미 존재하는 어떤 교육적 역량이든 확장해준다[토야마(Toyama) 2015]. 실제로 신기술 사용에 적절히 친숙하거나 그런 훈련을 받은 식견 있는 강사, 세심히 조정한 커리큘럼 없이는 신기술이 성과를 높여줄 가능성은 거의 없다.

예를 들어 스마트폰 기반 입체 뷰어로 고등학교 교실에서 무작위로 고대 그리스 유적지의 모델 주변을 비행하는 것은 흥미로운 활동이긴 하겠지만, 정립된 계획과 지침 없이는 전통적인 교육 도구를 사용할 때보다 학생들이 더 산만해질 수도 있다. 반대로 강사가 도리아, 이오니아, 코린트 기둥의 특이점, 사원과 스토아(덮개 있는 보도, 포르티코)의 차이를 알려주는 가상 투어로 학생을 안내한다면 전통적 커리큘럼과 전반적인 지식의 장기 기억을 극적으로 개선할 수도 있다.

캘리포니아 산타바바라대 교육 심리학자 리차드 E. 메이어 박사는 멀티미디어 기술을 이용한 학습, 교육, 측정을 폭넓게 다룬 저작을 펼쳐왔다[메이어(Mayer) 1999, 2003, 2005, 2008]. 그의 연구 내용 중 상당수는 교육 환경에서 가상 및 증강 현실 기술의 응용에 직접 연관되므로 한 번 읽어볼 것을 강력히 추천한다.

19장

정보 제어와 빅데이터 시각화

빅데이터라는 용어를 듣고 고개를 끄덕이는 사람도 있겠지만, 도통 무슨 뜻인지 모르는 이들도 있다. 대유행을 낳고 있는 이 학문에 대한 관점과는 관계없이, 빅데이터 자체는 복잡한 데이터셋을 정직하고 유용한 통찰을 얻을 수 있게끔 가공하는 회사와 조직에 당면한 문제이므로 매우 시급하게 해결해야 하는 작업이기도 하다. 이 장에서는 집단이 몰입형 가상 현실 시스템의 강점을 활용해서 어떻게 산재된 대규모 정보에 대한 이해를 높일 수 있을지 여러 사례를 통해 알아보겠다.

빅데이터란 무엇인가?

우리의 물리적 세계에는 엄청난 양의 디지털 정보가 있으며, 그 정보는 가늠할 수조차 없는 속도로 늘어나고 있다. 매년 산출되는 데이터양을 정량화하고 전망하는 2014 IDC/EMC 디지털 유니버스 연구에 따르면, 2020년경 디지털 세계는 4.4제타바이트에서 44제타바이트로 10배 커진다고 한다. 다시 말해, 정보의 양이 2년마다 두 배씩 증가한다는 뜻이다[터너(Turner) 등 2014].

이렇게 계산된 데이터 소스 수의 증가도 마찬가지로 인상적이다. 방대한 소매 데이터베이스, 머신 로그 데이터, 환경에 있는 센서들(사물 인터넷), 웹 트래픽, 의료 데이터, 페이스북이나 트위터, 인스타그램 같은 소셜 미디어 사이트, 모바일 기기, 전통적 매체, 업무용 애플리케이션, 학문적 연구 프로젝트, 유틸리티와 스마트 그리드 등 일일이 나열하기도 어렵다.

빅데이터는 3V로 알려진 볼륨^{volume}, 속도^{velocity}, 다양성^{variety}이라는 세 개의 속성, 혹은 차원으로 흔히 특징짓는다. 볼륨은 기업, 조직, 연구 프로젝트 내에서 생성되는 데이터의 양을 말한다. 속도는 데이터가 생성되는 속도를 가리키고, 다양성은 데이터 종류의 수를 가리킨다. 3V 특성 모델에 따르면, 빅데이터의 관리와 분석에서 큰 과제는 볼륨 자체가 아니라 세 속성 모두가 확장되는 데에서 기인한다[레이니(Laney) 2001].

이 모든 정보가 생성되고 저장됨에 따라 현재 큰 과제는 조직이나 연구진이 값을 추출해 효율성을 높이고 이익을 늘리거나 어떤 식으로든 숨은 동향, 중요한 요소, 상호관계를 발견할 수 있게끔 데이터를 세심하게 활용할 방법을 찾는 것이다. 이를 통해 기업의 의사 결정을 돕고(회사가 결과 데이터를 어떻게 사용할지 이해한다고 가정하자.), 방위 및 정보 수집 관련 조직이 새로운 위협을 확인하도록 도우며, 어떤 광고를 클릭할 가능성이 가장 큰지 판단하고, 다양한 과학과 공학적 문제에 통찰력을 제공할 수 있다[쿠키어(Cukier) 2010].

빅데이터를 활용하는 이 과제는 큐레이션(여러 소스에서 나온 데이터의 정리와 통합, 주석, 제시, 보존), 저장, 쿼리, 공유를 포함한 여러 영역으로 세분화되며, 이 모두가 효율적 분석에 직접 영향을 미친다.

빅데이터 분석과 사람의 시각

빅데이터 분석은 그 안에 담긴 정보를 더 잘 이해할 수 있게끔 대량의 데이터셋을 수집, 정리, 분석하는 과정이다. 보통 예측 분석, 데이터 마이닝, 텍스트 마이닝, 전망, 데이터 최적화를 위한 전문 소프트웨어 도구와 애플리케이션으로 수행하는데[빌(Beal) 2014], 이 모두는 프로세스의 컴퓨팅 측면이다. 그러나 데이터 분석에는 사람이 컴퓨터보다 탁월한 측면이 있는데, 다양한 변수와 집단에 따른 패턴 인식 및 해석, 비정상성 확인, 이미지 콘텐츠 해석 등이다. 이것이 바로 시각화다.

현재 빅데이터 분석의 표준 관행은 결과를 색상과 크기 같은 기본 인지 심리 원칙을 기반으로 패턴, 유사성 확인을 위한 차이점, 중요성, 관계를 나타내는 다양한 색상의 그래프, 차트, 플롯, 유사체적 재현의 형식으로 제시한다. 이런 결과물은 매우 유용하지만, 미리 설정된 시각화 유형 때문에 효과적으로 전달하는 데는 제약이 따른다. 이 책 전반에서 봤듯이, 사람의 두뇌는 데이터가 사람의 인지 구조의 강점을 활용할 수 있는 형식인 한, 특이한 정보를 처리해낼 수 있다. 이런 메커니즘에서는 시각이 지배적 감각으로, 두뇌 중 약 4분의 1이 시각적 자극 처리에 할당되며 최고 대역의 인지 채널을 인지 구조에 제공한다[레다(Reda) 등 2013]. 이상적으로는 더 효과적으로 이런 경로를 갖추는 도구와 방법론을 개발하는 것이 주된 목표다.

이 장의 나머지 부분에서는 몰입형 가상 현실을 빅데이터 문제 분석에 적용할 때의 여러 인상적인 사례를 알아보겠다. 몰입형 디스플레이의 (이미 확산된) 일반적 시각화 애플리케이션과 달리, 이런 사례는 여러 면에서 다르다는 점을 일러두겠다.

무엇보다 과학적 시각화는 일반적으로 물리적 프로세스의 수치적 시뮬레이션이 산출한 대량 데이터 분석을 가리킨다. 이런 사례들은 로raw 데이터나 측정된 데이터, 그 외 여러 소스에서 나온 데이터를 다룬다.

장기적 연구 데이터의 시각화

2015년 에픽 게임즈(언리얼 4 게임 엔진 제조사)와 더 웰컴 트러스트The Wellcome Trust의 바이오메디컬 연구 기금에서 빅데이터 VR 챌린지라는 콘테스트를 개최했다. 이 대회는 현재 여러 학문 연구에서 생성되고 있는 방대한 데이터셋을 처리하고 조사해 정보에 대한 이해를 돕는 새로운 방법을 찾는 데 몰입형 가상 현실 시스템을 이용하는 방법론을 개발하는 것이 목표였다[카울리(Cowley) 2015].

전 세계에서 4개월 동안 실시간 과학 연구 프로젝트를 가지고 여러 팀이 경쟁을 벌였다. 우승을 위해 런던 소재의 두 회사인 마스터스 오브 파이와 루마코드(팀명 루마파이)는 브리스톨 대학의 에이본 부모와 아동 장기 연구ALSPAC 팀과 손잡고 '90년대 아동'이란 연구로 참여했다. 20년 이상 지속된 이 연구에서 연구진은 14,000명 이상의 임신한 여성, 배우자, 자녀의 다양한 변수들을 폭넓게 추적했다. 변수에는 식단, 생활 방식, 사회 경제적 지위, 부모와 자녀 간의 접촉, BMI, 맥박, 가슴둘레, 몸무게 등이 포함됐다. 수년에 걸쳐 소변, 혈액, 머리카락, 발톱, 유치, DNA 등 참가자에게서 수집한 생물학적 샘플도 1만 개 이상이다. 개인의 건강과 발달에 영향을 주는 환경과 유전적 요인을 조사한 가장 세부적인 연구의 방대한 학문적 데이터셋을 쌓은 것이다[ALSPAC, 2015].

시각화 레이아웃을 개발하면서 애플리케이션 디자이너는 그림 19.1의 묘사처럼 사용자 주위로 데이터를 배치했다. 데이터 요소는 흘끗만 봐도 크기, 방향, 색상, 위치가 필드 값을 묘사하는 열지도로 보이는 기다란 피라미드, 구체 같은 3D 프리미티브로 재현됐다. 이런 데이터 요소로 원형과 아치형의 DNA 모양의 코일을 채워, 한정된 영역에서 단순한 직선으로 표시할 때보다 더 많은 데이터를 재현할 수 있었다. 코일 자체가 사용자 주변을 회전하도록 설정할 수 있어서, 연구진은 알파벳과 숫자 데이터로 채워진 스프레드시트를 보는 것보다 훨씬 더 효율적으로 머리만 움직여 데이터를 빠르게 훑어볼 수 있다[마스터스 오브 파이 2015].

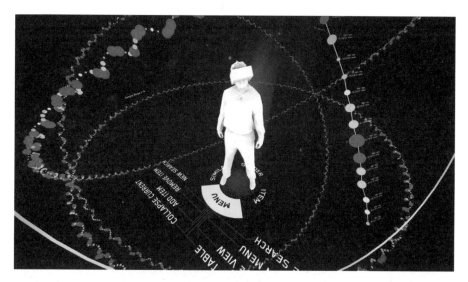

그림 19.1 루마파이 에이본 부모와 자녀 장기 연구(ALSPAC)의 데이터 시각화 애플리케이션의 정보 레이아웃을 묘사한 이미지. 사용자 주변을 완전히 둘러싸도록 데이터 레이아웃을 잡아서 공간을 어떻게 효율적으로 활용했는지 주목하자.
출처: 이미지 제공 – 마스터즈 오브 파이 사

필터와 수식자를 개발해 데이터를 정렬하고 패턴과 동향 인식을 돕는 한편(그림 19.2 참조), 특정 연구 결과를 다시 다른 연구진과 공유할 수 있도록 알파벳과 숫자의 원래 형식으로 쉽게 익스포트할 수 있다. 사용자는 (상용 핸드헬드 컨트롤러로 유도하는) 가상 레이저로 특정 데이터 요소를 가리킬 수 있다. 레이저가 3D 프리미티브에 부딪히면 라벨이 나타나, 특정 데이터 부분의 알파벳과 숫자 값을 표시한다[마스터스 오브 파이 2015].

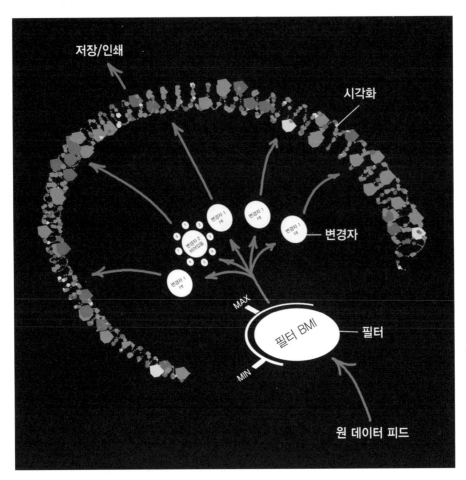

그림 19.2 ALSPAC 시각화 및 분석 애플리케이션의 필터와 변경자의 기능을 상세화한 엔드 투 엔드 데이터 흐름도
출처: 이미지 제공 – 마스터즈 오브 파이 사

전반적인 솔루션에서 흥미로운 측면은 멀티유저 시스템 설계였다. 주 사용자는 특정 조사를 주도하고 모든 고도의 기밀 데이터와 원시 데이터에 완벽히 접근할 수 있으며, 부차적 사용자는 로컬이든 원격이든 진행 중인 특정 시각화의 필터링된 버전을 조회하되, ALSPAC 참여자의 개인정보 보호를 위해 쿼리 관련 핵심 데이터만이 허용된다. 두 사용자 간의 직접적인 상호작용은 손쉬운 실시간 채팅 기능이다[마스터스 오브 파이 2015].

결과

루마파이 솔루션은 훈련받지 않은 분석가조차 데이터의 동향과 패턴을 빠르게 발견하도록 돕는 기능으로 찬사를 받았다. 이 솔루션은 데이터 자체로 구축돼 완전히 기능하는 몰입형 가상 환경 시스템이다. 사용자는 VR 공간에서 완전한 통제권을 가지기 때문에, 데이터와 직관적으로 상호작용하며 조작할 수 있다[카울리(Cowley) 2015]. 애플리케이션은 사람의 특유한 능력으로 색상, 크기, 운동, 3D 공간 위치를 빠르게 인식해 손으로 만질 수 있는 산출물을 낳는다[ALSPAC, 2015].

다직군 채광 데이터 시각화

지하 채굴 시설 운영은 방대하고 복잡할 뿐 아니라 비용도 많이 들며, 여러 직군의 정보를 엄청난 양으로 발생시킨다. 탐사 단계에만도 어떤 것이 있을지 생각해보자. 모두 상세 연구와 항공 사진, 공자기와 중량 측정 조사, 지질학적 표층 매핑, 샘플링, 지구화학적 연구 등을 비롯한 표층 조사로 시작한다. 일단 관심 매장층을 찾고 나면(발견이라 함), 다음 단계는 매장층의 지하 구조와 크기, 그리고 원광의 내용물, 분포를 매핑하는 것이다. 그런 다음 채굴을 통해 추가 조사와 깊은 곳의 광물을 샘플링한다. 이런 철저한 분석 후에야 이어서 프로젝트가 개발과 생산 단계에 접어드는데, 그 과정에서 훨씬 더 많은 양의 데이터가 산출된다.

채굴 프로젝트의 매 단계마다 기초 지구 과학과 탐사부터 개발과 생산에 이르기까지 정확히 표층 아래에 무엇이 있는지, 원하는 광물을 어떻게 안전하고 비용 대비 효율성 있게 채굴할 수 있을지 파악하는 데도 상당한 시간과 비용이 투자된다. 불행히 채굴 산업의 많은 발전에도 불구하고 이른바 이 분야의 '빅데이터'는 다른 산업과는 매우 다르다. 프로젝트 데이터는 종종 하드카피와 소프트카피 포맷 모두로 여러 지역에 걸쳐 구조나 표준 없이 산재돼 보관된다. 게다가 이 정보 중 상당수는 복잡한 3D 구조와 현상을 설명하지만 이차원으로 재현될 때가 많다. 그래서 세부 통합 평가에 상당한 도전이 생기며, 다양한 데이터 유형 간의 관계를 발견하고 확립하는 데 진전이 이뤄지지 않는다[수오리네니(Suorineni) 2015].

간단히 말해, 그 결과로 매우 비효율적인 데이터 해석과 최적화되지 못한 채굴 운영이 이뤄진다.

이 다양한 데이터가 표층 아래에 있는 무엇을 나타내는지 정확히 이해하도록 돕기 위해, 그리고 더 정확히 채굴 운영을 계획하고 실행하기 위해 호주 시드니의 뉴사우스웨일즈 대학UNSW 연구진은 전통적인 채굴 데이터 해석을 보완하는 수단으로 몰입형 시각화 기술을 응용해 채굴 계획과 인프라 레이아웃을 간소화한다.

일례로 그림 19.3은 엔지니어가 유망한 채굴 현장 내 매장층의 잠재력을 완전히 시각화할 수 있는 매핑, 지구물리학(표층과 역전 모델), 드릴링, 자원 모델의 통합을 보여준다[바사크(Vasak)와 수오리네니 2010]. 이 모델 이미지에서 유추할 수 있듯, 여러 데이터셋을 결합하고 몰입형 쌍방향 3D 설정에서 조회하면 복잡한 지하 구조의 전반적 지오메트리뿐 아니라 기존 샘플 드릴홀의 위치(좌측 파란 선)를 훨씬 잘 이해할 수 있다. 나아가 채굴할 수 있는 광물층의 범위 탐구를 위한 새 드릴홀 계획(우측 붉은 선)은 2D 재현을 기준으로 결정할 때보다 훨씬 더 직관적인 3D 위치 측정이 가능하다.

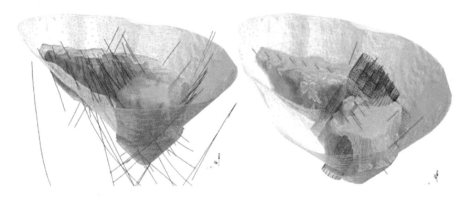

그림 19.3 엔지니어가 유망한 채굴 현장에서 더 효과적으로 원광 광맥의 잠재력을 시각화하는 매핑, 지구물리학, 드릴링, 자원 모델 통합을 보여주는 이미지
출처: 이미지 제공 – 피델리스 T 수오리네니 – 호주 UNSW

더 복잡한 사례를 보면, 그림 19.4처럼 사용자가 '구획 채굴' 지하 채굴 프로세스와 연관된 여러 데이터셋 조합을 시각화할 수 있게 설계된 쌍방향 3D 애플리케이션인 UNSW의 블록 케이브 마이닝 비주얼라이저Block Cave Mining Visualizer에서 나온 자세한 스냅샷이 있다.

구획 채굴에서 일단 채굴할 수 있는 광물을 확인하고 나면, 원광층 아래로 대규모 터널 망을 파 들어가게 된다. 그리고 대규모의 상향 깔대기들을 이런 터널 아래의 바위로 밀어 넣는다. 그런 다음 원광층 밑을 잘라내 인공 동굴을 만들면, 상층이 자기 무게로 무너져 내리면서 원광으로 채워지게 된다. 이 부서진 원광은 대형 바위 깔대기로 떨어진 다음 터널 안으로 들어오는데, 여기서 채취돼 표층으로 운송된다.

이 시각화 애플리케이션에서 눈에 띄는 점은 지질학적 형성, 수치적 압력 추산 결과, 지진 센서 위치, 실제 채굴 개발 지오메트리(터널, 언더컷 등) 등 여러 긴밀히 연관된 데이터셋을 동시에 표시해서 애플리케이션이 실제 지진 사건과 기타 시간에 따른 데이터의 재생이 가능하다는 것이다[밴티지(Vantage) 2015].

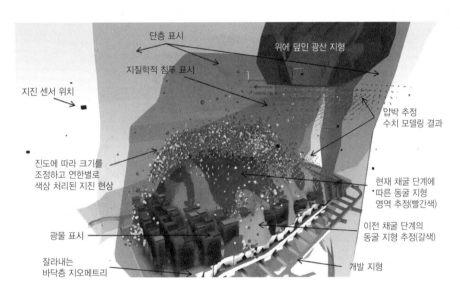

그림 19.4 상세한 여러 데이터셋 모델을 UNSW의 블록 케이브 마이닝 비주얼라이저로 보여주는 이미지
출처: 이미지 제공 – 피델리스 T 수오리네니, 호주 UNSW

이 애플리케이션은 그림 19.5와 같이 직경 10미터, 높이 4미터의 커스텀 디자인에 독립적인 원통형 실버 스크린인 UNSW의 혁신적인 고급 시각화와 쌍방향 환경[AVIE, Advanced Visualization and Interactive Environment] 디스플레이와 함께 사용하기 위해 개발됐다. 액티브 스테레오 이미지가 오버헤드 프로젝터 여섯 대에서 제공되는데, 디스플레이 필드가 서로 어긋나지 않게끔 혼합돼 연속적인 360도 몰입형 시청이 가능하다. 시스템

사용자는 액티브 스테레오 셔터 안경을 쓴다.

표준 운영 모드에서는 실시간 마커 없는 모션 트래킹과 제스처 인식으로 운영자가 모델 전반의 움직임을 제어할 수 있다. 애플리케이션과 함께 쓰이는 디스플레이의 크기가 커서 공간적/시간적 맥락과 설득력 있는 몰입감, 여러 직군이 협업하는 방대한 공간을 제공한다.

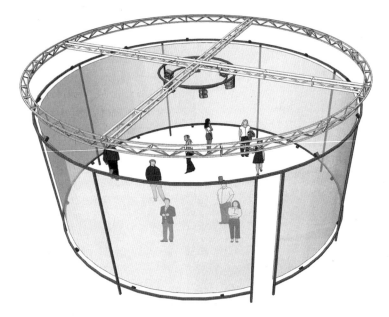

그림 19.5 호주 뉴사우스웨일즈대(UNSW)에 있는 10미터 직경의 360도 AVIE 디스플레이 디자인의 일러스트
출처: 이미지 제공 – 쌍방향 시네마 리서치를 위한 아이시네마 센터(iCinema Centre), 호주 UNSW

결론

몰입형 가상 현실 시스템은 빅데이터 분석을 수행하는 또 다른 수단으로 잠재력이 상당하지만, 이 영역은 극히 초기에 있으며 의문으로 가득하다. 2D 그래픽, 차트, 기타 재현 기반의 유용한 분석을 산출하는 효과적 방법을 찾을 때 마주치는 지속적 문제 및 노력과 마찬가지로, 이 새로운 매체 역시 작업에 새로운 차원을 더해주고 쌍방향성을 제공한다는 이점도 있지만 해결할 비슷한 과제가 있다. 어떤 의미에서는 화가의 팔레트가 더 커진 것이라고 생각할 수도 있다. 특히 더 큰 통찰과 이해를 돕는 방식으로 데이터를 재현하는 최상의 방법(추상적 및 고차원적이거나, 다양성도 크고 양도 많음)은 무엇일까? 대부분은 지금 무엇을 찾는지 모르기 때문에 더 어렵다. 그렇지 않다면 탐색을 자동화할 수 있다. 시각적 재현을 확장해 오디오, 촉각 컴포넌트를 포함할 수 있을까? 그런 기술은 분명히 존재한다. 이제 남은 일은 창조적 응용뿐이다.

20장

원격 로봇공학과 텔레프레전스

가상 및 증강 현실의 실행 기술은 원격 로봇공학, 텔레프레전스, 반자동 로봇과 시스템의 원격 제어에도 전망이 매우 밝다. 이 장에서는 이런 애플리케이션 세 가지를 살펴보고, 하이엔드의 전문적 설정에서 이 기술의 사용 예부터 최근 일반 애호가도 사용할 수 있게 된 기능까지 알아보겠다.

원격 로봇공학과 텔레프레전스의 정의 ▰▰▰▰▰

원격 로봇 시스템은 인간과 로봇을 연결해서 원격으로 운영자의 행동을 재현하는 것이 목표다[페레(Ferre) 2007]. 이 분야는 일반적인 로봇공학에 속하는데, 위험하거나 접근할 수 없는 환경에서 작업을 수행할 필요에서 유래했다. 이 분야의 토대는 아르곤 국립 연구소Argonne National Laboratory에서 핵폐기물을 처리했던 1950년대와 1960년대까지 거슬러 올라간다[고어츠(Goertz) 1964]. 오늘날 원격 로봇공학은 상당히 성장해 폭발물 처리, 원격 차량 제어, 해저 탐사 등 많은 분야를 포괄한다.

텔레프레전스는 물리적으로 떨어진 곳에서 커뮤니케이션 매체를 통해 존재를 경험하고 인식하는 것으로 정의된다[스튜어(Steuer) 1992]. 최근 이 문구는 화상 회의, 대면 모바일 채팅, 고해상도 TV 등 다양한 기술에 자유롭게 적용되지만, 이 장에서 소개되는 사례는 모두 어떤 형식이든 스테레오 시각화 기법이 활용되며, 대부분 주요 인터페이스로 헤드마운트 디스플레이를 사용한다.

우주 애플리케이션과 로봇 비행사 ▰▰▰▰▰

국제 우주 정거장ISS은 약 400킬로미터 고도에서 지구 궤도를 공전하는 극히 복잡한 미세중력 연구소다. 길이는 110미터(풋볼 구장 크기보다 조금 작음)며, 내부 생활 공간은 침실이 여섯 개인 집보다 크다. 컴퓨터 52대가 정거장의 기본 기능을 제어한다. 미국 구역만도 소프트웨어 코드 150만 행이 컴퓨터 44대에서 구동되며, 서로 다른 데이터 네트워크 100개로 통신한다. 엄청난 정보량이 다양한 내장 시스템과 지구의 기지국 간을 오간다. 거의 0.4헥타르의 태양광 패널이 전체 구조물에 75~90킬로와트의 전력을 제공한다. 이제 이런 기본 인프라 유지에 필요한 시간과 노력을 생각해보고, 복잡한 실험과 엔지니어링 시스템의 모음까지 고려해보자.

스페이스 셔틀 프로그램의 초기에 NASA는 너무 위험하거나 지루하거나 일상적이어서 승무원의 시간을 쓸 가치가 없는 유지 보수 프로젝트, 실험, 과제를 수행할 때 비행사를 돕는 수단이 필요하다고 인정했다[NASA, 2011]. 1996년 NASA 존슨 스페이스 센터의 덱스터러스 로보틱스 랩Dexterous Robotics Laboratory은 DARPA(국방 고등 연구 기획청)와 협업을 시작해, 이런 요구 사항을 충족하는 로봇 조수를 개발했다.

그 결과물이 NASA의 로보넛^{Robonaut}인데, 독립적으로 혹은 사람과 함께 이런 일부 과제를 수행하도록 설계된 인간형 로봇이다. 최신 모델은 NASA와 GM이 함께 개발한 로보넛 2^{R2}다. 그림 20.1처럼 사람 형태인 R2는 머리, 상반신, 팔과 함께 비행사가 다양한 과업을 수행할 때 사용하는 도구 중 상당수를 처리하고 조작할 수 있는 기민한 손이 있다. 2011년 2월 ISS에 전달돼 STS-133(스페이스 셔틀의 마지막 비행 중 하나)에 승선한 R2는 최초의 인간형 우주 로봇이다.

그림 20.1 로보넛 2는 기민한 차세대 인간형 로봇으로, NASA와 GM의 우주 개발 공동 협약(Space Act Agreement)으로 개발됐다. 스테레오 헤드마운트 디스플레이, 조끼, 특수 글러브로 우주 비행사와 육상 인력이 제어하는 이 시스템은 국제 우주 정거장 내외의 다양한 과제를 수행하고자 개발 중이다.
출처: 이미지 제공 – NASA

R2의 키는 1미터(가슴부터 머리까지)며, 350개 이상의 프로세서가 들어있다. 이 시스템은 초당 2미터까지 이동할 수 있다. 손가락들, 팔, 머리는 42 자유도로 운동할 수 있다.

R2에는 두 가지 주요 운영 모드가 있는데, 우주 비행사는 R2에게 자율적으로 수행할 과제를 주거나, 시스템을 원격 운영으로 제어할 수 있다. 후자의 경우, 그림 20.2처럼

우주 정거장의 우주 비행사와 지상 승무원 중 하나가 스테레오 헤드마운트 디스플레이와 사이버글러브 모션 캡처 데이터 글러브 한 쌍을 갖춘다(12장, '내비게이션과 상호작용 구동 기기' 참조). R2의 머리, 팔, 손의 운동은 정확히 인간 운영자에게 종속된다.

그림 20.2 국제 우주 정거장의 데스티니 랩에서 NASA 우주 비행사 카렌 나이버그가 스테레오 헤드마운트 디스플레이와 사이버글러브를 착용한 채 로보넛 2의 역량을 테스트하고 있다.
출처: 이미지 제공 – NASA

2014년 R2는 ISS 주위를 움직여 단순 과제를 완료할 수 있게끔, 처음으로 2.7미터의 다리를 부착했다. 발 대신 물체를 꽉 잡을 수 있는 클램프가 달려서, ISS 내부의 물체들을 붙잡고 돌아다닐 수 있다.

로봇 수술

로보넛 시스템을 이용해 응급 상황에서 기본 수술과 의료 절차를 수행할 수 있게 하는 기술과 절차도 개발 중이다. 시스템의 응급 기능 중 한 사례로 2015년 휴스턴 감리교 기술, 혁신, 교육 대학[MITIE] 연구진은 R2 플랫폼을 이용해 다양한 지상 기반의 의료와 수술 과제를 원격으로 수행했다. 이들 과제에는 삽관, 시뮬레이션 복강경 수술 동안의 지원, 초음파 유도 절차 수행, SAGES(미국 소화기 내시경 외과학회) 훈련 연습 실행 등이 있다[딘(Dean)과 디플러(Diftler) 2015].

효과적인 로봇 도우미, 특히 원격 진료 절차를 수행할 수 있는 도우미를 배치할 때 엔지니어가 직면하는 여러 도전 중 하나는 인간 운영자의 동작 혹은 명령과 그 결과로 로봇 시스템이 행동할 때까지의 시차다. 실험실 내부나 도시 곳곳에 있다면 이런 시차를 무시할 만하지만, 지구에 있는 의사와 궤도를 도는 우주 정거장 사이에서 이런 지연은 신호가 취하는 경로에 따라(데이터 릴레이 위성, 육로 기지 등) 수 초에까지 이르게 된다. 우주여행에서라면 지연 시간은 극적으로 늘어난다. 예를 들어 화성에서 운영 중인 우주선과의 통신에는 행성의 상대적 위치에 따라 31분까지 왕복 지연이 일어난다[딘(Dunn) 2015].

R2 기술이 성숙해지면서 NASA는 지구에서 더 멀리 보내 더 혹독한 조건에서 시스템을 테스트하는 등, 유사한 로봇을 우주 프로그램에 추가 활용하는 방안을 매우 폭넓게 검토 중이다. 궁극적으로 NASA는 그런 시스템을 날씨와 정찰 위성 서비스에 사용하고 화성 같은 먼 행성까지의 길을 터서 인간 탐사자가 뒤를 잇는 방법도 구상 중이다[NASA, 2014].

해저 애플리케이션

지구 표면의 약 70%는 물로 덮여 있다. 우주와 마찬가지로 전 세계 바다에는 탐사와 발견의 기회가 무한하지만, 그런 기회와 함께 특유한 도전과 위험도 따른다. 한편으로 로봇 잠수함, 자율 해저 차량AUV, 해저 ROV(무인 해중 작업 장치)는 잠수부처럼 기민하거나 섬세하지 못하다. 또 한편으로 잠수부는 특정 수심을 넘는 깊이로 들어갈 때 상당한 비용과 위험을 감수해야 한다. 이런 난제에 대처하고, 지구의 더 많은 부분을 탐구하며 연구할 포문을 열기 위해 스탠퍼드대 연구진은 오션원OceanOne이라는 그림 20.3의 고도화된 원격 로봇 시스템을 개발했다.

그림 20.3 스탠퍼드대의 매우 기민한 로봇인 오션원은 인공지능, 햅틱 피드백 시스템, 스테레오 비전으로 사람이 조종해 원격의 해저 현장에서 작업과 탐사를 할 수 있다.
출처: 이미지 제공 − 커트 히크먼(Kurt Hickman) / 스탠퍼드 뉴스 서비스

원래 홍해의 심해 산호초 연구를 수행하기 위해 설계된 고도로 기민한 오션원 시스템은 길이 약 1.5미터로, 완전히 분절된 팔 두 개, 상반신, 2 자유도의 스테레오 동영상 카메라가 달린 머리가 있다. 꼬리 부분에는 이중화된 파워 유닛, 내장 컴퓨터, 컨트롤러, 다방향 반동 추진 엔진 여덟 개로 구성된 추진 시스템이 깔끔하게 결합돼 있다.

오션원의 팔에 있는 말단 작용체에는 포스 피드백 정보를 표면에 있는 인간 운영자에게 보내는 센서망이 있으므로 파일럿이 난파선 부산물, 산호초, 센서, 기타 장비 등의 물체를 섬세하게 조작할 수 있다.

시스템은 센서망을 갖춰 수중 상태를 측정하고 조류와 급류에 따라 위치를 조종해 자동으로 유지(위치 유지)할 수 있다.

오션원 시스템은 2016년 초 최초의 다이빙에서 이미 그 역량과 유용성을 입증했다. 수면에서 인간 운영자가 조절하는 이 시스템으로 프랑스 남안에서 약 32킬로미터 떨어진 지중해의 수심 100미터에 있는 루이 14세 시대의 기함 라 륀La Lune을 탐사했다.

해당 함선이 1664년 침몰한 바로 그 위치였다. 다이빙하는 동안 오션원으로 인간의 손이 350년 이상 닿지 않은 배를 세심하게 복구한 후 수면으로 돌려보냈다[캐리(Carey) 2016].

육상과 항공 애플리케이션

여러 지구 기반 애플리케이션은 원격 현장에서 진정한 존재감을 경험하기 위해 반드시 수백만 달러가 들 필요가 없으며, 태블릿 컴퓨터를 위에 얹은 우스꽝스러운 바퀴 달린 막대 모양일 필요도 없다. 최근 오큘러스, HTC 바이브, OSVR 같은 소비자 가격대의 광시야각 스테레오 디스플레이 도입으로, 크고 작은 회사에 고도로 유용하며 비용 대비 효과가 높은 대안적 원격 시각화 솔루션을 도입할 기회가 많이 생겼다.

DORA

그런 시스템으로 펜실베니아대 로봇공학과 학생이 만든 초기 스타트업 팀에서 개발한 DORA[Dexterous Observational Roving Automation]라는 몰입형 원격 운영 로봇 플랫폼이 있다. 오큘러스 디스플레이 시스템의 센서는 운영자의 머리 방향을 트래킹한다. 이 데이터를 무선으로 로봇의 마이크로컨트롤러에 전송해서 작동기의 스테레오 카메라가 장착된 머리 부분이 사용자의 움직임을 따르게 한다.

DORA의 배경 아이디어는 꽤 단순하다. 그림 20.4처럼 사용자는 스테레오 헤드마운트 디스플레이를 착용하는데, 그 동영상 신호는 DORA 플랫폼이 공급한다. 디스플레이 센서로는 DORA 시스템 동작을 착용자의 머리 동작에 슬레이브화한다. 이 시스템에서 가장 인상적인 부분은 미화 2,000달러 이하의 개발 원가다.

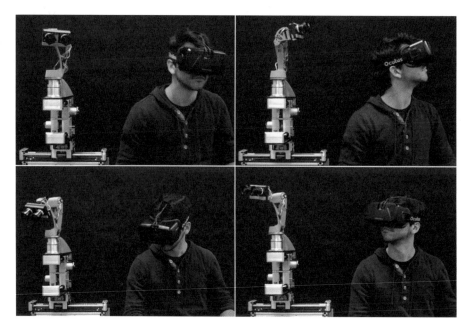

그림 20.4 DORA 원격 로봇 플랫폼을 사용하면 스테레오 카메라의 동작이 사용자가 착용한 오큘러스 디스플레이에 슬레이브로 제공돼, 원격 과업 현장의 몰입형 뷰를 볼 수 있다.
출처: 이미지 제공 – 데일로이 시반다(Daleroy Sibanda) / DORA

이 제품이 노리는 첫 번째 시장은 박물관 원격 투어를 위한 대여용 애플리케이션 환경이나 긴급 구조원, 재난 구조 작업자, 전장 엔지니어처럼 사람이 하기엔 너무 위험한 영역에 투입하는 것이다. 하지만 변형 가능한 스테레오 일인칭 시점은 현재의 로봇 플랫폼 대부분에 해당 기능이 빠져 있기 때문에 큰 혜택을 줄 수 있다.

트랜스포터3D DIY 텔레프레전스 시스템

소비자 수준의 광시야각 몰입형 디스플레이 기술을 사용할 수 있는 가능성은 상대적으로 초기임에도, 기술 애호가들이라면 자체적으로 빠르게 저렴한 일인칭 뷰^{FPV} 스테레오 텔레프레전스 시스템을 구성할 수 있는 시스템이 이미 시장에 출현 중이다. 특히 주목할 만한 제품은 캐나다 온타리오 워털루의 EMR 랩에서 나온 그림 20.5의 트랜스포터3D 시스템이다.

트랜스포터3D는 원격 전송한 스테레오 3D 동영상을 구체적으로 오큘러스 리프트
및 기타 HD HMD용으로 설계된 HDMI 실시간 출력물로 변환해서 헤드마운트 디스
플레이 사용을 지원하는 기기다(6장, '완전 몰입형 디스플레이' 참조).

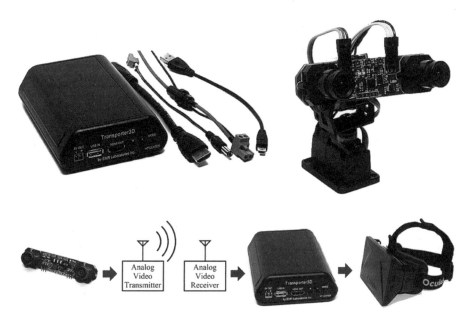

그림 20.5 트랜스포터3D 시스템은 원격 전송되는 입체 3D 동영상을 스테레오 헤드마운트 디스플레이에서 HDMI로 실
시간으로 변환한다. 이 시스템은 특히 애호가들과 전파 제어 항공기 팬을 위해 설계됐다.
출처: 이미지 제공 – EMR 랩

이 3D-캠 일인칭 뷰 카메라는 연속형 3D(단일 동영상 트랜스미터 위의 필드 순차형
3D), 병렬형 3D(듀얼 채널 출력물) 모두 2D와 3D 모드로 사용할 수 있고, 원격 조정
가능한 노출, 조도가 낮은 조건에서도 육지와 하늘색을 사실적으로 유지하기 위한 화
이트 밸런스 잠금 기능이 있다. 카메라 렌즈는 정확한 시차 옵셋과 조회 편의성을 위
해 평균적인 인간의 동공 간 거리로 배치된다. 오큘러스 디스플레이에 보이는 이미지
의 IPD도 정확도 변환 일치를 위해 쉽게 조정 가능하다. 스크린 이미지의 수직과 수
평은 사용자가 조절할 수 있고, 표시된 이미지의 종횡비도 마찬가지다.

이 시스템의 매우 고유한 기능은 그림 20.5의 팻샤크^FatShark 짐발처럼 3축 팬/틸트/
롤마운트의 3D-캠 일인칭 뷰 카메라 거치 지원이다. 이 설정에서 시스템의 오큘러스

IMU 기반 내부 헤드 트래커로 카메라의 동작을 운영자 머리의 팬, 틸트, 롤 모션에 따른 어떤 제어에도 독립적으로 완벽히 슬레이브화할 수 있다. 따라서 RC 항공기나 헬리콥터에 탑재하면, 운영자는 항공기 운항에 영향을 주지 않으면서 머리를 돌려 어떤 방향이든 볼 수 있다.

결론

원격 로봇공학과 텔레프레전스는 새로운 분야는 아니지만, 최근까지 특히 전문적인 광시야각 스테레오 헤드마운트 디스플레이 등의 기술을 구현하는 비용이 높아서 방위나 대학 연구실에서만 쓰여왔다. 오큘러스, HTC 바이브, OSVR 같은 소비자급 디스플레이의 도입은 이 분야에 극적인 영향을 줄 것이며, 앞으로 수년간 여러 새로운 시스템과 애플리케이션이 도입될 것이다.

4부

인적 요인과
사회적 고려 사항

21장

인적 요인의 고려 사항

새로운 가상 및 증강 현실 시스템과 기술이 출현해 시장에 진입하는 현시점에서는 건강, 안전, 전반적 사용성에 대한 직접적 시사점이 있는 고급 인간-기계 인터페이스의 여러 측면을 생각해봐야 한다. 이 장에서는 알려진 문제점과 그 영향을 최소화할 수 있는 조치를 중심으로 이런 여러 이슈를 알아보겠다.

인적 요인이란 무엇인가? ▉▉▉▉▉▉▉▉▉▉

인적 요인이란 사람의 행동, 능력, 기기, 시스템 설계, 평가 제약에 관한 물리적, 심리학적 속성의 정보와 이해의 응용을 다루는 통합적 분야다[채퍼니스(Chapanis) 2016]. 가상 및 증강 현실 분야에서 인적 요인 연구는 수동 컨트롤러, 촉각, 포스 피드백 기기, 공간 사운드 솔루션, 시각적 디스플레이라는 네 가지 기본 영역으로 확장된다. 주요 집중 영역은 각기 자체로 전문 분야지만, 지금까지 인적 요인 연구의 대부분은 시각적 디스플레이와 콘텐츠 이슈에 중점을 뒀고 그 이유도 합당하다. 이 책에서 내내 살펴봤듯이, 사람의 시각 체계는 다른 네 가지 감각 중 어떤 것보다 주변에 관해 더 많이 말해준다. 연구 결과를 보면 우리의 인지, 학습, 인식, 활동 중 80~85%는 시각을 통해 이뤄진다[폴리처(Politzer) 2015].

공학적 관점에서 눈은 정확한 광학 도구이자 센서, 변환기다. 눈은 빛의 광자를 특정 방식으로 모아 빛을 망막층에 집중하는 데 최적화됐는데, 망막에서 복잡한 신경화학적 과정을 거쳐 자극의 크기, 색상, 운동 정보가 인코딩된 전기 자극으로 변환된다. 시스템 균형은 섬세하고, 다양한 다른 감각 구조와 긴밀하게 조정되며 일치하는 방식으로 작용한다. 이렇게 변환된 자극의 총체를 뇌에서 활용해, 주변 정보를 현실이든 가상이든 의식적인 인식으로 전달한다. 어떤 정밀 구조와도 마찬가지로 이 시스템의 기능적 과정과 입력이 조금이라도 변질되거나 왜곡될 때는 문제가 발생한다.

사람의 시각 체계의 방대한 복잡성과 시각적 디스플레이가 전반적인 가상 및 증강 현실에서 맡는 중추적 역할을 감안해, 이 장의 상당 부분에서는 이런 기능적 과정을 다룰 것이다.

물리적 부작용 ▉▉▉▉▉▉▉▉

가상 및 증강 현실과 스테레오 헤드마운트 디스플레이의 사용을 이야기할 때, 더 넓은 소비자 시장을 대상으로 헤드셋이 현재 시판 중이기에 사용자의 건강과 복지 문제가 가장 중대하며 점점 더 문제 영역으로 부상되고 있다. 이 시스템의 주류 수용에 가장 심각한 걸림돌은 멀미, 눈의 피로, 방향감 상실 등과 같은 불편함을 일으킨다는 점이다. 사실 일부 연구 결과, 스테레오 헤드마운트 디스플레이 사용자 중 80~95%

가 이런 증상 중 몇 가지를 경험하며, 5~50%는 사용을 포기할 정도로 심각한 문제다 [링(Ling) 등 2013]. 앞으로 살펴보겠지만, 이런 문제는 사람의 인지 체계의 정확성, 균형, 헤드마운트 디스플레이가 내재한 속성의 결함, 기타 기술적 요인, 나아가 연령, 성별, 인종 등 다양한 요인에서 비롯된다.

현실과 가상 세계의 비교

자연스럽게 주위를 보는 상황과 최신 평면 패널 기반의 헤드마운트 디스플레이로 제공되는 이미지를 보는 상황의 차이를 생각해보자. 자연스럽게 주위를 볼 때 눈에 들어오는 빛은 다양한 물체와 표면의 반사가 낳은 결과다. 초점 조절과 양안 시차는 긴밀히 결합돼, 망막이 받는 빛의 패턴은 궁극적으로 시차 옵셋, 음영, 다양한 단안 및 복안 심도 단서를 포함하게 된다. 관찰자가 움직일 때 머리와 눈은 고정된 위치에 유지되는 환경을 훑는다.

하지만 입체 평면 패널 헤드마운트 디스플레이에서는 상황이 완전히 다르다. 눈에 진입하는 빛은 모든 각도에서 나온 자연적 반사의 결과가 아니라 시뮬레이션된 시차 옵셋과 심도 단서를 담은 2D 표면(즉, LCD와 OLED 패널 전면)에서 나온 투영이다. 즉, 자연적 시점과 음영, 무한한 시야 심도가 빠져 있는 것이다. 이 투영은 이어서 다양한 광학 시스템 중 어떤 것이든(그리고 눈까지) 통과해 디스플레이 표면에 집중하게 해준다. 그 과정에서 왜곡과 색수차가 발생해 결국 망막까지 도달한다. 디스플레이의 화질, 정확도, 시뮬레이션을 구동하는 컴퓨터의 성능, 위치, 방향 센서 갱신율, 그리고 시뮬레이션을 설계할 때 얼마나 주의를 기울였는지에 따라 매우 광범위한 인지 문제가 발생할 수밖에 없다.

시각적으로 유발되는 멀미

완전 몰입형 가상 현실 시스템 사용자가 가장 흔히 불평하는 대상은 바로 현기증과 메스꺼움이다. 이 현상은 시뮬레이터 멀미, 사이버 멀미, 'RGB 하품', 시각적으로 유발되는 멀미VIMS 등 여러 이름으로 불린다. 정기적으로 보고되는 증후군에는 메스꺼움, 침 분비 증가, 졸음, 방향감 상실, 현기증, 두통, 집중력 저하, 흐릿한 시야 등이 있으며 간혹 구토까지 발생하기도 한다. 이 증후군의 발생은 사용 후 몇 분 내에 시작될 수 있으며, 몰입 경험이 끝난 후에도 한동안 지속될 수 있다[비오카(Biocca) 1992; 에벤홀츠 (Ebenholtz) 1992; 파우쉬(Pausch) 등 1992; 코브(Cobb) 등 1999].

표준적인 멀미와 VIMS는 일부 비슷한 증상을 나타내지만, 일반적인 멀미와는 달리 물리적 움직임이 없으면서 시각적으로만 움직이는 착각 때문에 일어나는 인지적 충 돌에서 생긴다는 것이 VIM의 특징이다[피셔(Fischer)와 코른뮐러(Kornmüller) 1930; 디히간스 (Dichgans)와 브란트(Brandt) 1973]. 표준적인 멀미와 VIMS의 증상을 비교한 표 21.1을 참 고하자.

표 21.1 표준적인 멀미와 VIMS의 증상

멀미	시뮬레이터 멀미/시각으로 인한 멀미(VIMS)
메스꺼움	메스꺼움
창백함	속이 불편하고 침이 고임
침 분비 증가	발한
진땀	불안정한 자세
구역질/구토	창백함
어지러움	무감각
두통	졸음
피로감	방향 감각 상실 어지러움 두통 초점을 맞추기 어려움 시야 흐릿함 구역질/구토

VIMS의 생리적 요인

현재 이 생리적 반응과 관련해 가장 널리 받아들여지는 이론이자 40년 이상 논쟁의 대상이 되고 있는 것은 감각적 충돌이라는 개념을 근거로 한다. 비행 시뮬레이터에 1975년 처음 제기된[리즌과 브랜드 1975] 이 이론은 생리적 부작용이 상응하는 전정 기 관이나 자기 자극 감응 단서가 부재한 채 진짜 움직이는 것 같은 시각적 감각을 겪 는 결과라고 주장한다[스태니와 케네디 2009; 그로엔과 보스 2008; 니콜라스(Nichols)와 파텔(Patel) 2002; 리즌과 브랜드 1975]. 더 정확하게 설명하자면, 시각 체계는 시각적 세계에 연관된 몸의 방향 정보를 제공한다. 전정 기관은 중력에 대한 선형 속도와 각속도, 위치 정보를 제공한다. 운동 감각, 자기 자극 감응 체계는 관절과 몸의 위치 정보를 제공한다[배럿(Barratt)과 풀(Pool) 2008].

그림 21.1은 이런 충돌이 발생하는 애플리케이션 설정을 보여준다. 운전 시뮬레이션이 진행될 때 사용자는 자신의 동작에 대해서는 고도로 설득력 있는 시각적 감각을 받지만, 상응하는 다른 감각은 운전대를 잡은 손을 제외하고는 실제 운전 경험에 전혀 상응하지 않는다. 감각적 충돌 이론은 다양한 단서가 이전의 개인적 경험을 기반으로 예상하는 바와 충돌할 때 이런 반응이 일어날 수 있다고 주장한다. 어떤 경우든, 전정 기관이 손상된 사람은 이런 부작용을 경험하지 않기 때문에 이 이론에서는 전정 단서가 중요하다.

그림 21.1 메스꺼움과 불편함을 일으킬 수 있는 감각 입력의 충돌 개념을 묘사하기 위해 연출된 이미지. 이 사용자는 정상적인 전정 기관과 자신의 자극 감응 단서가 전혀 없이 자동차를 운전하는 것과 같은 시각적 감각을 경험 중이다.
출처: 플리커에 실린 낸 팔메로(Nan Palmero)와 SuperCar-RoadTrip.fr의 이미지. CC 2.0 라이선스에 의거 수록

수년간 VIMS를 설명하는 추가적인 이론이 제기됐다. 그중 생태학적 이론이라는 것은 이런 부작용이 자세를 제어할 때 불안정성이 오래 지속되는 데에서 기인한다고 주장한다[리치오(Riccio)와 스토프레젠(Stoffregen) 1991; 보넷(Bonnet) 등 2008]. 감각 충돌 이론이 계속해서 학문적 저술과 일반 주제의 담론을 지배하고 있으므로, 이 장의 남은 부분에서는 해당 이론이 정확하다고 가정하겠다. 하지만 독자는 학계가 이 주제를 결코 완전히 이해하지는 못한다는 점을 정확히 알 필요가 있다(따라서 이론이라는 용어를 사용하겠다). 이 주제에 대해서는 추가 연구가 진행 중이다.

VIMS의 주요 기술적 요인

지연

모든 몰입형 가상 및 증강 현실 시스템의 핵심 성과와 사용성을 측정하는 단위는 지연율, 즉 사용자의 행동과 시스템이 그런 행동에 대해 반응하기까지 걸리는 시차다[파파다키스(Papadakis) 등 2011]. 지연율은 핵심 시스템 컴포넌트의 처리, 전송, 동기화에 조금씩 시간이 걸리기 때문에 생긴다. 이런 지연율은 존재감, 사용자의 몰입감, 물리적 성능, 편안함이 떨어지는 주된 역영향으로 알려져 있다[미한(Meehan) 등 2003; 프리스톤(Friston)과 스티드(Steed) 2014]. 이 장에서 가장 중요하다고 볼 수 있는 지연율은 VIMS 발생의 증가를 낳으며 사용자가 디스플레이에서 보는 시각적 자극과 자극 감응 단서 간의 단절을 초래할 수 있다[버커(Buker) 등 2012].

그림 21.2는 시스템 디자이너가 직면하는 핵심 지연율 과제를 보여준다. 사용자가 헤드마운트 디스플레이를 착용하면 센서는 지속적으로 사용자의 머리 위치와 방향을 재계산해 해당 움직임에 맞춰야 한다. 그런 위치 변화는 이어서 핵심 애플리케이션으로 전송되며, 개별 좌우안 뷰를 연산해 생성한다. 이 시점에 이르러야, 그래픽 엔진과 헤드마운트 기기 내 디스플레이 요소에 전송되는 결과적 출력물이 적절한 장면을 렌더링할 수 있다. 이 처리 단계에 들어가는 시간의 총합은 누적된 기초 지연율 측정 값인데, 사용한 구체적 위치 트래커(관성, 광학적 등), CPU 성능, 디스플레이 유형(LCD, OLED, LCOS 등)과 함께 장면의 복잡도에 따라서도 큰 차이가 난다.

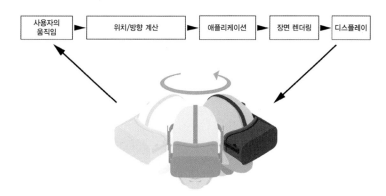

그림 21.2 몰입형 디스플레이 경험을 공급할 때 직면하는 핵심 지연율 과제를 묘사한 그림
출처: 머리 일러스트 andrewrybalko ⓒ 123RF.com

분명 하드웨어 디자이너와 제조사의 기대 목표는 (사람의 시각처럼) '지연율 제로'가 가능한 시스템 제작이지만 이는 처리 단계마다 완료까지 일정 시간이 소요되기 때문에 실제로 불가능하다. 요컨대, 결코 지연율 제로는 도달할 수 없지만, 최근 시장에 도입된 상용 가상 현실 시스템은 그럼에도 예외적인 기초 성능을 보인다. 각 스펙은 표 21.2에 요약했다.

표 21.2 HTC 바이브 VR, 오큘러스 리프트, 소니 플레이스테이션 VR 비교 차트

	HTC 바이브 VR	오큘러스 리프트	플레이스테이션 VR
디스플레이 타입	AMOLED	AMOLED	AMOLED
해상도	1080×1200 (2 스크린, 합쳐서 2160×1200)	1080×1200 (2 스크린, 합쳐서 2160×1200)	960×1080 (단일 1920×1080 스크린)
최대 갱신율	90Hz	90Hz	90Hz, 120Hz
시야	~ 110도	~ 110도	~ 100도
센서	가속계, 자이로스코프, 전면 카메라, 레이저 센서	가속계, 자이로스코프, 자기 탐지기, 트래킹 망	가속계, 자이로스코프, 자기 탐지기, PS 아이 트래킹
커넥터	3-in-1 커넥터 HDMI 인터페이스 박스/디스플레이 포트, USB, 전원	HDMI, USB	VR 헤드셋: HDMI, Aux, 스테레오 헤드폰 잭 프로세서 유닛: HDMI TV, HDMI PS4, USB, HDMI, Aux
기본 지연율	~ 18ms	~ 18ms	~ 18ms

1. 입력/센서는 종종 별개 스레드로 구동돼 프레임레이트와 충돌하지 않는다. 독립적으로 가능한 한 빨리 구동되며, 이어서 적절한 파이프라인 속도로 결과를 위해 수행된다. 이러면 지연율이 최소화돼, 어떤 경우는 다른 애플리케이션(혹은 컴퓨터)이 입력 계산을 처리할 수 있다.

부정확한 동공 간 거리 설정

양쪽 눈 동공 중앙 사이의 거리를 동공 간 거리[IPD]라고 하는데 사람, 성별, 인종마다 다르다. 이 수치는 일반 안경부터 스테레오 헤드마운트 디스플레이에 이르는 모든 쌍안 감상 시스템에 극히 중요하다.

일반 안경의 경우, 동공 간 거리 측정이 잘못돼 각 렌즈의 기본축이 눈 중앙과 일치하지 않으면 눈의 피로와 두통을 유발한다. 스포츠용 쌍안경이나 입체 현미경의 경우에는 아이 포트[eye port]의 바깥 구멍이 작기 때문에 조정 없이는 사용이 어렵거나 아예 불가능하다.

스테레오 헤드마운트 디스플레이의 적절한 IPD 설정은 다양한 이유로 매우 중요하다. 그림 21.3처럼 잘못된 눈과 렌즈의 정렬은 이미지 왜곡을 초래하는데, 그 결과로 눈의 피로와 두통을 초래하며, 전반적으로 VIMS 발작의 원인이 된다[에임스(Ames) 등 2005]. 부정확한 설정 역시 초점 조정에 영향을 줘서 디스플레이된 영상을 부정확하게 인지하게 만들 수 있다. 예를 들어 두 눈에 입력되는 영상이 정상보다 크게 벌어지면, 해당 물체의 융합 각도가 늘어나 조회하는 물체까지의 거리가 더 짧아 보이거나 물체가 더 가까워 보일 수 있다[프리옷(Priot) 등 2006].

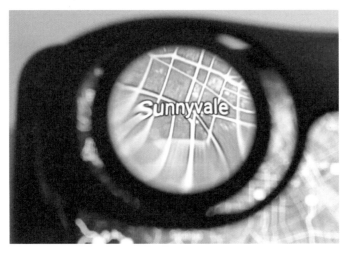

그림 21.3 잘못된 눈과 렌즈의 정렬로 이미지가 얼마나 왜곡될 수 있는지 보여주는 이미지
출처: 사진 S. 옥스타칼니스

평균적인 성인의 IPD는 약 63mm며, 성인 중 대부분은 IPD가 50~75mm 범위에 들어간다. 하지만 일부는 더 넓은 45~80mm일 때도 있다. (5살까지) 아동의 최소 IPD는 약 40mm다[다지슨(Dodgson) 2004].

이 책을 저술하는 현재 구할 수 있는 세 개의 주요 소비자용 헤드마운트 디스플레이 중 둘(HTV 바이브, 오큘러스 리프트)은 기계적인 IPD 설정 조정 기능이 있으므로, 한 번 조립하면 각 눈의 렌즈와 화면이 같이 움직인다. 따라서 렌즈와 화면은 완벽히 정렬된 채로 측면을 조정할 수 있다. 소니 플레이스테이션 VR 시스템의 경우, 디스플레이의 렌즈는 고정된 위치로 유지되지만 IPD 설정은 소프트웨어로 조정한다(그래서 디스플레이에서 눈마다 중심을 움직일 수 있다).

디스플레이 시야

3장, '시각의 구조'에서 논한 대로, 사람의 시각 체계에서 합친 시야^{FOV}는 수평으로 약 200도, 수직으로 130도며 중앙 쌍안 중첩 영역은 약 120도다[벨저(Velger) 1998, p.50]. 일반적으로 헤드마운트 디스플레이는 광시야각이 더 긴밀히 자연적 뷰를 시뮬레이션하며, 시뮬레이션 모델에 대한 사용자의 몰입과 현실감에 기여하기 때문에 더 낫다고 간주된다[프리모(Primeau) 2000; 로저스(Rogers) 등 2003].

그럴 수도 있지만, 일부 연구에서는 시야가 넓을수록 VIMS를 유발하거나 그럴 가능성이 높아질 수 있음을 시사한다는 점도 알아두자. 광시야각 디스플레이가 제한된 시야의 디스플레이보다 자신의 동작을 더 강하게 인지하도록 만든다는 것이 그 기본 전제다[파우쉬 등 1992]. 더구나 주변 시야는 깜빡임을 가장 효율적으로 감지하기 때문에 주사율과 휘도 역시 신중하게 고려해야 한다[콜라신스키(Kolasinski) 1995].

VIMS 현상의 또 다른 잠재적 원인은 디스플레이 시야^{DFOV}와 물리적 시야^{GFOV}의 불일치인데, 이는 그래픽 엔진이 생성하는 관점으로 투영되는 장면에서 수평과 수직 경계를 결정한다[드레이퍼(Draper) 등 2001].

장면 지오메트리의 광학적 왜곡

연구 결과, 스테레오 디스플레이 옵틱에서 지오메트리의 왜곡 패턴은 관찰자의 눈이 한 위치에서 다른 위치로 이동할 때 상당히 변한다. 광학적 왜곡의 기본 현상은 잘 알려져 있으며 이미지의 사전 왜곡으로 보정할 때가 많지만, 이 기법은 종종 렌즈에 대한 눈 위치의 변화와 더불어 중앙축에서 벗어나는 눈 회전을 고려하지 않는다. 그 결과 이접 운동 정보가 부정확해져서 부정확한 심도 판단으로 이어지고, 사용자의 눈이 장면을 훑어갈 때 지오메트리 위치가 변경된다[존스(Jones) 등 2014].

프레임레이트

주사율이라고도 하는 이 용어는 프레임 버퍼의 콘텐츠가 화면에 표시되는 속도다. 프레임레이트는 깜빡임과 직접 연관되는데, 속도가 느릴수록 멀미 발작을 일으키기 쉽다. 30Hz 이상의 깜빡임은 주변 시야에서 가장 눈에 띄지만, 와(혹은 중심) 시야 영역에서는 상당히 덜하기에[파우쉬(Pausch) 등 1992] 극도의 광시야각 디스플레이 이슈의 원인이 된다.

지속

디스플레이 내 각 픽셀이 밝게 남아있는 지속 시간이다. 오랜 지속의 영향 중 하나는 이미지가 흐릿해지고 뭉개져서 이미지 화질이 낮아지고 메스꺼움 등의 불편함을 증가시키는 것이다. 오랜 지속은 여러 LCD 기반 헤드마운트 디스플레이에서 흔한 문제지만, OLED/AMOLED 평면 패널은 픽셀 전환 속도가 빨라서 이 문제가 줄어든다.

VIMS 민감성

발표된 논문을 보면 일반적인 멀미와 특히 VIMS 민감성은 연령, 인종, 성별, 전반적 건강에 따라 다양하게 나타난다. 예를 들어 두 살에서 12살 사이에 반응이 가장 크며[스태니(Stanney) 등 2002], 21세에 이르기까지 급격히 더뎌진 다음[리즌과 브랜드 1975], 50세 이후 다시 급격히 증가한다[브룩스(Brooks) 등 2010]. 아시아계는 비아시아계보다 더 민감성이 클 수 있다[배럿(Barrett) 2004]. 중국 여성은 시각적으로 유발되는 멀미에 극히 민감한 것으로 보인다[스턴(Stern) 등 1993]. 일반적으로 여성이 남성보다 민감성이 훨씬 더 강하다[케네디(Kennedy)와 프랭크(Frank) 1985; 박(Park) 등 2006; 케네디 등 1989; 보이드(Boyd) 2001].

적응

사람의 인지 체계에서 매혹적인 측면은 반복 노출로 감각적 충돌에 적응할 수 있는 능력인데, 구체적 자극으로 조건화하는 것뿐 아니라 렌즈 왜곡에 지속적으로 노출해도 적응이 일어난다[리즌과 브랜드 1975]. 그런데 연구 결과, 몰입형 가상 환경에 적응하고 메스꺼움이 감소하면 자세가 불안정해지는 등의 사후 여파도 있다[스태니(Stanney)와 살벤디(Salvendy) 1998; 케네디(Kennedy) 등 1997].

시각적 부작용

일반적인 평면 패널 헤드마운트 디스플레이, 특히 스테레오 시스템 사용에서 비롯된 시각 체계의 잠재적 유해성에 대한 우려가 늘고 있다. 정상적인 감각적 입력과 충돌하기 때문이다. 그럼 이런 충돌 중 중요하게 여겨지는 일부 사례를 알아보자.

이접 운동: 초점 조절 충돌

일반적인 스테레오 3D 디스플레이, 특히 최신 평면 패널 스테레오 헤드마운트 디스플레이를 보는 동안 시각적 불편함을 유발하는 가장 중요한 요인 중 하나는 이접 운동과 초점 조절 충돌 문제다. 그림 21.4처럼 이접 운동은 시각적 장면에서 다양한 거리의 물체들로 관심을 전환할 때, 두 눈이 양안 고정을 유지하기 위해 수직축을 중심으로 서로 반대로 회전하는 불수의근 운동이다.

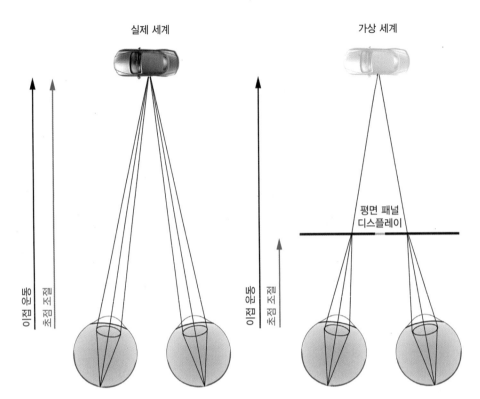

실제 세계

가상 세계

평면 패널
디스플레이

이접 운동

초점 조절

이접 운동

초점 조절

그림 21.4 평면 패널 스테레오 헤드마운트 디스플레이를 착용할 때 이접 운동과 초점 조절의 충돌을 묘사한 이미지.
디스플레이 표면에 초점을 맞추면 눈은 완전히 다른 심도의 물체를 보게 된다.
출처: S. 옥스타칼니스 일러스트레이션

초점 조절은 이접 운동과 밀접한 연관이 있는데, 다른 물체로 주의를 돌릴 때 수정체
의 초점력(혹은 포커스) 변화를 의미한다. 그림 21.5처럼 더 가까운 물체에 집중할 때
는 더 짧은 초점 거리에 수렴해야 한다. 반대로 더 멀리 떨어진 물체는 더 긴 초점 거
리로 벌어지게 된다. 망막의 흐릿함은 망막에 빛의 초점을 맞추기 위해 초점 조절, 즉
수정체 두께 조정을 주도하는 실제 시각적 단서로 통한다[크라미다(Kramida) 2015].

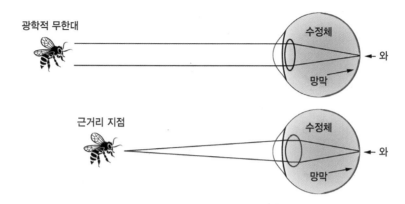

그림 21.5 다른 심도에 있는 물체에 초점을 맞출 때 수정체의 두께 변형을 묘사한 이미지
출처: S. 옥스타칼니스 일러스트레이션

이접 운동과 초점 조절은 정상적으로 신경이 연결되고 반사적으로 일어나는(이접 운동은 초점 조절을 촉발하고, 그 반대도 마찬가지다.) 긴밀히 연관된 눈의 기능이다[뱅크스 (Banks) 등 2013]. 다행히 가장 완전한 몰입형 스테레오 헤드마운트 디스플레이에서 눈은 고정된 거리(HMD의 평면 패널 디스플레이 요소 표면)에 집중해 망막에 맺힌 상을 또렷하게 유지하는 한편, 디스플레이에 보이는 이미지에서 다양하게 시뮬레이션된 심도로 물체에 수렴하거나 벌어진다.

이 비동조화는 이 눈 근육의 피로를 유발하고 시각적으로 유발되는 멀미를 일으킨다고 알려져 있지만, 이접 운동-초점 조절 역시 다양한 인지 오류를 유발할 수 있다. 예를 들어 가상의 물체에 대한 초점 조절과 거리에 따른 적절한 관계의 부족은 장면에서 여러 단안 단서가 빠져 있을 때 크기의 일관성이 떨어지게 만드는 중요한 요인이라고 의심되고 있다[롤랜드(Roland), 깁슨(Gibson), 에리얼리(Ariely), 1998; 원(Wann) 등 1995; 펠리 (Peli) 1995].

이접 운동-초점 조절의 충돌은 스테레오 헤드마운트 디스플레이에 한정되는 문제가 아니다. 같은 효과를 대형 디스플레이 월과 유사한 디스플레이 원리를 기반으로 하는 컴퓨터 지원 가상 환경[CAVE] 같은 몰입형 시스템에서도 경험할 수 있다[원(Wann)과 몬 윌리엄스(Mon-Williams) 1997].

잠재적 영향

이 책을 저술하는 현재 이접 운동-초점 조절의 충돌, 특히 오랜 사용에서 비롯된 영향을 전부 이해하기에는 평면 헤드마운트 디스플레이가 충분히 유통되지 않았다. 예를 들어, 몇 시간 동안 계속 사용하고 나면 정상적인 시각 기능이 상실될 수도 있을까? 혹시 그렇다면 자동차를 안전하게 운전하는 능력에도 영향을 줄까? 반복해서 오래 사용하면 장기적으로 어떤 영향을 주게 될까?

결론

이 장에서는 가상 및 증강 현실 시스템의 전반적 사용성과 재미에 직접 영향을 주는 인적 요인에 대한 주요 고려 사항을 알아봤다. 물리적 불편함, 눈의 피로, 후유증은 복잡한 문제지만, 새로운 디스플레이 기술이 시장에 진입하며 추가 연구가 진행되면 상당수가 정리되고 제거될 것이다. 사실 수년 내에 평면 패널 스테레오 디스플레이가 사람의 시각 체계가 지닌 고유 역량을 대신하고, 시각 체계와 기능이 비슷한 신기술에 자리를 내주리라 가정해도 무리는 아니다.

22장

법적, 사회적 고려 사항

가상 및 증강 현실이 연구실과 하이엔드 방위 애플리케이션 같은 전문 시스템에서 일반 소비자 시장으로 이동하면서 근본적인 법적, 사회적, 윤리적 이슈가 부상하고 있다. 제품 안전부터 일인칭 게임의 커져가는 폭력성과 현실감, 심지어 몰입형 포르노그래피까지, 더 많은 인구가 이런 기술을 이용하게 된다는 것에는 분명히 엄청난 시사점이 있다. 이 장에서는 이런 문제들을 알아보고, 점차 활용도가 넓어지면서 생겨나는 우려와 심각한 과제 일부를 짚어보겠다.

법적 고려 사항 ▐▐▐▐▐▐▐▐▐▐▐▐▐

몰입형 가상 및 증강 시뮬레이션 기술은 여러 산업에서 파괴적이고 전환적인 영향을 미칠 가능성이 상당하다. 이 책에서 쭉 살펴본 대로, 이런 전환은 이미 건축, 엔지니어링, 방위, 엔터테인먼트 같은 영역에서 차근차근 진행되고 있다. 하지만 이런 폭넓은 영향과 함께 틀림없이 결함이 있거나 유해한 제품, 불충분한 경고, 심지어 가상 공간에서의 범죄로 인한 개인적 상해와 재산 손실의 위험 증가 때문에 여러 영역에 걸쳐 새로운 범위의 법적 책임도 생길 것이다. 그럼 거의 명백하게 미국 내 법적 체계에서 시험에 들 것으로 보이는 산업에서 하드웨어와 소프트웨어 제조사에 닥칠 잠재적 법적 책임의 여러 영역을 알아보자.

제품의 잠재적인 법적 책임

제품의 법적 책임은 위험하거나 결함이 있는 제품을 소비자의 손에 인도했을 때 제조사, 도매업자, 소매업자(혹은 셋 모두)에게 책임이 있다는 것을 뜻한다. 상업적 방향의 가상 및 증강 현실 시스템, 특히 헤드마운트 디스플레이의 고유한 속성을 감안하면 여러 제품에 대해 법적 책임 관련 소송이 발생할 것이다. 이에 관해서는 설계 결함, 제조 결함, 충분한 경고와 안내 제공의 실패라는 세 가지 종류의 법적 책임에 대한 주장이 있다. 각각 앞으로 수년 내에 법적 책임의 초점이 될 것이다.

개인적 상해/재산 손실

그림 22.1처럼, 미래의 법적 책임에서 가장 가능성 있는 명백한 원인은 완전 몰입형 헤드마운트 디스플레이 사용으로 인한 상해와 재산 손실이다. 이런 제품을 사용할 때는 사용자의 현실 세계 환경 중 전체는 아니더라도 대부분이 시야에서 가려진다.

이 책을 저술하는 현재, 제조사들이 이런 위험을 줄이려고 활용하는 주요 설계 전략에는 두 가지가 있다. 첫 번째는 디스플레이에 전면 동영상 카메라를 탑재하는 것인데, 이 카메라에서 잡은 화상이 가상 세계 장면 위에 덮여서 사용자가 중간에 있는 물체를 볼 수 있다(6장, '완전 몰입형 디스플레이'의 HTC 바이브 디스플레이 샤프롱 기능 참조). 두 번째는 사용자의 머리 방향 변화만 추적해서 시스템 기능성을 제한하는 대신(롤, 피치, 요), 위치 추적은 제공하지 않는다(X, Y, Z). 이 전략은 어떤 형식이든 수동 컨트롤러로 가상 모델의 해석에 영향을 줘야 하므로, 사용자가 일어서 있을 필요가 극적으로 줄거나 사라진다.

그림 22.1 완전 몰입형 가상 현실 시스템이 직면하는 제품의 가장 큰 법적 책임 과제 중 둘을 묘사한 그림
출처: 일러스트 deimosz ⓒ 123RF.com

시뮬레이터 멀미 및 기타 신체적 영향

미래에 제품의 법적 책임 주장으로 이어질 또 한 가지 핵심 시나리오는 이 시스템의 생리적 영향에서 발생하는데, 몰입형 가상 현실 디스플레이를 사용할 때 특히 멀미를 겪는 인구 집단이 있기 때문이다.

21장, '인적 요인의 고려 사항'에서 다룬 것처럼, 여러 몰입형 헤드마운트 디스플레이가 다양한 사용자에게 멀미를 발생시킨다는 점은 잘 알려져 있다. 시뮬레이터 멀미, 사이버 멀미, 시각적으로 유발되는 멀미VIMS라는 이 인지적 착각의 심리와 생리적 반응은 흐릿한 시야, 눈의 피로, 피로감, 졸림, 창백함, 식은 땀, 방향 감각 상실, 발작, 일반적인 메스꺼움 같이 다양한 증세를 유발할 수 있다[스태니와 케네디 2009; 그로엔(Groen)과 보스(Bos) 2008; 니콜라스(Nichols)와 파텔(Patel) 2002; 리즌과 브랜드 1975]. 디스플레이를 제거한 후에도 이런 증상은 몇 분에서 몇 시간까지 계속될 수 있다[케네디 등 2010].

하드웨어 이슈

VIMS 현상은 많이 연구돼 왔지만, 이해의 간극도 크다. 예를 들어 하드웨어에서는 광학 흐름 패턴에서의 비정상성, 부정확한 동공 간 거리, 양안 경합, 이미지 깜빡임, 지연이 원인일 수 있다고 알려져 있다. 그래서 성급하게 시장에 출시된 저렴하지만 대충 설계된 헤드마운트 디스플레이는 회사를 심각한 법적 위기에 빠뜨릴 뿐 아니라, 안타까운 신체적 피해를 초래할 수도 있다.

이런 디스플레이 시스템의 근본적 설계, 사람 눈의 자연적 기능, 잠재적인 부정적 영향의 충돌에 관한 의문도 제기되고 있다. 예를 들어 눈이 초점을 조절하는 데 필요한 시간(자신에게 다가오는 물체를 관찰할 때 등)과 눈이 초점을 집중하는 데 필요한 시간(혹은 눈에 진입하는 빛의 양 조정, 즉 초점 조절)은 같다. 두뇌는 보통 이접 운동-초점 조절이 긴밀히 결합돼 기능한다.

불행히도 완전 몰입형 스테레오 헤드마운트 디스플레이 대부분에서 눈은 고정된 거리(평면 패널 디스플레이 요소 표면)에 집중하는 한편, 자신에게 다가오거나 멀어지는 물체에 대해서는 이접 운동을 일으킨다. 이런 불일치가 눈 근육의 피로를 초래하며 전에 설명한 메스꺼움을 일으킨다고 하지만, 장기적 사용의 영향도 있을까? 연속해서 몇 시간 동안 사용하고 나면 정상적 시각 기능에 손상이 생길까? 그렇다면, 누군가 안전하게 자동차를 운전하는 데도 영향을 줄까? 반복적이고 확대된 사용의 장기적 영향은 어떤가? 지금 시점으로는 이런 질문들에 답하기에 연구가 충분히 발표되지 않았다.

소프트웨어 이슈

몰입형 가상 현실 시스템의 소프트웨어 애플리케이션 설계는 디스플레이 컴포넌트만큼이나 중요한 의미와 잠재적인 법적 책임을 지닌다. 앞에서 짚어본 대로, 상응하는 전정 단서 없는 동작의 진짜 같은 시각적 감각은 VIMS, 방향 감각 상실, 현기증 등을 일으킬 수 있는데, 이것이 바로 콘텐츠(소프트웨어) 이슈다. 이 효과의 원인이 될 수 있는 가상 환경의 다른 시각적 단서와 콘텐츠 요소도 있다. 여기에는 사용자가 여러 번 직각으로 회전해야 하거나 다른 식으로 빈번하게 머리를 크게 움직여 시각, 전정, 다양한 자기 자극 수용 단서 간의 단절을 악화시키고, 잠재적으로 VIMS 발작을 악화시키도록 과도한 시각적 자극을 주는 모델이 포함된다.

부차적 피해

완전 몰입형 디스플레이 사용자가 펀치를 날리거나 컨트롤러를 스윙하고 여타 제스처를 취해야 하는 게임 등의 애플리케이션도 물리적 자산과 구경꾼, 기타 참여자의 상해 같은 이차 피해를 일으켜 법적 책임을 지울 수 있는 잠재적 후보군이다. 2008년 콜로라도 리틀턴의 한 주부가 가정용 위^{Wii} 컨트롤러에 부착된 손목 스트랩이 '비효율적'이라 주장하며 닌텐도를 상대로 제기한 500만 달러의 민사 소송을 생각해보자. 원고는 가상 볼링을 플레이하다가 아들 손에서 위 컨트롤러가 날아가는 바람에 52인치 삼성 TV가 손상됐다고 주장했다.

제품 결함, 소홀, 보증 위반 주장을 근거로 한 잠재적 법적 위험과 함께, 이 산업이 예상보다 느리게라도 성장한다면 연방 규제가 만들어지고, 소비자 제품 안전 관련 법안의 적절한 기구와 상대해야 할 것은 거의 확실하다.

산만함

증강 현실 시스템이 잠재적인 법적 책임 주장에서 그 자체로 고유한 이슈를 제기하는 것 역시 빠뜨려선 안 된다. 사용자의 시야를 완전히 가리지는 않더라도, 기기에 표시된 정보와 기기 자체의 요소가 충분히 산만함을 유발해 법적 책임 공방으로 이어질 잠재성이 있다.

예를 들어 센트럴 플로리다대, 공군 연구소, 볼 에어로스페이스^{Ball Aerospace} 연구진이 수행한 2014년 연구에서는 이십대 40명에게 구글 글래스와 스마트폰을 사용하면서 동시에 자동차 시뮬레이터를 운전하도록 했다. 시뮬레이터가 구동하는 동안 연구 대상은 급제동해야 하는 사건을 맞닥뜨린다. 사건에 대한 반응과 그 후의 회복 모두 분석됐다. 이 연구의 결과에서 구글 글래스로 전달되는 메시지는 인지 능력이 산만해지도록 하는 요인을 줄여줬지만 완전히 없애지는 못했다. 단지 글래스만 착용하도록 한 운전자의 잠재적인 비용 역시 관찰했다. 둘 중 어떤 기기를 사용하든 메시지는 멀티태스킹이 필요 없는 대조군에 비해 실험 대상의 운전에 방해가 됐다[소여(Sawyer) 2014].

알려지지 않은 피해

다양한 인지적 자극을 보완하고 대체한다는 큰 목표를 감안할 때, 이 기술이 인지 과정에 미치는 장기적 영향에는 여러 의문이 남는다. 예를 들어 UCLA의 신경 과학자는 가상 현실 시스템 사용이 두뇌에 어떤 영향을 주는지에 대한 연구를 수행했는데, 일부 결과는 놀랍다. 한 연구에서 연구진은 특수한 러닝머신을 만들어, 그 안에서 실험용 쥐가 가상의 방을 탐험하도록 했다. 뇌에 전극을 연결한 쥐는 정상적으로 행동하는 듯 보였지만, 공간 안에서 자기의 위치를 매핑하는 뇌 영역인 해마에서 나온 신호를 분석한 결과, 뉴런 중 60%가 그저 '꺼졌다'는 것이 드러났다. 꺼지지 않은 뉴런 중에서도 상당수는 비정상적 활동 패턴을 보였다[루이스(Lewis) 2015].

이 책에서 가상 및 증강 현실 기술을 활용해 인지 과정을 돕는 애플리케이션 사례를 잔뜩 들었지만, 이와 다른 활용에서 비롯될 수 있는 잠재적인 악영향은 알려진 바가 거의 없다.

잠재적인 법정용 애플리케이션과 시사점

몰입형 가상 현실 시스템은 법정 상황에도 인상적인 시사점을 보인다. 지금 당장 사용될 수 있는 시나리오와 그리 멀지 않은 미래에 도입될 수도 있는 그다음 시나리오를 살펴보자.

범죄 수사

거의 모든 범죄 현장 조사에서는 감식반이 철저히 사진을 찍어 문서화하는 것이 표준적인 관행이다. 여기에는 수집하기 전에 세심히 사진을 찍어 범죄 현장에서 어떤 위치에 있었는지 정확히 포착해둔 증거물도 포함된다. 이런 사진에 동영상, 물리적 측정 도구, 스케치, 차트, 손으로 쓴 메모, 음성 녹음도 추가된다. 이런 정보 전체는 범죄를 해결하는 데 사용되는 한편, 법정 절차 중 사건 설명이나 변호의 근거로도 활용된다.

이제 검사와 변호사의 입장이 돼서 전통적 방식의 증거 제시뿐 아니라 판사, 배심원, 기타 법정 안의 사람들에게 범죄 현장의 고해상도 3D 스캔이나 스테레오 360도 파노라마 사진을 통한 일인칭 투어를 보여주는 것을 상상해보자. 이 새로운 매체를 사용하면 판사와 배심원은 전통적 증거를 기반으로 범죄 현장을 머릿속으로 그려보거나 공간, 시간 관계, 관점을 시각화하는 대신에 직접 체험할 수 있다.

이 기능은 지금 활용할 수 있다. 14장, '건축과 건설'에서 알아본 매터포트 카메라 같은 시스템에 더해, 플로리다 레이크 메리의 파로 테크놀러지FARO Technologies는 큰 물체, 건물, 범죄 현장 같이 복잡한 지오메트리의 실내외 공간 정확도가 높은 고속 3D 레이저 스캐너를 개발했다. 그림 22.2의 파로 레이저 스캐너 포커스 3D는 고정된 레이저를 수평 회전하는 꺾인 거울에 반사시켜 초당 976,000개의 측정 점을 포착하고 2mm 내외의 정확도에 상세한 색상 정보로 밀집된 점 데이터 군을 산출한다. 이 시스템의 핵심 기능은 햇빛이 비추는 야외를 스캔하는 기능이다. 일단 여러 관점에서 영역을 스캔한 후, 잘 확립된 소프트웨어 경로로 스캔된 데이터를 여러 시뮬레이션 유틸리티나 게임 엔진 어디에든 쉽게 전송해 스테레오 헤드마운트 디스플레이로 조회할 수 있다.

그림 22.2 파로 레이저 스캐너 포커스 3D(좌측)는 큰 물체, 공간, 빌딩의 상세 측정, 문서화를 위한 고속 3D 레이저 스캐너다. 이 시스템은 복잡한 실내외 공간의 매우 실제와 같은 3D 점 데이터 군을 산출한다. 파로 프리스타일(우측)은 고해상도 점 데이터 군으로 자동차 내부 등 더 작은 공간을 포착하는 휴대용 기기다.
출처: 이미지 제공 – 파로 테크놀러지(www.FARO.com)

이 책을 저술하는 현재 360도 파노라마 사진 증거와 범죄 현장의 3D 스캔 모두 미국과 국제 법정에서 폭넓게 사용되고 있지만, 표준 2D 디스플레이로 달성 가능한 범위로만 국한돼왔다. 모바일 기기 기반(삼성 기어VR, 구글 카드보드 등)을 비롯한 최근의 몰입형 스테레오 디스플레이 도입은 더 이상 기술적 현실성과 비용의 문제가 아니라 허용 가능성의 문제로 바뀌었다. 이런 면에서 핵심은 이 새로운 증거 매체와 형식이 정보 기반의 판결에 유관한 혜택을 주며 배심원에게 옳지 않은 선입관을 주지 않는 방식으로 법정에 이런 증거를 제출할 방식을 확립하는 데 있다[스코필드(Schofield) 2011].

증거 제시

이 기술의 법정 적용에서 두 번째 영역은 실제 범죄 현장과 사건의 재구성 형태다. 기발한 사진 증거나 고급 센서로 실제 현장을 캡처하는 것과 컴퓨터로 생성한 재구성은 완전히 다르다. 배심원들이 일인칭 시점으로 사건이나 범죄 현장의 재현을 둘러보면서 사건이 펼쳐지며 포렌식 분석, 증인, 전문가 진술에서 얻은 세부 정보를 해석하는 모습을 상상해보자. 이럴 때 그런 증거가 미국 법정에서 허용되려면 통과해야 할 기준이 훨씬 엄격해질 것이다. 부분적으로는 판사들이 법정에서 쓰이는 신기술의 허용에 대체로 보수적 입장을 보이고[딕슨(Dixon) 2012], 이 기술이 보유한 잠재력을 변호사들이 인식하지 못하기 때문이다.

몰입형 가상 현실로 증거 제시가 이뤄지는 첫 법정 사건이 언제가 될지 예측하기는 너무 이르지만, 분명 곧 일어날 일이다. 이 기술은 활용하지 않기에는 너무나 잠재력이 크다. 복잡한 다차원적 현상을 민간인 배심원에게 명료하게 설명할 때가 있다면 그 효과는 무시하기 어려울 정도로 클 텐데, 특히 법정에서 다루는 하이테크 소송이 늘어나기에 더욱 그렇다.

가상 세계의 법률

지금까지 구글, 페이스북, 소니, 마이크로소프트, HTC와 소규모 업체 수십 곳이 수십억 달러를 소비자 지향 가상 현실의 새로운 매체에 투자했다. 그중 다수는 근본적인 목표가 기존 대규모 멀티플레이어 온라인 게임MMOG과 유사한 대규모 온라인 커뮤니티나 그림 22.3의 세컨드 라이프 장면 같은 공유 가상 세계의 창조라 선언했다. 이런 온라인 자원 사용의 도입 및 성장과 함께 재미있는 법적 의문도 부상한다.

그림 22.3 온라인 가상 커뮤니티인 세컨드 라이프의 한 장면. 가상의 여행지는 사용자가 직접 디자인하거나 완성형을 구매할 수 있다.
출처: 플리커에 실린 니코 타임의 이미지. CC 2.0 라이선스에 의거 수록

예를 들어 온라인 커뮤니티 참여자가 아바타의 의상이나 퍼스나폼^{PersonaForm}을 획득하는 가상의 의류점이 있다고 하자. 이 가상의 의류점이 유명한 구찌 로고가 달린 무료 재킷을 만들면, 로고가 '상업적으로' 활용된 것이 아닌데도 상표권 침해가 성립될까? 이 재킷을 어떤 현실적 가치도 없는 가상 화폐로만 판매하면 어떤가? 재킷은 현실의 법정에서 '재화'로 간주될까? 가상 커뮤니티를 호스팅하는 서버 소유자는 법적 책임을 지는가?

> **노트**
> 퍼스나폼은 미래학자 그레고리 파노스가 1990년대에 처음 쓴 용어로, 다양한 기술적 수단으로 어떤 사람에게서 수집한 3D 디지털 얼굴, 표정, 몸동작, 음성 라이브러리, 기타 샘플링한 데이터를 지칭한다.

혹은 현실 세계 화폐를 이용해 이 온라인 커뮤니티에서 사용하는 가상 화폐 단위를 구매하는 상황은 어떨까? 그 시스템을 돈세탁이나 자금의 해외 유출 같은 범죄 활동에 사용하지 못하게 하려면 어떤 안전 장치가 필요한가? 범죄 집단의 공범이 이 가상 커뮤니티에 계좌를 열어 선불 신용카드로 돈을 입금하고, 그 돈을 값비싼 가상 재화

구매로 이체해 결국 다른 현실 세계 계좌를 통해 해외에서 인출하는 것은 꽤 간단해 보인다. 그런 활동을 줄이려면 어떤 새로운 규제를 준비해야 할까? 플랫폼 소유자를 금융 기관으로 등록해야 할까?

가상 도난은 어떤가? 온라인 커뮤니티에서 가상의 집 거실에 둘 희귀한 조각을 구매했다고 가정해보자. 논쟁이 성립할 수 있도록, 이 조각을 살 때 현실 세계의 화폐를 가상 통화로 환전했다고 하자. 온라인 커뮤니티의 또 다른 캐릭터가 그 가상 거주지에 들어와서 조각상을 훔치면, 도둑을 현실 세계 법정에서 기소할 수 있을까?

이런 가설적 사례가 너무 과하다고 생각할 수도 있겠지만, 입법자와 규제 당국은 물론 전 세계 로펌은 바로 이런 질문에 대해 적극 검토하고 있다. 이런 기술의 활용이 늘어나면서 가상 커뮤니티도 성장한다고 보는 것이 논리적으로 타당하므로, 기존 법률과 규제에 상당한 변화와 추가가 이뤄지리라 기대할 수 있다.

도덕적, 윤리적 고려 사항

증강 현실보다 몰입형 가상 현실 시스템이 소비자 시장에서 더 폭넓게 도입되며, 이미 훨씬 많은 도덕적, 윤리적 질문이 부상 중이다. 그중 두 가지를 검토해보자.

폭력적인 일인칭 게임

가장 명백한 우려 영역 중 하나는 상업적인 몰입형 가상 현실 시스템이 취학 연령 아동(6~12세)과 십대(13~17세)에 미치는 영향과 폭력적인 일인칭 게임에 사용될 때 공격적 행동을 유발할 수 있는 잠재적 위험이다.

수년간 이런 연구는 폭력적인 일인칭 비디오 게임과 공격적 행동 증가의 연결 고리를 다뤄왔다[앤더슨(Anderson)과 부시먼(Bushman) 2001; 부시먼과 앤더슨 2002; 커쉬(Kirsh) 2003; 펑크(Funk) 등 2003; 앤더슨 2004; 앤더슨 등 2007, 2008; 코니진(Konijn) 등 2007; 묄러(Möller)와 크라헤(Krahé) 2009; 니투(Neetu)와 샬리니(Shalini) 2016; 밀라니(Milani) 등 2015]. 더 최근의 연구는 한 걸음 더 나아가, 현실적인 무기 컨트롤러의 사용이 인지적 공격성을 강화하도록 영향(즉 확대)을 미친다는 설득력 있는 증거를 보여준다[맥글로인(McGloin) 등 2015].

게다가 미국 정신 건강 협회APA의 공격적 미디어 태스크 포스가 내놓은 2015년 8월 상세 보고서는 분명히 "연구 결과에 따르면 폭력적인 비디오 게임 사용, 공격적 행동 증가, 공격적 인지, 공격적 영향, 친사회적 행동 감소, 적대감, 공격성에 대한 민감성의 일관된 관계가 입증된다."라고 선언한다[아펠바움(Appelbaum) 등 2015]. 보고서에서는 "비디오 게임이 폭력 범죄로 직결되는지는 연구가 불충분하다."라고 조심스레 쓰고 있지만, 그렇다고 해서 연결 고리가 존재하지 않는다는 뜻은 아니며, 단지 '연구가 불충분할' 뿐이다.

당연히 예상하겠지만, 일부 연구진은 이 발견에 대한 반론을 제기한다[퍼거슨(Ferguson) 2013; 퍼거슨과 딕(Dyck) 2012; 살로니우스-파스터낙(Salonius-Pasternak)과 겔폰드(Gelfond) 2005; 그라임스(Grimes) 등 2008; 퍼거슨 등 2008; 커트너(Kutner)와 올센(Olsen) 2008]. 두 주장 사이에는 미온적이지만 때론 열띤 논쟁이 게임 산업 이해관계자와 여러 정신 건강 전문의 및 심리학 협회 간에, 그리고 학부모와 어린이 보호 단체 간에 일어난다.

컴퓨터와 콘솔 기반 엔터테인먼트의 놀라울 만큼 수익성 높은 시장을 감안할 때, 폭력적인 일인칭 게임 타이틀은 몰입형 가상 현실 시스템용으로 기존 게임이 포팅되고 신규 게임이 개발되면 인기가 대폭 증가할 것이다.

언론의 자유 이슈?

2005년 캘리포니아 주 입법부는 18세 이하에게 폭력적인 비디오 게임 판매를 금지하는 법안(AB 1179)을 통과시켰다. 이 법안이 법률로 조인되고 난 후 비디오 게임을 제작, 발매, 배포, 판매, 대여하는 회사의 여러 협회가 미 헌법 수정 조항 1조 및 14조에 따라 새로 발효된 법안을 무효화하기 위한 소송을 제기했다.

법원은 원고에 우호적인 판결을 내려 해당 법 집행을 금지했다. 해당 사건은 미국 제9순회항소재판소에 상고돼, 폭력적인 비디오 게임이 수정 조항 1호에 따른 '불경함'을 구성하지 않는다고 판결했으며, 주정부는 비디오 게임과 웹 게임 때문이라 주장되는 미성년과 십대의 심리적 및 신경학적 피해를 막는 데 그다지 관심을 가지지도 않는다.

2010년 이 사건은(브라운 대 엔터테인먼트 상인 협회, 564 us_08-1448) 미국 연방 대법원에 상고됐으며, 본질적으로 단순한 질문에 집중했다.

수정 조항 1조가 주에서 폭력적인 비디오 게임을 미성년자에게 제한하지 못하도록 막는가?

2011년 6월 미 대법원은 캘리포니아 법이 헌법에 맞지 않으며 비디오 게임은 사실 1조와 14조에 따라 보호받을 자격이 있지만, 사무엘 알리토 판사가 작성한 보충 의견에서는 매우 분명히 법원이 이 주제를 미래에 재검토할 여지를 남겼다. 해당 의견서의 마지막 문장에서 알리토 판사는 이렇게 적었다.

"다른 틀의 법령을 주와 연방 정부에서 발효하면, 이에 도전하는 사건을 제시할 때 그 법의 합헌성을 고려할 수 있다."

따라서 현재는 미국 법이 가장 폭력적인 비디오 게임도 미성년에게 판매를 허용하지만, 다음 질문에는 답해야 한다.

현재 어떤 것이 합법적이라 간주되면, 그것이 자동으로 도덕적이고 윤리적이기도 한가?

이 질문의 명백한 답은 '아니오'다.

결론

이 장에서는 가상 및 증강 현실에서 만만치 않게 광범위한 법적, 사회적 영향이 가까운 미래에 등장하리라는 점을 알아봤다. 앞으로 수년 내에 이런 고급 시뮬레이션 기술이 더 넓은 소비자 가전 산업으로 진출해 이해관계자에게 수십억 달러의 매출을 발생시키면, 윤리와 도덕에 대한 질문은 일반적인 폭력적 주제뿐 아니라 몰입형 포르노그래피처럼 급속도로 출현 중인 애플리케이션에도 매우 중요한 주제가 될 것이다. 어떤 지점에서 선을 그어야 할까? 이런 면에 대한 답은 이미 규제화된 법이 아니라 콘텐츠 개발자가 내려야 한다. 펜이 맞춤법 오류를 책임질 수 없는 것처럼, 스테레오 헤드마운트 디스플레이, 공간 오디오 솔루션, 촉각, 포스 피드백 기기 같은 가상 현실의 하드웨어 기술은 단지 또 다른 사람이 적극적으로 설계한 경험 전달의 도구일 뿐이다.

23장

미래

비교적 새로운 상용 기술 제품인 증강 및 가상 현실은 아직 제대로 완성돼 있지 않다. 디스플레이는 크고, 케이블은 사방에 널려 있으며, 사람들은 여전히 멀미를 겪는다. 하지만 변화 역시 급속히 일어나고 있다. 이 장에서는 장단기 전망, 방향성, 변화로 받을 수 있는 혜택을 중심으로 핵심 실행 컴포넌트의 다음 주요 단계들을 알아보겠다.

다가오는 와이드앵글

이 책 전반에서 현재의 첨단 가상 및 증강 현실 기술의 장단점과 기술적 혁신을 알아보면서 현실 세계의 문제를 해결하고, 데이터 이해를 도우며, 인간 효율성의 극대화에 진정한 가치를 입증하는 많은 탄탄한 전문 애플리케이션을 다뤘다.

이런 기술의 소비자 버전이 시장에 진입하고 있는 지금, 특히 게임과 엔터테인먼트를 넘어 이런 기술이 어떻게 활용될지 흥미를 끈다.

앞부분에서 설명한 대로, 나쁜 콘텐츠나 나쁜 경험은 확실히 가상 현실을 몰락시킬 수 있다. 일반 소비자는 어떻게든 유용한 방식으로 일상생활을 정말 개선해주는 잘 구상된 고품질 애플리케이션 없이는 지속적으로 이 기술을 받아들이지 않을 것이다. 반면, 그런 앱을 개발하려면 소비자 수요와 사용 가능한 하드웨어 플랫폼을 예측하는 데 상당한 비용과 노력을 들여야 한다. 다행히 열정은 뜨겁고, 하드웨어와 소프트웨어 제조사 모두 열심히 이 과정에 뛰어들고 있다.

수십 년 후에 역사책을 본다면, 분명 이 분야의 발생을 뒷받침하는 가장 영향력 있는 사건은 수십 억 달러에 달하는 작은 기술 스타트업의 인수가 아니라, 기반 안드로이드 개발 툴킷과 함께 구글 카드보드라는 저비용 DIY 뷰어의 도입이 꼽힐 것이다. 사실 이 사건은 몰입형 가상 경험에 상당한 연산력, 값비싼 헤드셋, 여러 외부 센서가 필요하다는 개념을 하룻밤 새 뿌리째 뒤흔들었다. 조잡한 형식이긴 하지만, 갑자기 스마트폰만 있으면 누구나 가상 현실을 경험하는 장치를 구할 수 있게 되면서 이 분야에 대한 흥미, 수요, 애플리케이션 개발 노력에 방대한 추진력이 확보된 것이다. 2014년 여름 초 도입된 이래 접이식 뷰어 수백만 대가 출시됐고, 모방품과 더 고품질의 헤드셋도 수십 가지가 나왔으며, 개별 앱 수백 개가 개발됐다.

단기 전망

이 분야가 아직 초기 단계며 현재의 시스템은 앞으로 나올 것들에 비하면 빙산의 일각에 불과하다는 것은 명백하다. 단기적으로 가상 현실은 (증강 현실과 달리) 시장의 주된 동력이 될 것이고, 액션, 과제, 기술에 대한 테스트로 가득한 시뮬레이션 세계에 스스로 몰입하는 진지한 게임 팬에게 매력적으로 다가올 것이다. 이 책을 저술하는 현재는 오큘러스와 HTC 같은 회사가 소비자 게임 시장에서 활약하고 있지만, 이미 존재하며 VR을 바로 도입할 수 있는 게임 콘솔의 수천만 사용자 기반과 소프트웨어 타이틀, 주변 기기까지 확보하고 있는 소니와 마이크로소프트 같은 대기업이 시스템을 내놓고 나면 앞의 회사들은 잠식되거나 일부만 살아남을 것이다.

당분간 PC 기반 가상 현실 시스템은 성능 요건 면에서 상당한 진입 장벽을 제기할 것이다. 예를 들어 미화 599달러의 초기 소비자용 오큘러스 시스템은 내장 헤드폰, 마이크, 모션 센서, 엑스박스 원 컨트롤러, 헤드마운트 디스플레이로 구성돼 있다. 하지만 이 가격은 시스템 구동에 필요한 고사양 PC를 제외한 것이다. 사실 게임 제조사 스팀이 취합한 업계 통계에 따르면, 오큘러스 시스템 구동에 필요한 그래픽 프로세싱 사양의 PC를 갖춘 집은 미국 가정 중 5% 미만이다. 따라서 미화 599달러라는 진입 가격은 현실적으로는 이런 제원의 PC 가격을 합해 미화 1,500달러라고 보는 편이 맞다.

이에 비해 그림 23.1의 소니 플레이스테이션 VR 시스템은 399달러로, 현재 사용하고 있는 3,000만 대 이상의 플레이스테이션 4 시스템 중 어떤 것에도 플러그 앤 플레이로 연결된다.

그림 23.1 소니 플레이스테이션 VR 시스템은 기존 게임 플랫폼 3,000만 대 이상과 플러그 앤 플레이로 호환돼 가장 널리 사용될 완전 몰입형 가상 현실 시스템 중 하나다.
출처: 플리커에 실린 마르코 버치의 이미지. CC 2.0 라이선스에 의거 수록

마이크로소프트는 아직 구체적으로 엑스박스 플랫폼에서 사용할 헤드마운트 디스플레이를 발표하지 않았지만, 이 분야는 아직 초기며 여러 참여자에게 넓게 열려 있다. 현재로서 마이크로소프트 윈도우 10은 네이티브로 오큘러스 디스플레이를 지원한다. 게다가 엑스박스 원은 '시네마'(비입체) 모드긴 하지만, 윈도우 10을 통해 게임을 오큘러스 기기로 스트리밍할 수 있다.

장기 전망

가상 현실을 둘러싼 유행과 흥분이 열기를 띠고 있지만, 여전히 근거리 스테레오 3D 디스플레이에서는 건강에 대한 악영향이 잠재돼 있음을 잊지 말자. 기업들은 소프트웨어와 혁신적 광학 설계로 전정-시각 반사와 이접 운동-초점 조절 충돌을 '해결'했다고 주장할지 모르지만, 유행의 겉껍질을 벗겨내고 나면 이접 운동과 초점 조절의 기계적 프로세스와의 근본적인 불일치는 여전히 존재한다. 게다가 알려지지 않은 문제도 있다. 이 디스플레이가 충분히 유통되지 않았기 때문에 오랜 시간 사용할 때 겪을 수 있는 잠재적인 건강과 인지적 영향이 제대로 연구되지 못했다. 사용자가 '적응'해서 궁극적으로 육체적 불편과 메스꺼움을 극복하더라도, 실제 기계적 프로세스의 불일치가 해결됐다는 뜻은 아니다.

그렇긴 하지만 이런 종류의 디스플레이와 관련해 혁신적 재설계를 통해 문제를 해결하는 수많은 노력이 진행 중이다. 예를 들어 스탠포드대 연구진은 스택형 액정 디스플레이stacked liquid crystal display로 다양한 초점 심도를 시뮬레이션한다[후앙(Huang) 등 2015]. 이 연구는 상당히 전망이 좋지만, 제대로 이해하거나 상용화되려면 몇 년은 더 걸릴 것이다.

증강 현실 디스플레이로의 전환

4장에서 6장까지 설명한 대로, 지금처럼 커다란 디스플레이 형태가 필요한 근본 원인은 궁극적으로 이미지 소스와 광학으로 귀결된다. 광시야각 디스플레이에는 큰 이미지 소스를 사용해야 한다. 이 시점에 가장 비용 대비 효과가 높으면서 접근 가능한 옵션은 LCD, OLED(유기 발광 다이오드), AMOLED(액티브 매트릭스 OLED) 어레이다. 눈 근접 평면 어레이에 초점을 맞추려면, 디스플레이에는 크고 거추장스러운 광학 요소가 필요하다. 이런저런 이유로 인해 장기적으로 업계는 평면 패널 기반 고정 초점 헤드마운트 디스플레이에서 어떤 유형이든 이중 목적의 증강 디스플레이로의 전환을 경험할 것이다.

그리고 여기서 일은 정말 흥미로워진다. 매우 비밀스러운 매직 리프 같은 회사와 적응형 광학 기반 라이트 필드 디스플레이 기술은 전망이 상당한데, 5장, '증강 디스플레이'에서 다룬 여러 다른 디스플레이도 마찬가지다. 여기서도 시스템의 궁극적 성공은 애플리케이션과 콘텐츠에 달려 있다. 이런 면에서 하나의 킬러 앱이 업계를 주도할 가능성은 낮지만, 스마트폰과 기타 모바일 컴퓨팅 플랫폼에서 사용 가능한 여러 도구와 유사한 방식으로 일정 정도 유용한 도구는 생길 수 있다.

증강 현실 디스플레이 산업의 가능성 큰 핵심 방향성 중에는 디스플레이와 광학의 완전한 분리도 있다. 이미 수년간 개발 중인 이런 시스템으로는 워싱턴 벨뷰의 이노베가 사Innovega Inc.에서 만든 아이옵틱iOptik이 있다. 이 시스템은 처음엔 DARPA를 위해 개발됐는데, 안경에서 보통의 확대 광학이 완전히 제거되고 그 대신에 그림 23.2처럼 고급 콘택트렌즈에 통합했다. 따라서 이노베가 아이웨어 시스템은 고해상도 마이크로디스플레이와 프로젝터가 탑재된 근사한 안경과, 현실 세계와 매체의 광자에 초점을 맞추고 착용자의 망막으로 방향을 돌리는 완전히 새로운 아이옵틱 콘택트렌즈 두 가지로 구성된다. 투영형 안경을 사용하지 않을 때는 혁신적으로 설계된 콘택트렌즈가 일반적인 교정용 렌즈 역할도 할 수 있다.

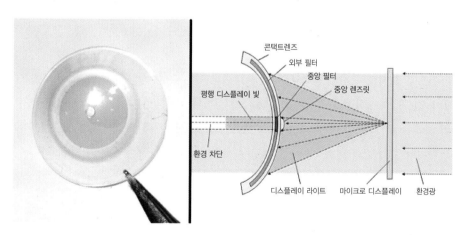

그림 23.2 이노베가 아이옵틱 시스템은 착용자가 안경에 투영된 이미지에 초점을 맞추는 콘택트렌즈에 내장된 전문 광학 요소로 고해상도 광시야각 디스플레이가 가능하다.
출처: 사진 제공 이노베가 사

말도 안 되는 것처럼 들리는가? 글쎄, 이 책을 저술하는 현재 이노베가는 거의 9개월의 임상 실험을 마치고 FDA 승인을 요청해 최종 단계를 준비하고 있으니 이 신제품을 기대해보자. 이노베가의 자료에 따르면, 글로벌 소비자 1억 명 이상이 이미 콘택트렌즈를 착용한다. 이 집단은 북미 18~34세 인구 중 20% 이상을 차지하는데, 이는 오늘날 게임, 스마트폰, 기타 미디어 애플리케이션 수요를 주도하는 대표 소비자 집단이다. 흥미롭게도 아시아 국가의 근시 확산은 북미의 거의 두 배 수준에 이른다[이노베가 2014]. 이 통계는 앞으로 증강 현실 기술이 도래해 확산되면서 탄력을 받을 수년 동안 엄청난 잠재 사용자 기반이 이미 존재한다는 점을 보여준다.

촉각과 포스 피드백 기기

장기적으로 상당한 변화가 예상되는 또 다른 핵심 영역은 촉각과 포스 피드백 기기다. 10장, '촉각과 포스 피드백 기기'에서 언급했듯 현재 이런 기술 구현은 대체로 조잡한 진동 촉감을 생성하지만, 이 단서는 존재감, 몰입감, 제어 감각에 크게 기여하는 요소다. 우리가 매일 경험하는 폭넓은 현실 세계의 기계적 자극을 정확히 재현할 수단이 될 가능성은 낮다 하더라도 그 대안적 접근법은 이미 개발 중인데, 피부 이외 신경 촉각 자극기 등이 있다. 여기서는 세밀하게 인코딩된 전기 충격으로 피부 표면 바로 아래에 있는 기계적 자극 수용기에 연결된 구심 신경을 직접 자극한다. 정확히 이런 성능을 가진 실험 장비가 이미 개발돼 있으며, 다른 회사들도 유사 제품을 개발 중이다.

3D 사운드

바이노럴 오디오와 기타 공간 사운드 솔루션은 앞으로 수년간 이 산업, 특히 완전 몰입형 시뮬레이션에서 훨씬 더 큰 역할을 할 것이다. 바이노럴 녹음, 앰비소닉 등 솔루션 수용의 증가와 더불어 폐쇄된 공간의 음향 모델링을 위한 프리시전 소프트웨어 유틸리티가 점차 전문 시뮬레이션뿐 아니라 게임 디자인에도 활용되는 추세다. 이런 노선에서 인상적인 애플리케이션과 기능을 제공하는 회사로는 노스캐롤라이나 카르보로의 임펄소닉 사Impulsonic Inc.가 대표적이다.

소프트웨어

이 산업에서 아킬레스건은 바로 소프트웨어다. 게임 타이틀, 최종 사용자가 활용하는 기타 특수한 애플리케이션부터 회사 A의 입력 기기가 회사 B의 소프트웨어, 회사 C의 디스플레이와 함께 작동하는 완벽한 에코시스템까지 이 분야의 지속적 성장은 고품질의 호환성 있는 소프트웨어에 달려 있다. 가장 훌륭하고 스포티한 최신 입체 증강 디스플레이라 해도 문제를 해결하거나, 효율성을 높이거나, 참여를 유도하거나, 즐거운 경험을 제공하는 애플리케이션 없이는 흥미로운 기계 덩어리에 지나지 않는다.

독점성이 업계에 낳는 불만의 대표적 사례는 오큘러스 VR 유한회사와 팬의 다툼이다. 이 책을 저술하는 시점에 오큘러스는 당연히 전권으로 오큘러스 플랫폼용으로 개발하고 호스팅된 게임이 HTC 바이브 같은 경쟁 시스템에서 플레이되지 못하게끔 디지털 권리 관리^{DRM} 프로토콜을 심었다. 이는 플랫폼 호환성을 구현하려 DRM을 우회하는 리바이브^{Revive}라는 서드파티 프로그램 개발로 이어졌다. 그러자 오큘러스는 리바이브 우회를 차단하는 소프트웨어 업데이트를 발표했다. 그리고 이 싸움은 계속 반복됐다. 한 플랫폼에 묶여 매출이 줄어가는 소프트웨어 개발자는 중간에 끼어 속수무책이었고 도용과 해킹이 이어졌다.

이런 성장통은 충분히 예상된 것이며, 여러 면에서 회사들의 사업 모델과 전략은 결국 점점 더 많은 고객 기반이 활용할 수 있게끔 조정을 겪을 수밖에 없다.

결론

유행은 좋은 것이다. 유행은 동기를 부여하고 격려할 뿐 아니라 창의적 사고를 권장하고 사람들의 흥분을 낳는다. 유행은 벤처 투자가의 무거운 손을 들어올려, 다른 상황에서라면 결코 고려하지 않을 투자를 하도록 만든다. 하지만 일정 시점이 오면 유행은 잦아들기 마련이고, 약속한 어려운 작업을 수행해서 손에 잡히는 결실로 바꿔야 한다.

1990년대 처음으로 가상 현실이 열광적인 반응을 이끌어낸 이래 이 분야를 결정지은 실행 기술은 탄탄한 플랫폼을 제공했다. 그리고 현재는 개발자가 최상의 아이디어를 뽐내고 있으며, 일인칭 게임이나 동네에 있는 커피숍 위치를 얹어서 보여주는 앱, 맥박 수를 트윗하고 조깅하는 동안 이메일을 확인하는 앱을 훨씬 뛰어넘을 준비를 해나가고 있다. 이 기술의 잠재력은 엄청나기 때문이다.

참고 문헌

이 부록은 이 책에서 참조한 인용 문헌을 모은 것이다.

1장

Caudell, Thomas P., and David W. Mizell. "Augmented Reality: An Application of Heads-Up Display Technology to Manual Manufacturing Processes." In System Sciences, 1992. Proceedings of the Twenty-Fifth Hawaii International Conference, Vol. 2, pp. 659-669. IEEE, 1992.

Clarke, Wallace. British Aircraft Armament: Volume 2: RAF Guns and Gunsights from 1914 to the Present Day. Patrick Stephens Limited, Somerset, England, 1994.

Dornheim, M. "VTAS Sight Fielded, Shelved in 1970s." Aviation Week & Space Technology 143, no. 17 (1995): 52-103.

Grubb, Howard (Sir). "A New Collimating-Telescope Gun-Sight for Large and Small Ordnance." Scientific Transactions of the Royal Dublin Society, Vol. VII, pp. 321-330, August 1901.

Lord, Dick. Vlamgat: The Story of the Mirage F1 in the South African Air Force. 30° South Publishers, 2008.

Lowood, Henry E. "Virtual Reality." Encyclopædia Britannica Online. Accessed March 14, 2016. http://www.britannica.com/technology/virtual-reality.

Newcomb, D., "Eyes On with Heads-Up Display Car Tech." PC Magazine (PCmag.com), July 18, 2014.

Nijboer, Donald. Fighting Cockpits: In the Pilot's Seat of Great Military Aircraft from World War I to Today. Zenith Press, 2016.

Previc FH, Ercoline WR, eds. Spatial Disorientation in Aviation, Progress in Astronautics and Aeronautics, Vol. 203. AIAA 2004: pp. 95-144.

Sutherland, Ivan. "Odysseys in Technology: Research and Fun." Retrieved March 11, 2015 from https://youtu.be/FIMaf4RemOU.

2장

Jowett, Benjamin. The Dialogues of Plato, Translated into English with Analyses and Introductions, Vol. 3. (1901).

Mendell, Henry. "Topoi on Topos: The Development of Aristotle's Concept of Place." Phronesis (1987): 206-231.

Slater, Mel, Martin Usoh, and Anthony Steed. "Taking Steps: The Influence of a Walking Tech- nique on Presence in Virtual Reality." ACM Transactions on Computer-Human Interaction (TOCHI) 2, no. 3 (1995): 201-219.

"Space." Merriam-Webster.com. Accessed January 15, 2016. http://www.merriam-Webster.com/ dictionary/space.

3장

Anderson, Barton L. "The Role of Partial Occlusion in Stereopsis." Nature 367, no. 6461 (1994): 365-368.

Atchison, David A. "Accommodation and Presbyopia." Ophthalmic and Physiological Optics 15, no. 4 (1995): 255-272.

Bhola, Rahul. "Binocular Vision." Department of Ophthalmology and Visual Sciences. University of Iowa (2006).

Bower, T. G. R., J. Ma Broughton, and M. K. Moore. "The Coordination of Visual and Tactual Input in Infants." Perception & Psychophysics 8, no. 1 (1970): 51-53.

D'Amico, Donald J. "Diseases of the Retina." New England Journal of Medicine 331, no. 2 (1994): 95-106.

Delamere, Nicholas A. "Ciliary Body and Ciliary Epithelium." Advances in Organ Biology 10 (2005): 127-148.

Dodgson, Neil A. "Variation and Extrema of Human Interpupillary Distance." In Electronic Imaging 2004, pp. 36-46. International Society for Optics and Photonics, 2004.

Duane, Alexander. "Normal Values of the Accommodation at All Ages." Journal of the American Medical Association 59, no. 12 (1912): 1010-1013.

Ebenholtz, Sheldon M., and David M. Wolfson. "Perceptual Aftereffects of Sustained Convergence." Perception & Psychophysics 17, no. 5 (1975): 485-491.

Edgar, Graham K. "Accommodation, Cognition, and Virtual Image Displays: A Review of the Literature." Displays 28, no. 2 (2007): 45-59.

FAA. Human Factors Awareness Course. "Visual Displays Lesson Goals: Rod & Cone Sensitivities." Retrieved April 4, 2016 from http://www.hf.faa.gov/Webtraining/VisualDisplays/HumanVisSys2c.htm.

Gibson, Eleanor J., James J. Gibson, Olin W. Smith, and Howard Flock. "Motion Parallax as a Determinant of Perceived Depth." Journal of Experimental Psychology 58, no. 1 (1959): 40.

Gillam, Barbara, and Eric Borsting. "The Role of Monocular Regions in Stereoscopic Displays." Perception 17, no. 5 (1988): 603-608.

Harris, Julie M., and Laurie M. Wilcox. "The Role of Monocularly Visible Regions in Depth and Surface Perception." Vision Research 49, no. 22 (2009): 2666-2685.

Helmholtz, H. von. "Physiological Optics." Optical Society of America 3 (1925): 318.

Howard, I. P., and B. J. Rogers. "Perceiving in Depth, Volume 2: Stereoscopic Vision." no. 29. (2012).

Huang, David, Eric A. Swanson, Charles P. Lin, Joel S. Schuman, William G. Stinson, Warren Chang, Michael R. Hee, Thomas Flotte, Kenton Gregory, and Carmen A. Puliafito. "Optical Coherence Tomography." Science 254, no. 5035 (1991): 1178-1181.

Hubel, D. "Eye, Brain, and Vision." Harvard Medical School (1995). Retrieved April 4, 2016 from http://hubel.med.harvard.edu/book/bcontex.htm.

Ittelson, William H. "Size as a Cue to Distance: Radial Motion." The American Journal of Psychology 64, no. 2 (1951): 188-202.

Jung, Jae-Il, Jong-Ho Lee, In-Yong Shin, J. H. Moon, and Y. S. Ho. "Improved Depth Perception of Single-View Images." Ecti Transactions on Electrical Eng., Electronics, and Communications 8 (2010): 164-172.

Khatoon, Naima. General Psychology. Pearson Education, 2011, p. 98.

Kolb, Helga, Eduardo Fernandez, and Ralph Nelson. "Facts and Figures Concerning the Human

Retina-Webvision: The Organization of the Retina and Visual System." (1995).

Lambooij, Marc, Marten Fortuin, Ingrid Heynderickx, and Wijnand IJsselsteijn. "Visual Discomfort and Visual Fatigue of Stereoscopic Displays: A Review." Journal of Imaging Science and Technology 53, no. 3 (2009): 30201-1.

Leigh, R. John, and David S. Zee. The Neurology of Eye Movements. Oxford University Press, USA, 2015.

Linkenauger, Sally A., Markus Leyrer, Heinrich H. Bulthoff, and Betty J. Mohler. "Welcome to Wonderland: The Influence of the Size and Shape of a Virtual Hand on the Perceived Size and Shape of Virtual Objects." PloS one 8, no. 7 (2013): e68594.

Mather, George. Foundations of Perception. Taylor & Francis, 2006.

Mather, George. Foundations of Sensation and Perception, Vol. 10, p. 2. Psychology Press, 2009.

Nakayama, Ken, and Shinsuke Shimojo. "Da Vinci Stereopsis: Depth and Subjective Occluding Contours from Unpaired Image Points." Vision Research 30, no. 11 (1990): 1811-1825.

Ono, Mika E., Josee Rivest, and Hiroshi Ono. "Depth Perception as a Function of Motion Parallax and Absolute-Distance Information." Journal of Experimental Psychology: Human Perception and Performance 12, no. 3 (1986): 331.

Purves, D., G. J. Augustine, D. Fitzpatrick, L. C. Katz, A. S. La Mantia, J. O. McNamara, and

S. M. Williams. Neuroscience, 2nd edition. Sunderland (MA): Sinauer Associates (2001).

Riggs, L. A., "Vision." In J. W. Kling & L. A. Riggs, eds. Woodworth and Schlosberg's Experimental Psychology. 3rd edition. New York: Holt, Rinehart, and Winston (1971).

Slater, Mel, and Martin Usoh. "Simulating Peripheral Vision in Immersive Virtual Environments." Computers & Graphics 17, no. 6 (1993): 643-653.

Suri, S., and R. Banerjee. "In Vitro Evaluation of In Situ Gels as Short-Term Vitreous Substitutes." Journal of Biomedical Materials Research Part A 79, no. 3 (2006): 650-664.

von Helmholtz, Hermann, and James PC Southall. "Mechanism of Accommodation" (1924). Wallach, Hans, and D. N. O'Connell. "The Kinetic Depth Effect." Journal of Experimental Psychology 45, no. 4 (1953): 205.

Yoonessi, Ahmad, and Curtis L. Baker. "Depth Perception from Dynamic Occlusion in Motion Parallax: Roles of Expansion-Compression Versus Accretion-Deletion." Journal of Vision 13, no. 12 (2013): 10.

4장

Ames, Shelly L., James S. Wolffsohn, and Neville A. McBrien. "The Development of a Symptom Questionnaire for Assessing Virtual Reality Viewing Using a Head-Mounted Display." Optometry & Vision Science 82, no. 3 (2005): 168-176.

Barfield, Woodrow, and Thomas A. Furness, eds. Virtual Environments and Advanced Interface Design. Oxford University Press, 1995.

Boger, Y. "What Is Binocular Overlap and Why Should You Care?" The VRguy's Blog, May 10, 2013.

Chung, James C., Mark R. Harris, Fredrick P. Brooks, Henry Fuchs, Michael T. Kelley, John Hughes, Ming Ouh-Young, Clement Cheung, Richard L. Holloway, and Michael Pique. "Exploring Virtual Worlds with Head-Mounted Displays." In OE/LASE '89, 15-20 January, Los Angeles, CA, pp. 42-52. International Society for Optics and Photonics, 1989.

Conn, Coco, Jaron Lanier, Margaret Minsky, Scott Fisher, and Alison Druin. "Virtual Environments and Interactivity: Windows to the Future." In ACM SIGGRAPH Computer Graphics, Vol. 23, no. 5, pp. 7-18. ACM, 1989.

Fisher, Scott S., Michael McGreevy, James Humphries, and Warren Robinett. "Virtual Environment Display System." In Proceedings of the 1986 Workshop on Interactive 3D Graphics, pp. 77-87. ACM, 1987.

Melzer, James E. Head-Mounted Displays: Designing for the User. McGraw-Hill Professional, 1997. Meyer-Arendt, Jurgen R. "Radiometry and Photometry: Units and Conversion Factors." Applied Optics 7, no. 10 (1968): 2081-2084.

Vikrant R., Bhakta, Jesse Richuso, and Anshul Jain. DLP Technology for Near Eye Displays. Texas Instruments White Paper, Literature Number: DLPA051, September 2014.

5장

Atheer Website. "High Level AiR Glasses Specs." Retrieved April 24, 2016 from http://atheerair.com/shop/.

DAQRI Smart Helmet. (2016). Retrieved April 24, 2016 from http://daqri.com/home/product/daqri-smart-helmet/.

Epson Moverio BT-300 Data Sheet, January 2016.

Google Glass Help, 2014. Retrieved April 24, 2016 from https://support.google.com/glass/answer/3064128?hl=en.

Lumus, DK-50 Development Kit (2016). Retrieved April 24, 2016 from http://lumus-optical. com/#plx_products_section.

Kreylos, O. "HoloLens and Field of View in Augmented Reality." Doc-Ok.org: A Developer's Perspective on Immersive 3D Computer Graphics. August 18, 2015. Retrieved from http://doc-ok.org/?p=1274.

McLellan, Charles. "AR and VR: The Future of Work and Play?" ZDNet, February 1, 2016. Retrieved April 24, 2016 from http://www.zdnet.com/article/ar-and-vr-the-future-of-work-and-play/.

"Microsoft HoloLens: Hardware Details." Microsoft Developer Resources. Windows Development Center. Spring 2016. Retrieved from https://developer.microsoft.com/en-us/windows/holographic/hardware_details.

Nelson, F. "Epson Announces Moverio BT-300 Augmented Reality Glasses, Big Improvements." Tom's Hardware. February 22, 2016. Retrieved April 24, 2016 from http://www.tomshard- ware.com/news/epson-moverio-augmented-reality,31243.html.

NVIS. "nVisor ST50 Detailed Datasheet." NVIS, Inc. May 30, 2016.

"ODG R-7 Smart Glasses User Guide." Rev 1.1.5. November 2015.

Pandey, Avaneesh. "Google Glass and Drones to Assist Nepal in Fighting Poachers in Protected Areas." International Business Times. July 3, 2014.

Seiko Epson. "Epson Announces World's Lightest OLED Binocular See-Through Smart Glasses." The Moverio BT-300, News Release. February 23, 2016. Retrieved April 24, 2016 from http://global.epson.com/newsroom/2016/news_20160223.html.

Surur. "Satya Nadella Re-Targetted HoloLens at Enterprise." MSPowerUser.com. April 5, 2016. Retrieved from http://mspoweruser.com/satya-nadella-targetted-hololens-at-enterprise/.

Vuzix M100. "Smart Glasses Product Data Sheet." January 1, 2016.

Vuzix M300. "Smart Glasses Product Data Sheet." January 1, 2016.

Wagstaff, Keith. "Ready, Aim, Fire! Google Glass-Equipped Rifles Can Shoot Around Corners." NBC News, June 4, 2014.

6장

Bruce, C. "Oklahoma Air Support Unit Trains on Advanced Combat Simulator." Oklahoma National Guard Office of Public Affairs, May 7, 2014.

Digital Trends. "Spec Comparison: The Rift Is Less Expensive Than the Vive, But Is It a Better Value?" April 5, 2016. Retrieved April 12, 2016 from http://www.digitaltrends .com/virtual-reality/oculus-rift-vs-htc-vive/.

Google. "Cardboard Manufacturer Help: Specifications for Viewer Design." January 1, 2016. Retrieved April 12, 2016 from https://support.google.com/cardboard/manufacturers/answer/6323398?hl=en.

Orland, Kyle. "The Ars VR Headset Showdown-Oculus Rift vs. HTC Vive." ArsTechnica. April 11, 2016. Retrieved April 12, 2016 from http://arstechnica.com/gaming/2016/04/ the-ars-vr-headset-showdown-oculus-rift-vs-htc-vive/.

QuantaDyn Corporation. "System Description-Advanced Joint Terminal Attack Controller Training System (AJTS)." (2013). Retrieved from http://www.quantadyn.com/ajts.html.

Samsung. "Gear VR: The Official Samsung Galaxy Site." May 1, 2016. Retrieved May 4, 2016 from http://www.samsung.com/global/galaxy/wearables/gear-vr/.

Shanklin, W. "Oculus Rift vs. HTC Vive." Gizmag. February 29, 2016. Retrieved April 2, 2016 from http://www.gizmag.com/htc-vive-vs-oculus-rift-comparison/42091/.

7장

Aukstakalnis, Steve, and David Blatner. Silicon Mirage: The Art and Science of Virtual Reality. Peachpit Press, 1992.

Cheng, Corey I., and Gregory H. Wakefield. "Introduction to Head-Related Transfer Functions (HRTFs): Representations of HRTFs in Time, Frequency, and Space." In Audio Engineering Society Convention 107. Audio Engineering Society, 1999.

Devore, Sasha, Antje Ihlefeld, Kenneth Hancock, Barbara Shinn-Cunningham, and Bertrand Delgutte. "Accurate Sound Localization in Reverberant Environments Is Mediated by Robust Encoding of Spatial Cues in the Auditory Midbrain." Neuron 62, no. 1 (2009): 123-134.

Faddis, B. T. "Structural and Functional Anatomy of the Outer and Middle Ear. Clark, William W., and Kevin K. Ohlemiller. Anatomy and Physiology of Hearing for Audiologists. Singular Pub-lishing Group, 2008, pp. 93-108.

Fritzsch, Bernd, Israt Jahan, Ning Pan, Jennifer Kersigo, Jeremy Duncan, and Benjamin Kopecky. "Dissecting the Molecular Basis of Organ of Corti Development: Where Are We Now?" Hearing Research 276, no. 1 (2011): 16-26.

Gray, Henry, and W. H. Lewis. Anatomy of the Human Body, 20th edition. Philadelphia: Lea and Febiger, New York (1918).

Harding, S. (2006, January 1). "Binaural Processing." Retrieved April 1, 2015 from http://perception.inrialpes.fr/~Horaud/POP/TutorialsFEB06/SueHarding.pdf.

Heeger, D. (2006, January 1). "Auditory Pathways and Sound Localization." Retrieved April 1, 2015 from http://www.cns.nyu.edu/~david/courses/perception/lecturenotes/localization/ localization.html.

Heffner, Rickye S., and Henry E. Heffner. "Hearing in Large Mammals: Sound-Localization Acuity in Cattle (Bostaurus) and Goats (Capra Hircus)." Journal of Comparative Psychology 106, no. 2 (1992): 107.

Katz, Jack. "Clinical Audiology." Handbook of Clinical Audiology. Baltimore, Williams & Wilkins (2002): 4.

Letowski, Tomasz R., and Szymon T. Letowski. "Auditory Spatial Perception: Auditory Localization." No. ARL-TR-6016. Army Research Lab Aberdeen Proving Ground MD, 2012.

McAnally, Ken I., and Russell L. Martin. "Sound Localization with Head Movement: Implications for 3-D Audio Displays." Frontiers in Neuroscience 8 (2014).

Middlebrooks, John C., and David M. Green. "Sound Localization by Human Listeners." Annual Review of Psychology 42, no. 1 (1991): 135-159.

Nave, C. (2012, January 1). "Sensitivity of Human Ear." Retrieved January 1, 2015 from http://hyperphysics.phy-astr.gsu.edu/hbase/sound/earsens.html.

Occupational Safety & Health Administration (OSHA). Noise and Hearing Conservation. Appendix I:B, "Anatomy and Physiology of the Ear" (2013). Retrieved April 12, 2016 from https://www.osha.gov/dts/osta/otm/noise/health_effects/physiology.html.

Perrott, D. R. B. Costantino, and J. Ball. "Discrimination of Moving Events Which Accelerate or Decelerate Over the Listening Interval." Journal of the Acoustical Society of America 1993, 93, 1053-1057.

Purves, D., G. J. Augustine, D. Fitzpatrick, et al., eds. "The Inner Ear." Neuroscience, 2nd edition. Sunderland (MA): Sinauer Associates; 2001. Available from http://www.ncbi.nlm. nih.gov/books/NBK10946/.

Purves D., G. J. Augustine, D. Fitzpatrick, et al., eds. "Hair Cells and the Mechanoelectrical Transduction of Sound Waves." Neuroscience, 2nd edition. Sunderland (MA): Sinauer Associ- ates; 2001. Available from: http://www.ncbi.nlm.nih.gov/books/NBK10867/ [REF 3].

Rash, Clarence E., Michael B. Russo, Tomasz R. Letowski, and Elmar T. Schmeisser. "Helmet-Mounted Displays: Sensation, Perception and Cognition Issues." Army Aeromedical Research Lab, Fort Rucker, AL, 2009.

Richardson, Guy P., Andrei N. Lukashkin, and Ian J. Russell. "The Tectorial Membrane: One Slice of a Complex Cochlear Sandwich." Current Opinion in Otolaryngology & Head and Neck Surgery 16, no. 5 (2008): 458.

Schasse, A, C. Tendyck, and R. Martin. "Acoustic Signal Enhancement." Proceedings of IWAENC 2012; International Workshop, September 4-6, 2012, 1-4, ISBN 978-3-8007-3451-1, Aachen, Germany.

Shaw, Edgar AG. "The External Ear." In Auditory System, pp. 455-490. Berlin, Heidelberg: Springer, 1974.

Stinson, Michael R., and B. W. Lawton. "Specification of the Geometry of the Human Ear Canal for the Prediction of Sound-Pressure Level Distribution." The Journal of the Acoustical Society of America 85, no. 6 (1989): 2492-2503.

Van Wanrooij, Marc M., and A. John Van Opstal. "Contribution of Head Shadow and Pinna Cues to Chronic Monaural Sound Localization." The Journal of Neuroscience 24, no. 17 (2004): 4163-4171.

Vetter, Douglas, "How Do the Hammer, Anvil and Stirrup Bones Amplify Sound into the Inner Ear?" Scientific American, January 31, 2008.

Wada, Yuji, Norimichi Kitagawa, and Kaoru Noguchi. "Audio-Visual Integration in Temporal Perception." International Journal of Psychophysiology 50, no. 1 (2003): 117-124.

Yantis, Steven. Sensation and Perception. Palgrave Macmillan, 2013, p. 336.

8장

Ajdler, Thibaut, Christof Faller, Luciano Sbaiz, and Martin Vetterli. "Interpolation of Head-Related Transfer Functions Considering Acoustics." In Audio Engineering Society Convention 118. Audio Engineering Society, 2005.

Anderson, J. Telephone interview, June 18, 2015 (b).

Anderson, J. "FAQ: Where Is the HEAD?!?!" 3Dio. Free Space Binaural Microphone, 2015. Accessed June 17, 2015 at http://3diosound.com/index.php?main_page=gv_faq&faq_item=1.

Anderson, Jeff. "Binaural Audio File Formats." Free Space Instruction Manual. 3Dio, Inc., 2013. Web. 24 June 2015. http://3diosound.com/instructions_binaural_file_formats.php.

Ardito, Carmelo, Maria Francesca Costabile, Antonella De Angeli, and Fabio Pittarello. "Navigation Help in 3D Worlds: Some Empirical Evidences on Use of Sound." Multimedia Tools and Applications 33, no. 2 (2007): 201-216.

Arms, Caroline, and Carl Fleischhauer. "Digital Formats: Factors for Sustainability, Functionality, and Quality." In Archiving Conference, Vol. 2005, no. 1, pp. 222-227. Society for Imaging Sci- ence and Technology, 2005.

Avanzini, Federico, and Paolo Crosato. "Integrating Physically Based Sound Models in a Multimodal Rendering Architecture." Computer Animation and Virtual Worlds 17, no. 3-4 (2006): 411-419.

Blattner, Meera M., Georges Grinstein, Ephraim P. Glinert, William Hill, Creon Levit, and Stuart Smith. "Multimedia Environments for Scientists." In Proceedings of the 2nd Conference on Visualization '91, pp. 348-353. IEEE Computer Society Press, 1991.

Brungart, Douglas S., and Griffin D. Romigh. "Spectral HRTF Enhancement for Improved Vertical-Polar Auditory Localization." In Applications of Signal Processing to Audio and Acoustics, 2009. WASPAA'09. IEEE Workshop, pp. 305-308. IEEE, 2009.

Chandak, Anish, Lakulish Antani, and Dinesh Manocha. "Ipl sdk: Software Development Kit for Efficient Acoustics Simulation." In INTER-NOISE and NOISE-CON Congress and Conference Proceedings, Vol. 2012, no. 4, pp. 7938-7949. Institute of Noise Control Engineering, 2012.

de Sousa, Gustavo HM, and Marcelo Queiroz. "Two Approaches for HRTF Interpolation." In The 12th Brazilian Symposium on Computer Music (SBCM 2009). 2009.

Dolby Atmos Redefines Your Entertainment Experience. (2015). Retrieved June 8, 2015, from http://www.dolby.com/us/en/brands/dolby-atmos.html.

Ferrington, Gary. "Audio Design: Creating Multi-Sensory Images for the Mind." Journal of Visual Literacy 14, no. 1 (1993): 61-67.

Fisher, S. "Virtual Environments, Personal Simulation and Telepresence." Implementing and Interacting with Real Time Microworlds (1991).

Fisher, Scott S., Michael McGreevy, James Humphries, and Warren Robinett. "Virtual Environment Display System." In Proceedings of the 1986 Workshop on Interactive 3D Graphics, pp. 77-87. ACM, 1987.

Freeland, Fabio P., Luiz WP Biscainho, and Paulo SR Diniz. "Efficient HRTF Interpolation in 3D Moving Sound." In Audio Engineering Society Conference: 22nd International Conference: Virtual, Synthetic, and Entertainment Audio. Audio Engineering Society, 2002.

Geil, Fred. "Experiments with Binaural Recording." The Sound Engineering Magazine, June 1, 1979, 30-35.

Genuit K., and W. Bray. "Binaural Recording for Headphones and Speakers," Audio Magazine, December 1989.

Genuit, Ing Klaus. "Artificial Head with Simplified Mathematical Describable Geometry." ICA2004, Kyoto, Japan (2005).

Griesinger, David. "Binaural Techniques for Music Reproduction." In Audio Engineering Society Conference: 8th International Conference: The Sound of Audio. Audio Engineering Society, 1990.

International Telegraph and Telephone Consultative Committee (CCITT). "Artificial Head Technique with a New Type of Pinna-Simulator." Interim Meeting, QUESTION: 72/XII COMXII, Federal Republic of Germany, September 1992.

Keyrouz, Fakheredine, and Klaus Diepold. "A New HRTF Interpolation Approach for Fast Synthesis of Dynamic Environmental Interaction." Journal of the Audio Engineering Society 56, no. 1/2 (2008): 28-35.

Khosrow-Pour, Mehdi (Ed). Encyclopedia of Information Science and Technology, 3rd edition. IGI Global, 2014, p. 6022.

Kistler, Doris J., and Frederic L. Wightman. "A Model of Head-Related Transfer Functions Based on Principal Components Analysis and Minimum-Phase Reconstruction." The Journal of the Acoustical Society of America 91, no. 3 (1992): 1637-1647.

Larsson, P., D. Vastfjall, and M. Kleiner. "Ecological Acoustics and the Multi-Modal Perception of Rooms: Real and Unreal Experiences of Auditory-Visual Virtual Environments," In Proceed- ings of ICAD, Helsinki, 2001.

Lombardi, Victor. "Spatialized Audio." Noise Between Stations. Music Technology Program, NYU Graduate School of Education, 1 March. 1997. Web. 1 June 2015. http://www.noisebe-tweenstations.com/personal/essays/audio_on_the_internet/Spatialization.html.

Middlebrooks, John C. "Individual Differences in External-Ear Transfer Functions Reduced by Scaling in Frequency." The Journal of the Acoustical Society of America 106, no. 3 (1999): 1480-1492.

PSA Peugeot Citroen. "Sound Spatialisation, Enhancing Safety and Well-Being." (n.d.). Retrieved June 6, 2015, from http://www.psa-peugeot-citroen.com/en/automotive-innovation/innovation-by-psa/sensations-well-being/sound-spatialisation.

Romigh, Griffin D., and Brian D. Simpson. "Do You Hear Where I Hear?: Isolating the Individual-ized Sound Localization Cues." Frontiers in Neuroscience 8 (2014).

Schauer, C., and H-M. Gross. "Model and Application of a Binaural 360 Sound Localization System." In Neural Networks, 2001. Proceedings of the IJCNN'01 International Joint Confer- ence, Vol. 2, pp. 1132-1137. IEEE, 2001.

Snow, William B. "Basic Principles of Stereophonic Sound." Journal of the Society of Motion Picture and Television Engineers 61, no. 5 (1953): 567-589.

Sontacchi, Alois, Markus Noisternig, Piotr Majdak, and Robert Holdrich. "Subjective Validation of Perception Properties in Binaural Sound Reproduction Systems." In Audio Engineering Society Conference: 21st International Conference: Architectural Acoustics and Sound Reinforce- ment. Audio Engineering Society, 2002.

Taylor, Micah, Anish Chandak, Qi Mo, Christian Lauterbach, Carl Schissler, and Dinesh Manocha. "Guided Multiview Ray Tracing for Fast Auralization." IEEE Transactions on Visualization and Computer Graphics 18, no. 11 (2012): 1797-1810.

Vorlander, Michael. Auralization: Fundamentals of Acoustics, Modelling, Simulation, Algorithms and Acoustic Virtual Reality. Springer Science & Business Media, 2007.

Wenzel, Elizabeth M., Marianne Arruda, Doris J. Kistler, and Frederic L. Wightman. "Localization Using Nonindividualized Head-Related Transfer Functions." The Journal of the Acoustical Society of America 94, no. 1 (1993): 111-123.

Wolfrum, Ed., and S. Aukstakalnis. The Wolfrum Sessions: Conversations with an Audio Engineering, Electro-Acoustic and Binaural Audio Specialist. July 2015.

9장

Adrian E. D, and K. Umrath. "The Impulse Discharge from the Pacinian Corpuscle." Journal of Physiology 68 (1929): 139-154.

Barker, Roger A., and Francesca Cicchetti. Neuroanatomy and Neuroscience at a Glance, Vol. 85. John Wiley & Sons, 2012.

Barrett, Kim E., and William F. Ganong. Ganong's Review of Medical Physiology. New York, London: McGraw-Hill, Medical McGraw-Hill distributor, 2012, p. 150.

Bear, Mark F., Barry W. Connors, and Michael A. Paradiso, eds. Neuroscience, Vol. 2. Lippincott: Williams & Wilkins, 2007.

Boundless. "Structure of the Skin: Dermis." Boundless Anatomy and Physiology, 21 July 2015. Retrieved 19 August 2015.

Brenner, Michaela, and Vincent J. Hearing. "The Protective Role of Melanin Against UV Damage in Human Skin." Photochemistry and Photobiology 84, no. 3 (2008): 539-549.

Burgess, P. R. "Cutaneous Mechanoreceptors." Handbook of Perception 52 (2012): 219-249.

Cauna, Nikolajs, and Leonard L. Ross. "The Fine Structure of Meissner's Touch Corpuscles of Human Fingers." The Journal of Biophysical and Biochemical Cytology 8, no. 2 (1960): 467-482.

Charkoudian, Nisha. "Skin Blood Flow in Adult Human Thermoregulation: How It Works, When It Does Not, and Why." In Mayo Clinic Proceedings, Vol. 78, no. 5, pp. 603-612. Elsevier, 2003.

Dahiya, Ravinder S., Giorgio Metta, Maurizio Valle, and Giulio Sandini. "Tactile Sensing-From Humans to Humanoids." IEEE Transactions on Robotics 26, no. 1 (2010): 1-20.

Denda, Mitsuhiro. "Skin Barrier Function as a Self-Organizing System." Forma 15, no. 3 (2000): 227-232.

Dillon, Yvonne K., Julie Haynes, and Maciej Henneberg. "The Relationship of the Number of Meissner's Corpuscles to Dermatoglyphic Characters and Finger Size." Journal of Anatomy 199, no. 05 (2001): 577-584.

Freinkel, Ruth K., and David T. Woodley, eds. The Biology of the Skin. CRC Press, 2001, p. 160. Gardner, Esther P (May 2010). "Touch." In Encyclopedia of Life Sciences (ELS). John Wiley & Sons, Ltd: Chichester. DOI: 10.1002/9780470015902.a0000219.pub2.

Geffeney, Shana L., and Miriam B. Goodman. "How We Feel: Ion Channel Partnerships That Detect Mechanical Inputs and Give Rise to Touch and Pain Perception." Neuron 74, no. 4 (2012): 609-619.

Gentaz, Edouard. "General Characteristics of the Anatomical and Functional Organization of Cutaneous and Haptic Perceptions." Touching for Knowing (2003): 17-31.

Gibson, James J. "Observations on Active Touch." Psychological Review 69, no. 6 (1962): 477.
Gilman, S. "Joint Position Sense and Vibration Sense: Anatomical Organisation and Assessment."

Journal of Neurology, Neurosurgery & Psychiatry 73, no. 5 (2002): 473-477.

Grey M. J., J. B. Nielsen, N. Mazzaro, and T. Sinkjaer. "Positive Force Feedback in Human Walking." Journal of Physiology 2007; 581(Pt 1):99-105.

Guyton, Arthur C., and John E. Hall. Pocket Companion to Textbook of Medical Physiology. Philadelphia: W. B. Saunders, 2001, p. 362.

Helander, Herbert F., and Lars Fandriks. "Surface Area of the Digestive Tract-Revisited." Scandinavian Journal of Gastroenterology 49, no. 6 (2014): 681-689.

Huss, A. Joy. "Touch with Care or a Caring Touch." American Journal of Occupational Therapy 31, no. 1 (1977): 295-310.

Jablonski, Nina G. Skin: A Natural History. Univ of California Press, 2013.

Johansson, Roland S., and A. B. Vallbo. "Tactile Sensibility in the Human Hand: Relative and Absolute Densities of Four Types of Mechanoreceptive Units in Glabrous Skin." The Journal of Physiology 286, no. 1 (1979): 283-300.

Johnson, Kenneth O. "The Roles and Functions of Cutaneous Mechanoreceptors." Current Opin- ion in Neurobiology 11, no. 4 (2001): 455-461.

Kandel, Eric R., James H. Schwartz, and Thomas M. Jessell, eds. Principles of Neural Science, Vol. 4. New York: McGraw-Hill, 2000.

Kanitakis, Jean. "Anatomy, Histology and Immunohistochemistry of Normal Human Skin." European Journal of Dermatology: EJD 12, no. 4 (2001): 390-399.

Kelly, Edward J., Giorgio Terenghi, A. Hazari, and Mikael Wiberg. "Nerve Fibre and Sensory End Organ Density in the Epidermis and Papillary Dermis of the Human Hand." British Journal of Plastic Surgery 58, no. 6 (2005): 774-779.

Klein, Stephen B., and B. Michael Thorne. Biological Psychology. Macmillan, 2006.

Knibestol, M. "Stimulus-Response Functions of Rapidly Adapting Mechanoreceptors in the Human Glabrous Skin Area." The Journal of Physiology 232, no. 3 (1973): 427-452.

Kortum, Philip. HCI Beyond the GUI: Design for Haptic, Speech, Olfactory, and Other Nontraditional Interfaces. Morgan Kaufmann, 2008.

Madison, Kathi C. "Barrier Function of the Skin: 'la raison d'etre' of the Epidermis." Journal of Investigative Dermatology 121, no. 2 (2003): 231-241.

Maksimovic, Srdjan, Masashi Nakatani, Yoshichika Baba, Aislyn M. Nelson, Kara L. Marshall, Scott A. Wellnitz, Pervez Firozi, et al. "Epidermal Merkel Cells Are Mechanosensory Cells That Tune Mammalian Touch Receptors." Nature 509, no. 7502 (2014): 617-621.

Mancall, Elliott L., and David G. Brock. Gray's Clinical Neuroanatomy. Elsevier Health Sciences, 2011, p. 28.

McCarthy, B. G., S-T. Hsleh, A. Stocks, P. Hauer, C. Macko, D. R. Cornblath, J. W. Griffin, and J. C. McArthur. "Cutaneous Innervation in Sensory Neuropathies Evaluation by Skin Biopsy." Neurology 45, no. 10 (1995): 1848-1855.

Mileusnic, M. P., and G. E. Loeb. "Mathematical Models of Proprioceptors. II. Structure and Function of the Golgi Tendon Organ." Journal of Neurophysiology. 2006; 96:1789-1802.

Mosby's Medical, Nursing & Allied Health Dictionary, 4 edition. Mosby-Year Book 1994, p. 1285. Mountcastle, Vernon B. The Sensory Hand: Neural Mechanisms of Somatic Sensation. Harvard University Press, 2005.

Muniak, Michael A., Supratim Ray, Steven S. Hsiao, J. Frank Dammann, and Sliman J. Bensmaia. "The Neural Coding of Stimulus Intensity: Linking the Population Response of Mechano- receptive Afferents with Psychophysical Behavior." The Journal of Neuroscience 27, no. 43 (2007): 11687-11699.

Nat'l Institutes of Health (NIH). "Layers of the Skin." National Cancer Institute SEER Training Mod- ules. May 6, 2006. Retrieved August 1, 2015.

Nestle, Frank O., Paola Di Meglio, Jian-Zhong Qin, and Brian J. Nickoloff. "Skin Immune Sentinels in Health and Disease." Nature Reviews Immunology 9, no. 10 (2009): 679-691.

Noback, Charles Robert, Norman L. Strominger, Robert J. Demarest, and David A. Ruggiero. The Human Nervous System: Structure and Function. No. 744. Springer Science & Business Media, 2005.

Oxford Dictionary Online. Oxford University Press, August 23, 2015.

Ponto, Kevin, Ryan Kimmel, Joe Kohlmann, Aaron Bartholomew, and Robert G. Radwin. "Virtual Exertions: A User Interface Combining Visual Information, Kinesthetics and Biofeedback for Virtual Object Manipulation." In 3D User Interfaces (3DUI), 2012 IEEE Symposium, pp. 85-88. IEEE, 2012.

Prochazka, A. "Muscle Spindle Function During Normal Movement." International Review of Physiology 25 (1980): 47-90.

Proske U., Gandevia S. C. "The Kinesthetic Senses." Journal of Physiology. 2009; 17:4139-4146.

Purves, Dale, George J. Augustine, David Fitzpatrick, Lawrence C. Katz, Anthony-Samuel Lamantia, James O. McNamara, and S. Mark Williams. Neuroscience, 2nd edition. Sunderland: Sinauer (2001).

Rantala, Jussi, "The Tactile Senses and Haptic Perception, Tampere Unit for Computer." Human Interaction (TAUCHI). School of Information Sciences. University of Tampere, Finland, 2013.

Rinzler, Carol Ann. The Encyclopedia of Cosmetic and Plastic Surgery. Infobase Publishing, 2009. p. 189.

Sembulingam, K., and Prema Sembulingam. Essentials of Medical Physiology. JP Medical Ltd, 2012: 354.

Sherrington C. "On the Proprioceptive System, Especially in Its Reflex Aspects." Brain 29 (1906): 467-482.

Tablot, William H., Ian Darian-Smith, and H. Hans. "The Sense of Flutter-Vibration: Compari- son of the Human Capacity with Response Patterns of Mechanoreceptive Afferents from the Monkey Hand." PubMed (1968). Retrieved from http://www.ncbi.nlm.nih.gov/pubmed/4972033

Taylor, Lyn. Neuromuscular Reeducation with Electromyometric Feedback. Advanced Therapy Institute (2006), 5.

Vallbo, A. B. and R. S. Johansson. "Properties of Cutaneous Mechanoreceptors in the Human Hand Related to Touch Sensation." Human Neurobiology 3, 3-14 (1984).

Weinstein, Sidney. "Intensive and Extensive Aspects of Tactile Sensitivity as a Function of Body Part, Sex and Laterality." In The First Int'l Symposium on the Skin Senses, 1968.

10장

Aggelopoulos, Nikolaos C. "Perceptual Inference." Neuroscience & Biobehavioral Reviews (2015).

Bobich, L. R., J. P. Warren, J. D. Sweeney, S. I. Helms Tillery, and M. Santello. "Spatial Localization of Electrotactile Stimuli on the Fingertip in Humans." Somatosensory and Motor Research 24, no. 6 (2007): 179-188.

Cuthbertson, Anthony. "Haptic Glove for Surgeons Enables Virtual Reality Operations." International Business Times UK. October 28, 2015. Accessed November 2, 2015. http://www .ibtimes.co.uk/haptic-glove-surgeons-enables-virtual-reality-operations-1526101.

Danilov, Yuri P., Mitchell E. Tyler, and Kurt A. Kaczmarek. "Vestibular Sensory Substitution Using Tongue Electrotactile Display." In Human Haptic Perception: Basics and Applications, pp. 467-480. Birkhauser Basel, 2008.

Doucet, Barbara M., Amy Lam, and Lisa Griffin. "Neuromuscular Electrical Stimulation for Skel- etal Muscle Function." The Yale Journal of Biology and Medicine 85, no. 2 (2012): 201.

Higashiyama, Atsuki, and Gary B. Rollman. "Perceived Locus and Intensity of Electrocutaneous Stimulation." IEEE Transactions on Biomedical Engineering 38, no. 7 (1991): 679-686.

Kaczmarek, Kurt A., Mitchell E. Tyler, Amy J. Brisben, and Kenneth O. Johnson. "The Afferent Neural Response to Electrotactile Stimuli: Preliminary Results." IEEE Transactions on Reha- bilitation Engineering 8, no. 2 (2000): 268-270.

Kaczmarek, Kurt, and Steven J. Haase. "Pattern Identification and Perceived Stimulus Quality as a Function of Stimulation Waveform on a Fingertip-Scanned Electrotactile Display." IEEE Transactions on Neural Systems and Rehabilitation Engineering 11, no. 1 (2003): 9-16.

Kajimoto, Hiroyuki, Naoki Kawakami, T. Maeda, and S. Tachi. "Electro-Tactile Display with Tactile Primary Color Approach." Graduate School of Information and Technology, The University of Tokyo (2004).

Lake, David A. "Neuromuscular Electrical Stimulation." Sports Medicine 13, no. 5 (1992): 320-336.

Menia, Lisa L., and Clayton L. Van Doren. "Independence of Pitch and Loudness of an Electrocutaneous Stimulus for Sensory Feedback." IEEE Transactions on Rehabilitation Engineering 2, no. 4 (1994): 197-206.

Monkman, G. J., S. Egersdorfer, A. Meier, H. Bose, M. Baumann, H. Ermert, W. Kahled, and H. Freimuth. "Technologies for Haptic Displays in Teleoperation." Industrial Robot: An International Journal 30, no. 6 (2003): 525-530.

Precision Microdrives. "Integration Guide: Haptic Feedback and Vibration Alerting for Handheld Products," 2015.

Raisamo, Roope, and Jukka Raisamo. "Proprioception and Force Feedback" 2007. Retrieved from http://bit.ly/1UvB0MJ .

Robles-De-La-Torre, Gabriel. "International Society for Haptics: Haptic Technology, an Animated Explanation." Isfh. org (2010): 2.

Sheffler, Lynne R., and John Chae. "Neuromuscular Electrical Stimulation in Neurorehabilitation." Muscle & Nerve 35, no. 5 (2007): 562-590.

Tang, Hui, and David J. Beebe. "An Oral Tactile Interface for Blind Navigation." IEEE Transactions on Neural Systems and Rehabilitation Engineering 14, no. 1 (2006): 116-123.

Van Erp, J. B. F., and B. P. Self. "Introduction to Tactile Displays in Military Environments." Tactile Displays for Orientation, Navigation and Communication in Air, Sea, and Land Environments (2008): 1-1.

Woojer, Inc. "Augmented Reality Device Elevates the Listening Experience." Triple Point News- room. N.p., October 29, 2014. Web. November 1, 2015. http://pressreleases. triplepointpr. com/2014/10/29/let-the-bass-drop-silent-wearable-subwoofer-begins-shipping/.

Zlotnik, Morris. "Applying Electro-Tactile Display Technology to Fighter Aircraft-Flying with Feeling Again." In Aerospace and Electronics Conference, 1988. NAECON 1988. Proceedings of the IEEE 1988 National, pp. 191-197. IEEE, 1988.

11장

Leap Motion, Inc., "Leap Motion Launches World's Most Accurate 3-D Motion Control Technology for Computing." Press Release, July 22, 2013. Retrieved 11/28/2015 from https://www.leapmotion.com/news/leap-motion-launches-world-s-most-accurate-3-d- motion-control-technology-for-computing.

Shafer, P., and J. Sirven. "Photosensitivity and Seizures." Epilepsy Foundation, Published November 2013. Retrieved on December 3, 2015 from http://www.epilepsy.com/ learn/ triggers-seizures/photosensitivity-and-seizures.

Silberman, N. and R. Fergus. "Indoor Scene Segmentation Using a Structured Light Sensor." Proceeding of IEEE International Conference on Computer Vision Workshops (ICCV Work- shops), New York, NY, USA, November 6-13, 2011; pp. 601-608.

12장

Chudler, Eric. "Brain Facts and Figures." November 1, 2011: Accessed: Jane 26, 2016 at http:// facts.randomhistory.com/human-brain-facts.html.

Crawford, Chris. "The Art of Computer Game Design." Berkeley, CA. Osborne/McGraw-Hill (1984): 2010.

CyberGlove Systems (CGS). "CyberGlove II Product Overview." Published 2015. Retrieved January 26, 2016 from http://www.cyberglovesystems.com/cyberglove-ii/.

Greenemeier, Larry. "Computers Have a Lot to Learn from the Human Brain, Engineers Say." Scientific American. March 10, 2009. Retrieved January 26, 2016 from http:// blogs.scientifi- camerican.com/news-blog/computers-have-a-lot-to-learn-from-2009-03-10/.

Juan, Stephen. "The Odd Brain: Mysteries of Our Weird and Wonderful Brains Explained." Andrews McMeel Publishing, 2006.

Kechavarzi, Bobak D., Selma Šabanovic, and Kurt Weisman. "Evaluation of Control Factors Affecting the Operator's Immersion and Performance in Robotic Teleoperation." InRO-MAN,2012IEEE,pp.608-613.IEEE,2012.

Le, Tan. "A Headset That Reads Your Brainwaves." Presentation, TEDGlobal 2010, July 2010. Retrieved January 26, 2016 from https://www.ted.com/talks/ tan_le_a_headset_that_reads_your_brainwaves.

Maskeliunas, Rytis, Robertas Damasevicius, Ignas Martisius, and Mindaugas Vasiljevas. "Consumer-Grade EEG Devices: Are They Usable for Control Tasks?" PeerJ 4 (2016): e1746.

Monroy, Mary, Maria Oyarzabal, Manuel Ferre, Alexandre Campos, and Jorge Barrio. "Masterfin-ger: Multi-Finger Haptic Interface for Collaborative Environments." In Haptics: Perception, Devices and Scenarios, pp. 411-419. Berlin, Heidelberg: Springer, 2008.

Reber, P. "What Is the Memory Capacity of the Human Brain? Paul Reber, Professor of Psychology at Northwestern University, Replies." Scientific American, May 1, 2010. Retrieved January 26, 2016 from http://www.scientificamerican.com/article/what-is-the-memory-capacity/.

Turkington, Carol. The Brain Encyclopedia. Facts on File, 1996.

13장

CCP. "CCP Games Introduces Gunjack for Samsung Gear VR: New Arcade Shooter for Mobile Virtual Reality Platform Cements CCP's Leadership in VR Gam- ing." Press Release, August 3, 2015. https://www.ccpgames.com/news/2015/ ccp-games-introduces-gunjack-samsung-gear-vr/.

Jaunt. "Jaunt ONE, The First Professional Quality Camera System Designed to Capture High Quality Cinematic VR Experiences." System Specifications, 2016 (Online). https://www.jauntvr.com/jaunt-one/.

Metz, C. "Inside Mark Zuckerberg's Big Bet That Facebook Can Make VR Social." WIRED Online. February 21, 2016. http://www.wired.com/2016/02/ mark-zuckerberg-plays-zero-gravity-ping-pong-president-indonesia/.

Olivetti, Justin. "Wizard Online Takes a Stab at a Full Fledged VR MMO, Mas- sively Overpowered." January 6, 2016. http://massivelyop.com/2016/01/06/ wizard-online-takes-a-stab-at-a-full-fledged-vr-mmo/.

Opposable VR. "Artist Alix Briskham Talks Tilt Brush on the HTC Vive." November 17, 2015. YouTube Video https://youtu.be/EYY-DZ14i9E.

Ong, Josh. "Paul McCartney and Jaunt Release an Awesome 360-Degree Concert Video for Google Cardboard." The Next Web (Online). November 20, 2014. http://thenextweb.com/insider/2014/11/20/ paul-mccartney-jaunt-release-awesome-360-degree-concert-video-google-cardboard/.

Simpson, Campbell. "This Is Zero Latency." The Future of Immersive Gaming. Gizmodo Australia (Online). August 4, 2015. http://www.gizmodo.com.au/2015/08/ this-is-zero-latency-the-future-of-immersive-gaming/.

14장

Jacobi, J. "4D BIM or Simulation-Based Modeling." Apr, 2011. Structuremag.org. Retrieved November 1, 2015 from http://www.structuremag.org/wp-content/uploads/2014/08 /C-InSights-Jacobi-April111.pdf.

McKinney, K., J. Kim, M. Fischer, C. Howard. "Interactive 4D-CAD." In Proceedings of the Third Congress on Computing in Civil Engineering, pp. 17-19. ASCE: Anaheim, CA, June 1996.

Mortenson Construction. "Integrated Team Utilizes Advanced Tools and Processes to Deliver the New Pegula Ice Arena." 2014 AIA TAP BIM AWARD Submission, December 2013.

15장

Ford Motor Company. "Ford Reduces Production Line Injury Rate by 70 Percent for Its More Than 50,000 'Industrial Athletes.'" Media Release, July 16, 2015. Retrieved December 28, 2015 from https://media.ford.com/content/fordmedia/feu/fr/fr/news/2015/07/16/ford- reduces-production-line-injury-rate-by-70-percent.html.

Ford Motor Company. "New Virtual Lab Improves Ford Global Vehicle Quality." Media Release, December 12, 2013. Retrieved December 27, 2015 from https://media.ford.com/content/fordmedia-mobile/fna/us/en/news/2013/12/12/new-virtual-lab-improves-ford-global- vehicle-quality--engineers-.html.

Merlin, Peter. "Fused Reality: Making the Imagined Seem Real." NASA Center Feature, October 6, 2015. Retrieved from http://www.nasa.gov/centers/armstrong/features/fused_reality.html.

National Academy of Engineering. "NAE Grand Challenges for the 21st Century." August 25, 2015. Retrieved December 29, 2015 from http://www.engineeringchallenges.org/.

Nuclear Advanced Manufacturing Research Center (NAMARC). Nuclear AMRC News. "Modelling the Four-Dimensional Factory." Issue 9, Q4, 2012, p. 5. Retrieved December 27, 2015 from http://namrc.co.uk/wp-content/uploads/2012/10/Nuclear-AMRC-News-Q4.pdf.

PTC Case Study. "BAE Systems Submarine Solutions Brings Virtual Reality to the Manufacturing Floor with Integrated PTC-Virtalis VR Solution." 2007. Retrieved October 20, 2015 from http://images.connect2communities.com/pdf/2293_bae_cs_en_may_22_2007.pdf.

Royal Institute of Naval Architects (RINA). "Type 26 Programme Changes Course to Reflect SDSR Outcomes." Warship Technology: 30-31. May 2011.

Virtalis, Case Study. "BAE Systems Submarine Solutions." 2010. Retrieved October 20, 2015 from http://www.virtalis.com/blogs/casestudies/bae-systems-submarine-solutions-3/.

16장

American Psychological Association (APA). "The Psychological Needs of US Military Service Members and Their Families: A Preliminary Report." Washington, DC: American Psychologi- cal Association (2007).

Broyles, James R., Peter Glick, Jianhui Hu, and Yee-Wei Lim. "Cataract Blindness and Simulation-Based Training for Cataract Surgeons" (2012).

DeAngelis, Tori. "PTSD Treatments Grow in Evidence, Effectiveness." Monitor on Psychology 39, no. 1 (2008): 40-41.

Difede, Joann, and Hunter G. Hoffman. "Virtual Reality Exposure Therapy for World Trade Center Post-Traumatic Stress Disorder: A Case Report." Cyberpsychology & Behavior 5, no. 6 (2002): 529-535.

Difede, JoAnn, Judith Cukor, Nimali Jayasinghe, Ivy Patt, Sharon Jedel, Lisa Spielman, Cezar Giosan, and Hunter G. Hoffman. "Virtual Reality Exposure Therapy for the Treatment of Posttraumatic Stress Disorder Following September 11, 2001." Journal of Clinical Psychiatry 68, no. 11 (2007): 1639-1647.

Foa, Edna B., E. A. Hembree, and B. O. Rothbaum. Prolonged Exposure Therapy for PTSD. New York: Oxford University (2007).

Forsell, T. "SenseGraphics-Medical Simulators Built on H3DAPI." Proceedings of the 6th Intl Conference on Virtual Learning, Models & Methodologies, Technologies, Software Solu- tions. Bucharest University Press: October 2011, p. 27.

Frey A. "Success Rates for Peripheral IV Insertion in Children." Journal of Intravenous Nursing, Vol. 21, no. 3, May/June 1998.

Gerardi, Maryrose, Barbara Olasov Rothbaum, Kerry Ressler, Mary Heekin, and Albert Rizzo. "Virtual Reality Exposure Therapy Using a Virtual Iraq: Case Report." Journal of Traumatic Stress 21, no. 2 (2008): 209.

Harris, M. "Peripheral IV Access Procedures Are Problematic for Nursing." Peripheral IV Success Rates in Adults & Children: Internal Study 2004. Division of Emergency Medicine. Loma Linda University Medical Center: Loma Linda, CA.

Hautzinger, Sarah, and Jean Scandlyn. Beyond Post-Traumatic Stress: Homefront Struggles with the Wars on Terror. Left Coast Press, 2013.

HelpMeSee. "2014 Annual Report." 2014d. Retrieved October 12, 2015 from http://helpmesee. org/wp-content/uploads/dlm_uploads/2015/06/HMS_0001_AR_lo-res_spreads.pdf.

HelpMeSee. "Cataract Surgical Training Program." 2014b. Retrieved October 7, 2015 from https://helpmesee.org/the-solution/training-program/.

HelpMeSee. "The Surgery: In Only 5 Minutes, A Life Can Be Transformed." 2014a. Retrieved October 7, 2015 from http://helpmesee.org/the-solution/the-surgery/.

Hoge, C.W., C. A. Castro, S. C. Messer, D. McGurk, D. I. Cotting, and R. L. Koffman (2004). "Combat Duty in Iraq and Afghanistan, Mental Health Problems, and Barriers to Care." New England Journal of Medicine, 351(1), 13-22.

Liebert, C., M. Zayed, J. Tran, J. Lau, and O. Aalami. "Novel Use of Google Glass for Vital Sign Monitoring During Simulated Bedside Procedures." Stanford University School of Medi- cine, 2014. Abstract retrieved October 13, 2015 from https://www.vital. enterprises/assets/ downloads/Holman_Abstract_Google_Glass.pdf.

Moog Industrial Group. "Moog Simodont Dental Trainer: First Academic Centre for Dentistry to Adopt the Dental Trainer." March 2011. Video retrieved October 13, 2015 from https://youtu.be/OUnng6phcxw.

Moog, "Help Me See and Moog Demonstrate Cataract Eye Surgery Simulator for Chinese Government. Bill & Melinda Gates Foundation's Grand Challenge Meetings." October 5, 2015. Retrieved October 8, 2015 from http://www.moog.com/news/operating-group-news/2015/ helpmesee-moog-demonstrate-cataract-eye-surgery-simulator-for-chinese-government- bill-melinda-gates-foundations-gr-cha/.

Morina, Nexhmedin, Katharina Meyerbroker Hiskeljntema, and Paul MG Emmelkamp. "Can Virtual Reality Exposure Therapy Gains Be Generalized to Real-Life? A Meta-Analysis of Studies Applying Behavioral Assessments." Behaviour Research and Therapy 74 (2015): 18-24.

National Eye Institute (NEI). "Facts About Cataract." September 2009. Retrieved October 7, 2015 from https://nei.nih.gov/health/cataract/cataract_facts.

Ogden-Grable H, and G. W. Gill. "Phlebotomy Puncture Juncture Preventing Phlebotomy Errors: Potential for Harming Your Patients." Laboratry Medicine 36(7): (2005) 430-433.

Ramchand, Rajeev, Terri Tanielian, Michael P. Fisher, Christine Anne Vaughan, Thomas E. Trail, Caroline Batka, Phoenix Voorhies, Michael Robbins, Eric Robinson and Bonnie Ghosh-Dastidar. "Military Caregivers: Who Are They? And Who Is Supporting Them?" Santa Monica, CA: RAND Corporation, 2014. http://www.rand.org/pubs/research_briefs/ RB9764.

Reger, Greg M., and Gregory A. Gahm. "Virtual Reality Exposure Therapy for Active Duty Soldiers." Journal of Clinical Psychology 64, no. 8 (2008): 940-946.

Rizzo, Albert, Bruce Sheffield John, Brad Newman, Josh Williams, Arno Hartholt, Clarke Lethin, John Galen Buckwalter. "Virtual Reality as a Tool for Delivering PTSD Exposure Therapy and Stress Resilience Training." Military Behavioral Health 1, 2012.

Rizzo, Albert, Bruce John, Brad Newman, Josh Williams, Arno Hartholt, Clarke Lethin, and J. Galen Buckwalter. "Virtual Reality as a Tool for Delivering PTSD Exposure Therapy and Stress Resilience Training." Military Behavioral Health 1, no. 1 (2013): 52-58.

Rizzo, Albert, Jarrell Pair, Ken Graap, Brian Manson, Peter J. McNerney, Brenda Wiederhold, Mark Wiederhold, and James Spira. "A Virtual Reality Exposure Therapy Application for Iraq War Military Personnel with Post Traumatic Stress Disorder: From Training to Toy to Treatment." NATO Security Through Science Series E Human and Societal Dynamics 6 (2006): 235.

Rizzo, Albert, Judith Cukor, Maryrose Gerardi, Stephanie Alley, Chris Reist, Mike Roy, Barbara O. Rothbaum, and JoAnn Difede. "Virtual Reality Exposure for PTSD Due to Military Combat and Terrorist Attacks." Journal of Contemporary Psychotherapy (2015): 1-10.

Rizzo, Albert, Ken Graap, Robert N. Mclay, Karen Perlman, Barbara O. Rothbaum, Greg Reger, Thomas Parsons, JoAnn Difede, and Jarrell Pair. "Virtual Iraq: Initial Case Reports from a VR Fxposure Therapy Application for Combat-Related Post Traumatic Stress Disorder." In Virtual Rehabilitation, 2007, pp. 124-130. IEEE, 2007.

Singh, Ajay, and Glenn H. Strauss. "High-Fidelity Cataract Surgery Simulation and Third World Blindness." Surgical Innovation (2014): 1553350614537120.

Sullivan, M., "Google Glass Makes Doctors Better Surgeons, Stanford Study Shows." Venture Beat. September 16, 2014. Retrieved October 13, 2015 from http://venturebeat.com/2014/09/16/ docs-performed-surgery-better-wearing-google-glass-stanford-study-shows/.

Tabin G, M. Chen, and L. Espandar. "Cataract Surgery for the Developing World." Current Opinion in Ophthalmology, 19 (2008): 55-59.

Virtually Better, Inc. "Telemental Health VR Project: Virtual Iraq Overview" (2008). Retrieved September 2015 from http://www.virtuallybetter.com/af/virtualiraq_overview.html.

Vision Council. "Vision Loss in America: Aging and Low Vision-2015 Low Vision Report." Published 2016. Retrieved May 25, 2016 from https://www.thevisioncouncil.org/sites/default/ files/VC_LowVision_Report2015.pdf.

Walsh, G. "Difficult Peripheral Venous Access: Recognizing and Managing the Patient at Risk." Journal of the Association for Vascular Access 13(4) (2008): 198-203.

World Health Org (WHO). "Visual Impairment and Blindness Fact Sheet N°282." August 2014a. Retrieved October 7, 2015 from http://www.who.int/mediacentre/factsheets/fs282/en/.

World Health Org (WHO). "Prevention of Blindness and Visual Impairment: Priority Eye Diseases." July 2014b. Retrieved October 7, 2015 from http://www.who.int/blindness/causes/priority/en/index1.html.

17장

Applied Research Associates. "ARC4: True Augmented Reality." ARC Press Kit, November 2015. Retrieved from https://www.ara.com/sites/default/files/docs/ARC%20PressKit.pdf.

Bymer, Loren. "DSTS: First Immersive Virtual Training System Fielded" (Online). August 1, 2012. https://www.army.mil/article/84728/ DSTS__First_immersive_virtual_training_system_fielded/.

Intelligent Decisions. "Dismounted Soldier Training System Video" (Online), December 9, 2011. http://www.intelligent.net/news/dismounted-soldier-training-system-0812.

Joiner, Stephen. "We Test-Drive the Country's Only Skydiving Simulator: Terminal Velocity Without the Wind Blast. Air and Space Magazine (Online), September 2014. http://www .airspacemag.com/articles/we-test-drive-countrys-only-skydiving-simulator-180952398/.

Koester, J. "Virtual Training Opens for the Dismounted Soldier." NCO Journal. October 22, 2013.

Merlin, Peter. "Fused Reality: Making the Imagined Seem Real." NASA Armstrong Flight Research Center, September 29, 2015. Accessed online at http://www.nasa.gov/ centers/armstrong/ features/fused_reality.html.

"Net Warrior: Mission." ARMY Magazine (Online). June 2013. https://www.ausa.org/ publications/ armymagazine/archive/2013/06/Documents/Gourley1_ June2013.pdf.

STI. "Parasim Version 5-Enhanced Features." YouTube promotional video. June 3, 2013. Retrieved from https://youtu.be/VR6nokbANOw [a].

STI. "FusedReality Jump Master Trainer." YouTube promotional video. June 3, 2013. https:// youtu.be/CZXPLs_Vl3g [b].

Systems Technology, Inc. "Fused Reality: A Technology Platform That Revolutionizes Mixed-Reality Training with a Quantum Leap Beyond Virtual and Augmented Reality." (2016) http://www.fused-reality.com/.

Szondy, David. "NASA Trains Pilots with Fused Reality." Gizmodo (Online). September 30, 2015. http://www.gizmag.com/nasa-fused-reality-train-pilots/39650/.

Zamora, Penny. "Virtual Training Puts the 'Real' in Realistic Environ- ment." (Online). March 4, 2013. https://www.army.mil/article/97582/ Virtual_training_puts_the__real__in_ realistic_environment/.

18장

Lincoln Electric. "Lincoln Electric Launches VRTEX Family of Virtual Reality Training Products." November 2012. Retrieved December 11, 2015 from http://news.thomasnet.com/ companystory /lincoln-electric-launches-vrtex-family-of-virtual-reality-training-products-854410.

Mayer, Richard E. "Applying the Science of Learning: Evidence-Based Principles for the Design of Multimedia Instruction." American Psychologist 63, no. 8 (2008): 760.

Mayer, Richard E. "Research-Based Principles for the Design of Instructional Messages: The Case of Multimedia Explanations." Document design 1, no. 1 (1999): 7-19.

Mayer, Richard E. "The Promise of Multimedia Learning: Using the Same Instructional Design Methods Across Different Media." Learning and Instruction 13, no. 2 (2003): 125-139.

Mayer, Richard E., ed. The Cambridge Handbook of Multimedia Learning. Cambridge University Press, 2005.

National Science Foundation. Award Abstract #1603648. "Collaborative Research: Strategies for Learning: Augmented Reality and Collaborative Problem-Solving for Building Sciences." published October 27, 2015. Retrieved online December 16, 2015 from http://www.nsf.gov/ awardsearch/showAward?AWD_ID=1603648&HistoricalAwards= false.

Pandey, M., V. Luthra, P. G. Yammiyavar, and P. Y. Anita. "Role of Immersive Virtual Reality in Fostering Creativity Among Architecture Students." In DS79: Proceedings of The Third International Conference on Design Creativity. Indian Institute of Science, Bangalore, 2015.

Stone, R. T., E. McLaurin, P. Zhong, and K. Watts. "Full Virtual Reality vs. Integrated Virtual Reality Training in Welding." Welding Journal 92, no. 6 (2013).

Stone, R. T., K. Watts, and P. Zhong. "Virtual Reality Integrated Welder Training." Welding Journal 90, no. 7 (2011a): 136.

Stone, Richard T., Kristopher P. Watts, Peihan Zhong, and Chen-Shuang Wei. "Physical and Cognitive Effects of Virtual Reality Integrated Training." Human Factors: The Journal of the Human Factors and Ergonomics Society 53, no. 5 (2011b): 558-572.

Suburu. "Subaru Partners with Google Expeditions to Help Excite, Educate and Engage Students Around the Globe." September 28, 2015. Retrieved online December 16, 2015 from http://www .prnewswire.com/news-releases/subaru-partners-with-google-expeditions-to-help-excite- educate-and-engage-students-around-the-globe-300149943.html.

Toyoma, Kentaro. "Technology Won't Fix America's Neediest Schools." It Makes Bad Education Worse." Washington Post. Published June 4, 2016. Retrieved December 16, 2015 from https://www.washingtonpost.com/posteverything/wp/2015/06/04/ technology-wont-fix-americas-neediest-schools-it-makes-bad-education-worse/.

19장

ALSPAC. "Virtual Reality Helps Make Sense of Complex Scientific Data." Press Release July 20, 2015. Retrieved February 19, 2016 from http://www.bristol.ac.uk/alspac/news/2015/ vr- big-data-prize.html.

Beal, V. "Webopedia: Big Data Analytics." (2014). Retrieved February 22, 2016 from http://www. webopedia.com/TERM/B/big_data_analytics.html.

Cowley, Dana. "The Wellcome Trust and Epic Games Launch the Big Data VR Challenge." News Release, Epic Games. March 24, 2015. Retrieved February 18, 2016 from https://www. unrea- lengine.com/news/wellcome-trust-epic-games-launch-ue4-big-data-vr-challenge.

Cukier, Kenneth. "Data, Data Everywhere: A Special Report on Managing Information." Economist Newspaper. February 25, 2010. Retrieved February 2016 from http://www. economist. com/node/15557443.

Laney, D. "3-D Data Management: Controlling Data Volume, Variety and Velocity." META Group File 949 (2001).

Masters of Pie. "Project Overview: Winners of the Big Data VR Challenge" (2015). Retrieved February 19, 2016 from http://www.mastersofpie.com/project/ winners-of-the-big-data-vr-challenge-set-by-epic-games-wellcome-trust/.

Reda, Khairi, Alessandro Febretti, Aaron Knoll, Jillian Aurisano, Jason Leigh, Andrew Johnson, Michael E. Papka, and Mark Hereld. "Visualizing Large, Heterogeneous Data in Hybrid-Reality Environments." IEEE Computer Graphics and Applications 4 (2013): 38-48.

Suorineni, F. T. "The Future of Mega Data in Virtual Reality Environments in Mining Practice." Proceedings of the 24th International Mining Congress and Exhibition of Turkey IMCET15, 2015.

Turner, Vernon, John F. Gantz, David Reinsel, and Stephen Minton. "The Digital Universe of Opportunities: Rich Data and the Increasing Value of the Internet of Things." IDC Analyze the Future (2014).

Vantage Interactive. "Block Cave Mining Visualizer." January 2015. Retrieved February 22, 2016 from http://vantageinteractive.com.au/portfolio-item/bcrm/.

Vasak, P., and F. T. Suorineni. "Extracting More Value from Mine Data Using Virtual Reality and Scientific Visualization Techniques." In UMaT 1st Mining & Mineral Conference. University of Mines and Technology. Tarkwa, Ghana, Vol. 4, 2010.

20장

Carey, B. "Maiden Voyage of Stanford's Humanoid Robotic Diver Recovers Treasures from King Louis XIV's Wrecked Flagship." Stanford News. April 27, 2016. Retrieved May 22, 2016 from https://news.stanford.edu/2016/04/27/robotic-diver-recovers-treasures/.

Dean, Marc, and Myron Diftler. "Utilization of the NASA Robonaut as a Surgical Avatar in Telemedicine." (2015).

Dunn, Andrea. NASA Is Laser-Focused on Deep Space Communication." NASA JSC International Space Station Program Science Office. October 6, 2015. Retrieved March 27, 2016 from http://www.nasa.gov/mission_pages/station/research/news/comm_delay_assessment.

Ferre, Manuel, Martin Buss, Rafael Aracil, Claudio Melchiorri, and Carlos Balaguer. "Introduction to Advances in Telerobotics." In Advances in Telerobotics, pp. 1-7. Berlin, Heidelberg: Springer, 2007.

Goertz, R. "Manipulator Systems Development at ANL. In Proceedings of the 12th Conference on Remote Systems Technology, ANS, pp. 117-136, 1964.

NASA. "Robonaut 2 Getting His Space Legs" (2011). Retrieved from http://www.nasa.gov/mission_pages/station/main/robonaut.html.

Steuer, Jonathan. "Defining Virtual Reality: Dimensions Determining Telepresence." Journal of Communication 42, no. 4 (1992): 73-93.

21장

Ames, Shelly L., James S. Wolffsohn, and Neville A. Mcbrien. "The Development of a Symptom Questionnaire for Assessing Virtual Reality Viewing Using a Head-Mounted Display." Optometry & Vision Science 82, no. 3 (2005): 168-176.

Banks, Martin S., Joohwan Kim, and Takashi Shibata. "Insight into Vergence/Accommodation Mismatch." In SPIE Defense, Security, and Sensing, pp. 873509-873509. International Society for Optics and Photonics, 2013.

Barratt, Michael R., and Sam Lee Pool, eds. Principles of Clinical Medicine for Space Flight. Springer Science & Business Media, 2008.

Barrett, Judy. "Side Effects of Virtual Environments: A Review of the Literature." No. DSTO-TR-1419. Defence Science and Technology Organisation. Canberra (Australia), 2004.

Biocca, Frank. "Will Simulation Sickness Slow Down the Diffusion of Virtual Environment Technology?" Presence: Teleoperators and Virtual Environments 1, no. 3 (1992): 334-343.

Bonnet, Cedrick T., Elise Faugloire, Michael A. Riley, Benoit G. Bardy, and Thomas A. Stoffregen. "Self-Induced Motion Sickness and Body Movement During Passive Restraint." Ecological Psychology 20, no. 2 (2008): 121-145.

Boyd, D. "Depth Cues in Virtual Reality and the Real World: Understanding Differences in Depth Perception by Studying Shape-from-Shading and Motion Parallax." (Undergraduate hon- ors thesis). Brown University (2001). Retrieved January 8, 2016.

Brooks, J. O., R. R. Goodenough, M. C. Crisler, N. D. Klein, R. L. Alley, B. L. Koon, and R. F. Wills (2010). "Simulator Sickness During Driving Simulation Studies." Accident Analysis & Prevention 42: 788-796. doi:10.1016/j.aap.2009.04.013.

Chapanis, A. "Human-Factors Engineering." Encyclopedia Britannica Online, s. v. Accessed March 07, 2016 from http://www.britannica.com/topic/human-factors-engineering.

Cobb, Sue V. G., Sarah Nichols, Amanda Ramsey, and John R. Wilson. "Virtual Reality-Induced Symptoms and Effects (VRISE)." Presence: Teleoperators and Virtual Environments 8, no. 2 (1999): 169-186.

Dichgans, J., and T. Brandt. "Optokinetic Motion Sickness and Pseudo-Coriolis Effects Induced by Moving Visual Stimuli." Acta Oto-Laryngologica 76, no. 1-6 (1973): 339-348.

Dodgson, Neil A. "Variation and Extrema of Human Interpupillary Distance." In Electronic Imaging 2004, pp. 36-46. International Society for Optics and Photonics, 2004.

Draper, Mark H., Erik S. Viirre, Thomas A. Furness, and Valerie J. Gawron. "Effects of Image Scale and System Time Delay on Simulator Sickness Within Head-Coupled Virtual Environments." Human Factors: The Journal of the Human Factors and Ergonomics Society 43, no. 1 (2001): 129-146.

Ebenholtz, Sheldon M. "Motion Sickness and Oculomotor Systems in Virtual Environments." Presence: Teleoperators and Virtual Environments 1, no. 3 (1992): 302-305.

Fischer, M. H., and A. E. Kornmuller. "Optokinetically Induced Motion Perception and Optokinetic Nystagmus." Journal fur Psychologie und Neurologie 41 (1930): 273-308.

Friston, Sebastian, and Anthony Steed. "Measuring Latency in Virtual Environments." IEEE Transactions on Visualization and Computer Graphics 20, no. 4 (2014): 616-625.

Groen, Eric L., and Jelte E. Bos. "Simulator Sickness Depends on Frequency of the Simulator Motion Mismatch: An Observation." Presence: Teleoperators and Virtual Environments 17, no. 6 (2008): 584-593.

Jones, Jack A., David M. Krum, and Mark Bolas. "The Effect of Eye Position on the View of Virtual Geometry." Virtual Reality (VR), IEEE, 2014.

Kennedy, R. S., M. G. Lilienthal, K. S. Berbaum, D. R. Baltzley, and M. E. McCauley. "Simulator Sickness in US Navy Flight Simulators." Aviation, Space, and Environmental Medicine 60, no. 1 (1989): 10-16.

Kennedy, Robert S., D. Susan Lanham, Julie M. Drexler, Catherine J. Massey, and Michael G. Lilienthal. "A Comparison of Cybersickness Incidences, Symptom Profiles, Measurement Techniques, and Suggestions for Further Research." Presence: Teleoperators and Virtual Environments 6, no. 6 (1997): 638-644.

Kennedy, Robert Samuel, and Lawrence H. Frank. "A Review of Motion Sickness with Special Reference to Simulator Sickness." Canyon Research Group Inc, Westlake Village CA, 1985.

Kolasinski, Eugenia M. "Simulator Sickness in Virtual Environments." No. ARI-TR-1027. Army Research Inst for the Behavioral and Social Sciences. Alexandria, VA, 1995.

Kramida, Gregory. "Resolving the Vergence-Accommodation Conflict in Head-Mounted Displays" (2015).

Ling, Yun, Harold T. Nefs, Willem-Paul Brinkman, Chao Qu, and Ingrid Heynderickx. "The Relationship Between Individual Characteristics and Experienced Presence." Computers in Human Behavior 29, no. 4 (2013): 1519-1530.

Meehan, Michael, Sharif Razzaque, Mary C. Whitton, and Frederick P. Brooks Jr. "Effect of Latency on Presence in Stressful Virtual Environments." In Virtual Reality, 2003. Proceed- ings. IEEE, pp. 141-148. IEEE, 2003.

Nichols, Sarah, and Harshada Patel. "Health and Safety Implications of Virtual Reality: A Review of Empirical Evidence." Applied Ergonomics 33, no. 3 (2002): 251-271.

Papadakis, Giorgos, Katerina Mania, and Eftichios Koutroulis. "A System to Measure, Control and Minimize End-to-End Head Tracking Latency in Immersive Simulations." In Proceedings of the 10th International Conference on Virtual Reality Continuum and Its Applications in Industry, pp. 581-584. ACM, 2011.

Park, George D., R. Wade Allen, Dary Fiorentino, Theodore J. Rosenthal, and Marcia L. Cook. "Simulator Sickness Scores According to Symptom Susceptibility, Age, and Gender for an Older Driver Assessment Study." In Proceedings of the Human Factors and Ergonomics Society Annual Meeting, Vol. 50, no. 26, pp. 2702-2706. Sage Publications, 2006.

Pausch, Randy, Thomas Crea, and Matthew Conway. "A Literature Survey for Virtual Environments: Military Flight Simulator Visual Systems and Simulator Sickness." Presence: Teleop- erators and Virtual Environments 1, no. 3 (1992): 344-363.

Peli, Eli. "Real Vision and Virtual Reality." Optics and Photonics News 6, no. 7 (1995): 28.

Politzer, T. "Vision Is Our Dominant Sense." BrainLineMilitary.org. Retrieved March 19, 2016 from http://www.brainline.org/content/2008/11/vision-our-dominant-sense_pageall.html.

Primeau, Gilles. "Wide-Field-of-View SVGA Sequential Color HMD for Use in Anthropomorphic Telepresence Applications." In AeroSense 2000, pp. 11-19. International Society for Optics and Photonics, 2000.

Priot, Anne-Emmanuelle, Sylvain Hourlier, Guillaume Giraudet, Alain Leger, and Corinne Roumes. "Hyperstereopsis in Night Vision Devices: Basic Mechanisms and Impact for Train- ing Requirements." In Defense and Security Symposium, pp. 62240N-62240N. International Society for Optics and Photonics, 2006.

Reason, James T., and Joseph John Brand. Motion Sickness. Academic Press, 1975.

Riccio, Gary E., and Thomas A. Stoffregen. "An Ecological Theory of Motion Sickness and Postural Instability." Ecological Psychology 3, no. 3 (1991): 195-240.

Rogers, Steven P., Charles N. Asbury, and Zoltan P. Szoboszlay. "Enhanced Flight Symbology for Wide-Field-of-View Helmet-Mounted Displays." In AeroSense 2003, pp. 321-332. Interna- tional Society for Optics and Photonics, 2003.

Rolland, Jannick P., William Gibson, and Dan Ariely. "Towards Quantifying Depth and Size Perception in Virtual Environments." Presence: Teleoperators and Virtual Environments 4, no. 1 (1995): 24-49.

Stanney, Kay, and Gavriel Salvendy. "Aftereffects and sense of presence in virtual environments: Formulation of a research and development agenda." International Journal of Human-Computer Interaction 10, no. 2 (1998): 135-187.

Stanney, K. M., and R. S. Kennedy (2009). "Simulation Sickness." In D. A. Vincenzi, J. A. Wise, M. Mouloua, and P. A. Hancock eds. Human Factors in Simulation and Training. Boca Raton: CRC Press.

Stanney, Kay M., Kelly S. Kingdon, David Graeber, and Robert S. Kennedy. "Human Performance in Immersive Virtual Environments: Effects of Exposure Duration, User Control, and Scene Complexity." Human Performance 15, no. 4 (2002): 339-366.

Stern, Robert M., Senqi Hu, Ree LeBlanc, and Kenneth L. Koch. "Chinese Hyper-Susceptibility to Vection-Induced Motion Sickness." Aviation, Space, and Environmental Medicine 64, no. 9 Pt 1 (1993): 827-830.

Timothy J. Buker, Dennis A. Vincenzi, and John E. Deaton. "The Effect of Apparent Latency on Simulator Sickness While Using a See-Through Helmet-Mounted Display: Reducing Appar- ent Latency with Predictive Compensation." Human Factors: The Journal of the Human Factors and Ergonomics Society, 54(2): 235-249, January 2012.

Velger, Mordekhai. "Helmet-Mounted Displays and Sights." Norwood, MA: Artech House Publishers, 1998.

Wann, John P., and Mark Mon-Williams. "Health Issues with Virtual Reality Displays: What We Do Know and What We Don't." ACM SIGGRAPH Computer Graphics 31, no. 2 (1997): 53-57.

Wann, John P., Simon Rushton, and Mark Mon-Williams. "Natural Problems for Stereoscopic Depth Perception in Virtual Environments." Vision Research 35, no. 19 (1995): 2731-2736.

22장

Anderson, Craig A. "An Update on the Effects of Playing Violent Video Games." Journal of adoles- cence 27, no. 1 (2004): 113-122.

Anderson, Craig A., Akira Sakamoto, Douglas A. Gentile, Nobuko Ihori, Akiko Shibuya, Shin-taro Yukawa, Mayumi Naito, and Kumiko Kobayashi. "Longitudinal Effects of Violent Video Games on Aggression in Japan and the United States." Pediatrics 122, no. 5 (2008): e1067-e1072.

Anderson, Craig A., and Brad J. Bushman. "Effects of Violent Video Games on Aggressive Behav-ior, Aggressive Cognition, Aggressive Affect, Physiological Arousal, and Prosocial Behavior: A Meta-Analytic Review of the Scientific Literature." Psychological Science 12, no. 5 (2001): 353-359.

Anderson, Craig A., Douglas A. Gentile, and Katherine E. Buckley. Violent Video Game Effects on Children and Adolescents, Vol. 10. New York: Oxford University Press, 2007.

Appelbaum, M., S. Calvert, K. Dodge, S. Graham, G. H. Hall, S. Hamby, and L. Hedges. "2015 Resolution on Violence in Video Games and Interactive Media." American Psychological Association Task Force Report. August 2015.

Bushman, Brad J., and Craig A. Anderson. "Violent Video Games and Hostile Expectations: A Test of the General Aggression Model." Personality and Social Psychology Bulletin 28, no. 12 (2002): 1679-1686.

Dixon, B. "The Evolution of a High-Technology Courtroom." National Center for State Courts. Future Trends in State Courts (2012), 1 (6), 28-32. Retrieved on February 25, 2016 from http:// ncsc.contentdm.oclc.org/cdm/ref/collection/tech/id/769.

Ferguson, Christopher J. "Violent Video Games and the Supreme Court: Lessons for the Scientific Community in the Wake of Brown v. Entertainment Merchants Association." American Psychologist 68, no. 2 (2013): 57.

Ferguson, Christopher J., and Dominic Dyck. "Paradigm Change in Aggression Research: The Time Has Come to Retire the General Aggression Model." Aggression and Violent Behavior 17, no. 3 (2012): 220-228.

Ferguson, Christopher J., Stephanie M. Rueda, Amanda M. Cruz, Diana E. Ferguson, Stacey Fritz, and Shawn M. Smith. "Violent Video Games and Aggression: Causal Relationship or Byproduct of Family Violence and Intrinsic Violence Motivation?" Criminal Justice & Behavior 35 (2008): 311-332. Web. 10 August 2011.

Funk, Jeanne B., Debra D. Buchman, Jennifer Jenks, and Heidi Bechtoldt. "Playing Violent Video Games, Desensitization, and Moral Evaluation in Children." Journal of Applied Developmen- tal Psychology 24, no. 4 (2003): 413-436.

Grimes, Tom, James A. Anderson, and Lori Bergen. Media Violence and Aggression: Science and Ideology. Sage, 2008.

Groen, Eric L., and Jelte E. Bos. "Simulator Sickness Depends on Frequency of the Simulator Motion Mismatch: An Observation." Presence 17, no. 6 (2008): 584-593.

Kennedy, Robert S., Julie Drexler, and Robert C. Kennedy. "Research in visually induced motion sickness." Applied Ergonomics 41, no. 4 (2010): 494-503.

Kirsh, Steven J. "The Effects of Violent Video Games on Adolescents: The Overlooked Influence of Development." Aggression and Violent Behavior 8, no. 4 (2003): 377-389.

Konijn, Elly A., Marije Nije Bijvank, and Brad J. Bushman. "I Wish I Were a Warrior: The Role of Wishful Identification in the Effects of Violent Video Games on Aggression in Adolescent Boys." Developmental Psychology 43, no. 4 (2007): 1038.

Kutner, Lawrence, Ph.D. and Cheryl K. Olson, scD. Grand Theft Childhood: The Surprising Truth About Video Games and What Parents Can Do. New York: Simon & Schuster, 2008.

Lewis, Tanya. Samsung Gear VR. "Virtual Reality Tech May Have Nasty Side Effects." LiveScience, February 03, 2015. Retrieved February 29, 2016 from http://www.livescience. com/49669- virtual-reality-health-effects.html.

McGloin, Rory, Kirstie M. Farrar, and Joshua Fishlock. "Triple Whammy! Violent Games and Violent Controllers: Investigating the Use of Realistic Gun Controllers on Perceptions of Realism, Immersion, and Outcome Aggression." Journal of Communication 65, no. 2 (2015): 280-299.

McGloin, Rory, Kirstie Farrar, and Marina Krcmar. "Video Games, Immersion, and Cognitive Aggression: Does the Controller Matter?" Media Psychology 16, no. 1 (2013): 65-87.

Milani, Luca, Elena Camisasca, Simona CS Caravita, Chiara Ionio, Sarah Miragoli, and Paola Di Blasio. "Violent Video Games and Children's Aggressive Behaviors." SAGE Open 5, no. 3 (2015): 2158244015599428.

Moller, Ingrid, and Barbara Krahe. "Exposure to Violent Video Games and Aggression in German Adolescents: A Longitudinal Analysis." Aggressive Behavior 35, no. 1 (2009): 75-89.

Neetu, Singh, and Agarwal Shalini. "Negative Effect of Violent Video Game Across Gender." International Journal of Research 3, no. 01 (2016): 706-710.

Nichols, Sarah, and Harshada Patel. "Health and Safety Implications of Virtual Reality: A Review of Empirical Evidence." Applied Ergonomics 33, no. 3 (2002): 251-271.

Reason, James T., and Joseph John Brand. Motion Sickness. Academic Press, 1975.

Salonius-Pasternak, Dorothy E., and Holly S. Gelfond. "The Next Level of Research on Electronic Play: Potential Benefits and Contextual Influences for Children and Adolescents." Human Technology: An Interdisciplinary Journal on Humans in ICT Environments 1, no. 1 (2005): 5-22.

Sawyer, Ben D., Victor S. Finomore, Andres A. Calvo, and Peter A. Hancock. "Google Glass: A Driver Distraction Cause or Cure?" Human Factors: The Journal of the Human Factors and Ergonomics Society (2014): 0018720814555723.

Schofield, Damian. Chapter 10: "Virtual Evidence in the Courtroom." The Handbook of Research on Practices and Outcomes in Virtual Worlds and Environments (2011). Publisher: IGI Global, eds. Harrison Yang, Stephen Yuen, pp. 200-216.

Stanney, K. M., and R. S. Kennedy (2009). "Simulation Sickness." In D. A. Vincenzi, J. A. Wise, M. Mouloua, and P. A. Hancock eds. Human Factors in Simulation and Training. Boca Raton: CRC Press.

23장

Huang, Fu-Chung, David Luebke, and Gordon Wetzstein. "The Light Field Stereoscope." ACM SIGGRAPH Emerging Technologies (2015): 24.

Innovega. 2014 CES. "Innovega Staff Wear Mega-Pixel Panoramic Eyeglasses." Press Release. January 6, 2014. Retrieved March 21, 2016 from http://innovega-inc.com/press_ces_2014.php.

자료

이 책 전반에 걸쳐 시각 디스플레이, 공간 오디오 솔루션, 촉각, 포스 피드백 기기, 위치/방향 센서 등의 카테고리에서 제품과 회사 수십 개를 소개했다. 이 부록에서는 그런 목록과 기타 공급 업체를 카테고리별로 통합했다. 또한 시스템을 개발하려는 사람을 위해 다양한 DIY 자료를 열거하고 제품 상표권 목록도 수록했다.

제품 제조사 ████████████████████

이 책에서는 증강 및 가상 현실 시스템의 핵심 실행 기술마다 하드웨어 기기와 소프트웨어 유틸리티 수십 개를 예로 들었다. 이를 비롯한 제품 제조사는 다음과 같다.

증강 헤드마운트 디스플레이

- NVIS(Multiple): http://www.nvisinc.com/
- AtheerAiR Glasses: http://atheerair.com/
- Epson Moverio(Multiple): http://www.epson.com
- DAQRI Smart Helmet: http://daqri.com
- Microsoft HoloLens: https://www.microsoft.com/microsoft-hololens
- Vuzix(Multiple): http://www.vuzix.com
- ODG R-7(Multiple): http://www.osterhoutgroup.com
- Lumus(Multiple): http://lumus-optical.com/
- SONY SmartEyeglass: http://developer.sonymobile.com/products/smarteyeglass/
- Laster Wave: http://www.laster.fr/
- Optinvent(Multiple): http://www.optinvent.com/
- Recon Instruments(Multiple): http://www.reconinstruments.com
- Telepathy Japan Inc.: http://www.telepathywalker.com
- SKULLY Systems: http://www.skully.com/
- Penny AB: http://www.penny.se/

완전 몰입형 헤드마운트 디스플레이

- HTC Vive: https://www.htcvive.com/us/
- Sony PlayStation VR: https://www.playstation.com/psvr
- OSVR[Open-Source VR Development Kit]: http://www.osvr.org/

- Oculus Rift CV1: https://www.oculus.com/

- Sensics(Multiple): http://sensics.com

- VE Union Claire: http://vrunion.com/

- Star VR: http://www.starvr.com/

모바일 기기 기반 헤드셋

- Samsung GearVR: http://www.samsung.com/us/explore/gear-vr

- SmokeVR: http://smokevr.net/

- Wearality: http://www.wearality.com/

- Free Fly VR: https://www.freeflyvr.com/

- Zeiss VR One: http://www.zeiss.co.uk

- Yay3D VR Viewer: http://www.yay3d.com/

- Homido: http://www.homido.com/

- VisusVR: https://www.visusvr.com/

- SeeBright: http://seebright.com/

- VRVana: https://www.vrvana.com

- Meta: https://www.metavision.com/

케이브, 코브, 큐브

- Mechdyne Corporation: https://www.mechdyne.com

- Visbox Inc.: http://www.visbox.com/products/cave/

- Christie Digital: https://www.christiedigital.com/

- Virtalis Ltd: http://www.virtalis.com/

- EON Reality: http://www.eonreality.com/

- WorldViz: http://www.worldviz.com/

- TechViz: http://www.techviz.net

돔 디스플레이

- Virtual Immersion: http://vorteximmersion.com/
- 3D Perception: http://3d-perception.com/
- 7th Sense: http://www.7thsensedesign.com

업무용 및 기업용 AR 소프트웨어

- Augmate: http://www.augmate.com/
- Augment: http://www.augment.com/
- DIOTA: http://www.diota.com/
- CurvSurf: http://www.curvsurf.com/
- iQagent: http://iqagent.com/
- Cimagine: http://cimagine.com/
- Infinity Augmented Reality: http://www.infinityar.com/
- Scope AR: http://www.scopear.com/
- Production AR: http://productionar.com/
- Pikkart: http://www.pikkart.com/
- NGRAIN: http://www.ngrain.com/
- Optech4D: http://optech4d.com/
- Vuforia: https://www.vuforia.com/
- WOWEmotions: http://wowemotions.com/
- Yetzer Studio: http://www.yetzerstudio.com/
- Vivid Works: http://www.vividworks.com/
- VanGogh Imaging: http://www.vangoghimaging.com/
- ViewAR: http://www.viewar.com/
- Virtuality NS: http://virtuality-ns.com/

바이노럴 녹음 시스템

- HEAD Acoustics: http://www.head-acoustics.de/eng/

- Georg Neumann GmbH: https://www.neumann.com/

- G.R.A.S. Sound & Vibration A/S: http://kemar.us/

- 3diosound: http://3diosound.com/

- Roland Corporation: http://www.rolandus.com/

- VisiSonics Corporation: http://visisonics.com/

음향 모델링 소프트웨어

- Impulsonic: https://www.impulsonic.com/

- Acoustics By Design: http://www.acousticsbydesign.com

- CATT-Acoustic: http://www.catt.se/

- Olive Tree Lab: http://www.olivetreelab.com/Room

- ODEON: http://www.odeon.dk/

- EASE: http://ease.afmg.eu/

- CadnaR: http://scantekinc.com

- iSimpa: http://i-simpa.ifsttar.fr/

촉각과 포스 피드백 기기

- NeuroDigital Technologies/GloveOne: https://www.gloveonevr.com/

- Tesla Studios/TeslaSuit DK1: http://www.teslastudios.co.uk/

- StudioFeed USA LLC/The SubPac: http://thesubpac.com

- Woojer, Ltd.: http://www.woojer.com/

- Clark Synthesis: http://clarksynthesis.com/

- CyberGlove Systems, LLC: http://www.cyberglovesystems.com/

- Geomagic Touch: http://www.geomagic.com

- Immersion Corp: http://www.immersion.com/
- Haption SA: http://www.haption.com/

위치와 방향 트래킹 센서

- NaturalPoint: http://naturalpoint.com/
- OptiTrack: https://www.optitrack.com/
- Advanced Realtime Tracking: http://www.ar-tracking.com/
- PS-Tech: http://www.ps-tech.com/
- Leap Motion: https://www.leapmotion.com/
- Microsoft Kinect: http://www.microsoftstore.com
- Intel RealSense: https://software.intel.com/en-us/realsense/home
- Polhemus: http://polhemus.com/
- Sixense: http://sixense.com/
- InterSense: http://www.intersense.com/
- PhaseSpace: http://www.phasespace.com/
- Perception Neuron: https://neuronmocap.com

입체 360 카메라

- Panocam: http://www.panocam3d.com/
- iZugar: http://izugar.com/
- 360 Heros: http://www.360heros.com
- Vuze: http://vuze.camera/
- HumanEyes Technologies Ltd: http://www.humaneyes.com/
- Jaunt: https://www.jauntvr.com/
- Next VR: http://www.nextvr.com/

DIY 자료 ▬▬▬▬▬▬▬▬▬▬▬▬▬▬▬▬▬▬

자체적으로 집에서 만드는 VR 개발 프로젝트에 관심 있는가? 호기심 많은 사람이라면 여러 DIY 자료를 온라인에서 구해 즉시 구축할 수 있다. 다음 자료 중 대부분은 무료거나 소액으로 구할 수 있다.

FOV2GO 입체 뷰어

구글 카드보드가 등장하기 2년 전에 서던 캘리포니아대 크리에이티브 테크놀러지 혼합 현실 랩에서 개발한 모바일 기기용 DIY 입체 뷰어 FOV2GO가 나왔었다. FOV2GO는 폼보드와 값싼 플라스틱 렌즈 한 쌍으로 돼 있고, 스마트폰 모델에 맞춰 여러 디자인이 있다.

다양한 추가 무료 자료가 있는데, 다른 입체 뷰어의 세부 도면, 소프트웨어, 스크립트, 미들웨어, 제품 변형 등이다.

사이트의 하드웨어, 소프트웨어는 개인, 비영리 교육 기관, 연구 기관(미 정부 단체 포함)이라면 무료로 구할 수 있지만, 상용 애플리케이션을 구상하는 사람이라도 조건은 유연하다.

USC Mixed Reality Lab DIY Resources: http://projects.ict.usc.edu/mxr/diy/

구글 카드보드

구글은 모든 카드보드 뷰어 스펙을 퍼블릭 도메인에 공개했고, 상업적 이해당사자를 포함해 모두가 활용하도록 장려한다. 제조자 킷Manufacture Kit에는 기술 스펙, 렌즈 드로잉, 전도 스트립, 다이컷 라인과 제조 허용 범위, 소재 스펙이 있다. 또한 생산 템플릿, 모범 사례, 뷰어 프로필 생성기, 품질 보증용 지침, 초도 생산품 검사, 생산 확대 절차도 있다.

Google Cardboard Main Site: https://www.google.com/get/cardboard/manufacturers/

PC 기반 스테레오 디스플레이

이런 값싼 스마트폰 기반 디스플레이 외에, 단지 'DIY head-mounted display', 'DIY HMD'로 검색만 해봐도 인터넷에 있는 PC 기반 DIY 헤드마운트 디스플레이 프로젝트 수십 개를 찾을 수 있다.

기타 소프트웨어 및 유틸리티

자체적으로 스테레오 헤드마운트 디스플레이를 구축한다면, 최소한 머리 방향도 추적할 수 있어야 한다. 헤드셋이 스마트폰 기반이라면, 스마트폰의 가속계를 애플리케이션 대부분이 활용한다. PC 기반 디스플레이에는 사용자의 머리 위치(X, Y, Z)와 방향(롤, 피치, 요)을 모두 추적할 수 있는 무료 유틸리티가 있다.

프리트랙 모션 트래킹 소프트웨어

프리트랙은 마이크로소프트 윈도우용 광학적 모션 트래킹 애플리케이션이다. 무료며 GNU GPL^General Public License로 발표됐고, 패키지는 컴퓨터 게임, 시뮬레이터에서 6 자유도로 값싼 헤드 트래킹을 가능하게 하는 것이 목적이다. 웹캠, 기타 동영상 캡처 기기를 이용해 이 소프트웨어는 물체에 탑재하고 적외선 광원으로 비춰서 적외선 LED와 역반사 지점 추적이 가능하다.

FreeTrack Motion Tracking Software: http://www.free-track.net/english/

게임 변환 소프트웨어

다음으로, 호환 가능한 3D 디스플레이 기기에 연결될 때는 게임, 기타 애플리케이션을 입체 3D로 자동 변환하는 소프트웨어 유틸리티를 사용할 수 있다.

TriDef 3D

TriDef 3D는 어떤 표준 DirectX 9/10/11 PC 게임도 별개의 좌우안 관점을 생성해 3D 모드로 구동할 수 있다. 이 소프트웨어는 무료는 아니지만 적당한 가격으로 구할 수 있다.

TriDef 3D: http://tridef.com

게임 스트리밍 유틸리티

PC에서 구동 중인 게임과 애플리케이션에 DIY 헤드셋 모바일 기기로 접근하는 소프트웨어 유틸리티도 있다.

Splashtop

Splashtop은 다른 기기에서 컴퓨터를 보고 제어하는 오디오, 동영상 스트리밍 유틸리티며, 그래픽 집약적인 3D PC 애플리케이션과 게임을 포함한다. 가정, 학교, 회사 등 LAN에서 사용할 때는 소프트웨어가 무료며, 또한 대부분 기기에서 무료다. 아이패드, 아이폰 버전은 비용이 매우 적다.

Splashtop: http://www.splashtop.com

Kainy

Kainy도 다른 기기에서 컴퓨터를 보고 제어하는 오디오 및 동영상 스트리밍 유틸리티며, 그래픽 집약적인 3D PC 애플리케이션과 게임을 포함한다. 이 소프트웨어는 대부분의 기기를 지원하며, 광고를 기반으로 제공되지만 약간의 비용을 지불하면 광고를 제거할 수 있다.

Kainy: http://www.kainy.com

소프트웨어 에코시스템

하드웨어와 소프트웨어 제조사가 운영 가능성을 제한하면 분명히 AR/VR 산업의 성장은 저해된다. 레이저와 센식스는 VR 시스템 개발이 가능한 가상 현실 입력 기기와 게임, 출력물의 공개 표준을 마련하기 위해 아주 탄탄한 소프트웨어 플랫폼을 개발 및 발표했다.

오픈소스 가상 현실

오픈소스 가상 현실OSVR은 가상 현실 개발자가 광범위한 운영체제에 걸쳐 가상 현실 기기를 감지, 설정, 운영하는, 폭넓게 사용되고 고도로 탄탄한 오픈소스 소프트웨어 에코시스템이다. 아파치 2.0 라이선스로 제공된다.

OSVR: http://www.osvr.org

VR 헤드셋의 처방, 보호용 렌즈

도수 있는 안경을 쓰는 사람은 현대적 스테레오 헤드마운트 디스플레이를 사용할 때 상당히 불편하다. 대부분 심각한 불편을 초래하거나 HMD와 사용자의 안경 옵틱을 망가뜨리지 않고서는 교정용 렌즈가 들어갈 만큼 동공간 거리를 유지할 수 없기 때문 이다. 다행히 현재 가장 인기 있는 상용 VR HMD에 사용 가능한 처방 렌즈 어댑터가 있다.

VR Lens LabStuttgart, Germany
https://vr-lens-lab.com/

Rochester Optical
Rochester, New York
http://rochesteroptical.com

위생용 VR 헤드셋 커버

헤드마운트 디스플레이에서 얼굴에 닿는 완충재가 급격히 오염되는 문제가 생겨나 고 있는데, 특히 디스플레이 기기를 여러 사용자가 공유할 때 그렇다. 다행히 씻을 수 있는 애프터마켓용 커버를 인기 상용 디스플레이용으로 구할 수 있는데, 일반 완충재 위에 잘 맞아서 더 위생적으로 안심하고 사용할 수 있다.

VR Cover
Bangkok, Thailand
https://vrcover.com

오디오 자료

바이노럴 오디오 영역에서 자체 연구 개발 노력을 수행하는 데 관심 있는 개인이나 조직은(8장, '오디오 디스플레이' 참조) 무료로 고품질 헤드 전도 기능[HRTF] 데이터베이 스에 접근할 수 있다.

CIPIC HRTF 데이터베이스

이 고도의 공간 해상도 HRTF 측정에 대한 퍼블릭 도메인 컬렉션은 약 5도 각도 증분으로 25가지 서로 다른 방위, 50가지 서로 다른 앙각(1,250가지 방향)의 45가지 서로 다른 대상에 대해 측정된다. 작은 귓바퀴, 큰 귓바퀴 모두의 KEMAR 마네킹 측정 값도 있다.

CIPIC^{Center for Image Processing and Integrated Computing}

University of California, Davis

http://interface.cipic.ucdavis.edu/sound/hrtf.html

Listen HRTF 데이터베이스

Listen 컬렉션은 46가지 서로 다른 대상의 고도의 공간 해상도 HRTF 측정에 대한 퍼블릭 도메인 데이터베이스다.

Institut de Rechercheet Coordination Acoustique/Musique

Paris, France

http://recherche.ircam.fr/equipes/salles/listen/index.html

MIT 미디어 랩 KEMAR HRTF 데이터베이스

MIT 컬렉션은 KEMAR 더미 헤드의 HRTF 측정 값에 대한 퍼블릭 도메인 데이터베이스다. -40도에서 +90도 범위의 앙각으로 샘플링한 710가지 서로 다른 위치가 있다.

미디어 랩

Massachusetts Institute of Technology

Cambridge, Massachusetts

http://sound.media.mit.edu/resources/KEMAR.html

상표권 및 저작권 정보

3Dio and FreeSpace are registered trademarks or trademarks of 3DIO, LLC.

AachenHEAD and HEAD Acoustics are registered trademarks or trademarks of HEAD Acoustics GmbH.

ActiveCube is a registered trademark or trademark of Virtalis, LTD.

Advanced Joint Terminal Attack Controller (JTAC) Training System is a registered trademark or trademark of Quantadyn Corporation.

Aero Glass is a registered trademark or trademark of Aero Glass LLC.

Android is a registered trademark or trademark of Google, Inc.

Apple and QuickTime are registered trademarks or trademarks of Apple, Inc.

ARC4 is a registered trademark or trademark of Applied Research Associates, Inc.

Atheer and AiRare registered trademarks or trademarks of Atheer, Inc.

Auro-3D is a registered trademark or trademark of Auro Technologies NV.

Autodesk 3ds MAX, AutoCAD, and Maya are registered trademarks or trademarks of Autodesk, Inc.

BAE Systems is a registered trademark or trademark of BAE Systems plc.

Barco is a registered trademark or trademark of the Barco group.

Bluetooth is a registered trademark or trademark of Bluetooth SIG, Inc.

CATIA is a registered trademark or trademark of Dassault Systemes.

CAVE and CAVE2 are registered trademarks or trademarks of the University of Illinois Board of Trustees.

Cinemizer is a registered trademark or trademark of Carl Zeiss.

CyberGlove and CyberGrasp are registered trademarks or trademarks of CyberGlove Systems, LLC.

DAQRI, Smart Helmet and 4D Studio are registered trademarks or trademarks of DAQRI, LLC.

DLP is a registered trademark or trademark of Texas Instruments.

Dolby Atmos is a registered trademark or trademark of Dolby Laboratories, Inc.

DORA is a registered trademark or trademark of Dora Platform.

DTS:X is a registered trademark or trademark of DTS, Inc.

Emotiv and EPOC are registered trademarks or trademarks of Emotiv Systems, Inc.

Epson is a registered trademark or trademark of Seiko Epson Corporation.

Eve, Gunjack and Valkyrie are registered trademarks or trademarks of CCP Games.

Evena and Eyes-On are registered trademarks or trademarks of Evena Medical, Inc.

Facebook is a registered trademark or trademark of Facebook, Inc.

FARO and FARO Laser Scanner Focus3D are registered trademarks or trademarks of FARO Technologies.

FLEX and EmergiFLEX are registered trademarks or trademarks of Mechdyne Corporation.

FLIR is a registered trademark or trademark of FLIR Systems, Inc.

Ford and F-150 are registered trademarks or trademarks of Ford Motor Company.

Full Contact Audi" and Tactile Sound are registered trademarks or trademarks of Clark Synthesis, Inc.

Fused Reality and PARASIM are trademarks or registered trademarks of Systems Technology, Inc.

Geomagic and Touch are registered trademarks or trademarks of Geomagic, Inc. Glass, Tilt Brush are registered trademarks or trademarks of Google, Inc.

GloveOne is a registered trademark or trademark of NeuroDigital Technologies S.L. Google Cardboard is a registered trademark or trademark of Google

HelpMeSee is a registered trademark or trademark of HelpMeSee, Inc.

HTC and Vive are trademarks of HTC Corporation.

Impulsonic is a registered trademark or trademark of Impulsonic, Inc.

Intel Atom, Core and RealSense are registered trademarks or trademarks of Intel Corporation.

InvenSense is a registered trademark or trademark of InvenSense. Inc.

IRIS Vision and Visionize are registered trademarks or trademarks of Visionize, LLC. Jaunt One is a registered trademark or trademark of Jaunt, Inc.

KitKat is a registered trademark or trademark of Nestle S.A.

Leap Motion is a registered trademark or trademark of Leap Motion, Inc.

Logitech and Driving Force are registered trademarks or trademarks of Logitech International S.A.

Lumus is a registered trademark or trademark of Lumus, Ltd.

Matterport is a registered trademark or trademark of Matterport, Inc.

Microsoft, Windows, Kinect, Xbox and Hololens are registered trademarks or trademarks of Microsoft Corporation.

MOGA is a registered trademark or trademark of Bensussen Deutsch and Associates, Inc.

Moverio is a registered trademark or trademark of Seiko Epson Corporation.

NextVR is a registered trademark or trademark of NextVR, Inc.

NVIDIA and Tegra and GeForce are registered trademarks or trademarks of NVIDIA Corporation.

nVisor is a registered trademark or trademark of NVIS, Inc.

Oculus, Oculus VR, and Rift are trademarks or registered trademarks of Oculus VR, LLC.

OMAP and DLP are registered trademarks or trademarks of Texas Instruments.

Omnifinity is a registered trademark or trademark of MSE Weibull AB.

OSVR is a registered trademark or trademark of Razer (Asia-Pacific) Pte. Ltd.

Perception Neuron is a registered trademark or trademark of Noitom Ltd.

Peregrine is a registered trademark or trademark of Iron Will Innovations, Inc.

PersonaForm is a registered trademark or trademark of Gregory Peter Panos.

PlayStation and Move are trademarks or registered trademarks of Sony Interactive Entertainment Inc.

PTC and Vuforia are registered trademarks or trademarks of PTC Inc. PTC and Windchill are registered trademarks or trademarks of PTC, Inc.

Qualcomm and Snapdragon are registered trademarks or trademarks of Qualcomm Incorporated.

Radeon is a registered trademark or trademark of Advanced Micro Devices, Inc. ReticleOS is a registered trademark or trademark of Osterhout Group, Inc.

Samsung, Galaxy S, Galaxy Note, Galaxy Edge and Gear VR are registered trademarks or trademarks of Samsung Electronics Co., Ltd.

Scorpion is a registered trademark or trademark of Thales Visionix, Inc.

Second Life is a registered trademark or trademark of Linden Research, Inc.

Simodont is a registered trademark or trademark of Moog B.V.

SimSpray and Paintometer are registered trademarks or trademarks of VRSim, Inc.

SmokeVR is a registered trademark or trademark of PhaseSpace Inc.

SONY is a registered trademark or trademark of Sony Corporation.

SteamVR is a registered trademark or trademark of Valve Corporation.

SteelSeries is a registered trademark or trademark of SteelSeries ApS.

SubPac is a registered trademark or trademark of Studiofeed Ltd.

TeslaSuit is a registered trademark or trademark of Tesla Studios.

The terms HDMI and HDMI High-Definition Multimedia Interface are trademarks or registered trademarks of HDMI Licensing LLC.

TopOwl is a registered trademark or trademark of Thales Avionics S.A.

Transporter3D is a registered trademark or trademark of EMR Laboratories.

Unity is a registered trademark or trademark of Unity Technologies ApS.

Unreal is a registered trademark or trademark of Epic Games.

View-Master is a registered trademark or trademark of Mattel, Inc.

Virtually Better is a registered trademark or trademark of Virtually Better, Inc.

Virtuix and Virtuix Omni are registered trademarks or trademarks of Virtuix Holdings, Inc.

VRTEX is a registered trademark or trademark of The Lincoln Electric Company.

Vuze is a registered trademark or trademark of HumanEyes Technologies Ltd.

Vuzix is a registered trademark or trademark of Vuzix Corporation.

Wizard Online is a trademark or registered trademark of Mahir Ozer.

Woojer is a registered trademark or trademark of Woojer LTD.

ZeroTouch and VitalStream are registered trademarks or trademarks of Vital Enterprises.

찾아보기

에이콘출판의 기틀을 마련하신 故 정완재 선생님 (1935-2004)

실전 증강 현실

AR과 VR 기술, 애플리케이션 그리고 인적 요인

발 행 | 2018년 1월 2일

지은이 | 스티븐 옥스타칼니스
옮긴이 | 고 은 혜 · 최 윤 석

펴낸이 | 권 성 준
편집장 | 황 영 주
편 집 | 조 유 나
디자인 | 박 주 란

에이콘출판주식회사
서울특별시 양천구 국회대로 287 (목동)
전화 02-2653-7600, 팩스 02-2653-0433
www.acornpub.co.kr / editor@acornpub.co.kr

한국어판 ⓒ 에이콘출판주식회사, 2018, Printed in Korea.
ISBN 979-11-6175-095-8
ISBN 978-89-6077-144-4 (세트)
http://www.acornpub.co.kr/book/practical-ar

이 도서의 국립중앙도서관 출판시도서목록(CIP)은 서지정보유통지원시스템 홈페이지(http://seoji.nl.go.kr)와
국가자료공동목록시스템(http://www.nl.go.kr/kolisnet)에서 이용하실 수 있습니다.(CIP제어번호: CIP2017034384)

책값은 뒤표지에 있습니다.